Die Blaue Revolution

Die Blaue Revolution

Warum es für Klimagerechtigkeit eine globale Demokratie braucht. Und wie wir diese schaffen.

PETER STAUB

Autor: Peter Staub
Verlag & Produktion: buch & netz (buchundnetz.com)
Umschlaggestaltung: Corinne Vonaesch, Zofingen
ISBN:
978-3-03805-304-0 (Print – Hardcover)
978-3-03805-303-3 (Print – Softcover)
978-3-03805-368-2 (PDF)
978-3-03805-369-9 (ePub)
978-3-03805-370-5 (mobi/Kindle)
Version: 0.52-20201109

Dieses Werk ist als buch & netz Online-Buch und als eBook in verschiedenen Formaten sowie als gedrucktes Buch verfügbar. Weitere Informationen finden Sie unter der URL: https://buchundnetz.com/werke/die-blaue-revolution/.

Inhalt

Prolog   7

1. Eine Nation – eine Demokratie   18

   Wer ist Peter Staub? Erwachen   40

2. Die Zeit drängt – die Klimakrise verschärft sich   47

   Antimilitarist   60

3. Flucht und Migration sind Dauerbrenner   67

   Journalist und Hausmann   89

4. Die Frauen erkämpfen das Menschenrecht   98

   Revolutionär   111

5. Die Wurzeln der Demokratie reichen tief   117

   Taxi-Chauffeur und Roman-Autor   128

6. Wie sich die Schweizer Demokratie entwickelt hat   131

   Ici c'est Bienne   157

7. Eine nachhaltige Wirtschaft ist möglich   163

   Nächster Anlauf   210

8. Was tun?   215

   Epilog: Einführung in den Verfassungsentwurf   230

   Entwurf: Bundesverfassung der Vereinigten Staaten der Welt   235

Prolog

Eine andere Welt ist nicht nur möglich. Eine bessere Welt ist machbar. Es ist Zeit, zu handeln.

In den letzten Jahren hat es oft so ausgesehen, als sei es nicht mehr möglich, politische Fortschritte zu machen. In vielen Ländern waren rechtsextreme Parteien im Vormarsch und alte, reaktionäre Männer gaben den Ton an, von den USA über Brasilien und die Türkei bis Australien. Dann tauchte im Herbst 2018 wie aus dem Nichts Greta Thunberg auf. Die junge Frau aus Schweden schaffte es mit ihrem Schulstreik fürs Klima innerhalb weniger Wochen, was in den letzten Jahren weder Umweltorganisationen wie Greenpeace und Aktivist*innen wie Al Gore noch die zahlreichen UNO-Klimakonferenzen erreicht hatten: Plötzlich gingen Millionen von Menschen auf die Strasse, um für eine progressive Klimapolitik zu demonstrieren.

Als sich ab Januar 2020 sich das neue Coronavirus Covid-19 weltweit zu verbreiten begann, war zwei Monate später plötzlich nichts mehr so wie zuvor. Rund um den Globus verfügte ein Land nach dem anderen den Lockdown: Flugzeuge blieben am Boden, Restaurants wurden geschlossen, das öffentliche Leben kam zum Erliegen.

Als in der Schweiz der Bundesrat die «ausserordentliche Lage» und den Lockdown ausrief, hatte ich bereits seit vier Monaten intensiv an diesem Buch gearbeitet. Unterdessen hat Covid-19 die Welt verändert. Aber die in diesem Buch dargelegten weltweiten Probleme – wie die Klimakrise oder die Millionen Flüchtlinge und die massive Unterernährung von nahezu einer Milliarde Menschen rund um den Globus – existieren weiter. Covid-19 ändert nichts daran, dass wir globale Antworten auf globale Fragen brauchen. Im Gegenteil: Die Coronakrise hat mit aller Deutlichkeit gezeigt, wie eng verbunden wir auf der ganzen Welt sind. Und dass nationale Antworten auf globale Fragen ungeeignet sind, die Probleme tatsächlich zu lösen.

Die Grenzen zu schliessen, war vielleicht psychologisch wichtig und richtig. Mit dieser Symbolpolitik konnten die Regierungen für einen Moment Führungsstärke zeigen und etwas Vertrauen vermitteln. Doch solche Aktionen erinnern eher an mittelalterliche Strategien der Pestbekämpfung, als die Städte die Zugbrücken hochzogen, um die Bevölkerung zu schützen. Allein, gegen das Virus nützten die Grenzschliessungen so wenig wie die Wassergräben gegen die Pest.

Der Mangel an Schutzmasken und Medikamenten, die bis zum Ausbruch der Coronakrise zum grössten Teil in China oder Indien produziert wurden, warfen Fragen nach den Grenzen der wirtschaftlichen Globalisierung, der weltweiten Arbeitsteilung auf. Das ist gut. Denn diese Fragen muss man sich auch im Hinblick auf die Klimakrise stellen: Bei welchen Produkten ist es richtig und wichtig, dass sie lokal oder gar regional hergestellt werden? Bei welchen Artikeln macht es Sinn, dass Teile davon über den ganzen Globus verteilt produziert werden?

Bei der Diskussion über mögliche Antworten stösst man unweigerlich auf die entscheidende Frage: Wer kann diese Fragen überhaupt abschliessend beantworten? Damit sind wir beim Kernthema dieses Buches: Wer ist der Souverän auf dem blauen Planeten? Die amerikanische Regierung? Die G-7? Die G-20? Bisher gibt es keinen definierten globalen Souverän.

In der halbdirekten Demokratie der Schweiz ist die stimmberechtigte Bevölkerung der Souverän. Sie wählt nicht nur das nationale Parlament, also die Legislative. Sie entscheidet auch regelmässig über die entscheidenden Fragen der Politik. Wenn wir in diesem Demokratieverständnis einen globalen Souverän definieren wollen, brauchen wir vorab eine globale Demokratie. Als überzeugter Basisdemokrat behaupte ich, dass wir nur so gewappnet sein werden, um aktuelle und kommende weltweite Krisen intelligent und gerecht zu bewältigen.

Am Anfang dieses Buches steht eine alte Idee: Eine Welt ohne Krieg und Ausbeutung ist möglich. Obwohl man mir schon früh sagte, eine friedliche und gerechte Welt sei eine Utopie und unmöglich zu realisieren, halte ich an meiner Vision fest. Unterdessen sind es rund 40 Jahre, in denen ich mich praktisch und theoretisch damit beschäftige, wie es möglich sein kann, die Welt so zu organisieren, dass wir Armut, Umweltzerstörung und Krieg dauerhaft überwinden können.

Weil ich mich weder von Parteien und Parlamenten noch von der Werbung und der Wirtschaft vereinnahmen liess, ist es mir trotz einiger Schwierigkeiten gelungen, mir den Optimismus aus der Jugendzeit zu erhalten.

Nun steht hier das Wort. «Die Blaue Revolution» legt einen konkreten Plan vor, wie wir gemeinsam den alten Menschheitstraum eines anständigen Lebens für alle realisieren können. Das Buch legt dar, warum wir angesichts des drohenden Klimakollapses keine anständige Alternative haben, als uns zusammenzuraufen und gemeinsam an Lösungen zu arbeiten.

Dieses Buch ist auf der einen Seite bloss ein weiterer Schritt auf einem langen Weg, den in den letzten Jahrhunderten zahllose bekannte und unbekannte Frauen und Männer vorgespurt haben. Auf der anderen Seite zeigt es auf, warum es nun höchste Zeit ist, die Vision einer friedlichen Welt in die Tat umzusetzen und wie das das möglich ist.

Um die *Blaue Revolution* zu realisieren, wird es eine Vielzahl von Menschen brauchen, die sich unerschrocken engagieren. Die den Mut aufbringen, Grenzen zu überwinden. Grenzen, die real existieren, und Grenzen, die wir nur in unseren Köpfen haben. Menschen, die den Mut haben, für ihre Idee den Kopf hinzuhalten. Egal, ob sie ausgelacht oder ob sie verhöhnt werden.

Die Zeit drängt. Wenn es uns gelingen soll, weltweit eine für alle Menschen gerechte und eine ökologisch nachhaltige Gesellschaft aufzubauen, müssen wir uns beeilen. Denn das Zeitfenster, in dem wir den Klimakollaps noch abwenden können, ist nicht mehr lange offen. Viel länger als zehn Jahre haben wir voraussichtlich nicht mehr, bevor sich das Klima auch ohne unser Zutun weiter erhitzt. Wenn wir unseren Kindern und Kindeskindern eine einigermassen intakte, lebensfreundliche Umwelt hinterlassen wollen, müssen wir jetzt endlich ernsthaft beginnen, die Welt zu verändern.

Wenn die Regenwälder weiter im aktuellen Ausmass und Tempo abgeholzt oder abgebrannt und wenn alle neuen Kohlekraftwerke gebaut werden, die bereits geplant sind, werden wir die sogenannten Kipppunkte allerdings noch früher erreichen, als dies die Klima-Forscher*innen befürchten.

Wenn es uns nicht gelingt, die Klimaerwärmung früh genug zu begrenzen, ist es wahrscheinlich, dass die Menschheit weiter in der Barbarei versinkt, in dem weite Teile der Weltbevölkerung bereits heute leben. Nur wenn es uns gelingt, rechtzeitig eine demokratische Weltgesellschaft zu schaffen, können wir verhindern, dass am Ende alle gegen alle ums Überleben kämpfen.

Dass es innerhalb des herrschenden Systems möglich ist, den Klimakollaps abzuwenden, war schon immer unwahrscheinlich. Heute ist es praktisch unmöglich. Obwohl sich fast alle Staaten im Pariser Abkommen von 2015 weltweit verpflichteten, etwas gegen den Klimawandel zu unternehmen, passierte faktisch nichts. Es gibt nach wie vor keine allgemein bekannte *Road Map*, die einen Weg aufzeigt, wie es der Weltgemeinschaft gelingen soll, mit der grössten Herausforderung zurechtzukommen, mit der es die Menschheit je zu tun hatte.

Noch aber haben wir die Möglichkeit, dieses System grundlegend zu verändern. Dafür brauchen wir einen überzeugenden Plan. Und wir müssen uns geschickt organisieren. Dann kann es nicht nur gelingen, die Klimaerwärmung zu stoppen, sondern wir schaffen es gleichzeitig auch, die Welt für alle Menschen zu einem besseren Ort zu machen.

Die Menschen werden ihre Gewohnheiten allerdings nur dann ändern, wenn es uns gelingt, ihnen realistische Hoffnung auf ein besseres Leben zu machen. Nur wenn sie daran glauben, dieses Ziel auch tatsächlich zu erreichen, werden sie sich mit uns auf den Weg machen. Deshalb brauchen wir neben dem Ziel und einem Plan auch einen demokratischen Prozess, an dem alle teilnehmen können, die guten Willens sind. Einen Prozess, in den sich alle aktiv einbringen können. Kurz, wir brauchen eine vielfältige, basisdemokratische Graswurzelbewegung, um die *Blaue Revolution* zu einem Erfolg zu machen. Nur wenn wir die Theorie mit einer lebendigen Praxis verbinden, werden sich die engagierten Menschen als Gewinner*innen fühlen.

Dass die Menschen im globalen Norden materiellen Ballast abwerfen müssen, ist im Sinn der Klimagerechtigkeit unausweichlich, da sind sich die Klimajugend und die Umwelt-Expert*innen einig. Die materiellen Einschränkungen werden uns leichter fallen, wenn sie gerecht geregelt sind. Und wenn wir gleichzeitig das solidarische Zusammenleben neu entdecken.

Dass wir angesichts der Klimakrise die Welt neu denken müssen, ist keine neue Erkenntnis. Einer der populärsten politischen Denker der Gegenwart ist der israelische Historiker Yuval Noah Harari, der mit seinem Buch «Eine kurze Geschichte der Menschheit» global bekannt wurde.

Harari sagte in einem Interview, dass das aktuelle politische System die Fähigkeit verloren habe, «sinnvolle Visionen für die Zukunft zu entwerfen». Während sich die Welt extrem schnell verändere, habe niemand eine Idee, wo wir in 30 Jahren stehen werden. Dass die fortschrittlichen Parteien in Westeuropa und Nordamerika ihren Wähler*innen keine vernünftige Vision mehr glaubhaft machen konnten, ist eine der Ursachen für ihren Krebsgang. Wobei allerdings die konservativen Parteien erst recht keine Zukunft haben, da die Zeit für nationale Lösungen definitiv vorbei ist: «Die drei grössten globalen Probleme lassen sich nur durch weltweite Kooperation lösen: Klimawandel, nukleare Bedrohung und technologische Entwicklung», sagt der Dozent für Geschichte an der Hebräischen Universität Jerusalem zu Recht. Denn das Überleben der Menschheit ist nur möglich, «wenn die Menschheit zusammenspannt».

Um den Nationalismus zu überwinden, müssen wir gemeinsam den nächsten Schritt in der menschlichen Evolution machen: weg von nationalen Identitäten hin zur globalen Menschheit. Wir müssen «die Zahl der Fremden, denen wir uns verbunden fühlen, von ein paar Millionen auf acht Milliarden erhöhen.» Das gelingt aber nur, wenn wir unsere bisherigen nationalen politischen Systeme überwinden und über ein globales politisches System, eine globale Verfassung, eine globale Regierung und globale Sozialsysteme nachdenken.

Harari gibt keine Antwort darauf, wie das Problem des Klimawandels international gelöst werden kann. Aber er legt die Spur, in welche Richtung es gehen muss. Für ihn ist die liberale Demokratie das beste Regierungssystem, das die Menschheit je geschaffen hat. Dabei ist diese Demokratie weder naturgegeben noch ewig. Nicht viel älter als 200 Jahre, ist sie an wirtschaftliche, politische und technologische Bedingungen geknüpft. «Wechseln die Bedingungen, muss die Demokratie sich verändern. Wir können nicht erwarten, dass sie so bleibt wie im 20. Jahrhundert», sagt der israelische Historiker.[1]

Und weil sich die Welt in den letzten 200 Jahren fundamental verändert hat, müssen wir die liberale Demokratie revolutionieren. Die Menschheit lebt heute in einer globalen Wirtschaft, in einer globalen Gesellschaft. Deshalb müssen wir die Demokratie globalisieren.

Das scheint zwar eine Utopie zu sein. Aber warum soll eine demokratische Welt nicht funktionieren?

Die verschiedenen Weltgegenden sind heutzutage wirtschaftlich und gesellschaftlich stärker miteinander vernetzt, als es etwa die Schweizer Kantone bei der Gründung des modernen, demokratischen Bundesstaates im Jahr 1848 waren. Wie es vor über 170 Jahren möglich war, dass ein ungebildeter katholischer Bergbauer aus einem Bergdorf im Kanton Graubünden die gleichen Rechte hatte wie ein protestantischer Grossbürger aus der Metropole Genf, der mehrere Sprachen beherrschte und in der Welt herumreiste, ist es heute möglich, einer Bäuerin aus dem Hochland der Anden dieselben politischen und sozialen Rechte zuzugestehen, wie einem Bankdirektor in Zürich.

Auch kulturell ist die Welt heute stärker vernetzt, als dies bei der Gründung der demokratischen Schweiz innerhelvetisch der Fall war: Die Welt hat sich in ein globales Dorf verwandelt, in dem die Jugendlichen nicht nur fast überall die gleiche Musik hören oder die gleichen Netflix-Serien schauen, sondern auch gleichzeitig in zahlreichen Ländern mit ähnlichen Slogans für Freiheit und Gerechtigkeit demonstrieren. Nachrichten verbreiten sich heute rund um den Globus schneller, als sich vor zweihundert Jahren die Meldung herumsprach, dass es im Nachbardorf brannte.

Wir haben heute die materiellen und technischen Fundamente, auf denen wir diese Welt gemeinsam und demokratisch organisieren können. Wir haben die Mittel und Möglichkeiten. Und wir haben das Motiv.

Das Ziel dieses Buches ist es, die politische Situation nicht nur zu analysieren, sondern mit einem konkreten Plan die Diskussion anzuregen: Wie können wir die Welt grundlegend und gewaltfrei verändern? Wie können wir möglichst viele Menschen dazu bewegen, sich für eine globale Demokratie zu engagieren?

Der Plan, wie wir eine gerechte, soziale und umweltverträgliche Verfassung für die «Vereinigten Staaten der Welt» erreichen, hat einen Namen: die *Blaue Revolution*. Die *Blaue Revolution* öffnet die Türe zu einem neuen Zeitalter der Menschheit. Die *Blaue Revolution* sorgt dafür, dass die Kinder künftig überall auf der Erde in einer Welt aufwachsen, in der Armut und Krieg, Ausbeutung und Umweltzerstörung der Vergangenheit angehören. Das «Blau» bezieht sich auf den blauen Planeten, zeigt also die globale Dimension der Revolution auf.

Keine Angst: Wir schaffen das. *Yes, we can.*

Auch nach der *Blauen Revolution* wird die Erde kein Paradies sein, in dem die Lämmer neben den Löwen liegen. Aber der blaue Planet wird allen Menschen ein Zuhause bieten, in dem sie frei, gleichberechtigt und anständig leben können. Er wird ein Ort sein, wo die Menschen unter sich solidarisch sind und zu den Tieren, zu den Gewässern, zum Boden und zur Pflanzenwelt Sorge tragen.

Noch kann man diese Vision als Utopie bezeichnen. Aber sie ist keine Spinnerei. Sie ist eine konkrete Utopie, die wir gemeinsam realisieren können. Es ist eine Vision einer neuen Welt, die wir uns erarbeiten müssen. Anders werden wir die grösste Herausforderung, vor der die Menschheit je gestanden hat, nicht friedlich bewältigen können.

Von selbst jedoch passiert gar nichts. Um die *Blaue Revolution* zum Erfolg zu führen, braucht es auch dich. Braucht es deinen Mut, deine Fantasie und dein Engagement. Aber für die *Blaue Revolution* braucht es keinen «Neuen Menschen». Und die *Blaue Revolution* braucht erst recht keinen Leader.

Obwohl wir Neuland betreten und neue politische Initiativen entwickeln werden, ist die *Blaue Revolution* kein waghalsiges politisches Experiment, das in Chaos oder Diktatur enden wird. Denn die *Blaue Revolution* baut auf die Erfahrungen, welche die Menschen in den letzten 200 Jahren in demokratischen Gesellschaften gemacht haben.

Die *Blaue Revolution* zählt auf den universellen Freiheitswillen, der die Menschen in den letzten Jahren von Santiago de Chile über Beirut, Bagdad und Teheran bis Hongkong auf die Strasse getrieben hat. Und die *Blaue Revolution* vertraut auf die menschliche Empathie und die soziale Verantwortung, die Millionen von Jugendlichen rund um den Globus an den *Fridays for Future*-Kundgebungen für eine nachhaltige Klimapolitik demonstrieren lassen.

Die *Blaue Revolution* ist nicht nur von der Amerikanischen, der Haitianischen oder der Französischen Revolution inspiriert, sie beruft sich auch auf Befreiungskämpfe in den ehemals kolonialisierten Staaten, auf die Bürgerrechtsbewegungen und auf die emanzipatorischen Kämpfe der Frauen, der Lohnabhängigen, der Indigenen und der Homosexuellen. Deshalb steht die *Blaue Revolution* auch auf den Schultern von Gigant*innen der Menschheitsgeschichte, die für Freiheit, Gerechtigkeit und Menschlichkeit gekämpft haben. Über Jahrhunderte hinweg bezahlten Millionen Frauen und Männer weltweit mit ihrem Leben für den Kampf für Gerechtigkeit und Solidarität. Sie alle haben den Weg bereitet, auf dem wir nun in eine demokratische Zukunft schreiten werden. Menschen wie Spartakus, Rosa Luxemburg, Simone de Beauvoir, Mahatma Ghandi oder Martin Luther King kämpften für eine gerechte Welt, so wie sich heutige Held*innen wie Greta Thunberg oder Megan Rapinoe für sozialen und ökologischen Fortschritt einsetzen.

Am Schluss des Kommunistischen Manifestes aus dem Jahr 1848 heisst es: «Die Proletarier haben nichts in ihr zu verlieren als ihre Ketten. Sie haben eine Welt zu gewinnen.» Die Ketten beziehen sich auf ein Zitat des schweizerisch-französischen Philosophen Jean-Jacques Rousseau, der bereits im Jahr 1762 im «Gesellschaftsvertrag» analysierte: «Der Mensch ist frei geboren, und überall ist er in Ketten.»

Diese Ketten will die *Blaue Revolution* sprengen. Aber nicht «durch den gewaltsamen Umsturz aller bisherigen Gesellschaftsordnung», wie das die Parteikommunisten beabsichtigten. Nicht nur, weil es im Zeitalter der Atombomben fahrlässig wäre, mit dem Feuer zu spielen. Zu viele emanzipatorische Revolutionen, die sich mit Gewalt durchsetzten, vernichteten nicht nur ihre Gegner, sondern frassen am Ende auch die eigenen Kinder.

Deshalb ist es nicht mehr als bloss vernünftig, klar zu sagen: Die *Blaue Revolution* muss gewaltfrei sein, wenn sie eine gewaltfreie Gesellschaft etablieren will.

Mit dem Erfolg der *Blauen Revolution* werden wir die Fahne der Französischen Revolution von halbmast ganz nach oben ziehen. Die universell gültigen allgemeinen Menschenrechte werden nicht mehr bloss für die Angehörigen einer bestimmten Nation, sondern für alle Menschen gelten: Egal, wo sie geboren wurden, welches Geschlecht oder welche Hautfarbe sie haben.

Wie kann das gelingen?

Die *Blaue Revolution* wird dafür sorgen, dass die Menschheit den Nationalismus überwindet und sich in einer globalen, grenzenlosen Demokratie organisiert, die ihre Wurzeln in demokratischen Kommunen hat. Die Armut und Ausbeutung weltweit zu überwinden, gelingt nur, wenn wir einen entsprechenden politischen Rahmen bauen. Dafür braucht es den entsprechenden politischen Willen. Es ist ein Ziel von «Die Blaue Revolution» aufzuzeigen, wie dieser Willen organisiert werden kann, damit er eine Mehrheit erreicht. Dazu braucht es keine Einheitspartei. Aber es braucht Menschen, die sich in vielen verschiedenen demokratisch organisierten Gruppen und Gremien dafür einsetzen.

Eine globale Demokratie zu erreichen, welche die Macht der bisherigen Herrscher*innen einschränkt und die Weltbevölkerung zum Souverän macht, wird nicht einfach sein. Nicht wenige, die von der bisherigen politischen und wirtschaftlichen Unordnung profitieren, werden sich gegen den politischen Wandel zu mehr Gerechtigkeit wehren. Obwohl sie praktisch uneingeschränkte Machtmittel verfügen, werden sie uns höchstens bremsen können: Nichts kann eine Idee aufhalten, deren Zeit gekommen ist.

Die Idee einer globalen Demokratie ist nicht neu. Der französische Schriftsteller Victor Hugo sprach bereits im 19. Jahrhundert von der Idee der «Vereinigten Staaten der Welt»[2]. Und der Schweizer Dichter Friedrich Dürrenmatt prognostizierte in seinem 1985 veröffentlichten Kriminalroman «Justiz» sogar, dass die Welt entweder «verschweizern» oder untergehen werde.[3]

Die *Blaue Revolution* nimmt die Ideen dieser Schriftsteller auf und konkretisiert sie für die Umsetzung im 21. Jahrhundert: eine globale Demokratie in Form der Vereinigten Staaten der Welt mit einer globalen Verfassung, die auf jener der Schweizerischen Eidgenossenschaft basiert.

Die Verfassung der *Confoederatio Helvetica* ist in der aktuellen Variante allerdings nicht zukunftsfähig. Die Schweiz ist auch keine Musterdemokratie. Darüber kann ich selbst ein Liedchen singen, wurde ich doch in den 1980er-Jahren vom Schweizer Staatsschutz überwacht und registriert, bloss weil ich meine verfassungsmässigen Rechte wahrgenommen hatte.

Andere litten jedoch ungleich stärker unter den Mängeln der Schweizer Demokratie. Zum Beispiel die sogenannten Verdingkinder. Bis ins 20. Jahrhundert liessen Schweizer Behörden Jugendliche auf Dorfplätzen versteigern. Dabei wurden nicht nur Kinder Opfer von Zwangsarbeit oder Vergewaltigungen. Auch Mütter wurden zwangssterilisiert, Ungeborene zwangsabgetrieben, Kleinkinder zwangsadoptiert. «Selbst Jugendliche landeten in geschlossenen Anstalten – ohne Gerichtsurteil, bis 1981».[4] Wie viele Betroffene es gab, ist nicht bekannt. Allein im letzten Jahrhundert waren es Hunderttausende.

Auch gab es in der Schweiz viel zu lange die Geschlechter-Apartheid: Während die Männer seit der Gründung der demokratischen Schweiz im Jahr 1848 abstimmen und wählen durften, galten die Frauen lange als Menschen zweiter Klasse: Bis zur Revision des Schweizer Eherechtes im Jahr 1988 galt der Mann als gesetzliches Oberhaupt der Familie; eine verheiratete Frau durfte nur mit der Zustimmung ihres Ehegatten einer Lohnarbeit nachgehen. Noch heute verdienen Frauen in der Schweiz bei gleichwertiger Arbeit 20 Prozent weniger als Männer, obwohl die Frauen seit 1996 rechtlich den Anspruch auf gleichen Lohn haben.[5]

Trotzdem hat die Verfassung der Schweiz gegenüber anderen Demokratie-Modellen einige bemerkenswerte Vorteile, sodass sie geeignet ist, um für die globale Demokratie Pate zu stehen. Dazu gehören vor allem das Rätesystem und die direktdemokratischen Instrumente.

Das Rätesystem gilt für die Regierungen von den Gemeinden über die Kantone bis hin zum Bund. Es ist für eine demokratische Weltregierung viel praktischer als ein Präsidialsystem, wie es etwa die USA oder Frankreich kennen. In einem siebenköpfigen Weltbundesrat könnten so beispielsweise alle Weltregionen, alle Geschlechter und die relevanten Weltanschauungen angemessen vertreten sein. Und weil im Weltbundesrat wie im Schweizer Original das Präsidium jedes Jahr wechseln würde, gäbe es statt eines Personenkults immer wieder Abwechslung an der Spitze der Weltregierung.

Mit Mitwirkungsmöglichkeiten *à la mode helvétique* könnte die Weltbevölkerung beispielsweise via Volksinitiativen und Volksabstimmungen über Verfassungsänderungen direkt politisch Einfluss nehmen.

Eine demokratische Weltordnung kann aber nicht nur die Projektion eines nationalen Demokratiemodells sein, sie muss die liberale Demokratie gleichzeitig modernisieren. Deshalb schlägt «Die Blaue Revolution» ein paar ganz neue Verfassungsartikel vor.

Zu den Grundübeln bürgerlicher, demokratischer Gesellschaften gehört beispielsweise die äusserst ungleiche Verteilung der Vermögen. Wenn das reichste Prozent der Gesellschaft gleich viel Vermögen besitzt wie die gesamte ärmere Hälfte der Gemeinschaft, kann von Gleichheit und Demokratie höchstens in Anführungszeichen gesprochen werden.

In der Weltwirtschaft sorgen zudem die für den globalen Süden höchst unvorteilhaften *Terms of Trade* dafür, dass die industrialisierten Staaten den globalen Reichtum unter sich verteilen. Auch die Unart, allgemeine Güter wie Wasser und Grund und Boden als Privateigentum zu betrachten, ist bis heute für Ungleichheiten verantwortlich, welche die Demokratie ad absurdum führen.

Deshalb nehme ich beim Entwurf für eine globale demokratische Verfassung im Anhang dieses Buches gegenüber dem schweizerischen Original ein paar wichtige Änderungen vor, die in den vorhergehenden Kapiteln von «Die Blaue Revolution» ausführlich begründet werden.

Mit seinem konkreten Vorschlag für eine demokratische, gerechte und nachhaltige Weltordnung bietet die *Blaue Revolution* den Menschen eine neue positive Vision. Eine solche ist dringend nötig, denn «der Linken mangelt es an einer glaubwürdigen Geschichte als Alternative zum Neoliberalismus», wie etwa der deutsche PR-Profi Imran Ayata sagt.[6]

Auf den folgenden Seiten lege ich dar, wie wir der Hoffnung auf ein besseres Leben wieder Nahrung geben können. Wie wir es noch rechtzeitig schaffen, das Ruder herumzureissen und unser gemeinsames Boot in eine neue Richtung lenken können, sodass wir gemeinsam das Ufer einer gerechten und nachhaltigen Gesellschaft erreichen werden.

Weil ich weder durch Funk noch durch Fernsehen oder Film bekannt bin, erzähle ich zwischen den einzelnen Kapiteln ein wenig aus meinem Leben.

Die Zukunft des blauen Planeten ist hoffentlich weiblich geprägt. Deshalb hat in diesem Prolog die nigerianische Autorin Ndidi Okonkwo Nwuneli das letzte Wort: «Damit wir in Frieden zusammenleben können, braucht es Gerechtigkeit in einer Gesellschaft: Gendergerechtigkeit, Klimagerechtigkeit und Gleichberechtigung von Menschen mit unterschiedlicher Hautfarbe.»[7]

Quellen

1   «NZZ am Sonntag», Zürich, 30. September 2018

2   dicocitations.lemonde.fr/blog/je-represente-un-parti-qui-nexiste-pas-encore-le-parti-revolution-civilisation-ce-parti-fera-le-vingtieme-siecle-il-en-sortira-dabord-les-etats-unis-deurope-puis-les-etats-unis-du-monde

3   Dürrenmatt, Friedrich, «Justiz», Zürich, 1985, Seite 41

4   www.spiegel.de/panorama/gesellschaft/verdingkinder-in-der-schweiz-wir-kinder-sklaven-a-1111341.html

5   www.amnesty.ch/de/themen/menschenrechte/dok/2018/70-jahre-allgemeine-erklaerung-der-menschenrechte/buch/frauenrechte-in-der-schweiz-menschen-rechte-im-schneckentempo

6   «Der Bund», Bern, 5. November 2019

7   «Sonntagsblick», Zürich, 3. November 2019

Kapitel 1

Eine Nation – eine Demokratie

Der Saal im ehrwürdigen «Kaufleuten» in Zürich kocht. Seit rund zwei Stunden fegt das internationale Ensemble von *Incognito* an einem Novemberabend 2019 über die Bühne. Das international gemischte Publikum tanzt ausgelassen zum Soul und Jazz der fast 20-köpfigen Band. Die Stimmung ist energiegeladen und entspannt zugleich. Bandleader Jean Paul «Bluey» Maunick strahlt ins Publikum und ruft zum Ende des Konzerts: «*We are one nation, we are one family.*» Das Publikum stampft, klatscht, jubelt.

Der in Mauritius geborene englische Musiker weiss, wovon er spricht. Schliesslich spielt er seit fast 40 Jahren rund um die Welt Konzerte. Dabei wollte «Bluey» Maunick aber nicht nur der musizierende Magier auf der Bühne sein, der die Leute zum Tanzen brachte: «Ich wollte, dass die Welt meine Band ist», sagt er. So waren bei *Incognito* seit Gründung der Band insgesamt über 1500 Musiker*innen und Sänger*innen dabei. «Blueys» Idee war es von Anfang an, «ein musikalisches Kollektiv» aus den unterschiedlichen Menschen aus ganz verschiedenen Ländern zu bilden.[1]

Also ist es für ihn nicht einfach eine Floskel, wenn er «*We are one nation*» so locker dahinsagt. Für Jean Paul «Bluey» Maunick ist es eine Lebenseinstellung. Für die meisten seiner Fans ist diese Aussage wohl eine Selbstverständlichkeit. Denn sie wissen: Wir Menschen haben alle die gleichen Wurzeln, wir alle haben das gleiche Blut in den Adern, wir alle haben grundsätzlich die gleichen Bedürfnisse und Fähigkeiten. Egal, aus welchem Schweizer Kanton sie stammen, egal, in welchem Land sie aufgewachsen sind, egal, welche Hautfarbe sie haben, egal, ob sie sich als Frau, Mann oder Transmenschen bezeichnen, egal, ob sie an einen Gott glauben oder nicht: Alle zusammen bilden die Menschheit, sind eine Nation.

Darum geht es der *Blauen Revolution*: Die Spezies Mensch muss in der Entwicklung endlich einen Schritt weiterkommen. Wir müssen die Erkenntnis, dass wir uns von den Inuit in Kanada über die Einheimischen der Zentralschweiz bis zu den Maori auf Neuseeland alle so ähnlich sind, dass unsere Organe problemlos ausgetauscht werden können, endlich ernst nehmen. Und diese Erkenntnis in die reale Politik umsetzen. Genauso wenig, wie es jemanden in den Sinn kommen würde, die Menschen nach ihren verschiedenen Blutgruppen in «Rassen» einzuteilen, macht es Sinn, Menschen nach dem Ort ihrer Geburt oder der Farbe ihrer Haut zu schubladisieren.

Abgesehen davon, dass «Blueys» Wort der «one nation» also grundsätzlich Sinn macht, gibt es zu Beginn des dritten Jahrtausends mehrere Gründe, aus der wissenschaftlichen Erkenntnis, dass alle Menschen gleich sind, die politischen Konsequenzen zu ziehen.

Neben älteren moralischen Appellen wie «Proletarier aller Länder vereinigt euch» aus dem Manifest der Kommunistischen Partei von 1848[2] oder neueren Aufrufen wie jenem von Jean Ziegler – politisches *Enfant terrible* der Schweiz –, wonach «das tägliche Massaker des Hungers der absolute Skandal unserer Zeit» ist[3], ist es heute vor allem die Frage nach dem Überleben der menschlichen Zivilisation, die auf eine globale Antwort drängt. Dass durch die globale Klimaerwärmung das Überleben der zivilisierten Menschheit auf dem Spiel steht, ist heute weitgehend unbestritten. Natürlich gibt es Menschen, die das bestreiten. Mit diesen dürfen sich gerne jene auseinandersetzen, die auch mit Menschen diskutieren, die behaupten, dass die Erde eine Scheibe ist.

«Unser Planet steht in Flammen», sagte UNO-Generalsekretär António Guterres in seiner Neujahrsbotschaft Anfang Januar 2020. Er sprach damit die Klimaerwärmung an, die sich damals mit gigantischen Waldbränden in Australien manifestierte. Seine Aussage war aber auch eine vieldeutige Metapher. So sprach Guterres ebenfalls davon, dass sich die Welt in Aufruhr befinde, und dass die geopolitischen Spannungen so stark seien wie noch nie im 21. Jahrhundert. Die Menschen seien zornig und verstört. So könne es nicht weitergehen, sagte er. Sein verzweifelter Aufschrei war auch das Eingeständnis der Ohnmacht der Vereinten Nationen und damit der gesamten Staatengemeinschaft.[4]

Die Metapher des UNO-Generalsekretärs orientierte sich dabei nicht zufällig an der Botschaft der schwedischen Klimaaktivistin Greta Thunberg, die diese knapp ein Jahr zuvor am World Economic Forum (WEF) in Davos an die führende Mangager-Guilde gerichtet hatte: «Das Haus brennt».[5]

Seit dem flammenden Appell Thunbergs an die selbsternannte Wirtschaftselite sind die Monate ins Land gegangen, ohne dass sich eine funktionstüchtige Feuerwehr formierte. Thunbergs Schulstreiks fürs Klima haben zwar Millionen von jungen Menschen motiviert, regelmässig für eine politische Lösung des Klimaproblems auf die Strasse zu gehen, doch ausser der öffentlichen Erkenntnis, ein gravierendes Problem zu haben, hat sich wenig verändert.

Immerhin haben zahlreiche Städte in der Schweiz, in Europa und rund um den Globus unterdessen den Klimanotstand ausgerufen. Und selbst das EU-Parlament schloss sich Ende November 2019 diesem Trend der Symbolpolitik an und verlangte von der EU-Kommission, dass die EU bis 2050 klimaneutral wird.[6]

Doch getan hat sich nichts: Trotz im Vorfeld wohlwollend formulierter Verlautbarungen ging die 25. UNO-Weltklimakonferenz in Madrid im Dezember 2019 ohne Fortschritte zu Ende. Das Plenum erinnerte die rund 200 Staaten bloss an ihre Zusage, im nächsten Jahr ihre Klimaschutzziele für 2030 möglichst zu verschärfen. Aktivist*innen waren zurecht empört, dass das Pariser Abkommen von 2015 weiterhin ein Papiertiger blieb: «Diese Klimaschutzkonferenz war ein Angriff auf das Herz des Pariser Abkommens. Sie verrät all jene Menschen, die weltweit längst unter den Folgen der Klimakrise leiden und nach schnellen Fortschritten rufen», sagte Greenpeace-Deutschland-Geschäftsführer Martin Kaiser. Für den WWF war die Konferenz «ein gruseliger Fehlstart in das für die Umsetzung des Pariser Klimaabkommens so entscheidende Jahr 2020». Auch für die internationale Greenpeace-Chefin Jennifer Morgan war das Ergebnis «völlig inakzeptabel.»[7]

Dabei aber einfach mit dem Finger auf Staaten wie die USA oder Brasilien zu zeigen, die mit ihren reaktionären Präsidenten zweifellos zu den Bremsern einer nachhaltigen Klimapolitik gehören, wäre zu billig. Selbst die reiche Schweiz, die sich gerne als Klima-Musterschülerin verkauft, ist weit davon entfernt, die eigenen, für einen wirksamen Klimaschutz immer noch ungenügenden Ziele einzuhalten. Sie rutschte 2019 im internationalen Klima-Länderrating gegenüber dem Vorjahr gar um sieben Plätze ab und belegt nur noch Rang 16. Vor der Schweiz liegen nicht nur Länder wie Schweden oder Dänemark, sondern auch Marokko und Indien. Grund dafür ist die schwache Klimapolitik der Eidgenossenschaft. Obwohl der Schweizer Bundesrat im August 2019 das Netto-Null-Ziel bis 2050 ankündigte, fehlt es an einer verbindlichen Umsetzungsstrategie. Auch das Ziel, die Inlandsemissionen bis 2030 um 30 Prozent zu reduzieren, war bloss eine Absichtserklärung.[8]

Nicht nur Umweltorganisationen sind besorgt. Auch das *World Economic Forum* (WEF) hatte die Krise auf dem Radar. Eine Woche vor dem

Jahrestreffen in Davos stellte das WEF Mitte Januar 2020 die wichtigsten Risiken der Zukunft vor. Der «*Global Risk Report*» zeichnet vor dem Hintergrund zunehmender politischer Spannungen, drohendem wirtschaftlichem Abschwung und Umweltrisiken ein düsteres Bild. Und das war noch bevor die Coronakrise überhaupt ein Thema war. Sorgen machen sich die Entscheidungsträger*innen aus Politik und Wirtschaft insbesondere wegen extremer Wetterereignisse, dem Verlust von Biodiversität und der von Menschen verursachten Umweltkatastrophen. Der Risikoreport folgert, dass wegen des Klimawandels die Migration zunehmen wird und sich die geopolitischen Spannungen weiter verschärfen werden. Neben der Klimakrise wird auch der Verlust der Biodiversität, die so schnell schwindet wie noch nie in der Geschichte der Menschheit, als grosses Risiko für die künftige Entwicklung bezeichnet.

Für den «*Global Risk Report*» wurden rund 750 Personen befragt, darunter auch sogenannte «*Global Shapers*», Menschen ab Jahrgang 1980. Diese sorgen sich noch stärker um die Umwelt. Sie sehen im Klimawandel nicht nur langfristige Risiken, sondern gehen vielmehr davon aus, dass bereits ab 2020 Umweltkatastrophen wie extreme Hitzewellen oder unkontrollierbare Waldbrände ansteigen werden.[9] Angesichts der massiven Brände im Amazonasgebiet und in Australien im Jahr 2019 ist das keine allzu gewagte Prognose.

Zu diesen Erkenntnissen passte, dass sich kurz vor dem WEF auch der Schweizer Tennisspieler Roger Federer aus der Deckung wagte und zum Klimanotstand ein klares Statement abgab. Federer war von der Klimajugend mit dem Hashtag *#rogerwakeupnow* aufgefordert worden, sich gegen die Politik einer seiner wichtigsten Sponsoren auszusprechen.

Ende November 2018 hatten zwölf Aktivist*innen auf die umweltschädliche Investitionspolitik der Schweizer Grossbank Credit Suisse (CS) aufmerksam gemacht, als sie in Vorraum einer Bankfiliale als Sportler verkleidet Tennis spielten. Für diese Aktion des zivilen Ungehorsams wurden sie von der Staatsanwaltschaft wegen Hausfriedensbruchs angeklagt, Mitte Januar 2020 in erster Instanz von einem Bezirksrichter aber überraschend freigesprochen. Der bürgerliche Einzelrichter attestierte den Demonstrierenden, angesichts eines realen Notstandes gehandelt zu haben. Dafür dürfte nicht zuletzt Roger Federer mitverantwortlich gewesen sein. Denn der Richter geisselte nicht nur die ineffiziente Politik, er wies auch explizit darauf hin, dass Federer am Wochenende zuvor auf die Forderungen der Aktivist*innen reagiert hatte.[10] Dieses juristische Wunder hielt allerdings nicht lange. Mitte September hob das Waadtländer Kantonsgericht die Freisprüche auf und verurteilte die Aktivist*innen zu Bussen um 200 Franken und zur Übernahme der Gerichtskosten.[11]

Dass Weltstar Federer Stellung nahm, ist auch Greta Thunberg zu verdanken, die seine Zusammenarbeit mit der CS auf Twitter thematisierte. Federer reagierte schliesslich mit einem klaren Statement: «Ich nehme die Auswirkungen und die Bedrohung durch den Klimawandel sehr ernst, zumal meine Familie und ich inmitten der Zerstörung durch die Buschbrände in Australien ankommen», schrieb er, als er gerade zum *Australian Open* unterwegs war. Als Vater von vier Kindern und leidenschaftlicher Befürworter der universellen Bildung habe er grossen Respekt und Bewunderung für die Jugendklimabewegung. «Ich bin den jungen Klimaaktivisten dankbar, dass sie uns alle dazu zwingen, unser Verhalten zu überprüfen und nach innovativen Lösungen zu suchen. Wir sind es ihnen und uns selbst schuldig, zuzuhören.» Er sei sich seiner Verantwortung als Privatperson, als Athlet und als Unternehmer «sehr bewusst». Er «möchte diese privilegierte Position für den Dialog in diesen wichtigen Fragen mit meinen Sponsoren nutzen», schrieb Roger Federer.[12]

Wie ernst es um den ökologischen Zustand der Welt tatsächlich steht, wissen nicht nur Federer oder die Autor*innen des «*Global Risk Report*». Ein Beispiel aus Zentralafrika schildert die Geografin und Umweltaktivistin Hindou Dumarou Ibrahim im Vorwort zu Carola Racketes Buch «Handeln statt hoffen»: Seit Beginn des 21. Jahrhunderts ist die Durchschnittstemperatur im Tschad um mehr als 1,5 Grad Celsius angestiegen. Was auch für die meisten Länder Afrikas gelte. «Unsere Bäume brennen. Unsere Wasservorkommen versiegen. Unsere fruchtbaren Äcker verwandeln sich in Wüste.»

Als indigene Frau lebt und arbeitet Hindou Dumarou Ibrahim mit ihrer Gemeinschaft im Einklang mit der Natur. Die Jahreszeiten, die Sonne, den Wind und die Wolken sehen sie als Verbündete. «Inzwischen sind sie zu Feinden geworden.» Als Beispiel der verheerenden Veränderung erwähnt die Koordinatorin der Organisation «*Femmes Peuples Autochones du Tchad*» den Tschadsee, der früher einer der fünf grossen Süsswasserspeicher Afrikas war. «Als ich vor gut 30 Jahren geboren wurde, hatte der See eine Fläche von 10 000 Quadratkilometern. Heute sind es noch 1250.» Allein in ihrer Lebenszeit verschwanden also fast 90 Prozent des Sees.[13] Zum Vergleich: Der grösste See der Schweiz, der Bodensee, hat eine Fläche von rund 530 Quadratkilometern. Der Tschadsee schrumpfte also um eine Fläche, die 16 Mal so gross ist wie der Bodensee.

Während sich die Klimaerwärmung seit Jahren bereits deutlich manifestiert, kommt die Erkenntnis, dass wir das herrschende System grundlegend verändern müssen, erst langsam in der Mitte der Gesellschaft an. Obwohl der damalige Präsident der renommierten Eidgenössischen Technischen Hochschule (ETH) in Zürich, Joël Mesot, Ende 2019 nicht glaubte, «dass alles realistisch ist», was die Klima-Aktivist*innen auf der Strasse forderten, fand er Greta Thunbergs Engagement immerhin «hoch interessant». Die ETH wolle zwar Technologien anbieten, um den Klimawandel zu bekämpfen. «Aber Technologie allein genügt nicht. Es braucht auch Veränderungen in der Gesellschaft und den Willen aller Staaten, am gleichen Strick zu ziehen», sagte Mesot.[14]

In welche Richtung die Veränderungen der Gesellschaft und insbesondere das Wirtschaftssystem gehen müssen, formuliert die ehemalige Basler Ständerätin Anita Fetz. In ihrem Essay mit dem Titel «Kann die Demokratie den Kapitalismus zivilisieren?» schreibt Fetz, dass die modernen bürgerlichen Demokratien «nicht nur aus dem Prinzip des *one woman one vote*» bestehen, sondern «ganz entscheidend auch im Selbstverständnis, dass alle Menschen gleich viel wert sind und dass der Rechtsstaat die Minderheiten schützt». Die Sozialdemokratin windet der Schweizer Demokratie ein Kränzchen: «Kaum ein Land hat eine so weitgehende direkte Demokratie auf allen Staatsebenen verwirklicht wie die Schweiz. Wir können mitbestimmen von der Gestaltung des Dorfplatzes bis zur ökologischen und sozialen Verantwortung der Konzerne, die ihren Hauptsitz in der Schweiz haben.»

Fetz plädiert als fortschrittlich denkende Politikerin und Unternehmerin für eine ökosoziale Marktwirtschaft, um «das Verhältnis von Mensch und Wirtschaft wieder vom Kopf auf die Füsse» zu stellen. Die Wirtschaft sei für die Menschen da und nicht umgekehrt. Dafür brauche es nicht nur eine geschlossene Kreislaufwirtschaft, in der die Ressourcen konsequent wiederverwendet werden, sondern auch alternative Arbeitsformen und die Ausdehnung der Demokratie. Das heisst neben der verstärkten «Partizipation für die Mitarbeitenden» in den Unternehmen auch daran zu denken, dass «die nicht vermehrbare Natur wie Wasser und Boden allen gehören.» Anita Fetz fordert nicht nur deren «Vergemeinschaftung», sie blickt auch über die Grenzen: «Für eine starke Demokratie ist das Schweizer Modell der direkten Demokratie eine gute Ausgangslage.» Und mit Blick auf das weltweite Engagement der Jugend gegen den Klimawandel zeigt sie sich optimistisch. Die Jugendlichen seien einerseits «digital global vernetzt», gleichzeitig aber auch «analog vor Ort sichtbar in ihren Städten.» Fetz ist überzeugt, dass die Klimajugend die Zukunft verändert.[15]

Weil ihr die vielen Jahre als linke Politikerin in bürgerlich dominierten Parlamenten den Hang zum Träumen offenbar ausgetrieben hatten, spinnt sie den Faden nicht weiter. Sonst wäre sie zwangsläufig bei einer globalen, direkten Demokratie gelandet, deren Wirtschaftssystem sich auf eine öko-soziale Kreislaufwirtschaft stützt und als eine wesentliche Bedingung dafür den Grund und Boden sowie das Wasser vergesellschaftet hat.

Jugendliche Klima-Aktivist*innen argumentieren ähnlich wie die erfahrene Feministin Fetz. So schreibt beispielsweise Nadia Kuhn, dass der Kampf gegen den Klimawandel «Hand in Hand» gehen müsse «mit dem Kampf für mehr Demokratie und mehr Gerechtigkeit in allen Lebensbereichen.» Technokratische Scheinlösungen reichten nicht aus, um die drohende Umweltkatastrophe aufzuhalten, schreibt die Co-Präsidentin der Jungsozialist*innen des Kantons Zürich.[16] Und ihr Kollege Luzian Franzini, Co-Präsident der Jungen Grünen Schweiz, weist darauf hin, dass die Schweiz nicht nur in Sachen Demokratie etwas zu bieten hat, sondern auch eine besondere Verantwortung trägt: «Aus internationaler Perspektive ist die Schweiz als reichstes Land der Welt prädestiniert dafür, eine globale Führungsrolle im Kampf gegen die Klimakrise wahrzunehmen.» Für ihn ist klar, dass die Klimabewegung Geschichte schreibt. Der Kampf gegen die Klimaerwärmung sei die Chance, «die grundlegenden Machtstrukturen zu verändern und eine Welt zu gestalten, welche allen ein würdiges Leben garantiert – auch den künftigen Generationen.»[17]

Noch konkreter wird die Umwelt- und Menschenrechtsaktivistin Carola Rackete, als sie eine Regierung fordert, die «auf allen Ebenen viel mehr Demokratie zulässt. Wir brauchen echte Demokratie in der Wirtschaft, in der Politik und in der Gesellschaft.»[18] Gleichzeitig müssten wir aber ebenfalls «den Überkonsum beenden und der globalen Ungerechtigkeit und dem Verfall der Menschenrechte etwas entgegensetzen», verlangt sie. So wie sie im Juni 2019 als Kapitänin der *Sea-Watch 3* nicht ewig warten konnte, bis sie die geflüchteten Menschen an Bord in Italien in Sicherheit brachte, so könne auch die Menschheit nicht darauf warten, «dass sich die Staaten selbst verpflichten.»[19]

Carola Rackete will mehr Demokratie, viel mehr Demokratie. Zu Recht. Obwohl nach dem Ende der Sowjetunion Ende der 1980er-Jahre von den Siegern des Kalten Krieges ein neues Zeitalter der Demokratie ausgerufen wurde, hat der Begriff im 21. Jahrhundert für viele Menschen den guten Ruf verloren. Zu viele wurden enttäuscht. Zu viele Zivilist*innen und Soldat*innen starben im Namen der «Demokratie» auf den Schlachtfeldern des Mittleren Ostens. Zu viele Menschen wurden in den demokratischen Staaten der EU oder in den USA wirtschaftlich abgehängt, damit deren Regierungen die Reichen noch reicher machen konnten.

Es ist insofern keine grosse Überraschung, dass Wendy Brown, Professorin für politische Theorie an der Universität Berkeley, konstatiert: «Die Demokratie, die wir einst hatten, ist tot.» Weil die Neoliberalen die Demokratie als störend empfinden, sollte sie «auf ein Kreuzchen auf einem Wahlzettel» reduziert werden, schimpft sie. Doch die linke amerikanische Intellektuelle belässt es nicht dabei, sich zu beklagen. Obwohl die Demokratie in einer globalisierten Welt nicht mehr wie früher funktionieren könne, sei das auf einer lokalen oder regionalen Ebene noch möglich. Gefragt, ob die direkte Demokratie der Schweiz «ein Rezept für die Welt» wäre, setzt die Aktivistin für Frauenrechte zu einem Loblied an: «Das wäre phänomenal», sagt sie. Die Schweiz habe eine direkte Demokratie, die «an öffentliche Interessen und das Gemeinwohl glaubt. Eine Demokratie, die die Debatten öffentlich austrägt.» Dass die Ergebnisse der Abstimmungen nicht alle glücklich machten, sei halt Demokratie. «Ja, die Welt wäre in einem guten Zustand, wenn sie verschweizern würde», sagt Wendy Brown.[20]

Damit nimmt die kalifornische Professorin den Begriff von Friedrich Dürrenmatt auf. Wendy Browns Votum wird in progressiven Kreisen in der Eidgenossenschaft nicht besonders geschätzt, leidet doch die Linke in diesem kleinen, reichen Land daran, praktisch immer in der Minderheit zu sein. Während sich Schweizer Grossbanken und multinationale Konzerne, die aus Steuergründen ihren Sitz in der Schweiz haben, mit der Unterstützung des Bürgertums am Elend der Welt bereichern.

Denn die Schweiz hat nicht nur ein ausgeklügeltes politisches System, das der erwachsenen Bevölkerung mit Schweizer Pass weitgehende Mitsprachemöglichkeiten einräumt. Die Schweiz ist auch ein Land, das von der weltweiten Ausbeutung profitiert. Natürlich ist sie damit nicht allein. Sie profitiert im Verbund mit den anderen Staaten des globalen Nordens, die der Welt die Handelsbedingungen diktieren. Der ehemalige Berner SP-Nationalrat Rudolf Strahm beschreibt die Verhältnisse so: «Die in den internationalen Handelsabkommen und der WTO (Word Trade Organization) festgeschriebene Freihandelsdoktrin hat stets soziale Fragen ignoriert, etwa Kinderarbeit und Lohndumping. Ökologische Kritik wurde beiseitegeschoben, etwa Überfischung, Gentechnologie, Klima- und Atmosphärenschutz. Der doktrinär durchgesetzte Freihandel ist sozial und ökologisch blind.»[21]

So ist es nicht verwunderlich, dass auch die sozialdemokratische Zürcher Nationalrätin Jacqueline Badran dafür kämpft, das herrschende Wirtschaftssystem «zu einer postkapitalistischen Gesellschaft, die nicht mehr den Wachstumszwang unterworfen ist», umzubauen. «Nur weil wir die Ausbeutung nicht mehr vor der eigenen Haustür haben, ist sie nicht verschwunden – wir haben sie einfach ins Ausland ausgelagert», analysiert die oppositionelle Unternehmerin. Deshalb «müssen wir jetzt die Köpfe zusammenstecken – und eine neue Geschichte entwickeln, welche die globalen Probleme angeht.»[22] Ganz ähnlich sieht das Strahm: «Die sozialen und ökologischen Schutzregeln, die in den zivilisierten westlichen Nationen über hundert Jahre hinweg schrittweise installiert worden sind, braucht es auf globaler Ebene.»[23]

Doch damit wäre es nicht getan: Es reicht nicht, bloss ökologische und arbeitsrechtliche Regeln erfolgreicher Staaten wie jene der Schweiz global umzusetzen. Unabhängig davon, dass die Gewerkschaften zu Recht darauf hinweisen, dass es etwa beim Kündigungsschutz oder bei der fehlenden Demokratie auf Betriebsebene in der Schweiz noch grosse Defizite gibt. Angesichts der sich weiter verschärfenden Klimakrise braucht es einen fundamentalen Umbau des herrschenden Wirtschaftssystems. Darauf weisen auch die jugendlichen Klima-Aktivist*innen immer wieder hin, wenn sie den *system change* fordern.

In progressiven Kreisen der USA, und seit Beginn des Jahres 2020 auch in der Kommission der Europäischen Union, ist viel von einem grünen *New Deal* die Rede, mit dem der Umbau der Wirtschaft vorangetrieben werden sollte, um das Leben in den reichsten Ländern der Welt CO_2-neutral zu organisieren. Für viele kritische Wirtschaftsfachleute oder Aktivist*innen gehen diese Pläne allerdings zu wenig weit. Abgesehen davon, dass sie bloss auf dem Papier existieren.

Für Niko Paech beispielsweise braucht es einen Aufstand und «Gruppen von Menschen, die eine Lebensweise praktizieren, die übertragbar ist auf 7,5 Milliarden Menschen.» Für den Professor für Plurale Ökonomik an der Universität Siegen ist der von der EU-Kommission angekündigte *Green Deal* und der *New Green Deal*, wie ihn die amerikanischen Demokrat*innen propagieren, «eine Mogelpackung, die das Unmögliche verspricht: keine Wohlstandsreduktion bei gleichzeitig hinreichendem Umweltschutz.» Bestandteile einer ökologisch vertretbaren Wirtschaft sieht er etwa im Verbot «aller Urlaubsflüge, Kreuzfahrten und anderem schamlosen Luxus». Und in der Einführung einer 20-Stunden-Arbeitswoche, «um bei halbierter Produktion dennoch Vollbeschäftigung zu erreichen».[24]

Paech nennt sein Wirtschaftsmodell «Postwachstumsökonomie». Er argumentiert, dass man Wertschöpfung nicht von ökologischen Schäden entkoppeln dürfe und dass ab einem gewissen wirtschaftlichen Entwicklungsniveau «mehr Einkommen und Konsum nicht zu mehr Lebenszufriedenheit» führe. Ständiges Wachstum führe sogar zu kontraproduktiven sozialen Effekten in Bezug auf Hunger, Armut oder Verteilungsgerechtigkeit. Paech bleibt allerdings die Antwort auf die Frage schuldig, wie sich der globale Süden auf diese Weise wirtschaftlich so entwickeln könnte, dass die Menschen auch dort über genügend sauberes Wasser und gesunde Nahrung verfügen und nicht weiterhin auf ausreichende Bildung, vernünftige Transportmöglichkeiten oder eine anständige Gesundheitsversorgung verzichten müssen.[25]

Da ist sein amerikanischer Kollege Jeremy Rifkin optimistischer. In seinem Buch «*The Green New Deal*»[26] kommt der Ökonom und Publizist zum Schluss: «Es gibt Zeiten in der Geschichte, die zum Zusammenbruch einer Zivilisation führen, weil neue Revolutionen in den Bereichen Kommunikation, Energie, Mobilität und Logistiktechnologie nicht in Sicht sind. Glücklicherweise treibt diesmal eine neue, leistungsstarke grüne Infrastruktur-Revolution die alte Infrastruktur beiseite und schafft gleichzeitig die Möglichkeit, auf der Erde einfacher und nachhaltiger zu leben.»[27]

Für Rifkin ist der *Green New Deal*, wie ihn auch die US-amerikanische demokratische Kongressabgeordnete Alexandria Ocasio-Cortez fordert, «ein starkes Plädoyer für die jüngeren Generationen». Denn diese sei es, die Amerika umzuwälzen werde, um mit einer wichtigeren Agenda voranzukommen: «Nicht nur um die sozialen Perspektiven und das wirtschaftliche Wohlergehen aller Amerikaner*innen zu verbessern, sondern auch, um Amerika und seine Bevölkerung als Vorreiter zu positionieren, den Klimawandel zu begrenzen und das Leben auf der Erde zu retten.» Für Rifkin ist deshalb der Aufbau einer emissionsfreien Infrastruktur für die dritte industrielle Revolution «der Kern des *Green New Deal*.»[28]

In seinem Plädoyer für eine grüne Ökonomie legt er einen mitreissenden Optimismus an den Tag, wie man ihn auch von amerikanischen Sportler*innen gewohnt ist. Ein Optimismus, der auch den diesbezüglich zurückhaltenderen Europäer*innen guttun würde. Dieser Optimismus, dass es genüge, die Ärmel hochzukrempeln, habe die USA während mehr als zweihundert Jahren durch schwierige Prüfungen geführt. «Dies liegt in unserer kulturellen DNA», schreibt Rifkin als Nachfahre eingewanderter Europäer. Die andere Sicht der *Native Americans* auf die Geschichte der USA wird später in diesem Buch thematisiert.

Um aber bei Rifkins Optimismus zu bleiben: Er hofft, dass «die Graswurzelbewegung für einen *Green New Deal*, die sich jetzt in ganz Amerika ausbreitet», es schafft, in den Vereinigten Staaten eine grüne Infrastruktur für die dritte industrielle Revolution aufzubauen, um so den Klimawandel zu begrenzen «und eine gerechtere und humanere Wirtschaft und Gesellschaft zu schaffen.»[29]

Eine solche «gerechtere und humanere» Gesellschaft müsste natürlich auch jenem grossen Teil der Menschen im globalen Süden zugutekommen, die in bitterster Armut leben. Wollte man den aktuellen Lebensstandard der Mittelklasse Europas oder Nordamerikas zum Massstab eines guten Lebens für alle Erdenbürger*innen machen, bräuchten wir über den Daumen gepeilt zwei bis drei Planeten, um die Nachhaltigkeit zu garantieren. Selbst wenn der *Green New Deal* so umgesetzt würde, wie sich das Rifkin und Ocasio-Cortez vorstellen.

Deshalb werden wir nicht um die Einsicht der Umwelt-Aktivistin Carola Rackete herumkommen, wonach es dringend erforderlich ist, «dass wir Gesetze einführen, die den Ressourcenkonsum der Menschen in der Wohlstandsgesellschaft bremsen.»[30] Wobei dieses Limit des Ressourcenverbrauchs durchaus global gemeint ist. Und zwar beileibe nicht nur für Privatpersonen. «Unternehmen müssen daran gehindert werden, aus der Zerstörung der Natur Profit zu schlagen», fordert Rackete.

Um den Profit, wie er bisher erzielt wurde, künftig in ökologischere Bahnen zu führen, fordert der Schweizer Ökonom Ernst Fehr «eine allgemeine Klimasteuer, die alle Produkte proportional zu den verursachten Treibhausgasemissionen besteuert.»[31] Im Gegensatz zu Rackete kann der 63-jährige Professor für Mikroökonomik an der Universität Zürich kaum als Antikapitalist bezeichnet werden, schliesslich setzt er mit der Klimasteuer auf ein marktkonformes Instrument: «Mit einer Klimasteuer würde der Markt die Treibhausemissionen stark reduzieren», sagt Ernst. Dabei reiche eine CO_2-Abgabe, wie sie etwa im Schweizer Parlament Ende 2019 diskutiert wurde, nicht aus. Ernst sieht die Klimasteuer breiter, nur so wäre es möglich, «die hohe Emissionen verursachende Fleischproduktion» zu verringern, «weil sich das Fleisch verteuern würde.»

Obwohl es aus ökologischen Gründen sinnvoll ist, den weltweiten Fleischkonsum zu reduzieren, würde eine «Fleischsteuer» allerdings dazu führen, dass sich die Ungleichheit weiter zuspitzte: Wer reich ist, könnte Fleisch essen, ohne sich einschränken zu müssen. Die Armen hingegen müssten sich mit Reis begnügen.

Hier würde nur eine Kontingentierung Abhilfe schaffen. Allenfalls in Kombination mit einer Fleischbörse. In Zeiten der Globalisierung und Digitalisierung könnte das beispielsweise über eine Art CO_2-Kreditkarte laufen. Die Wissenschaft könnte berechnen, wie viel Fleisch ein Mensch im weltweiten Durchschnitt pro Woche essen darf, damit eine nachhaltige Landwirtschaft möglich wäre. Nehmen wir an, dass dieser Wert bei 100 Gramm Fleisch pro Person liegen würde. Alle die weniger verbräuchten, könnten ihr «Fleischguthaben» an die internationale «Fleischbörse» bringen, um es dort an jene zu verkaufen, die mehr als die ihnen zustehenden 100 Gramm pro Woche essen wollen. Damit wäre gewährleistet, dass jede Person so viel Fleisch essen könnte, wie ihr zusteht. Mit dem netten Begleiteffekt, dass Vegetarier*innen mit dem Verkauf ihrer Kontingente sogar noch Geld verdienen würden.

Damit sind wir mitten in der Diskussion der sozialen Frage. Wie sich von der Obrigkeit verfügte Preiserhöhungen bei Bürger*innen, die sich ihrer Demonstrationsmacht bewusst sind, aber in den Entscheid nicht einbezogen werden, auswirken können, haben die *Gilet Jaunes* in Frankreich gezeigt. Nach einer ökologisch begründeten Preiserhöhung des Treibstoffs legten sie Frankreich über Monate teilweise lahm. Jeremy Rifkin zitiert in «*The Green New Deal*» zu Recht den Generalsekretär des Internationalen Gewerkschaftsbundes Sharan Burrow, der davor warnt, dass der «wirtschaftliche Wandel, mit dem wir konfrontiert sind, sich in einem Ausmass und innerhalb eines Zeitrahmens vollzieht, der schneller als jeder andere in unserer Geschichte.» Burrow verlangt deshalb, dass in allen Ländern und für benachteiligte Gemeinden, Regionen und Sektoren «gerechte Übergangsfonds» eingerichtet werden, um Investitionen in Bildung und Umschulungen zu finanzieren. «Der soziale Schutz der Arbeiter*innen muss gewährleistet werden.»[32]

Auch die linken Parteien in der Schweiz arbeiten zusammen mit den Gewerkschaften darauf hin, dass nicht die Lohnabhängigen die Zeche des ökologischen Wandels bezahlen müssen. Beat Ringger, damals geschäftsführender Sekretär des linken Schweizer *Thinktanks* Denknetz, hat das in seinem *System-Change-Klimaprogramm* so formuliert: «Alle Versuche, die Kosten des Klimaschutzes auf die breite Bevölkerung abzuwälzen und gleichzeitig grosse Vermögen vor dem Zugriff zu bewahren sowie wichtige Machtzentren unangetastet zu lassen, werden scheitern – zu Recht.»[33]

Bei der Verknüpfung von ökologischen und sozialen Fragen geht es aber nicht nur darum, den alten Traum einer gerechten Gesellschaft mithilfe der neuen grünen Welle auf der Ebene der Nationalstaaten zu erreichen. Der Umbau der Wirtschaft hin zu einer weltweit nachhaltigen Ökonomie ist nur möglich, wenn er sowohl für die gewöhnlichen Menschen im globalen Norden als auch den breiten Massen im globalen Süden einen positiven Wandel verspricht. «Eine bessere Ökonomie muss sich am guten Leben für alle orientieren», schreibt Carola Rackete.[34] Um weltweit soziale Gerechtigkeit herzustellen und zeitgleich die grassierende Armut zu überwinden, müssen allgemeine Güter wie «die Atmosphäre, die Polarregionen, die Weltmeere, das All, aber auch das Internet» allen Menschen zur Verfügung gestellt werden. Genauso wichtig ist allerdings, dass gleichzeitig die sozialen Güter verbessert würden: «Gesundheitsversorgung oder Bildung, bezahlbares Wohnen und öffentlicher Nahverkehr.» Ein solches Wirtschaftssystem braucht klare Regeln. Rackete plädiert deshalb für ein «Kontrollgremium, das dafür sorgt, dass die Regeln eingehalten werden und die Nutzung gerecht ist.»

Damit ein solches Gremium weltweite Durchsetzungskraft hat, braucht es allerdings den entsprechenden demokratischen Unterbau. Um die menschliche Zivilisation trotz der sich verschärfenden Klimaerwärmung zu bewahren, braucht es nicht nur bei der Produktion ein anderes Wirtschaftssystem. Es braucht auch «eine markante Änderung der Lebensgestaltung und der Konsumgewohnheiten», wie Ringger postuliert.[35]

Um dahin zu kommen, müssen wir aber über den «Elefanten in unseren Wohnzimmern sprechen», wie der deutsche Soziologe und Autor Harald Welzer sagt. Denn das Problem ist nicht die Not oder die Armut, sondern der Wohlstand. Während Durchschnitts-Schweizer*innen im «Turbokapitalismus» wie Maden im Speck leben, ist das aktuelle System «darauf angewiesen, dass Menschen ohne Unterlass neue Bedürfnisse entwickeln und dass es Wirtschaftszweige gibt, die diese neu entwickelten Bedürfnisse befriedigen.» Dass dies zum Kollaps führt, wird ausgeblendet: Jedes Produkt braucht Rohstoffe und Energie und richtet so Zerstörung an. «Hinterher muss der ganze Kram noch entsorgt werden. Über diesen Elefanten in all unseren Wohnzimmern sprechen wir nicht.» Um das System umzubauen, empfiehlt Welzer kleinere «konkrete Utopien». Zusammen könnten diese das grosse Ganze nachhaltig verändern. Allerdings rechnet er mit Widerstand bei der Umsetzung dieser konkreten Utopien: «Der Prozess, da hinzukommen, verläuft über Konflikte. Denn Menschen möchten ihre Besitzstände, ihre Gewohnheiten ungern freiwillig aufgeben. Aber Modernisierung bedeutet immer Konflikt.»[36]

Die Einschätzungen Welzers decken sich mit der Erkenntnis der Wirtschaftsprofessorin Irmi Seidl, die ebenfalls dafür plädiert, von einem einseitigen Wirtschaftswachstum wegzukommen: «Doch ‹Wasch mir den Pelz, aber mach mich nicht nass›, ist unrealistisch.» Es sei die Aufgabe der Politik, dafür zu sorgen, dass es beim Umbau der Wirtschaft zu keiner Massenarbeitslosigkeit komme, sagt sie. Die deutsche Ökonomin leitet die Forschungseinheit Wirtschafts- und Sozialwissenschaften an der Eidgenössischen Forschungsanstalt für Wald, Schnee und Landschaft. Sie weist auf Forschungsergebnisse hin, wonach mit reduzierter Arbeitszeit eine ökologische Entlastung einhergeht. Mehr Zeit für sich und die Familie zu haben, würde den meisten Menschen nicht nur an sich guttun, wir würden auch etwas weniger produzieren und hätten weniger Umwelt- und Gesundheitskosten, sagt Seidl.[37]

Mit ihrem Wunsch nach einer signifikanten Arbeitszeitverkürzung trifft sich Seidl nicht nur mit dem Niko Paech, sondern knüpft auch an einer Forderung an, welche die Arbeiter*innenbewegung seit ihren Anfängen im 19. Jahrhundert begleitet. Um die umweltverträgliche Transformation der Wirtschaft durchsetzen zu können, macht also eine breite Koalition der ökologischen und sozialen Bewegungen Sinn.

Der amerikanische Historiker und Autor Thomas Frank sagte im Hinblick auf die US-Präsidentschaftswahlen 2020, dass es «eine grosse Koalition aller Arbeiter*innen, unabhängig von Hautfarbe und Ethnie» brauchte, um die Wiederwahl Trumps zu verhindern. «Das ist der Weg, den Franklin Roosevelt ging, als er die Reformen des *New Deal* durchsetzte.» Um diese Koalition für einen *Green New Deal* zu gewinnen, ist es nötig, bei den realen Lebensbedingungen der Menschen anzusetzen. Und zwar jener Menschen, die nicht im Überfluss leben. Deshalb lohnt es sich, mit Frank einen Blick in die USA zu werfen, wo die chronischen Probleme, die das Leben von Millionen von Amerikaner*innen prekär machen, trotz der bis Anfang 2020 boomenden Wirtschaft noch immer existieren. «Sie können sich keine Medikamente leisten, sie müssen sich für einen Krankenhausaufenthalt verschulden oder verzichten angesichts dieser Aussicht ganz auf die Behandlung. Sie verzweifeln an den hohen Kosten für eine Ausbildung», sagte

Frank, noch bevor das Corona-Virus die amerikanische Wirtschaft lahmlegte und Hunderttausende Menschen das Leben kostete. «Wenn man durch die früheren Industrieregionen des Mittleren Westens fährt, sieht man: Das Leben ist nicht dorthin zurückgekehrt. Die Einwohner spüren jeden Tag: Ihre Gesundheitsversorgung ist schlecht. Ihre Stadt geht vor die Hunde. Und sie wissen, dass ihre Kinder nicht zu den Gewinnern gehören werden, die an die guten *Colleges* gehen werden.»[38]

Mit graduellen Unterschieden waren auch in den reichen Ländern Europas ähnlich prekäre Verhältnisse bereits vor der Coronakrise sichtbar, egal ob in Deutschland, Frankreich oder Grossbritannien. Es waren die Auswirkungen der neoliberalen Politik, die auf Ronald Reagan und Margaret Thatcher zurückgingen und seit gut 40 Jahren das soziale Klima bestimmten. Das wirkte sich auch in der Schweiz aus: «Das verfügbare Einkommen nach Abzug von gestiegenen Mieten, Krankenkassenprämien und anderen Abgaben ging in den meisten Regionen für die Mehrheit zurück. Das Hamsterrad in der Arbeitswelt dreht und dreht, doch die halbe Bevölkerung hat nichts davon», analysierte der ehemalige Schweizer Preisüberwacher Rudolf Strahm.[39]

Den erbärmlichen Zustand der Welt zeigt der UNO-Bericht zur Ernährungssicherheit vom Juli 2019: Jeder zehnte Mensch auf der Erde leidet an Hunger. Rund 820 Millionen Menschen haben nicht genug zu essen. Damit ist die Zahl der Hungernden das dritte Jahr in Folge angestiegen. Dabei ist für Frauen die Wahrscheinlichkeit, von Hunger betroffen zu sein, auf allen Kontinenten höher als jene für Männer.

Der UN-Report stellt fest, dass in Ostafrika fast ein Drittel der Bevölkerung unterernährt ist. Zu den Ursachen gehören Klimaextreme und Konflikte sowie die schleppende wirtschaftliche Entwicklung. Mit über 500 Millionen leben die meisten unterernährten Menschen aber in Asien, vor allem in südasiatischen Ländern. Über 250 Millionen Hungernde leben in Afrika und über 40 Millionen in Lateinamerika und in der Karibik. Insgesamt haben zwei Milliarden Menschen «keinen verlässlichen Zugang zu Nahrung». Knapp 150 Millionen Kinder unter fünf Jahren sind wegen chronischer Mangelernährung unterentwickelt.[40]

Dass solche beschämenden und Zahlen nicht nötig wären, weiss der ehemalige UNO-Sonderberichterstatter für das Recht auf Nahrung, der Schweizer Sozialist Jean Ziegler. Denn der Welternährungsbericht, der die oben genannten Opferzahlen aufführt, sagt gleichzeitig, «dass die Weltlandwirtschaft in der heutigen Phase der Entwicklung ihrer Produktionskräfte problemlos zwölf Milliarden Menschen ernähren könnte.» Also etwa 50 Prozent mehr als die Weltbevölkerung heute ausmacht. «Zum ersten Mal in der Geschichte gibt es keinen objektiven Mangel mehr. Das Problem ist nicht mehr die fehlende Produktion, sondern der fehlende Zugang zu Nahrung», hält Ziegler fest. Dass dennoch alle fünf Sekunden ein Kind unter zehn Jahren an Hunger oder seinen unmittelbaren Folgen stirbt, sei bei einer vernünftigen Organisation und einer gerechten Weltordnung vermeidbar. Deshalb kommt der ehemalige Schweizer Nationalrat aus Genf zum Schluss: «Ein Kind, das an Hunger stirbt, wird ermordet.» Hoffnung auf eine Änderung dieser skandalösen Zustände sieht Ziegler «im Aufstand des Gewissens, im demokratischen Widerstand, im radikalen Reformwillen der Zivilgesellschaft.»[41]

Die Zustände im industrialisierten Norden sind zwar nicht so erbärmlich wie in den Entwicklungs- und Schwellenländern. Aber selbst in der reichen Schweiz lebt jeder zwölfte Mensch in Armut, verglichen mit dem allgemeinen Lebensstandard im Land. Das heisst: kein Geld für Schuhe, kein Geld für Ferien, kein Geld für einen Eintritt ins Freibad. Die Armut in der Schweiz nahm in den Jahren 2014 bis 2017 um rund 20 Prozent zu. Für den Anstieg der Armut findet der Soziologe und Armutsforscher Franz Schultheis klare Worte. «Das ist ein skandalöser Tatbestand.» Vor allem alleinerziehende Mütter, die Kinderbetreuung und Arbeit vereinbaren müssen, sind von Armut betroffen. Weil in der Schweiz die externen Betreuungsangebote für Kinder oft zu teuer und zu knapp vorhanden sind, können viele dieser Frauen nur die Teilzeit arbeiten. Unter Armut leiden in der Schweiz aber auch über 70 000 Kinder: «Häufig gibt es bei armutsbetroffenen Kindern in der Schweiz eine viel höhere Krankheitsquote. Die Kindheit, die von Armut betroffen wird, ist ganz besonderen verschiedenen Risiken ausgesetzt», sagt Schultheis.[42]

Trotzdem: In der Schweiz muss im 21. Jahrhundert kein Kind Hunger leiden, niemand muss unter Brücken schlafen. Und die Gesundheitsversorgung ist auch für Arme weitgehend gewährleistet. Das sieht in den grundsätzlich ebenfalls reichen Vereinigten Staaten der USA ganz anders aus: «Obdachlosigkeit, Hunger, Scham: In den USA sind 43 Millionen Bürger davon betroffen – doppelt so viele wie vor 50 Jahren. Es kann ganz schnell gehen: Krankheit, Jobverlust, schon ist man auf der Strasse», hiess es im November 2019 in einem Dokumentarfilm. In der strukturschwachen Bergbau-Region der Appalachen war es für die Einwohner*innen fast normal geworden, mit Lebensmittelkarten einkaufen zu gehen. Und wer seine

Wohnung verliert, dem bleibt oft nichts anderes übrig, als im Auto zu leben. «In Los Angeles gibt es mittlerweile so viele Obdachlose, dass Hilfsverbände damit begonnen haben, kleine Holzhütten bauen, um ihnen ein Dach über dem Kopf zu bieten. Auch die Zahl obdachloser Kinder ist dramatisch gestiegen, 1,5 Millionen sind es mittlerweile – dreimal mehr als zur Wirtschaftskrise in den 30er-Jahren, der sogenannten Grossen Depression», lautete der Befund bereits Monate vor der Coronakrise.[43]

Und dafür ist nicht nur Trump verantwortlich. Bereits im August 2014, als noch Barack Obama das Land regierte, warnte der amerikanische Milliardär Nick Hanauer: «Die Kluft zwischen Habenden und Nicht-Habenden reisst immer schneller auf.» Die Steuererleichterung der Reichen und Superreichen, seit Reagan das Dogma der Republikaner und von Demokraten wie Bill Clinton oder Obama nicht infrage gestellt, hat nur einer schmalen Elite Vorteile gebracht. Der Mittelstand fiel immer stärker zurück und verfügte über immer weniger reales Einkommen. Zur gleichen Zeit, in der Menschen wie Hanauer «jenseits der wildesten Träume aller Plutokraten der Geschichte reich» wurden, blieben 99 Prozent der Einwohner*innen des Landes immer weiter zurück. «Es gibt kein Beispiel in der Geschichte der Menschheit, bei dem ein solch immenser Reichtum angehäuft wurde, und das schliesslich nicht die Mistgabeln auftauchen liess», schrieb Hanauer, lange bevor sich Donald Trump daran machte, die amerikanische Gesellschaft noch stärker zu spalten und die Reichen mit erneuten massiven Steuererleichterungen noch reicher zu machen. Milliardär Nick Hanauer war aber nicht nur in der Analyse stark. Er wusste auch, wie das Wirtschaftssystem wieder ein wenig gerechter würde: mit der Erhöhung des Mindestlohns.[44]

Damit befand sich der amerikanische Multimilliardär mit den Schweizer Gewerkschaften in Einklang, die sich schon lange und teilweise erfolgreich für die Anhebung der Mindestlöhne engagieren. Der Schweizerische Gewerkschaftsbund (SGB) unterstützt darüber hinaus aber auch die jugendlichen Klima-Aktivist*innen der *Fridays for Future*-Bewegung.[45] Denn für die Gewerkschaften ist es ein existenzielles Anliegen, sich weltweit für griffige ökologische Massnahmen einzusetzen. Nicht nur weil auch die Schweiz von der Klimaerwärmung stark betroffen ist. Dem SGB geht es insbesondere um die sozialen Auswirkungen der Klimakrise: «Besonders betroffen von den negativen Folgen des Klimawandels werden vor allem die Schwachen, die Menschen mit niedrigen Einkommen sein – sowohl global gesehen wie auch bei uns.» Darum setzen sich die Gewerkschafter*innen dafür ein, dass die Massnahmen gegen den Klimawandel sozialverträglich sind: «Der Werkplatz und der Arbeitsmarkt Schweiz können nur mit guten Arbeitsbedingungen und einer solidarisch finanzierten Energiewende gesichert werden.» Was für die Schweiz gilt, ist auch global richtig.

Das sieht auch die internationale Klimabewegung so. Stellvertretend dafür steht in der Klimacharta der Jugendlichen, die in der Schweiz die *Fridays for Future*-Demos organisieren: «Wir fordern Klimagerechtigkeit.» Dabei geht es um Massnahmen, «die materiell und finanziell benachteiligte Menschen nicht zusätzlich belasten.» Das soll durch das Verursacherprinzip sichergestellt werden: Wer Treibhausgasemissionen und die Umweltverschmutzung verursacht und davon profitiert, wird zur Verantwortung gezogen. «Sie müssen Schäden vorbeugen, beziehungsweise bereits entstandene Schäden beheben.» Dieses Prinzip soll nicht nur generationenübergreifend, sondern auch global gelten.[46]

Der Berner Geografie-Professor Peter Messerli hat zusammen mit 15 Kolleg*innen im Auftrag der UNO den ersten unabhängigen Weltnachhaltigkeitsbericht verfasst. In einem Interview sagte er bereits ein halbes Jahr bevor Greta Thunberg ihren Schulstreik fürs Klima begann, dass wir alle zehn Jahre den weltweiten C02-Ausstoss halbieren müssten, um den Klimawandel zu stoppen. Einer nachhaltigen Entwicklung stehe aber noch ein zweites, riesiges Problem im Weg, die Ungleichheit in der Welt. «Sie hat vor allem innerhalb der Länder extrem zugenommen, und wir haben keine Rezepte dagegen.» Für die Entwicklung der Menschheit seien die nächsten zehn Jahre «absolut entscheidend», sagt Messerli. Da die Vernetzung und die Verbindung der Welt in den letzten Jahren exponentiell zugenommen hat, muss man die Spielregeln anpassen, weil die Menschen «nicht nur einen sicheren, sondern auch einen gerechten Platz auf der Welt» brauchen. Und dafür trägt auch die kleine Schweiz eine grosse Verantwortung: «Wer, wenn nicht die Schweiz, kann es sich leisten, den Mut zu haben und die Innovation zu entwickeln, um die Welt neu zu entwerfen?», fragt der Professor für Nachhaltige Entwicklung. Und er erinnert daran, dass fast 90 Prozent der Konsumgüter, welche die Einwohner*innen der Schweiz verbrauchen, ganz oder teilweise im Ausland produziert werden. Darin zeigt sich nicht nur die Abhängigkeit der Schweiz, sondern auch ihre internationale Verantwortung.[47] In anderen reichen Staaten des globalen Nordens sind die entsprechenden Zahlen vielleicht nicht ganz so extrem. Hoch sind sie allemal.

Doch die Schweiz trägt nicht nur politische und gesellschaftliche Mitverantwortung für die Verhältnisse in der Welt. Wie sieht es mit ihrer ökologischen Verantwortung aus? Der Klima-Fussabdruck der Schweiz ist «eigentlich doppelt so gross ist, wie der Inlandwert glauben lässt», sagt Reto Knutti, der führende Klimawissenschafter der Schweiz. Die Schweiz will zwar offiziell bis in 30 Jahren klimaneutral sein und unter dem Strich keine Treibhausgas-Emissionen mehr ausstossen und so mithelfen, die globale Klimaerwärmung auf maximal 1.5 Grad gegenüber der vorindustriellen Zeit zu begrenzen.[48] Dennoch ist die Schweiz noch lange nicht auf Kurs, wie ETH-Professor Knutti ausführt. Denn während die Schweiz im Gebäudesektor Fortschritte erzielt hat, gingen die Verkehrsemissionen nicht zurück. «Deutlich zugenommen haben die ‹grauen› Emissionen, also Emissionen, die durch Güter und Dienstleistungen, die im Ausland für uns produziert und in der Schweiz konsumiert werden.» Die Schweiz verlagert einfach einen grossen Teil der eigenen Emissionen ins Ausland. Auch bei den in der Schweiz konsumierten Nahrungsmitteln ist «über die Hälfte des Treibhausgasausstosses auf importierte Produkte zurückzuführen». Für eine nachhaltige Klimapolitik ist die Schweiz also gewiss kein Musterland. Dafür bräuchte es klare Rahmenbedingungen sowie einen klaren gesellschaftlichen, wirtschaftlichen und politischen Gestaltungswillen.[49]

Wenn also im Folgenden aufgezeigt wird, welche Vorteile das politische System der Schweiz für eine globalen Demokratie bietet, geht es nicht darum, die herrschende Politik der Schweiz als Vorbild oder Massstab für künftiges Handeln zu propagieren.

Zusammengefasst:
- Die ökologischen und sozialen Probleme hängen eng zusammen.
- Die existentiellen globalen Probleme können nur global gelöst werden.
- Die nationalen Regierungen und internationalen Organisationen sind unfähig, die Probleme zu lösen.
- Das herrschende Wirtschaftssystem muss radikal umgebaut werden, wenn der Klimawandel begrenzt werden soll.

Dass ein neues System demokratisch und nachhaltig ökologisch sein muss, liegt auf der Hand. Wobei die grösste Schwierigkeit nicht darin besteht, eine globale Demokratie zu skizzieren. Die schwierigste Aufgabe wird es sein, den politischen und wirtschaftlichen Umbau so zu gestalten, dass das herrschende System nicht unkontrolliert zusammenbricht und die Welt in Schutt und Asche zerfällt. Denn die ersten Opfer eines solchen Crashs würden jene sein, deren Leben bereits heute vor allem aus Entbehrungen besteht.

Deshalb braucht es für den politischen Umbau nicht nur eine breite Basisbewegung, welche die nötigen Mehrheiten beschafft, um die politischen Umwälzungen weltweit zu erzwingen. Wir brauchen auf der anderen Seite auch hellwache und demokratisch gesinnte Persönlichkeiten, die dafür sorgen, dass der Übergang geordnet und ohne fundamentale Wirtschaftskrise oder Kriegswirren vonstattengeht. Angesichts der Figuren, die im Jahr 2020 in den USA, in Russland, Brasilien oder Australien an der Macht sind, könnte man das als unmöglich bezeichnen.

Dass aber auch scheinbar unbewegliche Machthaber grundsätzlich zu neuen Einsichten fähig sind, hat das Beispiel von Glasnost und Perestrojka in der damaligen Sowjetunion gezeigt. Als Mitte der 1980er-Jahre der neue Generalsekretär der allmächtigen Kommunistischen Partei der Sowjetunion den Umbau des überholten Sowjetsystems ankündigte, konnte sich niemand vorstellen, dass diese Atommacht nach fast 50 Jahren Kaltem Krieg in wenigen Jahren praktisch ohne Blutvergiessen einem neuen System Platz machen würde. Es geht hier nicht darum, zu werten, was das neue System den Russ*innen und ihren damaligen Verbündeten unter dem Strich gebracht hat. Wichtig ist die Erkenntnis, dass es möglich ist, auch innerhalb von wenigen Jahren ein veraltetes System umzubauen, wenn der Wille dafür vorhanden ist.

Und im Gegensatz zur Sowjetunion haben die Gesellschaften in den erwähnten demokratisch verfassten Ländern die Möglichkeit, ihren Politiker*innen Beine zu machen oder sie abzuwählen.

Dass die Klimaerwärmung helfen kann, den nächsten Schritt in der Evolution der Menschheit zu machen, hat der deutsche Historiker Philipp Blom aufgezeigt. In seiner «Geschichte der Kleinen Eiszeit» weist er nach, wie die letzte grosse Klimaveränderung im 16. Jahrhundert den Boden für die Aufklärung bereitete, ohne die wir nicht über Menschenrechte oder Demokratie sprechen würden. Im 17. Jahrhundert waren Menschenrechte noch äusserst «gefährliche und moralisch skandalöse Ideen». Dass ein Mann besser war als eine Frau oder ein Christ besser als ein Heide, wurde nicht hinterfragt. «Die Idee von der Gleichheit der Menschen hat an den moralischen Grundfesten der Gesellschaft gerüttelt», sagt Blom.

Nutzen wir also die neue Klimaerwärmung, um die heute überholten Grundsätze der Gesellschaft positiv zu verändern. Dass die Gedanken dazu als «gefährlich und moralisch skandalös» eingestuft werden können, nehmen wir gerne in Kauf.

Jean Paul «Bluey» Maunick ist Profimusiker und kein Politiker. Deshalb hat er sich nicht gefragt, ob sein Statement politisch korrekt oder gar gefährlich war. «Bluey» hat einfach gesagt, was er denkt und was er an den unzähligen Konzerten von *Incognito* rund um den Globus erlebt hat: «*We are one nation – we are one family.*»

Es ist Zeit, diese Erkenntnis politisch umzusetzen. Zeit, die Welt so zu organisieren, dass wir als Menschheit anständig zusammenleben können. Zeit, eine globale Demokratie aufzubauen. Nutzen wir die Klimakrise als Chance. Sorgen wir dafür, dass die Menschen die Angst überwinden.

Wenn es uns gelingt, die Menschen wieder zum Träumen zu bringen, schaffen wir es, eine Welt aufzubauen, in der die ganze Menschheit in Freiheit, Gleichheit und Solidarität leben kann.

Bevor solche Träume in die Tat umgesetzt werden können, gilt es, der Realität ins Auge zu blicken. Dazu dient das nächste Kapitel.

Quellen

1 «Wormser Zeitung», Worms, 20. August 2016

2 www.mlwerke.de/me/me04/me04_459.htm

3 www.aargauerzeitung.ch/schweiz/jean-ziegler-spekulanten-toeten-millionen

4 www.srf.ch/news/international/guterres-neujahrsbotschaft-die-welt-steht-in-flammen-die-uno-ist-ohnmaechtig

5 www.bluewin.ch/de/news/schweiz/greta-thunberg-das-haus-brennt-206113.html

6 www.europarl.europa.eu/news/de/press-room/20191121IPR67110/europaisches-parlament-ruft-klimanotstand-aus

7 www.derbund.ch/ausland/europa/unoklimakonferenz-geht-in-die-verlaengerung/story/14527760

8 www.srf.ch/news/schweiz/klima-laenderrating-schweiz-faellt-um-sieben-plaetze-zurueck

9 www.derbund.ch/wirtschaft/duestere-prognose-die-maechtigen-der-welt-fuerchten-sich-vor-umweltrisiken/story/18714198

10 www.derbund.ch/schweiz/standard/traenen-bei-den-klimaaktivisten-raunen-im-gerichtssaal/story/10342973

11 «Der Bund», Bern, 25. September 2020

12 www.derbund.ch/sport/tennis/federer-lobt-greta/story/17803146

13 Rackete, Carola: Handeln statt Hoffen, München, 2019, Seite 10

14 «Sonntagsblick», Zürich, 8. Dezember 2019

15 Daellenbach, Ruth (Hrsg.): Reclaim Democracy – Die Demokratie stärken und weiter-entwickeln, Zürich, 2019, Seite 35 ff

16 Ringger, Beat: Das Systemchange Klimaprogramm, Zürich, 2019, Seite 11

17 aao, Seite 18

18 Rackete, Carola: Handeln statt Hoffen, München, 2019, Seite 129

19 aao, Seite 42

20 «NZZ am Sonntag», Zürich, 1. Juli 2018

21 «Der Bund», Bern, 28. Dezember 2019

22 «Sonntagsblick», Zürich, 10. November 2019

23 «Der Bund», Bern, 28. Dezember 2019

24 «Blick», Zürich, 20. Januar 2020

25 www.srf.ch/kultur/gesellschaft-religion/streitgespraech-das-wirtschaftswachs-tum-stoesst-an-seine-grenzen

26 Rifkin, Jeremy: The Green New Deal, e-book, New York City, 2019

27 Rifkin, Jeremy, aao, Seite 59

28 Rifkin, Jeremy, aao, Seite 28

29 Rifkin, Jeremy, aao, Seite 14

30 Rackete, Carola: Handeln statt Hoffen, München, 2019, Seite 123

31 «Der Bund», Bern, 14. Januar 2019

32 Rifkin, Jeremy: The Green New Deal, e-book, New York City, 2019, Seite 52

33 Ringger, Beat: Das Systemchange Klimaprogramm, Zürich, 2019, Seite 27

34 Rackete, Carola: Handeln statt Hoffen, München, 2019, Seite 124

35 Ringger, Beat: Das Systemchange Klimaprogramm, Zürich, 2019, Seite 26

36 www.srf.ch/kultur/gesellschaft-religion/soziologe-harald-welzer-ueber-den-ele-fanten-in-unseren-wohnzimmern-sprechen-wir-nicht

37 «Sonntagsblick», Zürich, 22. Dezember 2019

38 «Der Bund», Bern, 6. Januar 2020

39 «Der Bund», Bern, 28. Dezember 2019

40 www.unicef.de/informieren/aktuelles/presse/2019/un-report-jeder-neunte-mensch-hungert/196298

41 www.welthungerhilfe.de/aktuelles/gastbeitrag/hunger-ist-der-absolute-skandal-unserer-zeit

42 www.srf.ch/news/schweiz/armutsquote-stark-gestiegen-jede-zwoelfte-person-in-der-schweiz-ist-arm

43 www.dw.com/de/armut-in-amerika/g-17392168

44 «Der Bund», Bern, 27. August 2014

45 www.sgb.ch/themen/service-public/detail/dem-klima-und-der-klimajugend-zur-seite-stehen

46 https://klimacharta.ch/charta

47 «NZZ am Sonntag», Zürich, 25. Februar 2018

48 www.srf.ch/news/schweiz/bundesrat-verschaerft-klimaziel-wir-duerfen-keine-zeit-mehr-verlieren

49 «NZZ am Sonntag», Zürich, 20. Oktober 2019

Wer ist Peter Staub? Erwachen

Wie kommt dieser unbekannte ehemalige Journalist und Gewerkschaftssekretär Peter Staub aus der kleinen Schweiz dazu, zu einer globalen Revolution aufzurufen? Gute Frage.

«Ich weiss nicht, was du genommen hast, aber du solltest unbedingt weniger nehmen», sagte mir vor Jahren ein deutscher Mitsegler. Zusammen mit meiner Ehefrau hatte ich den Törn gebucht, um auf die 1000 Seemeilen zu kommen, die wir brauchten, um den Hochsee-Segelschein zu erhalten. Da kann man sich die Mitsegler*innen nicht aussuchen.

Wir lagen im Hafen von San Miguel auf Teneriffa und sprachen über alles Mögliche. Irgendwann kamen wir auf den Klimawandel, und ich begann über mein Lieblingsthema zu referieren: «Wir brauchen eine globale Demokratie, um die globalen Probleme zu lösen». Bei spanischem Rotwein entwarf ich dem siebenköpfigen Publikum meine Vision einer besseren Welt. Ich sprach davon, wie es wäre, in einer weltweiten Demokratie nach schweizerischem Vorbild zu leben. Ich sprach von einer Welt, in der alle Menschen gleichberechtigt sind, von einer demokratisch legitimierten Weltregierung, einem Weltbundesrat. Und ich sprach von einem Weltparlament, das globale Gesetze erarbeitet und verabschiedet, um die Klimaerwärmung zu begrenzen.

Der Kommentar meines Mitseglers schaffte es dann unter dem Gelächter seiner Kolleg*innen, das Gespräch in eine andere Richtung zu leiten.

Natürlich hinderte mich das nicht daran, weiter über die Welt von morgen nachzudenken. Frei nach einem Refrain von Fleetwood Mac, der mich seit Jahren durch allerlei Krisen begleitet:

> «Don't stop thinking about tomorrow
> Don't stop, it'll soon be here
> It'll be, better than before
> Yesterday's gone, yesterday's gone»[1]

Der der Einwand des teutonischen Hobbyseglers war typisch. Erstens wird jeder, der über den politischen Tellerrand hinausschaut und sich auch noch getraut, darüber zu reden, schief angeschaut. Und wenn er oder sie sich das dann noch erlaubt, ohne einen Professorentitel zu tragen oder zumindest einen Doktor in Politologie mitzubringen, ist die Bereitschaft, sich mit den neuen Ideen auseinanderzusetzen oft klein. Schliesslich wusste schon der russische Revolutionär Lenin, «dass nicht jeder Tagelöhner, jede Köchin von heute auf morgen den Staat regieren kann.»[2]

Gut, ich will keinen Staat regieren. Und Leninist war ich auch nie. Auf «–ist» reagierte ich schon immer fast allergisch. Deshalb bezeichne ich mich auch nicht als Atheist, obwohl ich mit der Religion so wenig am Hut habe wie mit autoritären Regierungssystemen.

Wie also kommt also einer, der sich in seinen rund 40 Berufsjahren unter anderem als Dachdecker, Hilfszimmermann, Journalist, Taxichauffeur und Gewerkschaftssekretär durchs Leben schlug und als akademischen Grad ausschliesslich einen Weiterbildungsmaster in Writing and Corporate Publishing vorzuweisen hat, dazu, zu denken, er könne der Menschheit helfen, den nächsten Evolutionsschritt zu schaffen?

Die Freund*innen und Helfer*innen von der Schweizer Bundesanwaltschaft würden wohl auf meine Fiche verweisen. Als Fichen wurden die rund 900 000 Karteikarten bezeichnet, welche die kantonalen Polizeikorps und die Bundesbehörden in den Zeiten des Kalten Krieges über echte und vermeintliche «Staatsfeinde» angelegt hatten. Nachdem Ende der 1980-er Jahre der «Fichenskandal» aufflog, erhielt ich ein paar Jahre später eine Kopie meiner Fiche. Der erste Eintrag stammte vom 28. März 1985 und bezog sich darauf, dass ich von einem verfassungsmässigen Recht Gebrauch machte. Ich war damals 23 Jahre alt.

Der Aktenvermerk lautete (0)936/558. «v. SD SO: Fig. Auf Liste von Personen, die gemäss Bundesblatt Nr 9 als Erstunterzeichner/Urheber der ‹Volksinitiative für eine Schweiz ohne Armee und für eine umfassende Friedenspolitik› aufgeführt sind.» Der Autor der Meldung war mit einem schwarzen Balken unsichtbar gemacht. Genauso wie bei allen anderen Einträgen, die drei Seiten füllten. Im selben Jahr unter demselben Aktenzeichen gab es noch einen Eintrag, diesmal von der Stadtpolizei Zürich: «Dokumentation «Gruppe Schweiz ohne Armee – Entwicklung und Aktivitäten vom März 81 bis August 85. – Daselbst aufgeführt als Redaktionsmitglied der GSoA-Infos.»

Soviel zu meinen Anfängen als amtlich registrierter, politischer Dissident.

Dabei begann alles viel früher: Geboren wurde ich im Januar 1962. Die ersten zehn Jahre lebte ich zusammen mit drei Geschwistern und den Eltern in einer kleinen Drei-Zimmer-Wohnung im Haus der Grosseltern in Trimbach am Fusse des Hauensteins. Die Mutter, gelernte Schneiderin, kümmerte sich um die Kinder und besorgte den Haushalt. Der Vater arbeitete als gelernter Schlosser zuerst als Monteur, bevor er sich zum technischen Verkäufer umschulen liess und sich später in einem Ein-Mann-Betrieb selbstständig machte.

Es war ein damals typischer Arbeiter*innen-Haushalt, pro Woche gab es einmal Fleisch zu essen, für die Kinder je einen halben Cervelat. Später zogen wir in eine Fünf-Zimmer-Wohnung in einem kleinen Wohnblock. Der soziale Aufstieg zeigte sich daran, dass ich bloss noch mit einem Bruder das Zimmer teilte und Schweineschnitzel die Cervelats ablösten.

Nach der achten Klasse wechselte ich von der Bezirkschule in Trimbach ans mathematisch-naturwissenschaftliche Gymnasium in Olten. Unterdessen hatte ich begonnen, Handball zu spielen. Um finanziell unabhängiger zu werden, begann ich mit 15 Jahren, in den Frühlings- und Herbstferien jeweils zwei Wochen in der Industrie zu arbeiten. Mit 16 arbeitete ich zudem jeden Mittwochnachmittag in einer Fabrik, in der Dachfenster zusammengesetzt wurden. Im Herbst 1982 erhielt ich mein Maturazeugnis.

Neben Schule, Sport und Arbeit gewann das Thema Politik langsam an Bedeutung. Dafür war eine meiner Grossmütter verantwortlich, die mir zum 18. Geburtstag eine Biografie von Robert Grimm schenkte, der beim schweizerischen Landesstreik von 1918 eine wichtige Rolle gespielt hatte.[3] Die Geschichte Grimms eröffnete mir eine völlig neue Sicht auf die Welt.

Dass es eine Grossmutter war, die mir den Weg zur Politik öffnete, war kein Zufall. Während die Eltern politisch nicht aktiv waren, engagierten sich ihre Mütter. Die eine Grossmutter machte bis ins hohe Alter bei den lokalen SP-Frauen mit, während die andere sich in jüngeren Jahren aktiv für Flüchtlinge aus Nazi-Deutschland einsetzte und bis ins hohe Alter das politische Denken nie aufgab.

Der Landesstreik von 1918, der die Schweiz nachhaltig veränderte, obwohl er in einer krachenden Niederlage endete, weckte mein Interesse an der Arbeiter*innenbewegung und insbesondere an der Russischen Revolution. Die Lektüre des bewegten Lebens Grimms politisierte mich. Ich lernte, dass die Welt nicht nur ungerecht war, sondern sich auch verändern liess. Wenn man sich organisierte, ein gemeinsames Ziel und einen Plan hatte.

Mein antiautoritärer Charakter machte mich immun gegen die Ableger neolinker Politsekten, die damals an der Kantonsschule Olten den Ton angaben. Mit den Marxisten-Leninist*innen oder Trotzkist*innen lag ich aber nicht nur wegen ihres Personenkults in den Haaren, sondern auch, weil sie oft zu einfache Antworten auf die komplizierten Fragen der Zeit hatten.

Das hinderte mich jedoch nicht, leidenschaftlich mit ihnen über Politik im Allgemeinen oder über spezielle Aspekte der Russischen Revolution zu diskutieren. Aufgrund meiner Lektüre betrachtete ich die Oktoberrevolution aus der Perspektive der russischen Anarchist*innen, die bereits kurz nach der Oktoberrevolution von Lenin und seinen Bolschewiki bekämpft worden waren. Mit einer gleichaltrigen Gymnasiastin, die aus einer gutbürgerlichen Familie stammte und mit ihren rund 19 Jahren eine glühende Verehrerin Leo Trotzkis war, stritt ich mich besonders gern.

Mein Lieblingsthema war die Niederschlagung des Aufstands der Matrosen von Kronstadt. Damals war Trotzki noch eine der wichtigsten Figuren der Russischen Revolution. Es war im Jahre 1921, als die Matrosen von Kronstadt, die in der Oktoberrevolution vier Jahre zuvor eine zentrale Rolle gespielt hatten, sich dagegen wehrten, dass die Bolschewiki ohne Rücksicht auf Verluste ihre Macht durchsetzten. Der Aufstand von Kronstadt war mit Forderungen unterlegt, die sich an den Zielen der Russischen Revolution orientierten. Der russische Anarchist Volin[4] bezeichnete den Aufstand später als den Versuch, in Russland nach 1905 und 1917 eine dritte Revolution durchzuführen. Die brutale Niederschlagung des Aufstandes durch die Rote Armee, angeführt von deren Oberbefehlshaber Leo Trotzki, war für die russischen Anarchisten das endgültige Zeichen, dass die Sowjetkommunisten gnadenlos ihre eigene Diktatur durchzusetzen.

Der Kommunist Victor Serge[5], der später von Stalin aus der Partei ausgeschlossen wurde und nach Frankreich flüchten konnte, erinnerte sich so an den Aufstand von Kronstadt: «Flugschriften, die in den Vorstädten verteilt wurden, gaben die Forderungen des Kronstädter Sowjets bekannt. Es war das Programm einer Erneuerung der Revolution.» Dazu gehörten die Forderung nach der Neuwahl der Sowjets in geheimer Abstimmung, Rede- und Pressefreiheit für alle revolutionären Parteien und Gruppen, Gewerkschaftsfreiheit, Freilassung der revolutionären politischen Gefangenen und die Abschaffung der offiziellen Propaganda. Und, was für traditionelle Stalinist*innen auch Jahre später noch der grösste Stein des Anstosses war, die «Freiheit des Handwerks» und der Rückzug «der Sperrkommandos», welche die Bevölkerung daran hinderten, sich selbst zu versorgen. «Der Sowjet, die Garnison Kronstadt und die Schiffsbesatzungen des ersten und zweiten Geschwaders erhoben sich, um dieses Programm zum Sieg zu führen.»[6]

Die uniformierten Sowjetkommunisten schlugen den Aufstand blutig nieder. Am 7. März 1921 befahl Leo Trotzki seiner Armee den Angriff auf die Festung von Kronstadt. Die rund 10 000 Matrosen wehrten sich zuerst erfolgreich. Doch die Bolschewiki gaben nicht auf. Während die Kronstädter Matrosen bereits die Wahlen für die neuen Sowjets, die «Arbeiter- und Soldaten-Räte», vorbereiteten, begann die Rote Armee erneut, die Festung mit Artilleriefeuer anzugreifen. Mitte März stürmten rund 50 000 Soldaten die Festung. Während etwa 8 000 Matrosen übers Eis nach Finnland flüchten konnten, wurden rund 2 500 Matrosen standrechtlich erschossen. Damit war der anarchistische Traum von einer dritten Revolution definitiv vorbei.[7]

Der Aufstand der Kronstädter Matrosen erhält hier so viel Platz, weil die Russischen Revolution für die Geschichte der Menschheit wichtig war, indem sie zeigte, dass eine sozialistische Revolution möglich war und den Weg für zahlreiche Befreiungsbewegungen in der sogenannt Dritten Welt bereitete. Aber die Pervertierung der Russischen Revolution, die nicht erst mit Stalins Aufstieg zum Diktator, sondern viel früher begann, zeigte auch, dass nicht nur das Ziel, sondern auch der Weg dahin so wichtig ist, dass er gut geprüft werden muss.

In meinen jugendlichen Disputen über den Aufstand von Kronstadt schälten sich auch ein paar Erkenntnisse meiner frühen politischen Bildung heraus, die für mich noch heute gelten:

1. Geschichte ist machbar.
2. Um die Welt zu verändern, braucht es ein Ziel und einen Plan.
3. Der Zweck heiligt nicht die Mittel.
4. Das Menschenrecht geht vor. Immer.
5. Eine künftige, emanzipatorische Revolution muss eine weltweite sein.

Während ich die Zeche für meine politische Einstellung und mein politisches Engagement später durch ein faktisches Berufsverbot bezahlte – dazu komme ich noch – machte meine damalige trotzkistische Diskussionspartnerin nach dem Gymnasium eine solide bürgerliche Karriere.

Ich war also nie Kommunist, schon gar kein Parteikommunist. Ich war aber auch nie ein Antikommunist. Im Gegenteil: Den Antikommunismus betrachte ich als bürgerliches Spiegelbild des Stalinismus. Meine basisdemokratische Grundhaltung hat mich davon abgehalten, auf autoritäre Konzepte zu setzen oder einem Leader hinterherzuhecheln.

Während ich in politischen Diskussionen auflebte, langweilte ich mich in den Klassenräumen des Gymnasiums. Ausser in den Fächern Deutsch, Geschichte und Englisch mochte mich der Schulstoff selten zu begeistern. Viel lieber steckte ich meine Energie in eine Schüler*innenzeitung, die ich mitbegründete. Im «Kaktus» schrieb ich erstmals einen politischen Kommentar. Mithilfe einer Broschüre der Demokratischen Juristen argumentierte ich gegen die Verschärfung der Strafgesetzordnung, in der öffentliche Aufforderungen zu Gewalt strafbar gemacht werden sollte. Die Vorlage wurde im Juni 1982 schliesslich deutlich angenommen. Später wurde ich persönlich mit dem neuen Gesetz konfrontiert. Und zwar genau in dem Bereich, in dem ich es kritisiert hatte. Es wurde verwendet, um unliebsame Stimmen zu verstummen zu bringen.

Als in Zürich 1980 die Jugendunruhen ausbrachen, war ich als 18-Jähriger viel mehr an meinen politischen Büchern interessiert, als daran, auf die Strasse zu gehen. Zürich war für mich auch weit entfernt. Es dauerte jedoch nicht mehr lange, bis ich politisch aktiv wurde. Gegen Ende der Schulzeit, die ich Herbst 1982 mit der Matura abschloss, nahm ich erstmals an politischen Sitzungen und Kundgebungen teil.

Die atomare Aufrüstung verhalf der Friedensbewegung in der Schweiz zu neuem Schwung. Ich begann, mich im Oltner Friedenskomitee zu engagieren. Este Demonstrationserfahrungen brachte ich mit, wuchs ich doch in einer Gegend auf, in der ein Atomkraftwerk geplant war. Anfang der 1970er-Jahre nahm ich als etwa 12-Jähriger erstmals an einer Anti-AKW-Demonstration in Olten teil. Daraus resultierte mein erster Akt des «Widerstands». Ich brachte einen Aufkleber mit dem Spruch «Nein zum AKW Gösgen – das Niederamt will leben» im Liftschacht des Wohnblocks an, in dem wir nun wohnten. Der Kleber war jahrelang sichtbar. Das AKW Gösgen wurde 1981 eingeweiht. Auch das sollte mich später noch beschäftigen.

Doch zurück zum Friedenskomitee. Als Gruppe von Schüler*innen brachten wir etwas frischen Wind in den trägen Verein. Wir schritten zur Tat und organisierten in einem Vorort Oltens eine Platzkundgebung, mit der wir uns mit den Rothenthumer Landwirten solidarisierten, die verhindern wollten, dass die Armee in ihrer Moorlandschaft einen Waffenplatz mit Panzerpisten baute. Der Widerstand der Innerschweizer Bauern verknüpfte zwei Themen, die uns damals beschäftigten: die Armee und die Umwelt.

Weil es zu dieser Zeit in der Schweiz noch keinen Zivildienst gab, drohte auch mir die obligatorische Rekrutenschule. Diese kam mir als antiautoritärer Charakter mehr als nur ungelegen. Und der Umweltschutz war mir nicht nur wegen des Engagements gegen das AKW wichtig. Ich kannte den Bericht des Club of Rome zu den Grenzen des Wachstums, der bereits 1972 veröffentlicht wurde.

1982 eskalierte der Streit in Rothenthurm. Die Bauern zündeten nicht nur Warnfeuer an, auch Baracken der Armee gingen in Flammen auf. Der geplante Waffenplatz war zu einem nationalen Thema geworden. Also organisierten wir auf dem Feld eines fortschrittlichen Bauern in Winznau eine Kundgebung mit einem Warnfeuer, das ein paar Hundert Sympathisant*innen anzog. Obwohl ich einer der federführenden Organisatoren der Demonstration war, tauchte mein erstes aktives politisches Engagement später nicht in meiner Staatsschutz-Akte auf.

Natürlich sammelten wir dann auch Unterschriften für die nationale Volksinitiative zum «Schutz der Schweizer Moore», die in nur sechs Monaten mit über 160 000 Unterschriften zustande kam. Im Dezember 1987 sagten die Stimmberechtigten schliesslich mit 57% Ja zur Initiative. Dank diesem sowohl antimilitaristischen wie auch ökologischen Erfolg blieb die Fläche der Moore und Moorlandschaften in der Schweiz seither stabil. Obwohl diese Feuchtgebiete mit 190 Quadratkilometern bloss rund 5 Promille der Landesfläche ausmachen, beherbergen sie rund einen Viertel der bedrohten Pflanzenarten der Schweiz.[8]

Quellen

1 www.songtexte.com/songtext/fleetwood-mac/dont-stop-6b8cde2a.html
2 Rustemeyer, Angela: Dienstboten in Petersburg und Moskau 1861-1917, Stuttgart, 1996
3 Voigt, Christian: Robert Grimm: Kämpfer, Arbeiterführer, Parlamentarier, Bern, 1980
4 Volin: Die unbekannte Revolution, Hamburg 1983
5 Serge, Victor: Erinnerungen eines Revolutionärs 1901 – 1941, Hamburg, 1977
6 Serge, Victor, aao, Seite 145
7 www.mdr.de/zeitreise/kronstadt-matrosenaufstand-100.html
8 www.swissinfo.ch/ger/kampf-um-ein-stueck-heimat-und-natur/6280552

Kapitel 2

Die Zeit drängt – die Klimakrise verschärft sich

In den ersten Monaten des Jahres 2020 häuften sich die Nachrichten über ungewöhnliche Wetterphänomene. Nur zwei Beispiele: Der Januar 2020 war seit Beginn der Aufzeichnungen 1981 der wärmste erste Monat des Jahres. Nicht nur in Europa, sondern weltweit.[1] Und mit 18,3 Grad wurden in der Antarktis die höchsten Temperaturen seit Beginn der Aufzeichnungen gemessen.[2]

Dass es höchste Zeit war, zu handeln, war allen klar, die sich ernsthaft mit dem Thema Klimaerwärmung befassten. So sagte beispielsweise der Ministerpräsident des deutschen Bundeslandes Baden-Württemberg, der Grüne Winfried Kretschmann, der sich selbst in der politischen Mitte verortet, dass er manchmal Panikattacken habe, wenn er Berichte lese, «wie wir uns den Kipppunkten nähern, an denen der Klimawandel unumkehrbar wird.» Etwa als er eine Dokumentation über die Antarktis sah: «Es ist der grösste Eiskörper, 90 Prozent des Eises weltweit. Wenn man gesehen hat, wie dramatisch der Meeresspiegel steigt und die Erderwärmung in das filigrane Artensystem eingreift, dann denkt man schon: Schaffen wir das noch?» Der Permafrostboden taut viel schneller, als dies die Wissenschaft erwartet hat. «Wir haben noch zehn Jahre. Wenn es kippt, ist es gekippt, dann ist es unumkehrbar. So eine Situation haben wir normalerweise in der Politik nicht.»[3]

Die Dringlichkeit des Problems war mittlerweile so breit abgestützt, dass sogar das erzkapitalistische *World Economic Forum* in Davos im Januar 2020 die Nachhaltigkeit zum Leitthema seiner Tagung machte. Die Schweizerische Bundespräsidentin Simonetta Sommaruga warnte in ihrer Eröffnungsansprache vor einer drohenden Klimakatastrophe. Sie sprach von den riesigen Feuersbrünsten, die im Vorjahr im Amazonas und in Australien Zehntausende von Quadratkilometern verbrannt hatten. Sie redete über die desaströsen Auswirkungen auf die Menschen und darüber, wie das ökologische Gleichgewicht aus den Fugen geriet.

Die Bundesrätin mit sozialdemokratischem Parteibuch sprach auch den dramatischen Verlust der Artenvielfalt weltweit an. Sie verglich die Biodiversität mit dem Pariser Eiffelturm: «Wenn man pro Tag eine Schraube aus dem Turm entfernt, geschieht erst zwar nichts. Früher oder später bricht allerdings der ganze Turm zusammen.»[4]

Einen konkreten Plan, wie die Schweiz beim Klimaschutz oder bei der Wiederherstellung einer lebendigen Biodiversität vorwärtskommen könnte, legte die Vorsteherin des Eidgenössischen Departements für Umwelt, Verkehr, Energie und Kommunikation allerdings nicht vor. Dabei wäre das dringend nötig gewesen, hinkte die Schweiz ihren eigenen Ansprüchen doch weit hinterher.

Die Schweiz erhebt zwar seit 2008 eine Lenkungsabgabe auf fossile Brennstoffe wie Heizöl oder Erdgas, die zum Heizen gebraucht werden. Davon waren die Treibstoffe für den motorisierten Verkehr ausgenommen. Dabei entfielen auf diesen motorisierten Verkehr, ohne den Flugverkehr mitzurechnen, in der Schweiz rund ein Drittel der CO_2-Emissionen. Deshalb wurden hier keine Fortschritte erzielt.[5] Das im Herbst 2020 verabschiedete neue CO_2-Gesetz sieht zwar einige Verschärfung vor, «trotzdem reicht das neue Gesetz alleine absolut nicht aus, um der Klimakrise wirksam zu begegnen», wie das die Grünen richtig erkannten.[6]

Am Tag nach der Schweizer Bundespräsidentin hatte auch die damals 17-jährige Greta Thunberg ihren Auftritt am WEF. Sie wies darauf hin, dass trotz der weltweiten Demonstrationen auf der politischen Ebene faktisch nichts getan wurde, um den Klimaschutz zu stärken.

Die jungen Vertreterinnen der Klimabewegung *Fridays for Future* kritisierten die Ergebnisse der WEF-Tagung am Ende scharf. So sagte Thunberg, dass die Forderungen der Klimajugend «komplett ignoriert» worden seien. Auch Vanessa Nakate aus Uganda oder die Schweizer Aktivistin Loukina Tille warfen dem WEF vor, in einer «geschlossenen Blase» zu leben und sich in einer falschen Sicherheit zu wiegen.[7]

Aber nicht nur die Manager*innen blieben passiv. Bei den Regierungen zeigte sich das Versagen noch viel deutlicher. Dabei hatten die meisten von ihnen das Pariser Klimaabkommen unterzeichnet, das verbindliche Ziele gegen die Klimaerwärmung vorsah. Und doch unternahmen sie so wenig, um diese bescheidenen Ziele zu erreichen, dass sie noch nicht einmal darüber sprechen wollten. Bis am 9. Februar 2020 hätten die Unterzeichnerstaaten des Paris-Abkommens ihre verbesserten Klimaziele einreichen sollen; nur gerade 3 von 184 Staaten hielten diese Frist ein.

Der Hintergrund: Das Pariser Abkommen sah eine regelmässige Steigerung der von den einzelnen Ländern festgelegten Klimaschutzbeiträge vor, weil die bisher zugesagten Beiträge für das Erreichen der Klimaziele nicht ausreichten. Bei der 26. Weltklimakonferenz der UNO, die ursprünglich im Herbst 2020 in Glasgow (COP26) geplant war, wegen der Corona-Krise aber verschoben wurde, sollten die Staaten detaillierter aufzeigen, was sie unternehmen wollten, um die Erderwärmung auf 1,5 bis 2 Grad zu begrenzen. Diese neuen Ziele hätten sie spätestens neun Monate vor der COP26 ankündigen müssen. Doch an diese Frist hielten sich bloss die Marshallinseln, Surinam und Norwegen. Und diese verursachten gemäss des US-amerikanischen Thinktanks *World Resources Institute* gerade mal einen Tausendstel der weltweiten Treibhausgasemissionen. Was im Umkehrschluss bedeutet, dass die Regierungen deren Länder, die für die restlichen 99,9 Prozent des CO_2-Ausstosses verantwortlich waren, sich nicht um ihre eigenen Vereinbarungen kümmerten. Es reicht also nicht, einfach mit dem Finger auf den ökologisch unterbelichteten Präsidenten der USA zu zeigen, der das Klimaabkommen von Paris gekündigt hat. Wie etwa der Klimaökonom Reimund Schwarze vom Leipziger Helmholtz-Zentrum für Umweltforschung richtig erkannte, hat «das Paris-Abkommen ein riesiges Vollzugsdefizit».[8]

Dabei rennt der Welt die Zeit davon. Das sagen nicht nur Klima-Aktivist*innen, sondern auch Wissenschaftler*innen. In einer aufsehenerregenden gemeinsamen Erklärung warnten Anfang November 2019 mehr als 11 000 Forschende aus 153 Ländern vor einem weltweiten «Klima-Notfall». Ohne grundlegende Veränderung sei «unsägliches menschliches Leid» nicht mehr zu verhindern. Als Wissenschaftler*innen hätten sie die «moralische Pflicht, die Menschheit vor jeglicher katastrophalen Bedrohung zu warnen», sagte beispielsweise Co-Autor Thomas Newsome von der University of Sydney. Aus den vorliegenden Daten werde klar, dass wir einem Klima-Notfall gegenüberstehen. «Obwohl global seit 40 Jahren verhandelt wird, haben wir weitergemacht wie vorher und sind diese Krise nicht angegangen», konstatierte Ökologie-Professor William Ripple, der die Gruppe der Wissenschaftler mit seinem Kollegen Christopher Wolf von der Oregon State University in den USA anführte. Der Klimawandel beschleunige sich dabei noch schneller als viele Wissenschaftler erwartet hätten.

Die Forscher forderten in ihrem Beitrag im Fachjournal «*Bioscience*» Veränderungen vor allem in sechs Bereichen:

- Umstieg auf erneuerbare Energien
- Reduzierung des Ausstosses von Treibhausgasen wie Methan
- Schutz von Ökosystemen wie Wälder und Moore
- Weniger Konsum von tierischen Produkten
- Nachhaltige Veränderung der Weltwirtschaft
- Eindämmung des Anwachsens der Weltbevölkerung

Obwohl sich die Wissenschaftler*innen über das zunehmende Umweltbewusstsein und die Proteste der *Fridays for Future*-Bewegung freuten, machten sie auch klar, dass noch viel mehr passieren muss. Und sie erklärten sich bereit, «bei einem gerechten Wandel hin zu einer nachhaltigen und gleichberechtigten Zukunft zu helfen».[9] Bisher erhielten die über 11 000 Wissenschaftler von der Weltgemeinschaft allerdings keine konkreten Möglichkeiten, ihre Bereitschaft in die Tat umzusetzen.

Bereits zwei Monate vor dem weltweiten Aufschrei der Forscher*innen zeigte ein Bericht des *Intergovernmental Panel on Climate Change* (IPCC), des Weltklimarates der UNO, dass das Eis schneller schwand, die Meeresspiegel höher stiegen und die Ozeane stärker versauerten als vorhergesehen. Die deutsche Wissenschaftsjournalistin Alina Schadwinkel wusste schon vorher, dass die Ozeane eine wichtige Rolle spielten, um die weltweite Temperatur zu regeln. Die Dimension hingegen überraschte sie: Die Ozeane hatten rund 90 Prozent der Hitze aufgenommen, die seit 1970 durch das von Menschen produzierte CO_2 verursacht worden war. Doch lange könne das die Ozeane nicht mehr durchstehen, wie der IPCC dokumentierte. Die Autor*innen des Berichts gingen von zwei Szenarien aus. Das erste Modell, das *Paris-Agreement-Szenario*, stellte den besten Fall dar, wonach die globale Temperatur bis ins Jahr 2100 «nur» um 1,6 Grad Celsius steigen würde. Das zweite Modell ging von der realistischeren Einschätzung aus. Im *Business-as-usual-Szenario* würde die globale Erwärmung bereits im Lauf des 21. Jahrhunderts die Zwei-Grad-Marke durchbrechen. Bis ins Jahr 2100 könnte die weltweite Durchschnittstemperatur um bis zu 4,3 Grad steigen.

Wie sich die Szenarien auswirken, zeigt sich am Anschaulichsten beim Anstieg des Meeresspiegels. Weil das Eis an den Polen schmilzt, stieg der Meeresspiegel seit 1993 um jährlich 3,3 Millimeter. Zuletzt erfolgte dieser Anstieg schneller als erwartet. Gemäss Schadwinkel dürfte der Anstieg künftig «noch mal höher ausfallen.» Nach dem zweiten, realistischeren

Szenario des IPCC könnte das Wasser bis ins Jahr 2100 im globalen Durchschnitt um über einen Meter ansteigen. Ein halber Meter könnte es im optimistischeren *Paris-Agreement-Szenario* sein.

Dabei liegen die Klima-Forscher*innen bei ihren Prognosen wohl unter den tatsächlichen Veränderungen. Denn unterdessen steigt der Meeresspiegel doppelt so schnell wie am Ende des 20. Jahrhunderts, «und das wird sich weiter beschleunigen, wenn Treibhausgasemissionen nicht drastisch verringert werden», sagt der deutsche Meereswissenschaftler Hans-Otto Pörtner, der am IPCC-Sonderbericht mitgeschrieben hat. Die Rekordtemperaturen in der Antarktis vom Januar 2020 waren ein deutlicher Hinweis, welche Folgen der Rückgang des Eises in der Antarktis und in Grönland zeitigt.

Dass sich der Meeresanstieg global unterschiedlich auswirkt, ist unbestritten. «Flache Koralleninseln und flache Küstenstaaten wie Bangladesch, die nur wenige Meter über dem Meer liegen und nur wenig finanzielle und räumliche Schutzmöglichkeiten haben, werden vor allem vor den zunehmenden Wellendynamiken und Sturmintensitäten an die Grenzen ihrer Anpassungsfähigkeit und Bewohnbarkeit kommen», sagte Beate Ratter, IPCC-Autorin und Professorin für Geographie an der Universität Hamburg. Falls der Meeresspiegel um einen Meter steigt, werden rund 20 Prozent von Bangladesch überschwemmt. 30 Millionen Menschen wären unmittelbar davon betroffen.

Mumbai, Shanghai, New York, Miami, Bangkok, Tokio, Jakarta, Barcelona oder Marseille – an den Küsten der Erde leben rund 1,9 Milliarden Menschen. Rund 380 Millionen davon leben weniger als fünf Meter über dem Meeresspiegel. Wenn der Meeresspiegel auch bloss um einen halben Meter steigt, kann das allein in den 20 am meisten bedrohten Hafenstädten der Welt Kosten von rund 27 Billionen US-Dollar verursachen.[10]

Wie sehr die Ozeane das von den Menschen produzierte CO_2 absorbierten, zeigte Mitte Januar 2020 eine neue Studie noch deutlicher. Ein Team von 14 Wissenschaftler*innen aus elf Instituten verschiedener Länder publizierte seine Ergebnisse im Fachjournal «*Advances in Atmospheric Sciences*». Darin belegten sie, dass die vergangenen zehn Jahre die höchsten Temperaturen der Meere seit Mitte des letzten Jahrhunderts brachten. Und sie wiesen auf die Folgen dieser Erwärmung hin: Wirbelstürme und heftige Niederschläge, dazu Sauerstoffarmut, Schäden für Fische und andere Lebewesen in den Meeren. Um zu zeigen, wie gigantisch die Wärme-Energie war, welche die Ozeane in den letzten 25 Jahren absorbierten, machten die Forscher*innen Vergleich: Die Menge entsprach der Energie von 3,6 Milliarden Atombomben von der Grösse der Bombe von Hiroshima.[11]

Praktisch gleichzeitig publizierte auch die amerikanische Unternehmensberatungsfirma McKinseys ein Szenario zum Klimawandel. McKinsey mit seinen weltweit rund 30 000 Mitarbeiter*innen ist kein systemkritisches Unternehmen, eine versteckte politische Agenda kann also ausgeschlossen werden. Dennoch befürchtet McKinsey Ernteausfälle, überflutete Flughäfen und ausbleibende Touristen. McKinsey sieht die Folgen der Erderwärmung für die Volkswirtschaften als verheerend an. Geschehe nichts, könne der Klimawandel «Hunderte Millionen Menschenleben, Billionen von Dollar an Wirtschaftskraft sowie das physische und das natürliche Kapital der Welt gefährden», prognostizierten die Berater von McKinsey in ihrer Studie «Climate Risk and Response». Darin analysierte das McKinsey Global Institute die Folgen des Klimawandels für 105 Staaten in den kommenden 30 Jahren. Für ihre Prognosen gingen die Autor*innen von der bisher realistischen Annahme aus, dass die CO_2-Emissionen weltweit weiter steigen, da nennenswerte Massnahmen ausbleiben.

Von den volkswirtschaftlichen Folgen der Klimakrise wird besonders Indien betroffen sein, da dort ungefähr die Hälfte des Bruttoinlandsprodukts unter freiem Himmel erwirtschaftet wird. Weil Hitze und Luftfeuchtigkeit zunehmen, wird diese Arbeit immer öfter unerträglich. Das könnte Indien bis 2030 bis 4,5 Prozent an Wirtschaftsleistung kosten. Doch Indien ist nicht allein, besonders betroffen sind auch Länder wie Pakistan, Bangladesch oder Nigeria. Falls die CO_2-Emissionen weiter ansteigen, werden im Jahre 2030 gegen 360 Millionen Menschen in Regionen mit tödlichen Hitzewellen leben; bis 2050 könnte die Zahl bis auf 1,2 Milliarden wachsen.

Konsequenzen hat die Klimaerwärmung aber auch in anderen Regionen. Bis ins Jahr 2050 werden auch der Tourismus und die Lebensmittelproduktion am Mittelmeer leiden; das Klima in Marseille wird jenem von Algier von heute entsprechen. Die Gefahr durch Wirbelstürme und Flutwellen könnte den Wert von Immobilien im US-Staat Florida um 30 Prozent reduzieren. Die Erwärmung der Ozeane wird den Fischfang um rund acht Prozent verringern und die Lebensgrundlage von 650 bis 800 Millionen Bürgern weltweit beeinträchtigen. Und weil ein Viertel der wichtigsten 100 Flughäfen weniger als zehn Meter über dem Meeresspiegel liegen, werden diese ernsthaften Gefahren durch Flut und Sturm ausgesetzt sein, heisst es in der McKinsey-Studie.[12]

Forscher*innen und Wirtschaftsfachleute reden in ihren Untersuchungen und Studien zwar vom *worst case*, wenn sie davon ausgehen, dass sich kein wirksamer Klimaschutz durchzusetzt. Dabei ist der schlimmste Fall noch viel schlimmer. Und er ist die Realität.

Der *worst case* ist nicht, dass es beim bisherigen CO_2-Ausstoss bleibt. Der schlimmste Fall ist, dass der CO_2-Ausstoss weiter massiv ansteigt. Die globalen Treibhausgas-Emissionen stiegen in den letzten zehn Jahren um 1,5 Prozent jährlich. Deshalb wurde 2018 ein neuer Höchstwert erreicht. Deshalb wird die Menge Treibhausgase, die reduziert werden muss, immer grösser statt kleiner. Ende November 2019 veröffentlichte das Umweltprogramm der UNO (Unep) den «*Emission Gap Reports*». Das kollektive Versagen, das Klima zu schützen, «verlangt nun eine starke Reduktion der Emissionen in den nächsten Jahren», sagte die Unep-Direktorin Inger Andersen.[13]

So alt diese Forderung war, erhört wurde sie nicht. Im Gegenteil, das Wachstum des CO_2-Ausstosses wird vorerst weitergehen. Es gibt keinen weltweiten Plan, den Neubau von Kohlekraftwerken zu verbieten oder die Erschliessung von neuen Öl- oder Erdgas-Feldern innerhalb nützlicher Frist zu stoppen. Dabei ist der Fall klar: Um das 1,5-Grad-Ziel zu erreichen, dürfte die Menschheit gemäss Weltklimarat insgesamt maximal noch 580 Gigatonnen CO_2 produzieren, um spätestens bis zum Jahr 2050 CO_2-neutral zu werden. Doch eine Studie, die im Juli 2019 im Fachmagazin *Nature* veröffentlicht wurde, zeigte, dass allein die bereits existierenden Verbrennungskraftwerke – Kohle, Öl und Gas – mit 658 Gigatonnen CO_2 weit mehr Kohlendioxid ausstossen werden, wenn sie wie geplant weiter betrieben werden.[14]

Und es wird noch viel schlimmer.

Obwohl die Europäische Union Mitte Januar unter Propaganda-Getöse Tausend Milliarden Euro Investitionen in einen «*Green Deal*» ankündigte, um die EU bis ins Jahr 2050 klimaneutral zu machen[15], stimmte das EU-Parlament einen Monat später für eine von der EU-Kommission vorgelegte Liste mit 32 Gas-Infrastrukturprojekten. Für die Grünen war dieser Entscheid «eine Schande», weil er den *Green Deal* der EU untergrabe und mithelfe, den Planeten weiter aufzuheizen. Auch das *Climate Action Network* kritisierte den Entscheid: «Diesen Gasprojekten Priorität und Geld zu geben, bedeutet, Europas Zukunft über die nächsten 40 bis 50 Jahre in Gasabhängigkeiten zu zementieren und bis zu 29 Milliarden Euro an EU-Steuergeldern in unnütze Anlagen zu verschwenden.»[16]

Weltweit sieht es nicht besser aus. Im Oktober 2018 befanden sich über 1300 neue Kohlekraftwerke in Planung. Zudem planten mehr als die Hälfte der 746 Kohlekraftwerksbetreiber weltweit, ihre Anlagen zu erweitern. In rund 60 Staaten trieben Unternehmen und Investoren den Bau von Kohlekraftwerken voran. Über 200 Unternehmen bauten ihren Kohleabbau aus. Das publizierte die *Global Coal Exit List*, die von einer Gruppe von 28 Nichtregierungs-Organisationen geführt wird. Dabei war nicht der Energiehunger der Industrie oder der Bevölkerung für den Bau der neuen CO_2-Schleudern entscheidend. Nein, es waren grössten Teils die Kohleminenbesitzer selbst, die ihre Kohle verfeuern wollten, um daraus Profit zu schlagen.[17] Und keine Regierung war im Jahr 2020 bereit, ihnen den Riegel zu schieben. Selbst das reiche Deutschland will erst im Jahr 2038 aus der Kohle aussteigen. «Die Inbetriebnahme eines neuen Kohlekraftwerks und das weitere Abbaggern von Dörfern lässt sich weder national noch international erklären», sagte Bundestags-Fraktionschef der Grünen Anton Hofreiter zu Recht.[18]

Der Klimawandel ist unterdessen so weit fortgeschritten, dass er nicht mehr bloss in Langzeitvergleichen, sondern gar im täglichen Wetter nachweisbar ist. «Seit April 2012 hatten wir weltweit betrachtet keinen einzigen Tag mit ‹normalem› Wetter», sagte Sebastian Sippel im Januar 2020. Der Forscher am Institut für Atmosphären- und Klimaforschung der ETH Zürich war Hauptautor einer Studie, die kurz zuvor im Fachmagazin «*Nature Climate Change*» veröffentlicht wurde. Neue Daten öffneten eine neue Perspektive in der öffentlichen Wahrnehmung des Klimawandels. Denn der Mensch orientiert sich an einzelnen und aktuellen Wetterereignissen, wie Mitautor und ETH-Forscher Reto Knutti sagte. Die Studie zeigte, dass nicht nur die Häufung von Extremereignissen Zeichen für den Klimawandel sind, sondern dass sich die Erderwärmung global gesehen sogar an jedem einzelnen Tag bemerkbar macht.[19]

Ein anderes Beispiel, wie stark die Klimakrise bereits eingesetzt hat, sind die zunehmenden Feuersbrünste. Sie haben Stephen Pyne dazu veranlasst, vom Pyrozän, dem Zeitalter des Feuers, zu sprechen, das nun angebrochen sei. Der Forscher der *Arizona State University* gilt als Pionier der Feuerökologie. Seine These des Pyorzäns belegt er unter anderem dadurch, dass es im Frühsommer 2019 in Alaska und Sibirien so intensiv brannte wie noch nie. Die Forscher im des *Copernicus-Programms* beobachteten im gleichen Jahr mehr als hundert Brandherde, für sie eine klare Folge der heissen und trockenen Bedingungen. In Indonesien brannten

Torflandschaften, im Amazonasgebiet in Brasilien und Bolivien der Regenwald und die Brände in Australien waren verheerend wie selten zuvor. In den Bundesstaaten New South Wales und Queensland brannte es gar so stark wie noch nie, seit die Brände mit Satelliten erfasst werden.[20]

Der Klimanotstand war aber allerdings schon vorher soweit anerkannt, dass sich sogar die Menschenrechtsorganisation *Amnesty International* damit auseinandersetzte. «Millionen von Menschen leiden bereits jetzt unter den Folgen extremer Katastrophen, die durch den Klimawandel verschärft wurden: von anhaltender Dürre in Subsahara-Afrika bis hin zu tropischen Stürmen über Südostasien, der Karibik und dem Pazifik. Da der Klimawandel nicht nur für die Natur, sondern auch für die Menschheit verheerende Folgen hat, ist er eines der drängendsten Menschenrechtsthemen unserer Zeit», heisst es auf der Webseite von *Amnesty International*. Und weil der Klimawandel die bestehenden Ungleichheiten vergrössert, werden Menschenrechte «durch die globale Erwärmung direkt bedroht: das Recht auf Leben, Wasser, Nahrung, Zugang zu Sanitätseinrichtungen und auf eine angemessene Unterkunft.»

Die immer extremeren Folgen der Klimaerwärmung gefährden heutige und zukünftige Generationen unmittelbar. «Beim Engagement für den Klimaschutz geht es deshalb ums Überleben,» konstatiert *Amnesty International*. Doch nicht nur diese Gefahren machen der Menschenrechtsorganisation zu schaffen, sondern auch dass «in verschiedenen Weltregionen Umweltaktivist*innen bedroht, manche sogar ermordet» werden. Laut *Global Witness* wurden allein im Jahr 2017 über 200 Umweltschützer*innen getötet, weil sie ihr Land und dessen natürlichen Ressourcen verteidigten.[21]

Carola Rackete zitiert dazu in ihrem Buch «Handeln statt Hoffen» den UNO-Bericht *Climate Change and Poverty* aus dem Jahr 2019, der ebenfalls darauf hinwies, dass der Klimawandel «für Menschen, die unter Armut leben, verheerende Folgen haben» wird. Selbst im besten Fall werden Hunderte Millionen Menschen von Ernährungsunsicherheit, erzwungener Migration, Krankheit und Tod bedroht sein. «Der Klimawandel bedroht die Zukunft der Menschenrechte und birgt das Risiko, dass die Fortschritte der letzten 50 Jahre in den Bereichen Entwicklung, globale Gesundheit und Armut zunichte gemacht werden.»[22]

Für Rackete ist es deshalb eine Frage der Klimagerechtigkeit, anzuerkennen, dass «die Menschen, die am wenigsten zu diesem Desaster beigetragen haben, es am frühesten und am heftigsten zu spüren bekommen.» Die Folgen der Klimakrise werden zunächst vor allem jene Teile der Erde betreffen, in denen die Menschen viel schlechter geschützt sind als in den Industrieländern. «Diese Menschen besitzen keine Versicherung für ihre Häuser, keine medizinische Versorgung, keine Infrastruktur für Rettungsdienste.»[23]

Der Schweizer Chemie-Nobelpreisträger Jacques Dubochet bringt es den Punkt, wenn er sagt, die Menschheit stehe vor der grössten Herausforderung, die es je gab. Sein öffentliches Engagement gegen die Klimakrise begründet er so: «Ich bin seit kurzem Grossvater. Im Jahr 2100 wird unser Enkel 81 Jahre alt sein. Mit grosser Wahrscheinlichkeit werden dann die Lebensumstände wegen der Klimaerwärmung sehr schwierig sein. Es wird wahrscheinlich eine chaotische Welt sein, wenn wir die Lage nicht unter Kontrolle bringen, und zwar schnell.»[24]

Tatsächlich sprach sich Ende 2019 langsam herum, dass es allmählich höchste Zeit war, zu handeln. Der Grossteil der verantwortlichen Politiker*innen hatte es seit dem Umwelt-Gipfel der UNO in Rio von 1992 versäumt, in die Gänge zu kommen. Unterdessen ist es zwar bis weit ins bürgerliche Lager hinein Konsens, dass etwas getan werden muss. Aber Lösungen, die etwas kosten und die gezwungenermassen einen Teil des Lebensstils der satten Mehrheit in den industrialisierten Staaten infrage stellen, lassen weiterhin auf sich warten. Noch immer glauben zu viele, man müsse bloss ein paar Schräubchen am Getriebe des Systems anders einstellen.

Da braucht es neben den Naturwissenschaftler*innen auch Historiker*innen wie Philipp Blom, die Klartext sprechen: «Es geschieht alles viel zu langsam! Wenn wir erst 2050 tatsächlich carbonfrei werden, hat London die gleichen Sommertemperaturen wie Barcelona.» Blom wies Ende 2019 unmissverständlich darauf hin, dass nun «sehr schnelle radikale Handlungen notwendig wären.» Und er stellte zurecht die Fragen, ob die *Fridays for Future*-Bewegung stark genug sein wird, um die herrschenden Verhältnisse zu ändern, und was mit den globalen Konzernen geschehen muss, die sich bisher der demokratischen Kontrolle weitgehend entziehen.[25]

Auf diese Konzerne kam auch der Schweizer Autor Beat Ringger in seinem «*System-Change-Klimaprogramm*» zu sprechen: «Sechs der acht umsatzstärksten Unternehmen der Welt sind Öl- und Gaskonzerne – und auf den Plätzen 9 und 10 folgen die beiden weltweit grössten Autokonzerne. Diese Konzerne verteilen Geld, Macht, Privilegien.»[26] Und sie sind nicht bereit, ihre Macht und ihr Geld einfach so aufzugeben. Deshalb plädierte Ringger für «eine Ausweitung der Demokratie gegenüber der Macht der Konzerne.»[27]

Davon wird noch die Rede sein.

Bleiben wir kurz bei den Öl- und Autokonzernen. Dass sie sich so wichtigmachen konnten, hatte mit dem «Auto-Zeitalter» zu tun, wie es der amerikanische Wirtschaftsprofessor Jeremy Rifkin nennt: «Das Automobil war der Anker der zweiten industriellen Revolution.» Ein Grossteil des Weltbruttoprodukts war im 20. Jahrhundert auf die Produktion und den Verkauf der Abermillionen von Autos, Bussen und Lastwagen sowie auf alle Sektoren zurückzuführen, die dazu beitrugen. Dazu gehörten auch «alle Branchen und Unternehmen, die vom ‹Auto-Zeitalter› und dem Aufbau neuer Städte und Vororte profitierten, einschliesslich der Immobilienbranche, Einkaufszentren, Fast-Food-Ketten, Reisen und Tourismus, Themenparks und Technologie Parks … die Liste ist endlos.»[28]

Allerdings sieht Rifkin hier bereits eine schleichende Revolution im Gang, die sich auch in der Schweiz abzeichnet; die Veränderung des Mobilitätsverhaltens. In den grossen Städten der Schweiz, etwa in Basel oder Bern, verfügt bereits heute die Mehrheit der Haushalte über kein eigenes Auto mehr. Parallel dazu boomen Carsharing-Unternehmen wie die Genossenschaft Mobility. Rifkin analysiert die Veränderung des Verkehrssektors als «völligen Umbruch der Mobilität und Logistik auf der ganzen Welt». Dieser werde «eine Reihe gestrandeter Vermögenswerte» hinterlassen, deren Grösse noch nicht absehbar sei.[29] Denn Rifkin sieht es als weltweiten Trend, dass in städtischen Gebieten junge Menschen den Zugang zur Mobilität dem Besitz von Fahrzeugen bevorzugen. «Künftige Generationen werden in einer Ära intelligenter und automatisierter Mobilität wahrscheinlich nie mehr Fahrzeuge besitzen.»

Doch bis sich diese Entwicklung global auf die CO_2-Produktion auswirkt, geht es viel zu lange. Abgesehen davon, dass in den automobiltechnisch noch unterversorgten, aufstrebenden Schwellenländern die Menschen danach gieren, auch endlich ein Auto zu besitzen. Im Jahre 2019 krochen gemäss Rifkin «1,2 Milliarden Autos, Busse und Lastwagen in dichten städtischen Gebieten auf der ganzen Welt herum.» Auch wenn Rifkin mit seiner Einschätzung richtig liegt, dass 80 Prozent dieser Fahrzeuge, «im Laufe der nächsten Generation durch die weitverbreitete Einführung von Carsharing-Diensten beseitigt werden»[30], stossen sie noch jahrelang täglich ihre CO_2-Wolken aus.

Die Klimaerwärmung wird sich also weiter verschärfen. Ausser wir stoppen sie. Was nur global koordiniert möglich ist. Harald Lesch, Professor für Astrophysik in München, spricht deshalb davon, dass «eine global agierende Gesellschaft Brücken bauen sollte, statt Grenzen zu ziehen.» Der Trend sah zumindest bis zur Coronakrise ganz anders aus. Wie Lesch richtig erkannt hat, leben die Verlierer des herrschenden Systems in Afrika, in Asien und in Südamerika. «Irgendwann werden sie vor unserer Haustür stehen und ihren Anteil fordern. Da können wir nicht einfach sagen ‹Zurück mit euch!›, weil wir massgeblich für ihre Fluchtursachen verantwortlich sind.» Lesch meint, dass es solche «globale Ausgleichsströmungen» geben werde, «solange wir uns nicht solidarisch erklären mit allen anderen auf diesem Planeten.»

Die weltweite Migration wird neben dem Klimawandel das Problem der Zukunft sein: «Wir dachten immer, wir könnten unsere Abfälle in die Meere, die Atmosphäre oder den Boden entsorgen, jetzt kommt die Retourkutsche. Wir haben auf viel zu grossem Fuss gelebt und merken allmählich, dass die Party vorbei ist», sagt Lesch.[31]

Wie es um die weltweite Migration steht und warum das Thema ein jahrhundertalter Dauerbrenner ist, zeigt das nächste Kapitel.

Quellen

1 www.welt.de/wissenschaft/article205617497/2020-war-der-weltweit-waermste-Januar-seit-Beginn-der-Aufzeichnungen

2 www.spiegel.de/wissenschaft/antarktis-temperaturrekord-macht-forschern-sorgen-a-37c52743-6165-4e0d-be4d-20bb4e1ba504

3 «NZZ am Sonntag», Zürich, 9. Februar 2020

4 www.srf.ch/news/international/eroeffnung-des-50-wef-trump-lobt-thunberg-kritisiert-sommaruga-warnt

5 www.nzz.ch/wirtschaft/die-schweiz-ist-nur-auf-den-ersten-blick-ein-umweltmusterschueler-ld.1470064?reduced=true

6 https://gruene.ch/medienmitteilungen/co2-gesetz-wichtiger-zwischenerfolg-fuer-mehr-klimaschutz

7 www.srf.ch/news/schweiz/wef-bilanz-von-greta-thunberg-die-klimaforderungen-wurden-komplett-ignoriert

8 www.klimareporter.de/international/paris-abkommen-die-laender-liefern-nicht

9 www.srf.ch/news/international/weltweiter-klima-notfall-wissenschaftler-warnen-vor-unsaeglichem-menschlichem-leid

10 www.zeit.de/wissen/umwelt/2019-09/sonderbericht-klimawandel-ipcc-report-ergebnisse-weltklimarat-klimaschutz

11 www.mdr.de/wissen/weltmeere-so-warm-wie-nie-zuvor-100.html

12 www.spiegel.de/wirtschaft/service/mckinsey-studie-zum-klimawandel-ergebnisse-sind-verheerend-a-0ccc0af4-6706-4a38-a4ef-38bdf570d9a6

13 «Der Bund», Bern, 27. November 2019

14 www.br.de/nachrichten/wissen/weltweite-kraftwerk-laufzeiten-sprengen-alle-klimaziele,RUxlPR9

15 www.srf.ch/news/international/klimaschutz-paket-der-eu-darum-geht-es-beim-green-deal

16 www.euractiv.de/section/energie-und-umwelt/news/gruene-sauer-eu-parlament-unterstuetzt-umstrittene-energieprojekte

17 www.erneuerbareenergien.de/400-von-746-kohleunternehmen-planen-eine-erweiterung-ihrer-aktivitaeten

18 www.welt.de/politik/deutschland/article205191121/Gruene-fordern-Bundesregierung-zur-Nacharbeit-am-Kohleausstieg-auf

19 «Der Bund», Bern, 3. Januar 2020

20 «Der Bund», Bern, 31. Dezember 2019

21 www.amnesty.ch/de/themen/klima/doc/2019/fragen-und-antworten-zu-klimagerechtigkeit-und-menschenrechte

22 Rackete, Carola: Handeln statt Hoffen, München, 2019, Seite 78

23 Rackete, Carola, aao, Seite 86

24 «Der Bund», Bern, 31. Oktober 2019

25 «Der Bund», Bern, 23. Dezember 2019

26 Ringger, Beat: Das Systemchange Klimaprogramm. Zürich, 2019, Seite 33

27 Ringger, Beat, aao, Seite 34

28 Rifkin, Jeremy: The Green New Deal, e-book, New York City, 2019, Seite 60

29 aao, Seite 61

30 aao, Seite 64

31 «Der Bund», Bern, 2. Februar 2019

Antimilitarist

Als ich mich im Friedenskomitee engagierte, hörte ich davon, dass eine Gruppe von jungen Leuten darüber diskutierte, wie man die Armee abschaffen könnte. Das musste man mir nicht zweimal sagen. Flugs machte ich mich mit einer Handvoll Gleichgesinnter daran, die Oltner Regionalgruppe der «Gruppe für eine Schweiz ohne Armee» (GSoA) zu organisieren.

Im September 1982, kurz nach meinem Schulabschluss, den ich mit dem Auszug aus dem elterlichen Zuhause verband, war ich im Saal des selbstverwalteten Restaurants «Kreuz» in Solothurn dabei, als die GSoA gegründet wurde. Und weil ich gleich engagiert ans Werk ging, vertrat ich von Anfang an die Regionalgruppe Olten im nationalen Vorstand der GSoA. Drei Jahre später gehörte ich zum Initiativkomitee, das die eidgenössische Volksinitiative «Für eine Schweiz ohne Armee und für eine umfassende Friedenspolitik» lancierte, wie die GSoA-Initiative offiziell hiess.

Parallel zu diesem antimilitaristischen Engagement spielte ich immer noch wettkampfmässig Handball. Und hier holte mich dann doch die 80er-Jugendbewegung ein. So könnte man zumindest die folgende Geschichte interpretieren.

Obwohl ich noch bei den Junioren hätte spielen können, wurde ich als 19-Jähriger in den Kader der ersten Mannschaft der Handballriege Trimbach aufgenommen. Diese spielte in der zweiten Liga, der vierthöchsten Stufe des Landes. Allerdings nicht besonders erfolgreich. Trotz meiner für Handballverhältnisse eher kleinen Körpergrösse wurde ich im Abstiegskampf als Mitte-Rückraumspieler eingesetzt. Ebenfalls nicht besonders erfolgreich. Auch ich konnte nicht verhindern, dass wir in die dritte Liga abstiegen.

Aber ermutigt durch die Revolte meiner Alterskolleg*innen in Zürich, Bern und Basel und durch meine ersten politischen Erfahrungen, nutzte ich zusammen mit zwei älteren Spielern diesen Abstieg, um in der HR Trimbach eine Meuterei anzuzetteln. Wir drängten den langjährigen Übungsleiter aus seinem Amt. An seiner Stelle installierten wir ein Trainerkollektiv, das aus vier aktiven Spielern bestand; einer davon war ich. Der Vereinsvorstand goutierte unseren Aufstand nicht und trat geschlossen zurück. Also übernahmen wir auch die Leitung des Vereins.

Das Experiment mit einer sich weitgehend selbst organisierenden Mannschaft und einem vierköpfigen Spielertrainer-Team war nicht besonders erfolgreich. Es endete gar in einem sportlichen Desaster. Weil bis auf drei Spieler alle erfahrenen Mitglieder des alten Teams geschlossen in die zweite Mannschaft wechselten, traten wir in der Dritt-Liga-Meisterschaft praktisch mit einem Juniorenteam an. Unser Spiel sah zwar sehr dynamisch und attraktiv aus. Aber es fehlte uns an Erfahrung, Härte und Effizienz. Nachdem wir die Vorrunde ohne Sieg abgeschlossen hatten, begann auch die Trainingsdisziplin so stark zu bröckeln, dass wir manchmal ohne Torwart und bloss noch zu sechst in der Turnhalle übten. Am Ende der Saison stiegen wir ohne einen einzigen Sieg in die vierte Liga ab. Während gleichzeitig die zweite Mannschaft mit den erfahrenen Spielern und einem traditionellen Übungsleiter in die dritte Liga aufstieg.

Unsere Handball-Revolte in Trimbach war krachend gescheitert. Ich trat nicht nur als Mitglied des Trainer-Kollektivs, sondern auch als Vereinskassier zurück und nabelte mich bald darauf vom Handballsport ab, den ich rund zehn Jahre lang leidenschaftlich ausgeübt hatte. Der Teamgedanke war mir dabei immer wichtiger, als meinen sportlichen Ehrgeiz zu befriedigen.

Diesen Teamgedanken brachte ich nun vermehrt im aussenparlamentarischen Engagement der GSoA-Regionalgruppe ein. Solange wir als «GSoAt*innen» damit beschäftigt waren, die nötigen 100 000 Unterschriften für unsere Initiative zu sammeln, brauchten wir für die Teambildung nicht viel zu tun. Der massive Widerstand von aussen reichte, um uns als kleine, verschworene Gruppe zusammenzuschweissen. Nicht nur die Vertreter der bürgerlichen Stahlhelm-Fraktionen stellten sich gegen uns. «Moskau einfach», hiess es auf der Strasse auch von ehemaligen Mitgliedern der Aktivdienstgeneration, die, ohne dabei einen einzigen Schuss abzugeben, während des Zweiten Weltkriegs Militärdienst leisteten.

Auch die Linke hatte wenig Verständnis dafür, dass wir eine Schweiz ohne Armee als konkrete Utopie proklamierten. In den Stammkneipen der Neuen Linken, die in Olten vor allem aus Vertreter*innen der marxistisch-leninistischen Progressiven Organisationen der Schweiz (Poch) und der trotzkistischen Revolutionären Marxistischen Liga (RML) bestand, wurden wir hart kritisiert. Den Sozialdemokrat*innen waren wir sowieso zu radikal.

Die Einstellung der Neuen Linken gegenüber der GSoA ändert sich erst, als wir es geschafft hatten: Im Herbst 1986 reichten wir in Bern über 110 000 gültige Unterschriften ein. Damit war klar, dass es als Weltneuheit erstmals eine Volksabstimmung über die Abschaffung der bewaffneten Landesverteidigung geben würde. Wir hatten uns in der Linken etwas Respekt erarbeitet.

Um mir meinen Lebensunterhalt zu verdienen und um Abstand zum Schulbetrieb zu schaffen, begann ich nach der Matura auf dem Bau zu arbeiten. Zuerst als Hilfsarbeiter auf dem Strassenbau, bis ich mir bei einem Unfall eine Fingerkuppe so stark abquetschte, dass mir sie im Spital wieder angenäht werden musste.

Danach zog es mich in die Höhe: Ich begann, als Dachdecker zu arbeiten. Die körperliche Arbeit war anstrengend, aber ich genoss es, draussen zu arbeiten und nur den freien Himmel über mir zu haben. Um Erfahrungen zu sammeln, wechselte ich alle drei, vier Monate die Stelle. Das war damals kein Problem, Arbeit gab es genug und ich erhielt für meine Leistungen immer gute Referenzen. So arbeitete ich nicht nur als Dachdecker, sondern auch als Zimmermann, Dichtungstechniker, Spengler und Bauschreiner oder im Winter als Monteur am Fliessband einer Fabrik, die Seilbahn-Gondeln in die ganze Welt exportierte.

Parallel zu diesem Broterwerb schrieb ich Bewerbungen, um mein Berufsziel zu erreichen: Journalist. Für den Weg dahin liess ich mich von Niklaus Meienberg inspirieren, den ich als linksliberalen Journalisten und Reporter vor allem seiner Fabrik-Reportagen wegen schätzte. Er hatte einmal geschrieben, dass für einen Journalisten besser sei, nicht an einer Universität zu studieren, sondern das Leben aus einer anderen Perspektive kennenzulernen.

Da ich für meinen Matur-Aufsatz die Höchstnote 6 erhalten hatte und auch als Gesamtnote in Deutsch eine 6 vorweisen konnte, ging ich davon aus, dass ich auch ohne Studium ein Praktikum oder eine Stagiaire-Stelle auf einer Redaktion ergattern konnte. Natürlich wusste ich, dass es sogar in eher liberalen Zeitungen wie dem Zürcher «Tagesanzeiger» ein Redaktionsstatut gab, wonach die dort angestellten Journalisten die «bewaffnete Neutralität» befürworten mussten. Das hinderte mich nicht daran, mich auf fast allen Deutschschweizer Redaktionen für ein Praktikum zu bewerben.

Auf meine mehr als 50 schriftlichen Bewerbungen erhielt ich bloss zwei positive Antworten. Ein neues Basler Lokalradio bot mir im Frühling 1984 die Chance, ein dreimonatiges Praktikum in der Nachrichtenredaktion zu machen. So fuhr ich jeweils mit meinem alten Fiat Panda um 3 Uhr morgens los, um in Basel um 4 Uhr auf der Redaktion zu sein. Nach zwei Monaten merkten die Radiomacher dann doch, dass ich keinen Basler Dialekt sprach. Also verlängerten sie mein Praktikum nicht. Das zweite Angebot kam vom freisinnigen «Oltner Tagblatt», das mich zwei Wochen lang auf seiner Redaktion schnuppern liess. Das war die magere Ausbeute meiner Bemühungen. Keine einzige Zeitung in der Deutschschweiz bot mir die Möglichkeit, eine Ausbildung on the job zu machen. Dabei war dieser Ausbildungsweg damals üblich.

Das änderte sich selbst dann nicht, als 1984 in der Nähe von Luzern das Medienausbildungszentrum MAZ eröffnet wurde. Ich nahm an der ersten Aufnahmeprüfung für die zweijährige, berufsbegleitende Ausbildung teil. Mit meinen 22 Jahren war ich einer der Jüngsten. Wir waren etwa dreimal so viele Bewerber*innen, wie es Ausbildungsplätze gab. Und ich rechnete mir nicht allzu viele Chancen aus, da viele Kandidat*innen bereits über einen Universitätsabschluss verfügten.

Als ich ein paar Wochen nach der Prüfung den Anruf des MAZ erhielt, war ich entsprechend nervös. Und als man mir sagte, dass ich die Prüfung bestanden hatte, hätte ich schreien können vor Glück. Dieses Gefühl hielt allerdings nur kurz. Weil ich keine Anstellung bei einer Redaktion vorweisen konnte, wollte man mich trotz bestandener Prüfung nicht zur Ausbildung zulassen. Es nützte nichts, dass ich insistierte, schliesslich hatte man mir zuvor versichert, dass ich mir immer noch eine Stelle suchen konnte, falls ich die Prüfung bestehen würde. Der Bescheid war klipp und klar: «Sie werden nicht zugelassen.»

Dass meine Schwierigkeiten, einen Ausbildungsplatz als Journalist zu bekommen, mit meinem politischen Engagement zu tun hatten, kam mir damals nicht in den Sinn. Zwar wusste ich aus der Literatur, dass es in Ost und West üblich war, politische Oppositionelle zu überwachen, zu gängeln und zu drangsalieren, um nicht von Schlimmerem zu sprechen. Aber ich dachte damals nicht, dass das mit mir etwas zu tun hatte.

Also kehrte ich am Tag nach dem enttäuschenden Anruf aus dem MAZ aufs Dach zurück, um zusammen mit anderen Hilfsarbeitern, die oft entweder gerade aus dem Knast entlassen worden waren oder regelmässig harte Drogen konsumierten, wieder Dachlatten auf Balken zu nageln und Ziegel zu legen.

Unterdessen hatte sich meine militärische Zukunft geklärt. Nachdem mich die Schweizer Armee bei der Musterung nicht aus medizinischen Gründen ablehnen wollte, wie ich das beantragt hatte, und ich partout nicht im Sinn hatte, die Rekrutenschule zu absolvieren, gab es für mich nur zwei Möglichkeiten: entweder als Dienstverweigerer in den Knast zu gehen oder mich aus psychiatrischen Gründen dispensieren zu lassen.

Als Dienstverweigerer aus politischen Gründen musste ich mit einer Gefängnisstrafe von mindestens eineinhalb Jahren rechnen. Weil ich keinerlei

Lust hatte, als politischer Märtyrer so lange in den Knast zu gehen, vereinbarte ich einen Termin bei einem Psychiater, der dafür bekannt war, Gutachten für Antimilitaristen zu schreiben. Gut vorbereitet erzählte ich ihm einen schrecklichen, ausgedachten Traum, während dem ich an einem Lagerfeuer friedlich Gitarre spielend von einer Handgranate zerfetzt wurde. Für seine Empfehlung, mich vom Dienst zu dispensieren, war allerdings eher entscheidend, dass ich ihm sinngemäss Folgendes sagte: «Ich bin zwar ein geduldiger Mensch. Aber wenn man mich zu lange piesackt und ich ein geladenes Gewehr auf mir trage, kann es durchaus soweit kommen, dass ich einem fiesen militärischen Vorgesetzten ins Bein schiesse.»

Das war ein wenig zugespitzt, aber nicht völlig an den Haaren herbeigezogen. Aufgewachsen in einem Umfeld, in dem immer mal wieder eine «Hand ausrutschte», war mir Gewalt nicht fremd. So war ich selbst auf dem Pausenplatz kein Engel. In der Primarschule ging ich keiner Prügelei aus dem Weg. Dabei konnte ich nicht nur gut austeilen, ich hatte auch ganz gute Nehmerqualitäten. Zur Zeit meines Besuchs beim Psychiater hatte ich mich allerdings schon jahrelang nicht mehr geprügelt, weil ich in der Pubertät endlich erkannt hatte, dass ich mit diesen Schlägereien ein Verhalten reproduzierte, das eigentlich nicht meinem Charakter entsprach.

Meine Abneigung gegenüber fiesen Autoritätspersonen hatte mir in der obligatorischen Schulzeit mehr als eine Ohrfeige eingebrockt. Und weil im Militär die Rekruten kaum Möglichkeiten hatten, sich gegen sadistische Vorgesetzte zu wehren, machte meine Argumentation beim Psychiater Sinn. Die Armee konnte es nach diesem Statement gar nicht mehr wagen, mir eine geladene Waffe in die Hände zu drücken. Falls ich tatsächlich einmal einem Drill-Sergeant oder einem aufgeblasenen Oberst eine Kugel verpasst hätte, wäre es mir ein Leichtes gewesen, zu sagen: «Ich habe euch gewarnt.»

Die Ärzte der Armee schienen das ähnlich gesehen zu haben. Jedenfalls wurde ich kurz nach meinem Besuch beim Psychiater in Abwesenheit ausgemustert. Aus medizinischen Gründen. Diesmal blieb mir der Jubel nicht im Hals stecken. Doch mir war auch bewusst, dass ich in den Akten der Armee als möglicherweise gewalttätig geführt wurde.

Mit der Matura war auch das Ende der Pflichtlektüre gekommen. Fortan las ich in der Regel zwei, drei Bücher parallel. Neben sozialkritischen Reportagen von Niklaus Meienberg oder Günther Wallraff und politischen Büchern über die Schweiz wie «Die unheimlichen Patrioten»[1] oder Max Schmids «Demokratie von Fall zu Fall» über die «Repression in der Schweiz»[2] prägte mich vor allem die Biographie des Zürcher Arbeiterarztes und Anarchisten Fritz

Brupbacher[3]. Seine unverfrorene Art imponierte mir. Zuerst hatte Brupbacher als «Kritiker, Ketzer, Kämpfer»[4] wegen seiner anarchistischen Ansichten als Mitglied der Sozialdemokratischen Partei Schwierigkeiten gekriegt. 1921 trat er der neu gegründeten Kommunistischen Partei der Schweiz bei, hielt aber an seinen antiautoritären Zielen fest. So war es kein Wunder, dass er von dieser 1933 wegen «antimarxistischer anarchistischer Einstellung» ausgeschlossen wurde.

Im Herbst 1984 hängte ich den Dachdecker-Hammer an den Nagel, um in Bern ein Geschichtsstudium zu beginnen. Um weiterhin finanziell unabhängig zu sein, absolvierte ich die Prüfung zum Taxi-Chauffeur und begann parallel zum Studium, drei bis vier Schichten pro Woche im Taxiwesen zu arbeiten.

Im Frühling 1985 gelang es mir, meinen ersten grösseren Artikel zu veröffentlichen. Neben drei bürgerlichen Zeitungen gab es damals im Kanton auch die linke «Solothurner AZ», die von der Sozialdemokratischen Partei, den Gewerkschaften und der Genossenschaftsdruckerei Olten herausgeben wurde. Für die «AZ» schrieb ich einen halbseitigen Artikel über den Krach eines grünen Zahnarztes mit der freisinnigen Gemeindepräsidentin. Der Zahnarzt wollte in dem nebelfreien Dorf im Jura oberhalb Oltens, in dem ich mit meiner Freundin wohnte, eine Photovoltaik-Anlage auf sein Dach montieren. Das war der Gemeindepräsidentin ein Dorn im Auge. Das AKW Gösgen hatte gerade den Betrieb aufgenommen und alternative Energieerzeugung war bei der Atomlobby nicht gern gesehen. Um die Sonnenkollektoren zu verhindern, berief sich die Gemeindepräsidentin erfolgreich auf ein paar Kühe, die von der Spiegelung des Sonnenlichts in der Photovoltaikanlage geblendet würden.

Meine Geschichte wurde auch von anderen Medien aufgegriffen. Dieser Artikel führte dazu, dass meine dritte Bewerbung bei der «Solothurner AZ» im Herbst 1985 erfolgreich war. Ich begann dort mit 23 Jahren als Redaktor mit einem 50%-Pensum zu arbeiten. Mein Geschichtsstudium brach ich ohne Gewissensbisse ab.

Da ich nun als Journalist arbeitete, wenn auch für eine linke Tageszeitung, war für mich klar, dass ich mich nicht gleichzeitig politisch engagieren konnte. Sonst wäre ich journalistisch nicht unabhängig gewesen. Das sah ich jedoch nicht als Verlust an. Schliesslich konnte nun wöchentlich auf der Titelseite der «AZ» einen zweispaltigen Kommentar mit dem Titel «Links notiert» publizieren. Damit erreichte ich mit meinen politischen Ideen und Analysen ein viel grösseres Publikum, als das mit politischer Arbeit auf der Strasse *möglich gewesen wäre. Deshalb zog ich mich aus dem Vorstand der nationalen GSoA zurück. Und in der Regionalgruppe der GSoA beteiligte ich nur noch sporadisch bei Unterschriftensammlungen für die Initiative.*

Quellen

1   Frischknecht, Jürg et al. (Hsg.): Die Unheimlichen Patrioten, Politische Reaktion in der Schweiz, Zürich, 1984
2   Schmid, Max: Demokratie von Fall zu Fall – Repression in der Schweiz, Zürich, 1976
3   https://hls-dhs-dss.ch/de/articles/014308/2017-11-23/
4   Karl Lang: Kritiker, Ketzer, Kämpfer. Das Leben des Arbeiterarztes Fritz Brupbacher, Zürich, 1983

Kapitel 3

Flucht und Migration sind Dauerbrenner

«Migration ist ein Faktum, mit dem wir leben müssen. Jetzt kann man sich streiten, ob wir das moralische Recht haben, Menschen zurückzuweisen, obwohl wir für deren Elend massgeblich mitverantwortlich sind. Ich glaube, unsere Gesellschaften werden Migranten aufnehmen müssen nach Massgabe ihrer Kapazität.»[1] Was der deutsche Historiker und Publizist Historiker Philipp Blom hier nüchtern feststellt, beschäftigt die Bevölkerungen in Europa und Nordamerika seit Jahren: Wie sollen die reichen Länder im Norden mit den Geflohenen aus dem globalen Süden umgehen?

Bürgerliche Parteien und reaktionäre Kräfte benützen das Elend der Geflüchteten, um ihre unsoziale Sparpolitik zu rechtfertigen: Sie machen die Migrant*innen für tiefe Löhne, steigende Mietpreise und höhere Steuern verantwortlich. Damit lenken sie von ihrer Politik ab, die Reichen noch reicher zu machen. Während sie die Steuern für Unternehmen und Vermögende laufend senken, belasten sie die Werktätigen immer stärker. Dass linke Parteien in Europa und in Amerika in den letzten 30 Jahren diese unsoziale Politik mittrugen, bescherte ihnen massive Verluste an Wähleranteilen.

Damit hat die Migration aber nichts zu tun. Ausser eben als Sündenbock dafür herzuhalten. Dass die unfreiwillige Migration mit der Politik des globalen Nordens zu tun hat, wird grundsätzlich kaum bestritten. Und dass die Zahl der Flüchtenden mit zunehmender Klimaerwärmung weiter steigen wird, ist ebenfalls klar.

Das UNHCR, das Flüchtlingshilfswerk der UNO, sagt, dass durch die Klimakrise natürliche Ressourcen wie Trinkwasser noch knapper werden. Obwohl die Menschen versuchen werden, sich anzupassen, wird es für viele «den bewussten Umzug in eine andere Region bedeuten, um überleben zu können». Dass der Klimawandel zum Hauptfluchtgrund werden könnte, sagte António Guterres, damals noch Hoher Flüchtlingskommissar der UNO, bereits 2009. Weil die Klimakrise den Wettstreit um Wasser, Nahrungsmittel und Weideland verstärkt, entwickeln sich neue Konflikte. Die

Zahl der klimabedingten Katastrophen hat sich in den letzten Dekaden von durchschnittlich 165 auf 329 pro Jahr verdoppelt. Und bei fast jeder Naturkatastrophe – Erdrutsche, Überschwemmungen, Taifune oder Hurrikans – müssen die Menschen aus ihren Häusern fliehen, manchmal über Landesgrenzen hinweg.[2]

Um von einer Flüchtlingskatastrophe zu sprechen, reicht ein Blick auf die Realität. Die Schweizerische Flüchtlingshilfe (SFH) bezeichnete die Zustände in den Flüchtlingslagern in Griechenland Mitte Februar 2020, also noch vor der Coronakrise, als «unhaltbar» und «unmenschlich». In der Ägäis waren zu diesem Zeitpunkt 36 000 Asylsuchende in Zentren untergebracht, die für 5400 Personen eingerichtet waren. «Die hygienischen Bedingungen sind unhaltbar», schrieb das SFH. Um es den Flüchtenden zu verunmöglichen, nach Griechenland zu gelangen, wollte die konservative griechische Regierung Barrieren im Meer errichten. «Die Idee der schwimmenden Mauer reiht sich ein in zahllose Abwehr- und Abschreckungsmassnahmen an den europäischen Aussengrenzen, die systematisch Menschenrechte untergraben und den Zugang zu einem fairen Asylverfahren verhindern», analysierte die SFH. Dass die reiche Schweiz bloss 100 unbegleitete minderjährige Asylsuchende aus Griechenland einreisen liess, entsprach einer «homöopathische Menge», wie die Flüchtlingshilfe kritisierte. Denn in Griechenland befanden sich zu dieser Zeit rund 5300 unbegleitete asylsuchende Minderjährige.[3]

Das war jedoch bloss ein Bruchteil der Jugendlichen auf der Flucht. Im Jahr 2019 war über die Hälfte der weltweit geflüchteten Menschen unter 18 Jahre alt. Allein in Uganda waren es nach offiziellen Angaben 41 200 Kinder.[4] In vielen Ländern wurden die geflüchteten Kinder und Jugendlichen von der Bildung ausgeschlossen. In den letzten zwei Jahren verpassten sie insgesamt 1,5 Milliarden Schultage. «Asylsuchende Kinder, die in Ländern wie Australien, Ungarn, Indonesien, Malaysia und Mexiko in Lagern leben, haben allenfalls nur eingeschränkten Zugang zu Bildung», hiess es im Unesco-Weltbildungsbericht von 2019. Immerhin gab es auch Länder, die «deutliche Fortschritte bei der Integration von Flüchtlingen in die nationalen Bildungssysteme» machten. Darunter waren auch arme Länder wie Tschad, Äthiopien und Uganda.[5]

Denn das «Flüchtlingsproblem», wie es Rechtspopulisten und Faschisten in Europa und Nordamerika nennen, ist kein Thema, das vor allem den globalen Norden betrifft. Im Gegenteil: 84 Prozent der Flüchtlinge leben im globalen Süden, in sogenannten Entwicklungsländern. Dabei war die Zahl der Menschen, die vor Krieg, Konflikten und Verfolgung geflohen waren, mit knapp 71 Millionen noch nie so hoch wie Ende 2018. Das entspricht einer Zunahme von rund 10 Prozent in zwei Jahren.[6]

Europa ist davon wenig betroffen. Dennoch ist die Zahl der Toten an den Grenzen zur EU verheerend: Von 2016 bis 2019 verschwanden mehr als 11 000 Menschen bei der Flucht über das Mittelmeer. Sie ertranken oder werden seither vermisst. Dies zeigt, wie verzweifelt die Flüchtenden sind: Sie fürchten um ihr Leben. Sie suchen nach Schutz und einem Neuanfang. Weil sie in ihrer Heimat oder den angrenzenden Nachbarländern keine Perspektive mehr sehen, wagen sie trotz der Aussicht, dabei umzukommen, die Flucht in seeuntauglichen Schlauchbooten. Obwohl sich viele engagierte Menschen gegen die Abschottungspolitik der EU wehren und auch der Hohe Flüchtlingskommissar der Vereinten Nationen, Filippo Grandi, an die Regierungen der Welt appelliert, endlich zu handeln, zeichnet sich keine politische Lösung ab. Die Flüchtlinge befinden sich in einer Sackgasse: Zurückkehren können sie nicht, aber einen Zufluchtsort finden sie auch nicht.[7]

Dass Europa auch anders mit Flüchtlingen umgehen könnte, zeigte sich 1956 und 1968, als die westeuropäischen Staaten ihre Grenzen für die Flüchtlinge aus Ungarn und der Tschechoslowakei öffneten. Damals war der Antikommunismus ein wichtiges Motiv, aber dass damals die weissen Europäer*innen freundlich aufgenommen wurden und heute bei den meist dunkelhäutigen Flüchtlingen aus dem Süden die pure Ablehnung regiert, hat auch mit Rassismus zu tun.

An der innerdeutschen Grenze zwischen DDR und BRD kamen ebenfalls Flüchtlinge ums Leben. Menschen, die von den DDR-Behörden am Grenzübertritt in den Westen gehindert wurden. Insgesamt starben rund 600 Menschen bei ihren Fluchtversuchen: Sie ertranken in Gewässern, erlitten tödliche Unfälle oder begingen Selbstmord bei ihrer Entdeckung.[8]

In vier Jahren starben im Mittelmeer elf Mal so viele Menschen auf der Flucht in ein besseres Leben als in 28 Jahren an der Grenze zwischen der DDR und der BRD. Dennoch wird die EU im Gegensatz zur DDR nicht als Unrechts-Staatengemeinschaft bezeichnet. Gewiss hat das mit der Herkunft der Toten zu tun. Unvorstellbar, was in den europäischen Medien los wäre, wenn sozialistische Staaten für die Abertausenden Toten im Mittelmeer verantwortlich wären. Wären Weisse in den erbärmlichen Flüchtlingslagern in Libyen eingesperrt, wären sie wohl schon lange mit einer humanitären Luftbrücke nach Westeuropa evakuiert worden. Deshalb sagte die französische Schriftstellerin Virginie Despentes im Januar 2019 durchaus zu Recht: «Die Flüchtlingskrise in Europa verbietet uns, von Humanismus zu sprechen.»[9]

Die Politik der Rechtsextremen, im Süden Mauern zu errichten und die Flüchtenden konsequent als «illegale Migrant*innen» zu bezeichnen, ist nicht nur ein Ablenkungsmanöver von ihrer unsozialen Politik, sie geht auch auf eine Zeit zurück, in der die USA und Europa stark genug waren, um sich den Rest der Welt untertan zu machen. Die rassistische Abschottungspolitik erinnert an die Zeit, in der alle, die keine weisse Hautfarbe hatten, als minderwertig betrachtet wurden. Als die europäischen Einwanderer die amerikanischen Ureinwohner massakrieren konnten, ohne Proteste zu riskieren, als die Kolonialmächte in einer Herrenrunde den afrikanischen Kontinent unter sich aufteilten, wie den Kuchen an einem Kindergeburtstag.

Und das wirkt nach. «Viele Länder des globalen Südens sind bis heute von den Machtstrukturen aus der Kolonialzeit geprägt», schreibt Carola Rackete. Ihre Wirtschaft ist auf den Export von Rohstoffen ausgelegt, ihre Märkte werden mit billigen Fertiggütern und Agrarprodukten aus den Industrieländern und aus China überschwemmt. Die Länder des Südens sind den ehemaligen Kolonialstaaten «nach wie vor ausgeliefert», schreibt die Seenotretterin und Umweltaktivistin. Dazu kommen die einseitig festgelegten *Terms of Trade*. Mit Handelsabkommen, die vor allem den reichen Staaten nützen, und mit Vorschriften bei Kreditvorgaben haben die ehemaligen Herrenländer trotz der juristischen Entkolonialisierung alle Trümpfe in der Hand.

Zudem sind viele arme Staaten «Abladeplätze für unseren Müll», wie Rackete schreibt.[10] Zweieinhalb Millionen Tonnen Plastikmüll schickten 2018 die drei grössten Exporteure in andere Länder. Das sind Japan, die USA und Deutschland. Der exportierte Plastikmüll landete «vorzugsweise in Drittweltländern», schrieb das deutsche «Manager-Magazin». Bisher haben erst einige Schwellenländer, wie China oder die Philippinen, den Import des Plastikabfalls gestoppt.[11]

Doch der Plastikabfall ist bloss ein Teil dessen, was der Norden als Müll in den globalen Süden verfrachtet, ohne diesen dafür adäquat zu entschädigen. Während die Industriestaaten afrikanische Länder ausbeuten, um möglichst billig an die Rohstoffe für Elektrogeräte zu kommen, exportieren sie gleichzeitig ihren Elektroschrott nach Afrika. Jährlich werden weltweit rund 50 Millionen Tonnen elektronische Geräte entsorgt. In der EU wird bloss ein Drittel des Elektroschrotts ordnungsgemäss verwertet. Der grosse Rest wird illegal ins Ausland gebracht oder einfach weggeworfen. Eine Studie der Londoner Umweltorganisation *Countering WEEE Illegal Trade* untersuchte, wie sich der Elektroschrott in afrikanischen Ländern auswirkt. So werden etwa in der Agbogbloshie-Müllkippe in Ghana alte Fernseher, Kühlschränke, Computer oder Mobiltelefone überwiegend von Kindern und Jugendlichen ausgeschlachtet, um daraus das Altmetall zu gewinnen. «Schwere, saure Rauchböen wogen über die Agbogbloshie-Deponie, eine Ödnis, die mit brennenden Müllhaufen in Ghanas Hauptstadt Accra übersät ist. Bis zu 10 000 Arbeiter*innen waten durch Tonnen von Altgeräten, die Teil eines riesigen, ungeregelten Recyclingprozesses sind, der sich zu einem der weltweit grössten Zielorte für gebrauchte Elektronikgeräte entwickelt hat.»[12] Die Arbeiter*innen verfügen dabei weder über Schutzkleidung, die sie vor dem giftigen Material schützen, noch über eine Ausbildung, aufgrund derer sie wüssten, womit sie es zu tun haben.

Auch Carola Rackete erwähnt Ghana, wenn sie auf die Mitverantwortung der industrialisierten Staaten für die Zustände im globalen Süden verweist: «Unser Elektroschrott wird auf Schiffen nach Ghana exportiert, unsere T-Shirts kommen aus Fabriken in Billiglohnländern wie Bangladesch, die Rohstoffe unserer Handys aus dem Kongo, wo Kobalt und Coltan unter unmenschlichen Bedingungen teils von Kindern geschürft wird.» So wird die globale Armut gefördert, so werden Fluchtgründe geschaffen. Bei der Diskussion über Migration geht es deshalb nicht bloss um eine «Flüchtlingskrise», sondern um eine «Krise der globalen Gerechtigkeit»[13].

Zurück zu der oben erwähnten «Herrenmenschen»-Runde, an der die Europäer Afrika unter sich aufteilten. Am 15. November 1884 begann in Berlin auf Einladung des deutschen Reichskanzlers Otto von Bismarck die sogenannte Kongo-Konferenz, an der Vertreter von 13 europäischen Staaten, dem Osmanischen Reich und den USA teilnahmen. Afrikaner*innen waren keine dabei, als die Kolonialmächte ihre Einflussbereiche festlegten. Wobei damals Teile Afrikas, die von den Europäern als wertvoll angesehen wurden, bereits seit Jahrhunderten ausgebeutet wurden. So herrschte Frankreich in West- und Zentralafrika und Madagaskar über ein Gebiet, das insgesamt mehr als zehnmal so gross war wie Frankreich selbst. England beutete das Gebiet zwischen Kairo und Kapstadt aus. Und auch Portugal, Spanien, Italien besassen Kolonien in Afrika. Tausende Schiffe, voll beladen mit Elfenbein oder Kautschuk, segelten Richtung Norden, während Millionen Sklaven nach Amerika deportiert wurden.

Drei Monate dauerten die Verhandlungen in Berlin, bis die «Herrenmenschen» der Kolonialstaaten praktisch ganz Afrika unter sich aufgeteilt hatten. Nur Äthiopien und Liberia blieben blieb unabhängig. Auch Deutschland hatte nun Kolonien, in den heutigen Staaten Namibia, Kamerun, Togo, Ghana, Tansania, Ruanda und Burundi. Der belgische König Leopold II. liess sich im Kongo eine Fläche von über zwei Millionen Quadratkilometern als Privatkolonie legalisieren, in der 10 bis 15 Millionen Menschen ermordet wurden oder sich zu Tode schufteten.[14]

Die Massaker der Deutschen beim Maji-Maji-Aufstand in Deutsch-Ostafrika oder ihr Völkermord an den Herero und Nama in Deutsch-Südwestafrika zu Beginn des 20. Jahrhunderts sind in Afrika ebenso wenig vergessen, wie die Verbrechen unter Leopold II. Die Briten zettelten noch 1952 in Kenia einen Krieg gegen die einheimischen Rebellen an, die sie «Mau» nannten. Die kenianische Menschenrechtskommission errechnete, dass die Engländer im zehn Jahre dauernden Krieg etwa 90 000 Kenianer*innen hinrichteten, folterten oder verstümmelten. 160 000 Menschen wurden in Internierungslager gebracht und verschwanden dort teilweise für Jahre.

Der «Mau-Mau-Aufstand» führte schliesslich zur Unabhängigkeit Kenias. Aber erst 60 Jahre nach den Massakern anerkannte die englische Regierung, dass während des Mau-Mau-Aufstandes Kenianer*innen gefoltert wurden. Dieses Eingeständnis kam allerdings nur zustande, weil einige Opfer so lange gekämpft hatten, bis sie von der britischen Justiz Recht bekamen. Die britische Regierung kündigte auch Entschädigungszahlungen in der Höhe von rund 23 Millionen Euro für die etwa 5200 überlebenden Opfer an.[15]

Es war eigentlich ein Präzedenzfall: Die ehemaligen Kolonialstaaten sind zu Reparationszahlungen an die ausgebeuteten Staaten Afrikas verpflichtet. Wobei dies auch für alle ehemaligen Kolonien gilt, also auch in Asien, Lateinamerika oder Ozeanien. Doch wir stehen noch immer am Anfang der historischen Aufarbeitung, in welchem Ausmass die «Herrenmenschen» aus Europa, Nordamerika und Japan die Menschen in den Kolonien ausbeuteten und massakrierten. Aber auch das, was bereits bekannt ist, reicht, um Forderungen nach Reparation und Ausgleich anzuerkennen.

Dazu einige Zahlen und Fakten:
- Von 1500 bis 1850 verschleppten Europäer mehr als zwölf Millionen Menschen aus Afrika nach Amerika, um sie als Sklaven zu verkaufen.[16]
- Auf den Sklavenschiffen starb im 16. und 17. Jahrhundert rund ein

Drittel der geraubten Menschen. Später sank die Todesrate auf rund 15 Prozent.[17]

- Vom Sklavenhandel profitierten nicht nur Seefahrernationen wie Portugal, Spanien, Frankreich oder Grossbritannien, auch deutsche und Schweizer Finanziers setzten dafür Kapital ein.[18]
- Auch europäische Länder wie die Schweiz, die selber keine Kolonien hatten, profitierten. Die Finanzierung von Sklavenhandel, Plantagenwirtschaft und kolonialer Handel trugen zum Reichtum dieser Länder bei.[19]
- Erst Anfang des 19. Jahrhunderts wurde der Sklavenhandel verboten. Zuerst in Grossbritannien und seinen Kolonien. Ab 1815 auch in Frankreich. Die Sklavenhaltung dauerte noch länger: In britischen Kolonien bis 1834, in französischen bis 1848. In den USA war die Sklaverei bis 1865 legal und Brasilien schaffte sie erst 1888 ab.[20]
- Die Spanier transportierten von 1500 bis 1660 jeweils rund 3,5 Millionen Kilogramm Silber und Gold von Lateinamerika nach Europa.[21]
- Im ersten Jahrhundert nach Ankunft der spanischen Eroberer in Amerika starben etwa 56 Millionen Ureinwohner, rund 90 Prozent der indigenen Bevölkerung.[22]
- Die Urbevölkerung in Nordamerika wurde von den eingewanderten Siedlern von ursprünglich etwa 890 000 bis Anfang des 20. Jahrhunderts um zwei Drittel auf etwa 270 000 Menschen dezimiert.[23]
- Der Gesamtwert der von den Briten im kolonialisierten Indien geraubten Güter wird auf 45 Billionen US-Dollar geschätzt.[24]

Wie die Vernichtungspolitik der USA gegenüber den *Native Americans* konkret aussah, beleuchtet «Kaliforniens wenig bekannter Völkermord», wie ihn die amerikanische Journalistin Erin Blakemore nennt. 1848 wurde Kalifornien Teil der Vereinigten Staaten. Im gleichen Jahr wurden dort Goldvorkommen entdeckt und es strebten Millionen von Siedlern nach Kalifornien. Das hatte für die dort lebende, friedliche indigene Bevölkerung katastrophale Folgen. Um Platz für neue Siedler zu schaffen, sollten die rund 150 000 Ureinwohner entfernt werden. Die Weissen hielten es für notwendig, «die Wilden auszurotten, damit sie in den Minen sicher arbeiten können», hielt die *Daily Alta California* 1849 fest. Peter Hardenman Burnett war der erste Gouverneur Kaliforniens. Der überzeugte Rassist hielt er die indigene Bevölkerung für faul, wild und gefährlich. «Der Vernichtungskrieg wird geführt, bis die indianische Rasse ausgestorben ist», proklamierte er. In Massakern wurden ganze Stammesbevölkerungen ausgelöscht. So schlachtete die US-Kavallerie mit örtlichen Freiwilligen am *Clear Lake* nördlich von San Francisco rund 400 Angehörige des Pomo-

Stammes ab, darunter Frauen und Kinder. Innerhalb von 20 Jahren wurden 80 Prozent der amerikanischen Ureinwohner Kaliforniens ausgelöscht. Gegen 16 000 von ihnen wurden kaltblütig ermordet. Insgesamt starben schätzungsweise rund 100 000 Indigene in den ersten zwei Jahren des Goldrausches.

1873 lebten nur noch rund 30 000 Uramerikaner in Kalifornien, das heute mit rund 750 000 Personen die grösste indigene Bevölkerung der USA aufweist, über 100 Stämme sind staatlich anerkannt. Aber wie die Ureinwohner Mitte des 19. Jahrhunderts abgeschlachtet wurden, ist immer noch weitgehend unbekannt. Erst 2019 entschuldigte sich der Staat Kalifornien für diesen Völkermord.[25] Von Reparationszahlungen war keine Rede. Und dass zu Ehren der ermordeten Urbevölkerung Denkmäler errichtet oder die Massaker in den Schulen thematisiert werden, ist noch Zukunftsmusik.

Die exemplarisch aufgeführten Geschichten der Mau und der Native Americans in Kalifornien sind nur zwei Beispiele, wie Europäer*innen und ihre Nachfahren die Bewohner*innen der von ihnen eroberten Gebiete behandelten. Die Geschichte des Kolonialismus offenbart die Mitverantwortung der industrialisierten Länder des Nordens nicht nur für die Ausbeutung und Zerstörung der indigenen Bevölkerung, sondern auch für die noch immer grassierende Armut und Unterentwicklung in den Ländern des Südens.

Wobei die Ausbeutung der ehemaligen Kolonien nicht vorbei ist. Sie geht mit anderen Mitteln weiter. Heute werden dafür etwa Freihandelsabkommen benutzt, mit denen sich die Industriestaaten ökonomische Vorteile verschaffen. Das Economic Partnership Agreement (EPA) beispielsweise war ein von der Europäischen Union angepeiltes Freihandelsabkommen mit 78 Staaten, bei denen es sich mehrheitlich um ehemalige europäische Kolonien in Afrika, der Karibik und im Südpazifik handelte. Das EPA verlangte, dass die ehemals kolonialisierten Länder ihre Märkte für europäische Importe öffneten und gleichzeitig Zölle und Gebühren abschafften. Als viele afrikanische Regierungen das Abkommen nicht unterzeichnen wollten, verhängte die EU-Einfuhrzölle auf mehrere Produkte aus Afrika. Der für Ostafrika zuständige UNO-Wirtschaftsexperte Andrew Mold sah durch das EPA die afrikanische Wirtschaft bedroht. «Die afrikanischen Länder können mit einer Wirtschaft wie der deutschen nicht konkurrieren.

Das führt dazu, dass durch den Freihandel und die EU-Importe bestehende Industrien gefährdet werden und zukünftige Industrien gar nicht erst entstehen, weil sie dem Wettbewerb mit der EU ausgesetzt sind.»[26]

Im Sommer 2016 sperrten sich nur noch drei von 16 westafrikanischen Ländern – Nigeria, Mauretanien und Niger – gegen die Ratifizierung des Abkommens. «Die meisten der anderen Länder sind von europäischer Entwicklungshilfe abhängig und haben sich dem Druck längst gebeugt», sagt die nigerianische Entwicklungsökonomin Hafsat Abiola-Costello. Nigerianische Ökonomen befürchteten, dass das EPA ihre Märkte «in eine Müllhalde für europäische Produkte verwandeln würde.» Das Abkommen würde nicht nur die Chancen der kleinen und mittelgrossen Unternehmen schmälern, sich gegen die europäische Konkurrenz durchzusetzen. «Mittel- bis langfristig würden der nigerianischen Regierung auch spürbar Steuereinnahmen entgehen», analysiert Hafsat Abiola-Costello, die im Staatskabinett in Ogun State, dem industriellen Zentrum Nigerias, für Handel und Investment verantwortlich war. Dabei ist Nigeria sonst schon kaum in der Lage, staatliche Aufgaben wie eine grundlegende Schulbildung für alle oder eine allgemeine Gesundheitsversorgung wahrzunehmen. Für ein besseres Angebot hätte die EU bereit sein müssen, ihre Politik zu ändern. «Einfach auf der Suche nach ein paar schnellen Euro nach Afrika zu fliegen und in Kauf zu nehmen, dass die eigenen Geschäfte zu Lasten des Kontinents gehen, ist passé. Mittlerweile sollte Europa es wahrlich besser wissen», schreibt die Aktivistin für Demokratie und Frauenrechte. Hafsat Abiola-Costello macht auch deutlich, dass die EU «ihre beste Chance torpedierte, dafür zu sorgen, dass die Migranten in ihren Ländern bleiben.»[27]

Doch die Menschen, die aus den ehemaligen Kolonien wegen Armut, Hunger und fehlenden wirtschaftlichen Perspektiven nach Europa aufbrechen, sind nur ein kleiner Teil der unfreiwilligen Migrant*innen. Millionen Menschen etwa flüchteten vor den Kriegen und Bürgerkriegen im mittleren Osten. Dass am Ursprung dieser Kriege oft der Ölhunger oder die geostrategischen Interessen der westlichen Welt stehen, ist bekannt. Und dass dadurch insbesondere die USA, Grossbritannien, Frankreich und Deutschland eine grosse Verantwortung für das Schicksal dieser Geflüchteten tragen, ist weitgehend unbestritten.

Die Zahl der 70 Millionen Flüchtlingen, die das UNHCR 2019 weltweit zählt, sprengt unsere Vorstellungskraft. Um 70 Millionen Menschen in Fussball-Arenen wie dem Londoner Wembley mit seinen 90 000 Plätzen unterzubringen, bräuchte es über 777 solcher Fussball-Stadien.

Ein Einzelschicksal zeigt exemplarisch, was sich hinter den 70 Millionen Geschichten der Flüchtlinge verbirgt. Die Flucht begann im Iran, zog sich über Australien hin und fand in Neuseeland ein glückliches Ende.

Insofern ist die Geschichte atypisch. Denn noch immer leben die allermeisten Flüchtlinge in unsäglichen Zuständen. So waren im Dezember 2019 im Norden Syriens rund 900 000 Menschen vor dem Krieg auf der Flucht. In der nordsyrischen Stadt Asas lebten im Februar 2020 Flüchtlinge auf Ladeflächen von Lastwagen. Gegen Kälte, Wind und Regen schützten sie bloss dünne Plastikplanen. Zum Essen hockten sie sich auf den nassen Boden. Weil die Flüchtlingslager überfüllt waren, errichteten andere Flüchtlinge im Matsch provisorische Plastikzelte. Dirk Hegmanns, Regionaldirektor der Welthungerhilfe für Syrien, spricht von der «schlimmsten Flüchtlingskrise» seit Ausbruch des Bürgerkriegs neun Jahre zuvor.[28]

Dennoch ist die Geschichte des geflüchteten Iraners Behrouz Boochani aufschlussreich, zeigt sie doch, wie sich die unmenschliche Abschottungspolitik der Industriestaaten konkret auswirkt. Boochanis Geschichte wurde weltweit erzählt. Auch in Schweizer Medien, zum Beispiel von den Journalisten Hans Brandt[29] und Urs Wälterlin.[30]

Ende 2019 ist Behrouz Boochani 36 Jahre alt, und nichts ist ihm wichtiger, als ein normales Leben führen zu können: «Einen Kaffee brauen, mit Freunden kochen.»

Sechs Jahre zuvor hatte sich sein Leben schlagartig verändert: Behrouz Boochani arbeitete in Teheran als Journalist einer kurdischen Zeitung, bis die Redaktion von der iranischen Revolutionsgarde geschlossen wurde. Nachdem der Geheimdienst Kollegen verhaftet hatte, flüchtete Boochani Mitte 2013 nach Jakarta auf Indonesien. Von dort wollte er auf einem alten Fischerboot zur australischen Weihnachtsinsel weiterreisen. Doch im Indischen Ozean wurde er zusammen mit 60 anderen Flüchtlingen aufgegriffen und lebte anschliessend fast sechs Jahre lang in Flüchtlingslagern, die er nicht verlassen durfte: Zuerst auf der Weihnachtsinsel, danach auf der Insel Manus, die zu Papua-Neuguinea gehört.

Als 2018 Behrouz Boochanis Buch «No Friend But the Mountains» publiziert wurde, in dem er seiner Flucht erzählt und den unsäglichen Alltag dokumentiert, war er immer noch zusammen mit Hunderten anderer Flüchtlinge eingesperrt. Das Manuskript setzt sich aus Tausenden WhatsApp-Nachrichten und PDF-Dateien zusammen, die Omid Tofighian und Moones Mansoubi fünf Jahre lang gesammelt und ins Englische übersetzt haben.

Im Frühjahr 2019 musste Australien auf Druck von Papua-Neuguinea das Lager auf der Insel Manus endlich schliessen. Ein Gericht in der Hauptstadt Port Moresby hatte entschieden, dass die brutale Behandlung der Flüchtlinge verfassungswidrig war. Deshalb wurden Boochani und seine Mitgefangenen nach Port Moresby verlegt. Dort erhielt er eine Einladung zu einem Literaturfestival in Christchurch auf der Südinsel Neuseelands. Mit einem Besuchervisum und einem speziell für Flüchtlinge ausgestellten Reisedokument in der Tasche flog er nach Neuseeland. Damit die australische Regierung keinen Wind davon bekam, machte er einen 35-stündigen Umweg über die Philippinen.

Was Behrouz Boochani aus Neuseeland erzählte, empörte und schockierte die Welt. Australien trat die Menschenrechte der Flüchtlinge mit Füssen und sperrte Unschuldige jahrelang unter horrenden Bedingungen ein. Dass sich darunter auch Kinder befanden, machte das Ganze noch schlimmer: «Wir verloren unsere Identität, unsere Humanität. Insassen hatten keine Namen, nur Nummern.» Die vielen sinnlosen Regeln empfand Boochani als noch schlimmer als die sadistischen australischen Wärter. Medizinische Behandlung wurde als Druckmittel benutzt, um Gefangene gefügig zu machen. Internierte starben an harmlosen Krankheiten und Infektionen, weil ihnen wochenlang Hilfe verwehrt wurde. Internierte wurden gegeneinander aufgestachelt: «Es gab eine Handvoll Orangen für viele Männer. Dann mussten wir uns um sie prügeln».

Australiens Flüchtlingspolitik ist weiterhin sehr restriktiv. Die australische Regierung bezeichnet Flüchtlinge konsequent als «Illegale». Ähnlich der Wortwahl in Europa oder in den USA, wo nicht mehr nur Rechtsextremisten, sondern auch bürgerliche Politiker*innen und Medien von «illegalen Migrant*innen» sprechen, wenn sie über Flüchtende reden. So werden die Opfer zu Tätern gemacht, um die illegitime Flüchtlingspolitik in ihren Ländern zu kaschieren.

Es ginge auch anders: Das Flüchtlingsforschungsinstitut Kaldor Centre in Sydney beispielsweise betrachtet die Flüchtenden nicht als «Illegale». Obwohl das australische Gesetz Menschen, die mit dem Boot nach Australien kommen und dort Schutz suchen, als «unrechtmässige Nicht-Staatsbürger» klassifiziert, ist es kein Verbrechen, um Asyl zu bitten. Und zwar unabhängig davon, auf welchem Weg man ankommt. «Gemäss der Flüchtlingskonvention darf die Einreise ohne Visum nicht als illegal behandelt werden, wenn eine Person um Asyl bittet», schreibt Kaldor.

Australien gab Donald Trump nicht nur den Slogan «America First» vor – «Australia First» war eine 1996 gegründete rechtsextreme Kleinpartei in Australien[31] – es ist ihm auch Vorbild für seine Politik gegenüber Asylsuchenden, die heimlich über die Grenze kommen.

Die konservative Regierung Australiens weist Kritik an ihrer unmenschlichen Flüchtlingspolitik übrigens jeweils mit dem zynischen Hinweis zurück, sie wolle «Menschen davor schützen, auf dem Weg von Indonesien nach Australien zu ertrinken».[32] Das tönt in Europa nicht viel anders, wenn es darum geht, die Abschottungspolitik der EU und die unmenschlichen Flüchtlingslager in Libyen zu rechtfertigen.

Zum Glück gibt es auch andere Stimmen. Etwa jene von Leoluca Orlando, dem Bürgermeister von Palermo: «Die Migrationspolitik, die wir betreiben, unsere Gleichgültigkeit gegenüber den Hunderttausenden afrikanischen Migranten, die im libyschen Inferno sitzen, oder jenen, die im Mittelmeer ertrinken – das wird eines Tages zu einem zweiten Nürnberger Prozess führen, mit uns als Angeklagten. Und niemand wird sagen können, er habe nichts gewusst.»[33]

Dabei betrifft Migration noch viel mehr Menschen als jene 70 Millionen, die das UNHCR als Flüchtlinge bezeichnet. Zu den Migrant*innen gehören auch all jene, die freiwillig oder unfreiwillig ihr angestammtes Lebensumfeld verlassen, um in einem anderen Land einen Neuanfang zu machen. Auch diese Migration hat eine lange Tradition, wie sich am Beispiel der Schweiz zeigt.

Denn auch die Schweiz war früher ein Auswanderungsland. Bis zur Gründung der modernen Schweiz im Jahr 1848 war das Söldnerwesen die häufigste Form der Migration. Allein 18. Jahrhundert standen bis zu einer halben Million Schweizer in fremden Diensten. Davon kehrten etwa zwei Drittel nicht zurück, weil sie umkamen oder weil sie eine zivile Anschlusstätigkeit fanden. Von 1816 bis 1913 emigrierten mehr als 400 000 Schweizer*innen nach Übersee, meist in die Vereinigten Staaten. Noch im Jahr 1910, als die moderne Schweiz bereits 60 Jahre alt war und 3,75 Millionen Einwohner zählte, lebten rund 370 000 Schweizer*innen im Ausland. Das entsprach also rund 10 Prozent der Bevölkerung im Heimatland. 132 000 Schweizer*innen waren nach Nordamerika ausgewandert, 45 000 nach Lateinamerika, jeweils einige Tausend lebten in Nordafrika und Asien. Etwa die Hälfte der Ausgewanderten lebte in Europa; die meisten in Frankreich, Deutschland, Grossbritannien und Italien.

Das ausländerfeindliche Milieu würde diese Migrant*innen abschätzig als «Wirtschaftsflüchtlinge» bezeichnen. Denn das Ausmass der helvetischen Auswanderung hing direkt mit den wirtschaftlichen Schwierigkeiten in der Schweiz zusammen. Aber die Migration der Schweizer*innen war auch eine «Teilnahme an einem globalen Expansionsprozess neu-europäischer und europäischer Staaten, der es den abendländischen Völkern erlaubte, ihre Wohngebiete auf Kosten einheimischer, nichtweisser Völker um ein Vielfaches zu vergrössern», wie der amerikanisch-schweizerische Migrationshistoriker Leo Schelbert die Kolonialisierung nannte.

Während Schweizer Landwirte in die «Neuen Welt» aufbrachen, deckten die neuen Fabriken in der Schweiz ihren Bedarf an Arbeitskräften zunehmend im Ausland. In den 1880-er Jahren, als so viele Schweizer*innen auswanderten wie noch nie, lag die Zahl der Einwanderungen noch höher. So lebten 1910 mehr als eine halbe Million Ausländer*innen in der Schweiz. Das waren 180 000 Personen mehr, als gleichzeitig Schweizer*innen im Ausland lebten.[34] Die Migrationsgeschichte der jungen Schweizer Geschichte zeigt also, dass die weltweite Migration nicht erst im 21. Jahrhundert entstand.

Eine besondere Sicht auf die Schweizer Migrationsgeschichte hat die Arbeiter*innen-Bewegung, die sich in ihrer Tradition als internationalistisch betrachtet. So schreibt beispielsweise der SEV, die Gewerkschaft des Verkehrspersonals, davon, dass es bis 1848 in der Schweiz nur kantonale Bürgerrechte gab. «Ein Glarner, der nach Zürich zog, war damals ein ‹Ausländer›. Den Schweizer Pass gibt es erst seit 1915. Dies macht die Schwierigkeit deutlich, ‹Ausländer› zu definieren.»

Die Schweiz hat eine der höchsten Migrationsquoten Europas, weil sie eine sehr restriktive Einbürgerungspolitik betreibt: Ein Fünftel der «Ausländer*innen» ist in der Schweiz geboren. «Zwei Fünftel aller im Ausland Geborenen hält sich seit mindestens 15 Jahren in der Schweiz auf. Fast alle Personen mit einem italienischen oder spanischen Pass besitzen eine zeitlich unbeschränkte Niederlassungsbewilligung. In den meisten anderen europäischen Ländern wären diese Menschen wohl schon lange eingebürgert», schreibt der SEV.

Das sah in der Schweiz auch schon anders aus: So gewährten Ende des 17. Jahrhunderts Schweizer Kantone Ausländern den reformierten Hugenotten das erste Mal in grösserem Umfang Asyl. Und auch im 19. Jahrhundert war die Einwanderungspolitik der Schweiz freizügiger. Damals brauchte man keine Papiere, um in die Schweiz einzureisen. Ausländerfeindlichkeit war kaum ein Thema. Dass im Jahr ihrer Gründung 1833 die Universität Zürich auf allen elf Lehrstühlen ausländische Professoren hatte, wurde kaum beanstandet. Noch 1915 hatte ein Viertel aller Professoren an Schweizer Universitäten keinen Schweizer Pass. Aber auch der Ausbau der Infrastruktur war ohne tatkräftige Hilfe aus dem Ausland nicht möglich. Etwa das Eisenbahnnetz, das in der zweiten Hälfte des 19. Jahrhunderts gebaut wurde und einen wesentlichen Anteil am wirtschaftlichen Aufschwung der Schweiz hatte. «Die notwendigen Tunnel wurden im Wesentlichen von ausländischen Arbeitskräften gebaut. Die eidgenössische Volkszählung von 1910 ergab zum Beispiel, dass von 1000 Arbeitskräften im Eisenbahnbau 899 aus dem Ausland kamen. »[35]

Nicht nur die Arbeiter*innen-Bewegung schätzt den Einfluss der Migration in der Schweiz positiv. Die Hugenott*innen, die im 17. Jahrhundert aus religiösen Gründen zu Zehntausenden von Frankreich in die Schweiz geflüchtet waren, gelten als Wegbereiter*innen der modernen Schweizer Wirtschaft. Sie brachten «frühkapitalistische Organisationsformen und die Textilindustrie mit» und bauten in den Städten, in denen sie sich niederliessen, neue Wirtschaftszweige auf, schreibt etwa Jakob Tanner, emeritierter Professor für Schweizer Geschichte der Universität Zürich. In Basel begannen sie, Seide zu verarbeiten, und sie investierten in den Grosshandel. Und sie bauten in Genf und im Berner Jura das Uhrmachergewerbe auf, für das die Schweiz heute weltberühmt ist.[36]

In den 1830er-Jahren wurde die Schweiz schliesslich gar zum Zufluchtsort revolutionärer Liberaler, die in den umliegenden reaktionären Staaten verfolgt wurden. So flüchteten im Vorfeld der 1848er-Revolution in Deutschland etwa die Schriftsteller Heinrich Heine nach Paris, Georg Büchner und Georg Herwegh nach Zürich. Auch der 1848 gegründete Bundesstaat galt als liberal: «Die Behörden pflegten eine Laissez-faire-Politik gegenüber Ausländern und gewährten ihnen vergleichsweise weitreichende Rechte. Gerade die Aufnahme von politischen Flüchtlingen aus europäischen Staaten – Republikaner, liberale Freiheitskämpfer, Sozialisten und Anarchisten – hat der Schweiz den Ruf eines freiheitlichen Asyllandes eingetragen und ihr Ansehen gestärkt», sagt der Schweizer Geschichtsprofessor Patrick Kury. Es gab aber auch damals abwehrende Reaktionen, vor allem antisemitische Ressentiments gegenüber Juden aus dem Osten. Dabei profitierte die Schweiz von der damaligen Zuwanderung, wobei die politischen Flüchtlinge und die Bildungsmigrant*innen zahlenmässig nur einen bescheidenen Teil ausmachten. «Die allermeisten waren Arbeitsmigranten, die beim Aufbau der modernen Schweiz benötigt wurden», sagt Kury.[37]

Unter den politischen Flüchtlingen befand sich der russische Anarchist Michail Alexandrowitsch Bakunin, der von der Schweiz sehr angetan war. Gemäss Jakob Tanner erklärte Bakunin 1866: «Unbedingt nötig ist die Zerstörung aller Staaten mit Ausnahme der Schweiz.» Bakunin schätzte dabei nicht nur, dass er in der Schweiz Zuflucht fand, sondern speziell auch die liberale Verfassung des Landes.[38] Die Schweiz galt damals – das kann man sich heute kaum mehr vorstellen – als Wiege des internationalen Anarchismus. Bakunin lebte teilweise in der neuenburgischen Jurastadt Le Locle, wo er Vorträge hielt und sich mit Uhrenarbeiter*innen traf, die autonome Gewerkschaften gegründet hatten, um bessere Arbeitsbedingungen zu erkämpfen. 1872 lud die Juraföderation Delegierte von antiautoritären Organisationen zu einem internationalen Kongress in den Berner Jura ein, an dem auch Bakunin teilnahm. An diesem Kongress in St-Imier wurde die «Antiautoritäre Internationale» gegründet.[39]

Bakunin war nicht der einzige prominente russische Oppositionelle, der damals in der Schweiz Unterschlupf fand. Auch der Anarchist Pjotr Alexejewitsch Kropotkin sowie die Sozialisten Georgi Walentinowitsch Plechanow und Wladimir Iljitsch Uljanow, der als Lenin weltberühmt wurde, lebten teilweise bis zum Ausbruch der Russischen Revolution 1917 in der Schweiz.[40]

Doch die offizielle Schweiz war zumindest im Nachhinein nicht immer stolz auf die damals liberale Politik gegenüber politischen Flüchtlingen. Der Aufenthalt Lenins wurde gemäss der Historikerin Kristina Schulz gar «aus den Geschichtsbüchern weitgehend gestrichen». Solange er sich ruhig verhielt, beachtete man ihn so wenig wie Clara Zetkin oder Rosa Luxemburg. «Man kann sagen, dass die Schweiz die Intellektuellen insgesamt überwiegend ignoriert hat», sagt Schulz.[41]

Obwohl die liberale Verfassung der Schweiz intakt blieb, veränderte sich nach der Russischen Revolution von 1917 die Einstellung der Behörden gegenüber den Migrant*innen grundlegend. Aus Angst vor bolschewistischen Agitatoren schuf der Bundesrat die Eidgenössische Fremdenpolizei.[42] Gemäss Jakob Tanner zeigten sich nun zunehmend sogenannte Überfremdungsängste. Die Einbürgerungshürden wurden laufend erhöht.[43]

Allerdings warnte der Zürcher Armensekretär Carl Alfred Schmid schon im Jahr 1900 vor einer «Überfremdung» der Schweiz. Wobei damals der hohe Ausländeranteil – in Zürich rund 34 Prozent, in Lugano sogar 50 Prozent – nicht als ethnisch-kulturelles Problem betrachtet wurde. Es war eine politische Frage. «Dass ein immer grösser werdender Teil der Bevölkerung von den politischen Rechten ausgeschlossen war, wurde als Bedrohung der direkten Demokratie gesehen», sagt Patrick Kury.

Die Angst vor «Überfremdung» war schliesslich dann am grössten, «als die Schweiz in den 1940er-Jahren den mit 5 Prozent tiefsten Ausländeranteil des vergangenen Jahrhunderts aufwies. «Es gibt also keinen direkten Zusammenhang zwischen Ausländeranteil und Überfremdungsangst», sagt Kury. Für die zunehmende Fremdenfeindlichkeit war die «geistige Landesverteidigung» mitverantwortlich. Im Zweiten Weltkrieg förderte die offizielle Schweiz eine Haltung, die alles «Unschweizerische» abzuwehren suchte. Dazu gehörten auch die Migrant*innen.[44]

Die Schweiz nahm im Zweiten Weltkrieg zwar rund 300 000 Kriegsflüchtlinge auf, wies aber auch Zehntausende an der Grenze ab. Über 24 000 Flüchtlinge wurden in den Kriegsjahren gleich an der Grenze wieder abgeschoben. 10 000 Menschen erhielten von Schweizer Konsulaten kein Visum. Viele der Abgewiesenen waren Juden. Für sie bedeutete diese Zurückweisung in der Regel den Tod in den Vernichtungslagern der Nazis.[45]

Natürlich war diese unmenschliche Flüchtlingspolitik nicht vergleichbar mit dem Völkermord der deutschen Nazis, der industriellen Ermordung von sechs Millionen Juden und Hunderttausenden Sinti und Roma, Homosexuellen oder Widerstandskämpfer*innen. Aber die schweizerische Zurückweisungspolitik zeigt, wozu auch ein demokratisches Land fähig ist, wenn es humanitäre Grundsätze vergisst und das Gebot der Gleichheit der Menschen mit Füssen tritt.

Galt die Schweiz und insbesondere der schweizerische Jura Ende des 19. Jahrhunderts noch als Wiege des internationalen Anarchismus, war im Zweiten Weltkrieg auch damit Schluss. Die Schweizer Behörden verboten in vorauseilendem Gehorsam gegenüber Deutschland anarchistische Aktivitäten in der Schweiz.[46]

Dabei kollidierte die bürgerliche Politik im Zweiten Weltkrieg nicht so überraschend mit dem gerne vermittelten Bild der humanitären Schweiz, wie die Historikerin Kristina Schulz sagt: «Die Tradition der humanitären Schweiz ist eine Erfindung der Nachkriegszeit. Nach dem Zweiten Weltkrieg stand die Schweiz aufgrund ihrer Haltung zu Nazideutschland massiv in der Kritik der internationalen Staatengemeinschaft.» Um dieses ramponierte Ansehen aufzupolieren, konstruierte die Schweiz nach dem Krieg die Tradition der humanitären Schweiz. Obwohl einzelne Kantone früher Glaubens- und politische Flüchtlinge aufnahmen, könne man «von einer humanitären Schweizer Flüchtlingspolitik» nicht sprechen, sagt Kristina Schulz, die als Geschichtsprofessorin an der Universität Neuchâtel lehrt.

Erst nach 1945 habe man begonnen, «sich auf eine Tradition der humanitären Schweiz zu besinnen, in deren Konstruktion auch das in den 1860er-Jahren in der Schweiz gegründete Rote Kreuz einfloss.» Obwohl die Schweiz in den 1950er- und 1960er-Jahren zahlreiche Flüchtlinge aus Ungarn und der Tschechoslowakei aufnahm, war die wiederentdeckte Schweizer Humanität äusserst selektiv: «Sie beschränkte sich auf Opfer kommunistischer Regime». Als etwa in der Suezkrise Mitte der 50er-Jahre 200 Juden aus Ägypten in der Schweiz um Aufnahme nachsuchten, wurde ihnen das Asyl verweigert: «Man hatte den Antisemitismus, den es in der Schweiz schon strukturell im Ersten Weltkrieg gab und der sich im Zweiten Weltkrieg verstärkte, nicht abgelegt», erklärt Schulz.

Dass die Hilfe für die Flüchtlinge aus Osteuropa weitgehend antikommunistisch motiviert war, zeigte sich bei den Flüchtlingen aus Chile. Diese kamen nach 1973 als Opfer des Militärputsches von Augusto Pinochet gegen den gewählten, linken Präsidenten Salvador Allende. Erst «als die Zivilgesellschaft begann, Solidaritätskomitees zu gründen, um die Leute heimlich über die Grenze zu holen, vergrösserten die politischen Autoritäten die Flüchtlingskontingente.»[47]

Viel bleibt also von der oft beschworenen liberalen und humanitären Tradition der Schweiz nicht zurück, wenn man genau hinschaut.

Doch nicht nur die Ideologie, sondern auch die geografische Herkunft und die Hautfarbe spielen bei der oft rassistisch geprägten Migrationspolitik bis heute eine grosse Rolle.

Wobei es natürlich keine menschlichen Rassen gibt. Ausser in rechtsextremen Ideologien. In der Wissenschaft gibt es «keine genetische Definition von Rasse», wie Amade M'charek, Anthropologin an der Universität Amsterdam, sagt. Denn es gibt keine Gruppe von Genen, die nur bei einer Gruppe von Menschen vorkommt und diese damit von anderen Gruppen eindeutig abgrenzt. «Wir können zwar Menschen zum Beispiel nach ihrer Hautfarbe oder Augenform kategorisieren. Aber wenn wir dann ein weiteres Merkmal betrachten, ergeben sich neue Gruppen», sagt M'charek. Der Soziologe Tino Plümecke, Dozent an der Fachhochschule St. Gallen, bestätigt diesen Befund: «Auch mithilfe noch genauerer Genanalysen wird man keine genetischen Argumente für eine solche Einteilung in klar abgegrenzte Gruppen oder auch Rassen finden.»

Die Geschichte der Menschheit ist eine Geschichte ständiger Migration. Und damit verbunden ist ein regelmässiger Genaustausch. «Tatsächlich haben sämtliche Genstudien bis anhin ergeben, dass die Unterschiede zwischen zwei beliebigen Individuen derselben Gruppe viel grösser sind als diejenigen, die man zwischen durchschnittlichen Vertretern unterschiedlicher Gruppen findet», schreibt die Journalistin Stephanie Lahrtz.[48]

Es ist aber nicht nur falsch, Menschen in sogenannte «Rassen» zu unterteilen oder wegen ihrer sexuellen Präferenzen oder ihrer Religion anders zu behandeln. Es ist noch nicht einmal notwendig, Menschen aufgrund ihres Geburtsorts als Angehörige einer Nation zu identifizieren. So sagt Leoluca Orlando zu Recht: «Ich bin nicht Sizilianer, weil meine Eltern Sizilianer waren oder weil ich sizilianisches Blut in den Venen habe. Sondern weil ich Sizilianer sein will. Die Identität ist ein Akt höchster Freiheit. Meine Eltern haben mich nicht gefragt, ob ich in Italien geboren werden will, und ich habe das Recht, diesen Willkürakt zu korrigieren. Die Heimat wähle ich selbst aus. Wenn ich am Ende dieses Gesprächs Hindu oder Bolivianer sein will, dann bin ich es. Wenn ich Schweizer sein will, ebenfalls.»

Orlando lässt es aber nicht bloss bei seinem modernen Verständnis einer «nationalen Identität» bleiben. Der ehemalige Mafiajäger macht als Bürgermeister auch Nägel mit Köpfen und erklärt Palermo zur Stadt, in der alle neuen Einwohner*innen durch ihre blosse Anwesenheit zu Palermitaner*innen werden. Weil er ihnen aber aus gesetzlichen Gründen keinen italienischen Pass geben kann, hat er einen Kulturrat geschaffen, in dem 21 demokratisch gewählte Personen mit fremdem Pass die ausländische Bevölkerung vertreten. Der Präsident des Kulturrates stammt aus der Elfenbeinküste.

Abgesehen davon ist Orlando fest davon überzeugt, dass all jene, die nach Europa kommen und hier leben wollen, das Recht dazu haben. Zudem hat Europa sie als alternder Kontinent nötig, weil sie als junge Leute die Renten bezahlen. «Die globale Migration kann man nicht stoppen, genauso wenig, wie man das Internet stoppen kann», sagt Leoluca Orlando.[49]

Auch für Naika Foroutan, Professorin für Integrationsforschung und Gesellschaftspolitik an der Berliner Humboldt-Universität, ist die Nationalität ein Konstrukt. Sie wirft einen erhellenden Blick zurück in die deutsche Geschichte, als der Nationalismus noch nicht völkisch definiert war: «Am

4. Juli 1848 erklärte der Berliner Abgeordnete Wilhelm Jordan in der Frankfurter Paulskirche der Deutschen Constituierenden Nationalversammlung: ‹Jeder ist ein Deutscher, der auf deutschem Gebiet wohnt›.» Die Nationalität ist also nicht definiert durch Abstammung und Sprache, sondern bestimmt durch den politischen Organismus, durch den Staat. «Die Engländer, Schotten und Iren bilden alle zusammen eine Nation. Sie fassen sich zusammen zur britischen Nation, und mit demselben Recht können wir sagen: Alle, welche Deutschland bewohnen, sind Deutsche, wenn sie auch nicht Deutsche von Geburt und Sprache sind.» Eine pluralistische Demokratie war bereits Mitte des 19. Jahrhunderts denkbar in Deutschland. Sie «ist also keine Erfindung von Multikulti-Romantikern der 1980er-Jahre», sagt Foroutan.[50]

Dass die Migration über die Landesgrenzen hinweg weder ein neues Phänomen noch eine Erfindung der Moderne ist, zeigen auch die Schweizer Historiker*innen André Holenstein, Patrick Kury und Kristina Schulz in ihrem Buch zur «Schweizer Migrationsgeschichte». André Holenstein erklärt, warum es ohne Fremde keine Schweiz gegeben hätte, wie die Schweizer schon lange vor der Gründung des modernen Bundesstaates unterwegs waren und wie die helvetischen Vorfahren schon immer in einem Migrationsland lebten.

Der Professor für Schweizer Geschichte an der Universität Bern zerlegt genüsslich den nationalistischen Gründungsmythos der Schweiz. Dieser wird oft auf das Weisse Buch von Sarnen zurückgeführt, in dem die alten Eidgenossen im 15. Jahrhundert zu erklären versuchten, wer sie waren und woher sie kamen. «Das sind alles Migrationsgeschichten. Im Fall der Schwyzer ist davon die Rede, dass sie von Schweden abstammen, die auswandern mussten, weil sie an Hunger litten», erzählt Holenstein. Die Urschweizer kamen aber nicht nur ursprünglich aus Skandinavien, sie waren sogar stolz darauf, aus einem anderen Land zu stammen. Im 16. Jahrhundert gab es gemäss Holenstein Beschlüsse von Landsgemeinden, die sagten: «Es solle jeder Schwyzer zu Gott beten und ihm dafür danken, dass er von den freien frommen Schweden abstamme.»

Die Urschweizer waren dabei keineswegs die Einzigen in Europa, die aus einem anderen Land eingewandert waren, um an einem neuen Ort sesshaft zu werden. Seit dem elften Jahrhundert erlebte ganz Europa eine unglaubliche soziale Dynamik. Die Bevölkerung wuchs, es wurden Hunderte von Städten gegründet: «Wer erfolgreich eine Stadt gründen wollte, musste Leute anlocken, die bereit waren, sich dort niederzulassen», erzählt

Holenstein. Und weil die Menschen in den Städten an der Pest und anderen Seuchen starben, waren die Städte auf eine stetige Zuwanderung angewiesen.

Zu diesen Wanderbewegungen gehörte die Auswanderung aus dem alpinen Raum. «Die Händler, Künstler, Kunsthandwerker aus diesen Tälern waren unglaublich mobil und hatten sich von Italien über Polen bis nach Russland ihr Leben verdient», sagt André Holenstein. Für Jugendliche in den Tessiner Dörfern war es klar, einen Teil ihres Lebens als Migrant*innen unterwegs zu sein. Junge unverheiratete Frauen «verdingten sich zum Beispiel im Gesindedienst in den wohlhabenden städtischen Haushalten.»

Wie heute viele Migrant*innen ihre Verwandten in der ursprünglichen Heimat finanziell unterstützen, war in der frühen Neuzeit die Migration für die Tessiner Täler eine Art Entwicklungshilfe. Aber nicht nur Geld kam in die Täler zurück. «Die Migration zwang die Gesellschaften dazu, Schritt zu halten mit den Entwicklungen draussen in der Welt. Wer am Markt vorbeibaute oder vorbeiproduzierte, der wurde abgehängt», sagt Holenstein.

Was damals für die Tessiner Alpentäler galt, hat sich bis heute kaum verändert. Für den Berner Geschichtsprofessor ist klar: «Die süditalienische oder die andalusische Landwirtschaft existiert nur dank den Einwanderern aus Afrika, die Schweiz ist ihrerseits auf die Personenfreizügigkeit mit der EU angewiesen. Wer pflegt unsere Alten? Ohne Polinnen, Tschechinnen, Slowakinnen wären viele Schweizer Angehörige überfordert.»[51]

Die Migration, in der Frühgeschichte und Antike auch Völkerwanderung genannt, ist ein Phänomen, das die Menschheit seit ihren Anfängen prägt. Die Bewegungsfreiheit der Menschen durch Landesgrenzen einzuschränken, ist hingegen ein relativ neues Phänomen. Deshalb ist die Forderung nach einem grenzenlos freien Personenverkehr alles andere als abwegig.

Und der wirtschaftlich reiche globale Norden steht durch seine Geschichte der Ausbeutung und Kolonialisierung vieler Länder des globalen Südens in der Pflicht, begangenes Unrecht so weit wie möglich wiedergutzumachen.

Quellen

1 «Der Bund», Bern, 23. Dezember 2019

2 www.uno-fluechtlingshilfe.de/informieren/fluchtursachen/klimawandel

3 www.fluechtlingshilfe.ch/publikationen/im-fokus/griechenland-das-labor-europas

4 www.uno-fluechtlingshilfe.de/informieren/fluechtlingszahlen

5 www.unesco.de/bildung/agenda-bildung-2030/unesco-weltbildungsbericht

6 www.uno-fluechtlingshilfe.de/informieren/fluechtlingszahlen/

7 aao

8 www.berlin.de/mauer/geschichte/mauertote

9 www.derbund.ch/kultur/buecher/die-eu-hat-die-voelker-erniedrigt/story/30700763

10 Rackete, Carola: Handeln statt Hoffen, München, 2019, Seite 34

11 www.manager-magazin.de/lifestyle/artikel/plastik-diese-laender-sind-die-groessten-exporteure-von-plastikmuell-a-1272272.html

12 https://netzfrauen.org/2019/11/02/waste-4-2

13 Rackete, Carola: Handeln statt Hoffen, München, 2019, Seite 35

14 www.rbb24.de/politik/beitrag/2019/11/135-jahrestag-kongo-konferenz-berlin-kolonien-westafrika.html

15 https://orf.at/v2/stories/2186021/2186045/

16 www.welt.de/wissenschaft/article138258876/Forscher-ermitteln-Herkunft-afrikanischer-Sklaven

17 https://de.statista.com/statistik/daten/studie/275007/umfrage/umfang-des-transatlantischen-sklavenhandels/

18 www.spiegel.de/spiegel/spiegelspecialgeschichte/d-51661373.html

19 Daellenbach, Ruth et al. (Hrsg.): Reclaim Democracy – Die Demokratie stärken und weiterentwickeln, Zürich, 2019, Seite 55

20 https://blog.nationalmuseum.ch/2019/09/der-transatlantische-sklavenhandel

21 www.spiegel.de/spiegel/spiegelgeschichte/d-67068933.html

22 www.geo.de/wissen/21459-rtkl-bilanz-wie-der-kolonialismus-die-welt-bis-heute-praegt

23 www.zeit.de/1971/22/voelkermord-in-amerika

24 www.geo.de/wissen/21459-rtkl-bilanz-wie-der-kolonialismus-die-welt-bis-heute-praegt

25 www.history.com/news/californias-little-known-genocide

26 www.swr.de/report/ruecksichtsloses-abkommen-wie-die-eu-ihre-wirtschaftlichen-interessen-gegenueber-afrika-durchsetzt/-/id=233454/did=14245872/nid=233454/qzsp1f/index.html

27 www.zeit.de/kultur/2016-07/westafrika-freihandelsabkommen-eu-fluechtlinge-hafsat-abiola

28 www.zdf.de/nachrichten/heute-sendungen/videos/syrien-erlebt-neue-fluechtlingskrise-100.html

29 «Der Bund», Bern, 1. Februar 2019

30 www.srf.ch/news/international/6-jahre-im-fluechtlingslager-der-chronist-der-unmenschlichkeit

31 https://de.wikipedia.org/wiki/Australia_First_Party

32 www.srf.ch/news/international/6-jahre-im-fluechtlingslager-der-chronist-der-unmenschlichkeit

33 «Der Bund», Bern, 12. Januar 2019

34 «Neue Zürcher Zeitung», Zürich, 18. Juli 2017

35 https://sev-online.ch/de/der-sev/was_machen_wir/hier-war-der-sev-fuer-seine-mitglieder-aktiv/ohne-uns/geschichte.php/

36 www.srf.ch/kultur/gesellschaft-religion/eine-fluechtlingsgeschichte-der-schweiz

37 «Neue Zürcher Zeitung», Zürich, 27. August 2018

38 www.srf.ch/kultur/gesellschaft-religion/eine-fluechtlingsgeschichte-der-schweiz

39 www.swissinfo.ch/ger/libertaere-geschichten_bakunin-und-die-uhrmacher/33391750

40 https://taz.de/Lenin-und-die-Schweiz/!5417790

41 www.republik.ch/2018/08/01/die-humanitaere-schweiz-ist-eine-erfindung-der-nachkriegszeit

42 «Neue Zürcher Zeitung», Zürich, 27. August 2018

43 www.srf.ch/kultur/gesellschaft-religion/eine-fluechtlingsgeschichte-der-schweiz

44 «Neue Zürcher Zeitung», Zürich, 27. August 2018

45 www.srf.ch/news/schweiz/das-boot-ist-voll

46 www.swissinfo.ch/ger/libertaere-geschichten_bakunin-und-die-uhrmacher/33391750

47 www.republik.ch/2018/08/01/die-humanitaere-schweiz-ist-eine-erfindung-der-nachkriegszeit

48 www.nzz.ch/wissenschaft/rasse-und-genetik-ld.1381910

49 «Der Bund», Bern, 12. Januar 2019

50 «Berliner Zeitung», Berlin, 7. Dezember 2019

51 www.zeit.de/2018/14/migration-schweiz-geschichte-flucht

Journalist und Hausmann

Die Arbeit in der fünfköpfigen Redaktion der «Solothurner AZ» machte Spass. Da wir ohne Chefredaktion funktionierten, konnte ich mich auch als deutlich jüngstes Redaktionsmitglied gleichberechtigt einbringen.

Die gute Stimmung im Team änderte sich etwa nach einem Jahr. Im Nachgang zur AKW-Katastrophe in Tschernobyl wollte die AKW-Lobby den angeschlagenen Ruf des Atomstroms aufpolieren. Zu diesem Zweck lud das AKW Gösgen elf aargauische und solothurnische Journalist*innen zu einer mehrtägigen «Studienreise» nach Schweden eingeladen. Das liess ich mir nicht entgehen. Von den Vertretern der mitgereisten Elektrizitätsindustrie wurden wir mehrmals darauf hingewiesen, dass wir nicht über den Luxus-Ausflug berichten sollten. Das war nicht in meinem Sinn. So schrieb ich im Nachgang der Reise eine zweiseitige Reportage darüber, was die Atomlobby den lokalen Lohnschreiber*innen alles aufgetischt hatte. In welchen Luxushotels wir übernachteten und welche edlen Speisen und teure Weine wir kredenzten.

Weil der in Olten ansässige Stromkonzern Atel, der an der Kernkraftwerk Gösgen AG beteiligt war, in der «AZ» regelmässig Stelleninserate publizierte, wollte der Direktor der Genossenschaftsdruckerei die Publikation des Artikels verhindern. Der Verwaltungsrat beschloss jedoch nach ein paar Tagen des Zögerns, dass der Artikel erscheinen durfte.[1]

Bei Erscheinen der Reportage war ich in den Ferien. Und weil es damals weder Smartphones noch Internet gab, hatte ich keine Ahnung davon, dass die Reportage im Kanton Solothurn eine Menge Staub aufwirbelte. Das staatliche Radio DRS setzte sogar eine Diskussionsrunde an, in der beteiligte Journalisten über meine Reportage debattierten. Das AKW-freundliche «Oltner Tagblatt» zog über mich her. Und der Elektrokonzern strich seine sonst so zahlreichen Stelleninserate in der «AZ».

Der «AZ» setzte dieser Inseratenboykott zu, denn die Zeitung war auf bezahlte Werbung angewiesen. Und im Verwaltungsrat der Zeitung machte sich Nervosität breit. Der damalige Solothurner SP-Nationalrat Ernst Leuenberger, der rund zehn Jahre später gar Nationalratspräsident wurde, pilgerte im Februar 1987 in die Teppichetage des Oltner Stromkonzerns und entschuldigte sich für seinen aufmüpfigen Journalisten. Nach Einnahmeausfällen von rund 25 000 Franken liess sich der Stromkonzern nach dieser Abbitte herab, wieder Inserate in der «AZ» zu schalten.

Das Zerwürfnis zwischen dem Parteiestablishment und mir, dem parteilosen Journalisten, wurde nicht offen ausgetragen. Es waren eher atmosphärische Spannungen, die spürbar wurden. Als ich am 9. Juni 1987 in einem «Links notiert» unter dem Titel «Gewaltloser Protest» wieder einmal einen AKW-kritischen Kommentar veröffentlichte, eskalierte die Situation. Ich hatte auf die atomare Aufrüstung und auf die Gefahr, die von Atomkraftwerken ausging, hingewiesen und dabei den österreichischen Philosophen Günther Anders zitiert: «Voll Schmerz aber entschlossen erkläre ich daher: Wir werden nicht davor zurückscheuen, diejenigen Menschen zu töten, die aus Beschränktheit der Phantasie oder aus Blödheit des Herzens vor der Gefährdung und Tötung der Menschheit nicht zurückscheuen.»

Das Zitat hatte ich aus einem aktuellen «konkret»-Artikel. Anders' Beitrag im linken, deutschen Politmagazin hatte zwar eine engagierte Diskussion ausgelöst, war jedoch nie juristisch angefochten worden.

Entsprechend wollte ich Anders' These zur Diskussion stellen. Also setzte ich vor dem Zitat den Satz: «Vielleicht hat Anders recht, wenn er schreibt:»[2]

Der freisinnige Gemeindepräsident einer Oltner Vorortgemeinde nahm diesen Kommentar zum Anlass, mich anzuzeigen. Er reichte beim Richteramt Olten-Gösgen Klage ein und berief sich dabei genau auf die Strafgesetzbuch-Verschärfung, die ich fünf Jahre zuvor in der Schüler*innen-Zeitung bekämpft hatte: «Wer öffentlich zu einem Verbrechen auffordert, wird mit Zuchthaus bis zu drei Jahren oder mit Gefängnis bestraft.»

So kam es, dass ich am 29. September 1987 in Olten vor dem Richter stand. Dank der guten Arbeit der Anwältin, die meine Gewerkschaft bezahlte, wurde ich freigesprochen. Das Medienmagazin «Klartext» schrieb: «Immerhin war es dem eilfertigen Eiferer (dem Kläger) gelungen, eine für den Rechtsstaat Schweiz peinliche Premiere zu inszenieren: Erstmals musste aufgrund der neuen Gesinnungs-Paragraphen im Strafgesetzbuch ein Journalist vor dem Richter erscheinen, weil er geglaubt hatte, hierzulande sei die ‹Pressefreiheit› – wie Artikel 55 der Bundesverfassung es verspricht – ‹gewährleistet›.»[3]

Einen echten Freispruch setzte der katholisch-konservative Richter allerdings nicht ab. Er taxierte meinen Kommentar als «moralisch verwerflich» und brummte mir die Verfahrenskosten von 200 Franken auf. Entsprechend wurde das Urteil in der Presse aufgenommen. Mehrfach hiess es, dass der

Journalist Peter Staub zwar freigesprochen wurde, aber eben auch «moralisch verwerflich» gehandelt habe. Damit hatte die Atomlobby ihr Ziel erreicht. Meine «Karriere» als Journalist war vorbei, bevor sie richtig begonnen hatte.

Der CVP-Richter wusste natürlich genau, dass dieses Urteil vor der nächsten Instanz nicht standhalten würde, aber die mediale Duftmarke war gesetzt. Keine Zeitung und erst recht nicht der öffentlich-rechtliche Rundfunk konnte es sich leisten, einen «moralisch verwerflichen» Journalisten anzustellen. Für den Richter hingegen lohnte sich das Urteil. Wenige Jahre später wurde er in den Regierungsrat des Kantons Solothurn gewählt. Die Annahme, dass die AKW-Lobby seine Kandidatur tatkräftig unterstützte, dürfte nicht abwegig sein.

In der Staatsschutz-Fiche wurde mein Prozess in zwei Einträgen abgehandelt. Der erste Eintrag vom 30. September 87: «aus BAZ. Artikel zu Urteil des Amtsgerichtes Olten-Gösgen gegen S. Als Journalist hatte er seinerzeit grosses Verständnis gezeigt für ev. gewalttätige Aktionen gegen die Atomlobby. Der Richter fand, sein Artikel sei zwar strafrechtlich nicht erfassbar, jedoch ‹moralisch verwerflich› gewesen.»

Praktisch alle Deutschschweizer Zeitungen hatten über den Prozess berichtet, der Staatsschutz bezog sich aber ausgerechnet auf den Artikel aus der «Basler Zeitung». Das war etwas speziell, da ich damals mit dem Autor dieser Meldung zusammenwohnte...

Der zweite Eintrag in meiner Fiche stammte aus der «U-Sammlung»: «Der Beschuldigte St. Hat sich der öffentlichen Aufforderung zu Verbrechen oder Gewalttätigkeiten nicht schuldig gemacht und wird ohne Entschädigung freigesprochen.»

Da ich unterdessen aus der Redaktion der «AZ» ausgeschieden war – die Spannungen zwischen den Parteisoldaten in der Redaktion und mir waren unerträglich geworden – suchte ich eine neue Stelle. Der damalige Leiter des Regionaljournals Aargau-Solothurn des staatsnahen Radios versprach mir vor dem Prozess jegliche Unterstützung und stellte mir eine Festanstellung in Aussicht. Nach dem Urteil meinte er bloss, er könne mich nicht anstellen, weil es in seiner Redaktion schon zu viele Linke geben würde.

Ich hielt ich mich ein paar Monate als Dachdecker und Hilfszimmermann über Wasser. Im Frühjahr 1988 konnte ich dann aber bei der damaligen Gewerkschaft Textil, Chemie, Papier GTCP im nahegelegenen Zofingen die Stelle als Regionalsekretär antreten.

Seit meinem Ausscheiden aus dem Journalismus war ich auch wieder für die GSoA aktiv. Und als die GSoA im Jahr 1989 ein nationales Sekretariat einrichtete, stellte ich ihr mein altes Büro hinter dem Bahnhof Olten zur Verfügung, in dem ich mit meinem WG-Kumpel erfolglos versucht hatte, ein freies Pressebüro aufzuziehen. In der Fiche des Staatschutzes liest sich das so: «14. 2. 89: «v. SD SO. das gesamtschweiz. Sekretariat der GSoA in Solothurn wird neu durch (nun folgen in Klarschrift zwei Namen mit jeweiligem Jahrgang) betreut. Die Büroräumlichkeiten der GSoA sind durch S. gemietet worden.» Dass ich ein paar Wochen später im selben Büro als nationaler Sekretär der GSoA zu arbeiten begann, schien dem Staatschutz entgangen zu sein.

Dass ich meine 80%-Stelle bei er GTCP nach rund einem Jahr aufgab, um zwei Tage pro Woche für die GSoA zu arbeiten, hatte private Gründe. Mein älterer Bruder und seine Ehefrau waren seit vielen Jahren heroinabhängig. Dass sie es trotzdem so lange geschafft hatten, mit ihren zwei Kindern ein selbstständiges Leben zu führen, ohne dass sich der «Fürsorgestaat» einmischte, wäre eine eigene Geschichte wert. Jedenfalls war diese Selbstständigkeit bedroht, als der Sohn der beiden in den Kindergarten kam. Denn falls er da ein paar Mal nicht auftauchen sollte, weil seine Eltern es wieder einmal nicht rechtzeitig aus dem Bett schafften, hätten sich sehr schnell die Behörden eingeschaltet. Von da an wäre es nur noch ein kurzer Weg gewesen, bis der Staat den Eltern die beiden Kinder weggenommen hätte.

Deshalb hatten sich mein Bruder und seine Frau entschieden, in Südspanien einen kalten Entzug zu machen und zu versuchen, innerhalb eines halben Jahres wieder in ein Leben ohne harte Drogen zu finden. Also fuhr ich mit ihnen im Frühjahr 1986 nach San Pedro in der Nähe von Almeria, wo ich sie beim Entzug betreute und mich um die beiden Kinder kümmerte, die damals sechs und ein Jahr alt waren.

Erst als ich nach drei Wochen wieder zu Hause war, erfuhr ich, dass unterdessen in Tschernobyl eine Atomkatastrophe passiert war. Es dauerte dann leider nur ein paar Wochen, bis mich mein Bruder anrief, weil er und seine Frau sich getrennt hatten. Da er mit den Kindern nach Hause wollte, holte ich ihn mit dem Auto zurück in die Schweiz.

Um die ganze Geschichte abzukürzen: Mein Bruder war nicht in der Lage, sich um seine Kinder zu kümmern. Er wollte aber auch nicht, dass sie langerfristig bei unseren Eltern aufwuchsen, wo wir sie provisorisch untergebracht hatten. Also erinnerte er mich an ein altes Versprechen, wonach ich mich um seine Kinder kümmern würde, falls er oder seine Frau dazu nicht mehr fähig sein sollten.

Rund zwei Jahre später war es mir und meiner damaligen Partnerin möglich, die beiden Kinder zu uns zu holen. Dafür zogen wir mit zwei anderen Paaren und deren Kindern sowie mit sehr idealistischen Vorstellungen in eine selbstverwaltete Hausgemeinschaft, wo bereits ein halbes Dutzend Erwachsene und gleich viele Kinder in verschiedenen Wohnungen lebten.

Aus dem angedachten Modell einer Wohngemeinschaft, in der alle Erwachsenen zu gleichen Teilen zu allen Kindern schauten, wurde nichts. Das zeigte sich schnell. Für mich wurde es deshalb unmöglich, weiterhin an vier Tagen pro Woche als Gewerkschaftssekretär zu arbeiten. Also ergriff ich im Frühjahr 1989 die Möglichkeit, an zwei Tagen pro Woche als nationaler GSoA-Sekretär zu arbeiten, sodass es mir fortan möglich war, mich an fünf Tagen pro Woche um die Pflegekinder und den WG-Haushalt zu kümmern.

In dieser Zeit war ich nicht nur Hausmann und nationaler Sekretär der GSoA, ich war auch Mitglied des GSoA-Ausschusses, der die Abstimmungskampagne leitete. Der Ausschuss bestand bloss aus einer Handvoll Personen, die vom nationalen Vorstand gewählt worden waren. Im Ausschuss war ich der Einzige, der nicht parteipolitisch organisiert war. Und weil ich bezüglich der umfassenden Friedenspolitik radikalere Ansichten vertrat als die anderen Ausschuss-Mitglieder, war es für mich schwierig, in grösseren Medien zu Wort zu kommen.

Also packte ich die raren Gelegenheiten am Schopf. In der Boulevardzeitung «Blick», damals die auflagenstärkste Zeitung der Schweiz, konnte ich beispielsweise die «10 wichtigsten Vorwürfe ans Militär» formulieren. Die Antworten auf meine Vorwürfe gab der damalige Ausbildungschef der Armee im Range eines Korpskommandanten. Mein zweiter Vorwurf etwa lautete: «Die Militärs glauben, dass man auf Bedrohungen nur mit Gewalt antworten kann. Aber das Ozonloch lässt sich nicht mit Handgranaten stopfen. Die Probleme, die uns tatsächlich bedrohen, können nicht mit militärischen Mitteln gelöst werden. Die Armeespitze verkennt, dass sie ausgedient hat.»[4]

Und weil ich gerade auf dem Sekretariat im Einsatz, als sich das österreichische TV meldete, um über die GSoA einen Beitrag zu drehen, kam ich auch einmal ins Fernsehen. Auf der Bundesterrasse in Bern fragte mich der ORF-Reporter Elmar Oberhauser, ob ich glaubte, eine Schweiz ohne Armee noch zu erleben. Ich war damals 27 Jahre jung und voller Optimismus. Ich sagte: «Natürlich. Ich bin sogar überzeugt, dass ich noch eine Welt ohne Armeen erleben werde.» Für die andere Seite gab der damals amtierende, freisinnige Militärminister Kaspar Villiger Auskunft.

Zwei Jahre nachdem mich die Zeitung wegen meiner Reportage über die Schwedenreise mit Hohn und Spott überzogen hatte, bot mir das «Oltner Tagblatt» die Möglichkeit, einen Diskussionsbeitrag für die GSoA-Initiative zu publizieren. Darin sprach vom «radikal-demokratischen Politikverständnis der GSoA» und von den Zielen der umfassenden Friedenspolitik, die sich an den Losungen der bürgerlichen Französischen Revolution orientierten: «Freiheit, Gleichheit, Menschlichkeit.»[5]

Weil ich mich auch für die Weltpolitik und insbesondere die Entwicklungen in der Sowjetunion interessierte, verfolgte ich gespannt die Pläne von Michail Gorbatschow, das stalinistische System mit Glasnost und Perestroika zu reformieren. Wie üblich informierte ich mich dazu nicht nur aus der bürgerlichen Presse oder linken Publikationen. In meinem Büchergestell stapelten sich Bücher über die Perestroika und von Gorbatschow selbst. Ich war fasziniert von seinem Ziel, den realexistierenden Sozialismus so grundlegend zu reformieren, dass er zu einer menschlichen Alternative zum Kapitalismus werden konnte. Für mich war klar, dass dabei das Konzept der Selbstverwaltung eine wichtige Rolle spielen müsste.

Die Selbstverwaltung war damals nicht nur für mich ein Thema. Auch die Sozialdemokratische Partei der Schweiz diskutierte darüber, ob diese Idee der dritte Weg zwischen Kapitalismus und Stalinismus sein könnte. Und nachdem die alternativen, selbstverwalteten Betriebe in der ganzen Deutschschweiz wie Pilze aus dem Boden geschossen waren, schafften wir es auch in Olten, ein Restaurant zu gründen, das genossenschaftlich organisiert war und ohne Chef oder Chefin auskam.

Ich war mir nicht nur von der «Solothurner AZ» her gewohnt, selbstbestimmt zu arbeiten. Auch in der Hausgenossenschaft führten wir regelmässig Vollversammlungen durch, wo wir gleichberechtigt diskutierten und entschieden. Dass am Ende die informellen Hierarchien ausschlaggebend waren und die alteingesessenen Kommunard*innen durch allerlei Tricks und Intrigen bestimmten, was lief, wollte ich damals nicht wahrhaben.

Jedenfalls organisierte ich im Mai 1989 in Olten einen zweitägigen Besuch von zwei Vertretern der sowjetischen Botschaft, um ihnen zu zeigen, wie selbstverwaltetes Arbeiten und Wohnen in der Schweiz funktionierte. Die «Solothurner AZ» berichtete auf einer ganzen Seite über den Besuch, der uns auch in die Genossenschaftsdruckerei Olten führte.[6]

Bei einem Spaziergang nach dem Abendessen in unserer Hausgemeinschaft sagte mir Botschaftsrat Iouri Maiorov, dass eine solche Kommune eine grosse psychologische Herausforderung und nicht für alle Menschen geeignet sei. Ich machte mir keine grossen Gedanken darüber. Erst als ich später meine WG-Erfahrungen im Zusammenhang mit dem Fichenskandal, der etwa ein Jahr später aufflog, aufarbeitete, realisierte ich, dass Maiorov seine Bemerkung auf meine damalige Situation bezogen hatte.

Der Besuch der sowjetischen Botschaftsdelegation wurde in meiner Staatsschutz-Fiche mit keinem Wort erwähnt. Eigentümlich.

Mein Interesse an den politischen Entwicklungen in Moskau führte auch dazu, dass ich zusammen mit zwei GSoAt*innen aus der Ostschweiz eine Reise in die Sowjetunion plante. Im September 1989 war es soweit. In meiner Fiche gab es dazu immerhin drei Einträge. Am 28. August, am 5. September und am 8. September 1989. Fast alles war schwarz abgedeckt. Im letzten Eintrag hiess es immerhin: «St. reist (schwarzer Balken) als Delegationsleiter nach Moskau.»

Unsere Reise führte uns über Budapest nach Moskau. In Budapest trafen wir auf einen jungen, pickeligen Mann mit langen, strähnigen Haaren. Ich kann es nicht beweisen, aber der hagere Mann in meinem Alter, der den oppositionellen Bund Junger Demokraten Fidesz vertrat und ziemlich unsicher wirkte, hiess mit an Sicherheit grenzender Wahrscheinlichkeit Victor Orbán. Wir unterhielten uns angeregt. Natürlich über unsere Idee, die Armee abzuschaffen, aber auch über die Möglichkeiten zur Entwicklung der Demokratie, die sich im Herbst 1989 in Ungarn abzeichneten.

In Moskau trafen wir zuerst Vertreter*innen des Komsomol, der Jugendorganisation der russischen KP, die uns eingeladen hatte, unsere Flüge bezahlte und auch für die Kosten unseres Aufenthalts aufkam. Die interessanteren Termine waren aber jene beim sowjetischen Radio und bei der Tass, der staatlichen Nachrichtenagentur. Ich war damals emotional so geladen, dass ich beim ersten Termin das Gespräch völlig monopolisierte, wofür mich meine Begleiter*innen anschliessend zu Recht heftig tadelten. Immerhin konnte ich meine Botschaft, dass die Politik der GSoA und die Ziele der Perestroika viel gemeinsam hatten, in die Sowjetunion hinaustragen. Sofern der Übersetzer meine Aussagen nicht verfälscht hatte. Bei den weiteren Diskussionen hielt ich mich dann zurück, so dass meine beiden Kolleg*innen doch noch ausführlich zu Wort kamen.

Im Vorfeld unserer Reise nach Moskau hatten wir Medienmitteilungen an alle Zeitungen und Nachrichtenagenturen verschickt. Und nach unserer Rückkehr organisierten wir eine Medienkonferenz. Zu dieser kamen gerade mal zwei Journalist*innen, ein Vertreter der «Friedenszeitung» und ein Militärexperte der «Neuen Zürcher Zeitung».

Aus dem NZZ-Bericht zitierte dann der Schweizer Staatsschutz. Der Eintrag vom 22. September lautete gekürzt: «v. ND SG und NZZ: (...) Enttäuschend für die GSoA-Leute war, dass sowohl die UdSSR-Botschaft in Bern wie angepeilte Offiziere in Moskau die Theorie der Armeeabschaffer nicht teilten und die bewaffnete Neutralität der Schweiz als weltweit vorbildlich bezeichneten (...).»

Der Bericht der NZZ entsprach eher dem Wunschgedanken des Verfassers als unserem Bericht. Immerhin konnten wir in Anspruch nehmen, dass unsere Propaganda für Antimilitarismus und Demokratie die sowjetischen Verantwortlichen in ihrem Reformeifer bestärkt hatten. Zu behaupten, dass sie deshalb die DDR-Führung davon abhielten, den ab September 1989 immer stärkender werdenden Protest mit einem Blutbad zu ersticken, wäre vermessen.

Dabei wurde «chinesische Lösung» des Protests in der DDR-Führung damals durchaus diskutiert. Die «chinesische Lösung» bezog sich auf das Tiananmen-Massaker von Anfang Juni 1989. Während die durch den Stalinismus geprägte Staatsspitze der DDR noch darüber nachdachte, die Montagsdemonstrationen in Leipzig oder den Massenprotest in Berlin mit Gewalt zu zerschlagen, kam Gorbatschow zum 40-Jahr-Jubiläum der DDR nach Berlin. Dort soll er am 6. Oktober 1989 seinen vielleicht berühmtesten Satz gesagt haben: «Wer zu spät kommt, den bestraft das Leben.» Eine «chinesische Lösung» liessen die Sowjets unter Gorbatschow in der DDR nicht zu. Am 9. November fiel die Mauer in Berlin. Zwei Wochen später stimmten wir in der Schweiz über die GSoA-Initiative ab.

Vor dieser Abstimmung schaffte es der Staatsschutz noch, drei weitere Einträge von grosser Tragweite in meiner Fiche zu notieren. Der erste erwähnte die staatsgefährdende Tatsache, dass «St.» sich «nach der Möglichkeit erkundigt, Info-Pakete nach Moskau zu schicken.» Und die beiden anderen Einträge bezogen sich auf die ebenso staatszersetzende Tatsache, dass ich einer der drei «verantwortlichen Leiter» für das «Fest ‹Stop the Army› vom 21. 10. 89 auf dem Bundesplatz in Bern war. Ca. 15000 Teilnehmer.» Und dass ich da als «Gesuchsteller/Mitverantwortlicher» aufgeführt war.

Da mein Engagement für die GSoA weder illegal war noch im Verborgenen stattfand und meine vom Staatsschutz notierten Tätigkeiten allen bekannt war, die davon wissen wollten, könnte man über die banalen Einträge in meiner Staatschutz-Fiche problemlos eine Komödie wie den Film «Moskau einfach» machen. Allerdings waren die hilflos anmutenden Einträge wohl nicht die einzige Arbeit, die der Staatsschutz über mich verfasst hatte. Und folgenlos war die Arbeit der Politischen Polizei auch nicht, wie sich später zeigen sollte.

Als am 26. November 1989 in Bern das Resultat der GSoA-Initiative bekannt gegeben wurde, jubelten wir in der alten Kaserne in Basel, wo wir das Abstimmungsfest der GSoA organisiert hatten. Bei einer hohen Beteiligung von knapp 65 Prozent erreichten wir mit einem unerwartet hohen Ja-Stimmen-Anteil von 35,6 Prozent mehr als nur einen Achtungserfolg. Mit den Kantonen Genf und Jura stimmten sogar zwei Stände der Initiative zu. Das war weit mehr, als wir uns in unseren kühnsten Träumen erhofft hatten. Die Armee war zwar nicht abgeschafft, aber die heilige Kuh der Schweizer war geschlachtet.[7]

Als die Analyse der Abstimmung später zeigte, dass die Mehrheit der Männer im wehrpflichtigen Alter der Initiative zugestimmt hatte, war der Durchbruch endgültig gelungen. Ähnlich wie beim Landesstreik von 1918 führte auch hier eine Niederlage zu längst überfälligen Reformen. 1992 wurde endlich ein Zivildienst für Leute eingeführt, die aus Gewissensgründen keinen Militärdienst leisten wollten.

Für mich war mit der Abstimmung das Projekt Armeeabschaffung beendet. Wir hatten unsere wichtigsten Ziele erreicht: Die Armee war entmystifiziert. Die Utopie einer Schweiz ohne Armee, die Utopie einer Welt ohne Krieg war zwar noch nicht mehrheitsfähig, aber der Samen war gesät.

Weil ich nicht wollte, dass aus unserer heterogenen Gruppe eine parteiähnliche Organisation wurde, die nach Reförmchen strebte, empfahl ich an der ersten Vollversammlung nach der Abstimmung in Delémont die Auflösung der GSoA. Als mir die Mehrheit der Versammlung wie erwartet nicht zustimmte, trat ich aus dem Verein aus.

Quellen

1   «Solothurner AZ», Olten, 6. September 1986

2   «Solothurner AZ», Olten, 9. Juni 1987

3   «Medienmagazin Klartext», Zürich, Mai 1987

4   «Blick», Zürich, 14. November 1989

5   «Oltner Tagblatt», Olten, 9. November 1989

6   «Solothurner AZ», Olten, 13. Mai 1989

7   www.bk.admin.ch/ch/d/pore/va/19891126/index

Kapitel 4

Die Frauen erkämpfen das Menschenrecht

«Völker, hört die Signale! Auf zum letzten Gefecht! Die Internationale erkämpft das Menschenrecht. Es rettet uns kein höh'res Wesen, kein Gott, kein Kaiser noch Tribun. Uns aus dem Elend zu erlösen können wir nur selbst tun!», heisst es im ältesten und bekanntesten Lied der Arbeiter*innen-Bewegung. Was Eugène Pottiers nach der Zerschlagung der Pariser Kommune im Mai 1871 für die «Internationale» in Worte fasste, gilt bis heute. Wobei «das Gefecht» für die *Blaue Revolution* als Metapher für den gewaltfreien Kampf zu interpretieren ist.

Die Menschenrechte sind seit dem 10. Dezember 1948, als die Generalversammlung der UNO die «Allgemeine Erklärung der Menschenrechte» verabschiedete[1], so universell und so unbestritten, dass nur noch ein Schuft auf die Idee kommt, diese abzulehnen. Diese Menschenrechte werden aber zurzeit fast überall auf der Welt mit Füssen getreten. Und zwar nicht nur, indem Milliarden von Menschen die sozialen Rechte auf genügend Nahrung, hinreichend bezahlte Arbeit, ein anständiges Dach über dem Kopf und eine menschenwürdige Gesundheitsversorgung verweigert werden. Sondern auch weil Milliarden Menschen ihre grundlegenden Rechte auf Freiheit und Selbstbestimmung nicht ausüben können. Das betrifft zu einem grossen Teil Frauen, die aufgrund ihres Geschlechts unterdrückt und ausgebeutet werden.

Dass die Menschenrechte nicht weltweit durchgesetzt werden, betrifft die Menschen in den demokratischen Ländern des globalen Nordens, weil sie direkt von den unsäglichen Verhältnissen im globalen Süden profitieren.

Nicht nur in Ländern, die mit Demokratie nichts zu tun haben wollen, sind die Menschenrechte unter Druck, sondern auch in Ländern, die sich selbst als Hort der Freiheit und Demokratie betrachten. Zum Beispiel in den USA. Dabei geht es hier nicht um die menschenverachtende Politik der USA gegenüber den Flüchtlingen, die über die mexikanische Grenze kommen. Diese Zustände sind allgemein bekannt. Es geht um jene, die eine noch schlechtere Lobby haben als die Flüchtlinge, da es sich um verurteilte Verbrecher handelt. Weil die USA private Gefängnisse zu einem Geschäftsmodell machten, sorgten sie dafür, dass es zu einem rasanten Zuwachs der Gefängnisinsassen in Amerika kam. Die amerikanischen Ökonomen Christian Dippel und Michael Poyker haben festgestellt, dass private Gefängnisse in den USA ursprünglich dazu dienten, die Opfer des «Krieges gegen die Drogen», den der amerikanische Präsident Richard Nixon im Jahr 1971 ausrief, möglichst kostengünstig wegzuschliessen. Unterdessen wird der «Markt» für private Gefängnisse in den USA mit etwa fünf Milliarden Dollar beziffert. Das Angebot der privaten Gefängnisse hat zwar nur einen geringen Einfluss auf die Wahrscheinlichkeit, verurteilt zu werden. Aber je mehr private Gefängnisse es in einem Bundesstaat gibt, desto länger fallen die Gefängnisstrafen aus.[2] Mit Gerechtigkeit und mit dem Menschenrecht auf einen fairen Prozess hat das wenig zu tun.

Ohnehin sperren die USA so viele Menschen ein wie kaum ein anders Land: Fast 1,7 Millionen Amerikaner sitzen hinter Gittern, etwa zehn Prozent in einem gewinnorientierten Privatgefängnis. Kritiker*innen verurteilen dies als moderne Fortsetzung der Sklaverei: «Wegen der elenden Zustände und auch, weil 56 Prozent der Inhaftierten Schwarze oder Latinos sind.» Weil es in den privaten Gefängnissen überproportional zu Gewalt und Todesfällen kam, wollte der ehemalige US-Präsident Barack Obama die Verträge mit den Privatkonzernen auslaufen lassen. Doch Donald Trump machte Obamas Entscheid rückgängig. Das eröffnete den privat geführten Gefängnissen ein neues «goldenes Zeitalter». Die Deutsche Bank empfahl, in die amerikanischen Branchenführer zu investieren. Auch die Wall-Street-Bank JP Morgan Chase bezeichnete Aktien von Privatgefängnissen als «attraktiv», da sie davon ausging, dass Trumps Politik «wahrscheinlich zu einem Anstieg der Gefängnispopulation und der Immigrationsfestnahmen führen wird.»[3]

Noch viel bedenklicher als die unwürdigen Zustände im amerikanischen Strafvollzug sind die Verhältnisse in den rund 1000 chinesischen Arbeitslagern, in denen im Jahr 2015 etwa vier Millionen Menschen eingesperrt waren. Bei diesen Inhaftierten handelt es sich im Gegensatz zu den Insassen der privaten Gefängnisse in den USA nicht um Kriminelle oder Flüchtlinge, sondern oft um Regimegegner. «Solche Festnahmen stehen in China an der Tagesordnung», sagt deutsche Journalist Hartmut Idzko. Dass in den europäischen Medien bis zur Aufdeckung der Lager für die Uiguren davon wenig berichtet wurde, hat für den deutschen Journalisten wirtschaftliche Gründe. «Deutschland ist Chinas wichtigster Handelspartner in Europa und diese Beziehungen möchte man nicht gefährden. Wir sind in hohem Masse von chinesischen Exportgütern abhängig.»

Ende November 2019 geriet das chinesische Lagersystem vorübergehend doch in den Fokus der Öffentlichkeit. Auch Schweizer Medien berichteten gross über die sogenannten Umerziehungslager, in denen Hunderttausende Uiguren «einer Gehirnwäsche unterzogen» werden. Der Journalist und China-Kenner Kai Strittmatter spricht gar von einem «der grössten Menschenrechtsverbrechen unserer Zeit.»[4]

Die Lager für die Uiguren dienen ähnlichen wirtschaftlichen Interessen wie andere chinesische Arbeitslager. Wie Idzko berichtet, haben die Angestellten in den Lagern ein existenzielles Interesse daran, dass die Gefangenen am Leben bleiben, um diese ausbeuten zu können. Die Arbeitslager leisten einen wesentlichen Beitrag zur chinesischen Wirtschaft. «Das ist ein Milliardenmarkt», sagt Idzko. In den modernen Fabrikgebäuden können auch Europäer Waren bestellen. «Hinter dem Gebäude befindet sich das Gefängnis, in dem die Waren produziert werden.» Bei fast jedem chinesischen Billigprodukt muss man davon ausgehen, dass es in einem Arbeitslager hergestellt wird.[5]

In Europa und Nordamerika sprechen wir gerne über Menschenrechte. Und darüber, dass sie andernorts nicht eingehalten werden. Aber wenn es darum geht, von diesen Verhältnissen zu profitieren, interessieren die Menschenrechte wenig. Neben China ist Saudi-Arabien ein hervorragendes Beispiel für die Heuchelei westlicher Regierungen. Denn im Gegensatz zum ebenfalls islamistischen und frauenfeindlichen Iran, der wegen seines Atomwaffenprogramms und seiner Drohungen gegenüber Israel zu Recht an den Pranger der Weltöffentlichkeit gestellt wird, macht der Westen gern Geschäfte mit Saudi-Arabien. Länder wie Grossbritannien, die USA und Frankreich liefern für viel Geld Waffen nach Saudi-Arabien.[6]

Dabei hat sich die dortige Menschenrechtslage trotz politischer Charmeoffensive des designierten Herrschers Mohammed bin Salman nicht verbessert. Im Dezember 2019 traten die Gewissensgefangenen Waleed Abu al-Khair und Raif Badawi aus Protest gegen ihre Misshandlung in den Hungerstreik. *Amnesty International* forderte die saudi-arabischen Behörden auf, dafür zu sorgen, dass die beiden vor Folter oder anderen Misshandlungen geschützt und unverzüglich und bedingungslos freigelassen werden, denn beide Männer wurden ausschliesslich wegen der Ausübung ihres Rechts auf freie Meinungsäusserung festgehalten.

Der saudische Blogger Raif Badawi war im Juni 2012 verhaftet und zwei Jahre später zu zehn Jahren Gefängnis und 1000 Stockhieben verurteilt worden, weil er eine Webseite gegründet hatte, auf der soziale und politische Themen diskutiert wurden. Sein Anwalt Waleed Abu al-Khair wurde 2014 von einem Sonderstrafgericht in Dschidda unter anderem wegen «Ungehorsams gegenüber dem König» und «Beleidigung der Justiz» zu 15 Jahren Gefängnis, einem anschliessenden Reiseverbot und einer hohen Geldstrafe verurteilt.[7]

Im Sommer 2019 hat es noch geheissen, dass Saudi-Arabien sich politisch öffnen wolle. So berichteten die Medien, dass Frauen nun ohne männlichen Vormund einen Pass beantragen und allein reisen konnten. Bei aller Freude über diesen kleinen Fortschritt hielt *Amnesty International* fest, dass auch seit Kronprinz Mohammed bin Salman an die Macht gekommen war, viele Oppositionelle festgenommen oder zu langen Haftstrafen verurteilt wurden. So wurden im Mai 2018 mehrere Frauenrechtlerinnen festgenommen. Es waren nicht zuletzt diese Frauen, die mit ihrem Einsatz zur aktuellen Gesetzesänderung beigetrugen. «Nach ihrer Festnahme startete die Regierung eine massive Verleumdungskampagne, um die Frauen als ‹Verräterinnen› darzustellen. Die Frauen stehen immer noch vor Gericht, ihnen drohen lange Haftstrafen», hiess es bei *Amnesty International* Anfang 2020. Saudi-Arabien gehört zudem zu den Ländern mit den meisten Hinrichtungen weltweit. In den Gefängnissen werden Oppositionelle regelmässig gefoltert, ohne dass die dafür Verantwortlichen zur Rechenschaft gezogen werden.[8]

Die Scheinheiligkeit des Westens gegenüber Saudi-Arabien zeigte sich auch beim Mord am Journalisten Jamal Khashoggi. Dieser war 2017 in die USA ins Exil gegangen, wo er Kolumnen für die «*Washington Post*» schrieb. Im Oktober 2018 wurde er im saudischen Konsulat in Istanbul von einem Spezialkommando ermordet. Indizien belegen, dass Mohammed bin Salman für den Mord verantwortlich war. Ende Dezember 2019 verurteilte ein saudisches Gericht fünf Menschen wegen des Mordes an Khashoggi zum Tod. Doch die UNO-Sonderberichterstatterin bezeichnete die Urteile als Farce. «Die Drahtzieher kommen nicht nur frei. Sie sind von den Ermittlungen und dem Prozess kaum berührt worden. Dies ist der Gegensatz von Gerechtigkeit», schrieb Agnès Callamard. Es habe keine Ermittlungen gegen die Drahtzieher wie Kronprinz Mohammed bin Salman gegeben.[9]

Trotz des Mordes an Khashoggi hatte die US-Regierung im Mai 2019 angekündigt, mit Saudi-Arabien Waffengeschäfte mit einem Volumen von acht Milliarden Dollar abzuschliessen. Das von den Demokraten dominierte Repräsentantenhaus versuchte zwar die Waffenlieferungen zu stoppen. Aber Trump legte dagegen das Veto ein, das vom republikanisch dominierten Senat nicht blockiert wurde, so dass den Waffenlieferungen nichts mehr im Weg stand.[10] Während die verheerende Menschenrechtsbilanz in Saudi-Arabien die USA nicht davon abhielt, profitable Deals abzuschliessen, verschärften die USA die Politik gegenüber dem Iran.[11]

Dabei ist die Menschenrechtslage im Iran mit jener in Saudi-Arabien vergleichbar. Insbesondere bei der Unterdrückung der Frauen sind sich die fundamentalistischen Regimes ähnlich. Das zeigt ein Beispiel aus dem Iran. Am 8. März 2019, dem Internationalen Frauentag, protestierte die 24-jährige Yasaman Aryani zusammen mit ihrer Mutter gegen den gesetzlichen Kopftuchzwang. Ohne ihre Haare zu bedecken, verteilte sie Blumen an die Frauen in einer Teheraner U-Bahn. Ein Video der Aktion zeigt, wie sie einer Frau mit Kopftuch eine Blume gibt und sagt, sie hoffe, eines Tages mit ihr durch die Strassen gehen zu können, «ich ohne Kopftuch und du mit». Einen Monat danach wurde Yasaman Aryani inhaftiert und verhört. Auch ihre Mutter wurde inhaftiert. «Am 31. Juli 2019 hat ein Gericht Yasaman Aryani und ihre Mutter zu 16 Jahren Gefängnis verurteilt», berichtet *Amnesty International*.[12]

Im Gegensatz zu Saudi-Arabien gibt es im Iran immer wieder öffentliche Proteste gegen das undemokratische Regime. Ende November 2019 schlugen die iranischen Sicherheitskräfte in mehr als 100 iranischen Städten weitgehend friedliche Proteste mit Gewalt nieder und töteten dabei mindestens 106 Menschen. Gemäss *Amnesty International* bezeichnete der Oberste Führer des Iran die Demonstranten als «Verbrecher». Er befahl den Sicherheitskräften, die Proteste zu beenden. «Damit gab er grünes Licht für die Fortsetzung der brutalen Repression. Nach internationalem Völkerrecht dürfen aber Sicherheitskräfte nur auf den Einsatz tödlicher Gewalt zurückgreifen, wenn dies unumgänglich ist, um Leib und Leben von Dritten zu schützen», schreibt *Amnesty International*. Laut Augenzeugenberichten, die durch verifiziertes Videomaterial bestätigt werden, schossen Scharfschützen von Dächern und in einem Fall aus einem Helikopter in die Menschenmassen.[13]

Die Proteste gegen Korruption und Frauenfeindlichkeit beschränkten sich im Herbst und Winter 2019 nicht nur auf den Iran. Auch in Tunesien, im Libanon oder im Irak gingen die Menschen zu Tausenden auf die Strassen, um für eine gerechte und demokratische Gesellschaft zu demonstrieren.

Eine der Protestierenden in Bagdad ist die irakische Journalistin und Schauspielerin Zahraa Ghandour. Sie ist in den Tagen des Massenprotests fast immer auf dem Tahrir-Platz in Bagdad gewesen, wo sich das Zentrum der Proteste befand. Die Protestierenden bauten Zelte für die medizinische Versorgung und Volksküchen auf und organisierten Theater und Konzerte. «Doch wir sind umzingelt von bewaffneten Sondereinheiten. Sie sollen verhindern, dass wir uns weiter in der Stadt ausbreiten», erzählt die in Bagdad geborene Irakerin. Obwohl die Protestierenden alle unbewaffnet waren, starben jeden Tag Menschen. «Bisher über 360, über 15 000 Menschen wurden verletzt, mehrere Tausend davon schwer. Es schockiert mich, wie wenig die Medien im Westen darüber berichten», sagte Zahraa Ghandour im Dezember 2019.

In der Tat erhielten die Proteste im Irak in den westlichen Medien massiv weniger Resonanz als jene im Nachbarland Iran. Dabei waren die Parallelen offensichtlich. Auch im Irak verlangten die Frauen mehr Rechte: «Zum ersten Mal in der Geschichte sind Frauen von Anfang an und an vorderster Front mit dabei. Frauen und Männer können sich endlich normal begegnen, miteinander sprechen, ohne das übliche Versteckspiel.» Denn heute sind die Schulen, anders als zu Saddam Husseins Zeiten, nach Geschlechtern getrennt. «Nun entdecken sie gegenseitig, dass sie alle normale Menschen sind, keine Monster.» Die Frauen wollen endlich gleichberechtigte Partnerinnen sein und sowohl in der Politik wie im Alltag mitreden. «Das Land gehört uns genauso», sagt die Aktivistin für Menschen- und Frauenrechte, die in dieser Zeit an einem Dokumentarfilm über eine Ikone der irakischen Frauenbewegung, Hanaa Edwar, arbeitete. Oft hörte sie Männer sagen, dass die Frauen ihre Brüder im Protest unterstützten. «Nein! So ist es nicht. Ich bin hier, um für mich selbst einzustehen», betont Zahraa Ghandour. Die neue Generation habe genug davon, von alten, inkompetenten Politikern kontrolliert zu werden: «Wir können die Welt verändern», sagt sie.[14]

Dass die Frauen nicht nur im Hinblick auf die Verwirklichung der Menschenrechte eine zentrale Rolle spielen, sondern auch beim Kampf gegen den Klimawandel, hat Paul Hawken in seinem Buch «Drawdown – der Plan» beschrieben. Für Hawken ist die Klimakrise nicht geschlechtsneutral, weil ihre «Auswirkungen – seien es Krankheiten oder Naturkatastrophen – in besonderem Masse Frauen» betreffen. Hawken führt das auf die «existierenden Benachteiligungen» der Frauen zurück. Und er sagt, dass die «Frauen für die erfolgreiche Bewältigung des Klimaproblems» von entscheidender Bedeutung sind. Und dass sich «die Zukunftsaussichten des Lebens auf diesem Planeten insgesamt durch Gleichberechtigung und bessere Bedingungen für Frauen und Mädchen erheblich verbessern lassen.»[15]

Ein eindrückliches Beispiel, wie Frauen auch in Gesellschaften, in denen sie noch nicht gleichberechtigt sind, den demokratischen Aufbruch prägen, zeigt sich im Sudan. Seit dort der Diktator al-Bashir gestürzt wurde, sprechen Frauen im Radio über Gleichberechtigung oder gehen das Tabu-Thema der Genitalverstümmelung an. Da ist etwa Alaa Salah, eine Studentin Anfang 20, deren Bild im April 2019 um die Welt ging, wie sie als «Lady Liberty of Sudan» auf einem Autodach stand und vor einer begeisterten Menschenmenge sang. Salah ist Mitglied eines Frauen-Netzwerkes, das die Proteste gegen al-Bashir mitorganisierte. Ende Oktober 2019 sagte Alaa Salah in New York vor dem Sicherheitsrat der UNO: «Nach Jahrzehnten des Kampfes und nach allem, was wir mit friedlichen Mitteln riskiert haben, um Bashirs Diktatur zu beenden, wird die Ungleichheit der Geschlechter von den Frauen und Mädchen im Sudan nie mehr akzeptiert werden.»

Zu den aufmüpfigen Frauen im Sudan gehört auch Maya Gadir, die im Moderatorenteam von *Capital Radio* arbeitet. Sie ist Ende 20, ein Kopftuch trägt sie nicht. «Ich bringe viel über die Proteste in Ägypten, rede auch über das, was in unserem Land passiert», erzählt sie. Ilaf Nasreldin und Doha Ali haben im Frühjahr 2018 die Organisation Amna mitbegründet, welche die Gewalt gegen Frauen im Sudan stoppen will. Ilaf Nasreldin berichtet, dass «mit der Revolution die Menschen auch endlich damit begonnen haben, miteinander zu reden.» Und Doha Ali ergänzt: «Wir als Frauen hatten viele Hürden zu nehmen, eine Frau im Sudan zu sein, war wirklich hart.» Der Wandel gibt den Frauen Hoffnung: «Wir wollen unsere Rechte, wir warten nicht darauf, bis sie uns jemand gibt. Wir holen sie uns einfach. Wir sudanesischen Frauen werden uns nicht mit weniger als unseren Rechten und einer Zukunft zufriedengeben, in der wir gleichberechtigt sind», sagt Ali.[16]

Doha Ali, Yasaman Aryani, Zahraa Ghandour und Alaa Salah stehen stellvertretend für die unzähligen jungen Frauen, die sich seit Jahren auch in muslimischen Ländern für die Gleichberechtigung der Frauen einsetzen. Ihr unerschrockenes Engagement zeigt, dass die Ziele der Freiheit, der Gerechtigkeit und der Gleichberechtigung universell sind.

Wie sie auf den Schultern von Frauen stehen, die sich seit Jahrhunderten für die Emanzipation einsetzten, steht auch die Forderung nach einer globalen Revolution, nach einer weltweiten Demokratie auf den Schultern von Gigant*innen. Zu diesen gehören Philosoph*innen wie Jean-Jacques Rousseau und Hannah Arendt, Politiker*innen wie Karl Marx, Rosa Luxemburg und Clara Zetkin, Schriftsteller*innen wie Simone de Beauvoir und George Orwell, Befreiungskämpfer*innen wie Mahatma Ghandi und Sarojini Naidu, Staatsführer*innen wie Golda Meir und Julius Nyerere, Bürgerrechtler*innen wie Martin Luther King und Rosa Parks und Freiheitskämpfer*innen wie Nelson Mandela und Rigoberta Menchú Tum.

Dazu gehören aber auch weniger bekannte Partisan*innen wie Buenaventura Durruti aus Katalonien, Lamine Senghor aus dem Senegal, Schirin Ebadi aus dem Iran oder Malala Yousafzai aus Pakistan. Und dazu zählen Kulturschaffende wie die Musiker*innen Woodie Gutherie, Myriam Makeba, Harry Belafonte oder Joan Baez.

Nicht zu vergessen die Millionen Menschen, die in den letzten Jahrhunderten gegen Ausbeutung, Unterdrückung und Ungerechtigkeit kämpften, Widerstand leisteten und dafür teilweise mit dem Leben bezahlten.

Neben den jungen Frauen, die sich im Iran oder im Sudan für ihre Rechte engagieren, gibt es auch in Europa und in Nordamerika neue Heldinnen, die sich für eine bessere Zukunft einsetzen. Auch sie stehen stellvertretend für unzählige junge und alte Männer und Frauen, die sich Tag für Tag für eine lebenswerte Zukunft engagieren. Die österreichische Schauspielerin Alina Bachmayr-Heyda publizierte am 31. Dezember 2019 eine Liste mit Frauen, die in diesem Jahr die Welt verändert haben.[17] Eine Auswahl davon zeigt die Vielfalt der Heldinnen von heute:

Carola Rackete ist hier schon mehrfach als Autorin zitiert worden. Die deutsche Kapitänin löste im Juni 2019 eine internationale Diskussion über Seenotrettung aus. Zusammen mit ihrer Crew und 53 aus Libyen kommenden Flüchtlingen wurde sie von den italienischen Behörden wochenlang daran gehindert, auf Lampedusa anzulegen. Dann entschied sie sich, sich über das Verbot hinwegzusetzen. Beim Verlassen des Schiffes wurde Rackete verhaftet und später von einem italienischen Gericht freigesprochen. Für ihren zivilen Ungehorsam erhielt sie Auszeichnungen aus Paris, Katalonien und Wien.

Autum Peltier gehört der kanadischen *First Nation* der Wiikwemkoong an. Sie vertritt mehr als 40 kanadische Urvölker in der Wasserkommission in Ontario. Die 14-Jährige setzt sich bereits ihr halbes Leben für die Rechte der indigenen Völker Kanadas ein, seit sie als Siebenjährige Schilder sah, die davor warnten, das Wasser in Wohngegenden zu trinken. Mit zwölf Jahren trat sie gegen den kanadischen Premierminister Trudeau an, der sich auf die Seite der Ölindustrie stellte, die mit dem Ausbau von Ölpipelines die Trinkwasserversorgung in Ontario gefährdete.

Megan Rapinoe hat sich 2019 nicht nur als Kapitänin des erfolgreichen US-amerikanischen Fussballnationalteams einen Namen gemacht. Zwar war sie Torschützen-Königin des Turniers in Frankreich, wurde Weltmeisterin und erhielt den Goldenen Ball als beste Spielerin des Turniers. Aber Rapinoe wurde vor allem durch ihre Zivilcourage zur einer der bekanntesten Frauen der Gegenwart. Auf ihr Bestreben hat das Team nach dem WM-Titel auf einen Besuch im Weissen Haus verzichtet, um gegen die rassistische und frauenfeindliche Politik des Amtsinhabers zu protestieren. Rapinoe war auch die erste weisse Athletin in den USA, die den Nationalhymnen-Protest ihrer schwarzen Kolleg*innen unterstützte, mit dem diese gegen Polizeigewalt an Schwarzen demonstrierten. Und sie unterstützt Initiativen und Kampagnen für mehr Toleranz in Sport und Gesellschaft. «Als Lesbe in Amerika weiss ich, wie es sich anfühlt, die Flagge anzusehen, die nicht alle meine Freiheiten beschützt», sagt sie.

Greta Thunberg ist unterdessen so bekannt, dass sie nicht mehr vorgestellt werden muss. Dennoch darf sie auf der Liste über berühmte Frauen im Jahr 2019 nicht fehlen. Denn die schwedische Klimaaktivistin hat die politische Diskussion in diesem Jahr geprägt wie niemand sonst. Im August 2018 begann sie jeweils freitags ihren Schulstreik für das Klima. Ihrem Beispiel folgten weltweit Millionen Jugendliche. Die *Fridays for Future*-Bewegung kämpft seither für eine radikale Wende in der Klimapolitik. Und Thunberg wurde zum Vorbild der Klima-Bewegung und zu einer Hassfigur konservativer Politiker*innen.

Die iranische Anwältin Nasrin Sotoudeh wurde 2019 wieder einmal zu einer Gefängnisstrafe verurteilt. Nach Angaben ihrer Familie belaufen sich ihre Gefängnisstrafen damit auf insgesamt 33 Jahre. Die klerikalen Herrscher warfen Sotoudeh Verschwörung zur Gefährdung der nationalen Sicherheit vor sowie Anstiftung zu Korruption und Prostitution. Und weil sie ohne Kopftuch in der Öffentlichkeit auftrat, hiess es, sie habe die öffentliche Ordnung gestört und die öffentliche Meinung aufgewiegelt. Nasrin Sotoudeh vertrat 2019 mehrere Frauen vor Gericht, die gegen den frauenfeindlichen Kleiderzwang protestierten.

An der US-Sängerin Lizzo ist gemäss Alina Bachmayr-Heyda «so ziemlich nichts gewöhnlich». Ihren Durchbruch feierte sie 2019 mit 31 Jahren. Sie sagt von sich, sie sei «wunderschön und fett». Auf ihrem Durchbruchs-Album posiert sie nackt. Als schwarze, dicke Frau will sie anderen ein Vorbild sein. «Ich fühle mich als schwarze Frau verpflichtet, Musik zu machen, die schwarze Frauen repräsentiert. Ich fühle mich aber auch dafür verantwortlich, andere Dinge zu tun. Ich bin eine Feministin. Ich bin ein fetter Mensch. Also muss ich auch diese Leute vertreten», sagt die Sängerin.

Die chinesische Anwältin Guo Jianmei erhielt 2019 den Alternativen Nobelpreis «für ihre bahnbrechende und beharrliche Arbeit zur Sicherung der Frauenrechte in China». Jianmei hat 1995 das erste Rechtsberatungszentrum für Frauen in China gegründet, wo Betroffene von sexueller Gewalt, Wanderarbeiterinnen und Arbeitnehmerinnen in Rechtsfragen beraten werden. Guo Jianmei kritisiert das chinesischen Rechtssystem: Frauen seien nur auf dem Papier gleichberechtigt. Den Alternativen Nobelpreis hat sie nicht persönlich entgegennehmen können, da die Regierung ihr die Ausreise verweigerte.

Die New Yorkerin Alexandria Ocasio-Cortez war 2019 die jüngste Abgeordnete im Repräsentantenhaus der USA. Mit einer Graswurzel-Kampagne schlug sie im Jahr zuvor einen favorisierten Parteikollegen und zog wider Erwarten in den US-Kongress ein. Während ihr Konkurrent für seinen Wahlkampf 3,4 Millionen Dollar ausgab, waren es bei ihr bloss rund 200 000 Dollar. Mit 28 Jahren ist sie die jüngste Frau, die je in den Kongress gewählt worden ist. In einer Arbeiterfamilie in der Bronx aufgewachsen, arbeitete Alexandria Ocasio-Cortez vor ihrer Zeit als Politikerin als Kellnerin und Barkeeperin. Studieren konnte sie nur dank eines Stipendiums. Als Kongressabgeordnete setzt sie sich für eine staatliche Krankenversicherung, für einen *Green New Deal* und für einen Mindestlohn von 15 US-Dollar pro Stunde ein.

Die finnische Premierministerin Sanna Marin ist 2019 die jüngste Regierungschefin der Welt geworden. Die Sozialdemokratin war die erste Akademikerin in ihrer Familie. Das habe sie dem finnischen Sozialstaat zu verdanken, wie sie selbst betont. Als Tochter einer alleinerziehenden Mutter kennt sie die finanziellen Sorgen einer Arbeiter-Familie und spricht offen darüber. Sie fordert die Einführung einer 4-Tage-Woche und den 6-Stunden-Tag. «Ich glaube, die Menschen verdienen es, mehr Zeit mit ihren Familien, ihren Angehörigen, mit Hobbys und anderen Aspekten des Lebens wie Kultur zu verbringen», sagt sie.

Die dritte Politikerin in dieser Reihe ist Jacinda Ardern, die Premierministerin von Neuseeland. Sie ist 2019 durch ihre Reaktion auf den Terror-Anschlag aufgefallen, bei dem ein rechtsextremer Attentäter in zwei Moscheen 51 Menschen ermordete. Jacinda Ardern verurteilte sowohl den Terrorakt als auch die rechtsextreme Gesinnung des Terroristen scharf. In ihrer ersten Rede nach dem Anschlag sagte sie: «Er ist ein Terrorist. Er ist ein Verbrecher. Er ist ein Extremist. Aber er wird, wenn ich spreche, namenlos bleiben.» Die Sozialdemokratin hat als Regierungschefin auch eines ihrer wichtigsten Wahlversprechen eingelöst: Sie führte ein Lebensqualität-Budget ein, mit dem sie die soziale Gerechtigkeit und den Umweltschutz auf dieselbe Stufe wie den wirtschaftlichen Erfolg und das Wachstum Neuseelands stellte. Kernelemente des Investitionsplans waren die psychische Gesundheit, der Zugang zu Wohnraum und Grünflächen sowie die Gleichberechtigung zwischen Männern und Frauen.

Trotz dieser Heldinnen, die der Menschheit berechtigte Hoffnung darauf machen, dass es in erster Linie die Frauen sein werden, welche die Menschenrechte weltweit durchsetzen, darf nicht vergessen werden, dass die 2019 vorherrschende Politik alles andere als progressiv war. So bezeichnet die französische Schriftstellerin Virginie Despentes die Austeritätspolitik Europas als «Vernichtungskrieg, der alle sozialen Errungenschaften, die durch die Kämpfe der Bevölkerung im 20. Jahrhundert erreicht wurden, zerstören soll.» Die Herrschenden wollten «die europäischen Bevölkerungen auf das Armuts- und Elendslevel des 18. Jahrhunderts zurückfahren.» Noch nie sei die Klasse der Reichsten entschlossener gewesen, «einen derart gewalttätigen Krieg gegen die arbeitenden Schichten zu führen», sagt Virginie Despentes. Die Feministin, die auch als Regisseurin arbeitet, nimmt kein Blatt vor den Mund: «Es wirkt, als ob die Reichsten sich krass rächen wollten, als ob sie den Eindruck hätten, die letzten 50 Jahre erniedrigt worden zu sein.» Für die letzten Jahrzehnte, in denen einigermassen anständige Lebensbedingungen herrschten, müssten wir teuer zahlen. «Die Reichsten ertragen es nicht mehr, dass ihre Macht irgendeine Begrenzung erfährt – ökologisch, politisch oder ethisch.»

Die Jungen von heute müssten eine Welt hinnehmen, in der man Einwanderer*innen sterben lasse, während wir damit beschäftigt seien, «die Reichen noch reicher zu machen.» Doch die humanistischen Werte seien unterdessen nicht mehr das Wichtigste: «Inzwischen geht es darum, das Überleben auf der Erde zu bewahren», sagt die französische Schriftstellerin. Virginie Despentes setzt ihre Hoffnungen auf die Jugendlichen, «die vielleicht sagen werden: Wir wollen atmen und Wasser trinken können, ohne dadurch Krebs zu bekommen.»[18]

Hoffnung verbreiten nicht nur die jüngere Generation und all die Frauen, die sich weltweit erheben. Auch neuere Forschungsergebnisse stimmen zuversichtlich. Sie zeigen, dass die Menschen wirklich empathisch begabt sind. Bereits in jungen Jahren sind sie zum Mitgefühl fähig. Der Mensch ist tatsächlich ein altruistisches Wesen. Wissenschaftler*innen haben im «Scientific Reports» berichtet, dass bereits einjährige Kinder hilfsbereit sind, ohne eine Gegenleistung einzufordern. In einem Experiment liess eine Person scheinbar aus Versehen ein Stück Banane vor die Füsse eines Kindes fallen. Mehr als die Hälfte der Kinder hob das Bananenstück auf und gab es zurück. Sogar wenn die Kinder hungrig waren, tat dies immer noch fast die Hälfte von ihnen.[19]

Es geht nicht darum, dass wir wieder werden wie die Kinder. Aber es ist an der Zeit, dass wir die menschlichen Eigenschaften, die wir bereits als Kinder haben, zur Leitlinie unseres Handelns machen. Auch politisch. Und zwar weltweit. Dabei können wir auf Erfahrungen aus der Schweiz zurückgreifen. Auch wenn es darum geht, wie wir es nicht machen sollten. Dazu mehr im nächsten Kapitel.

Quellen

1   www.humanrights.ch/de/ipf/grundlagen/rechtsquellen-instrumente/ aemr/?gclid=Cj0KCQjw28T8BRDbARIsAEOMBczVn8kj9l4B0lTlN-QuV-5X9ayfuRhRX6uPXLql1oRIgsDzQNemm6f0aAojuEALw_wcB

2   https://blogs.faz.net/fazit/2019/04/16/laenger-sitzen-im-privaten-knast-10663

3   www.spiegel.de/politik/ausland/usa-donald-trump-und-die-rueckkehr-der-privaten-gefaengnisse-a-1165491.html

4   www.srf.ch/news/international/million-uiguren-in-lagern-eines-der-groessten-menschenrechtsverbrechen-unserer-zeit

5   https://info.arte.tv/de/beinahe-jedes-chinesische-billigprodukt-kommt-aus-einem-arbeitslager

6   www.amnesty.ch/de/laender/naher-osten-nordafrika/saudi-arabien/dok/2019/ 10-dinge-die-man-ueber-menschenrechte-in-saudi-arabien-wissen-sollte

7   www.amnesty.ch/de/laender/naher-osten-nordafrika/saudi-arabien/dok/2019/ raif-badawi-und-waleed-abu-al-khair-in-hungerstreik-und-einzelhaft

8   www.amnesty.ch/de/laender/naher-osten-nordafrika/saudi-arabien/dok/2019/ 10-dinge-die-man-ueber-menschenrechte-in-saudi-arabien-wissen-sollte

9   www.zeit.de/politik/ausland/2019-12/saudi-arabien-mordfall-jamal-khashoggi-journalist-todesstrafe-urteil

10 www.spiegel.de/politik/ausland/usa-donald-trump-setzt-waffenlieferungen-an-saudi-arabien-durch-a-1279613.html

11 www.srf.ch/news/international/us-oelsanktionen-gegen-iran-schaden-fuer-alle

12 www.amnesty.ch/de/mitmachen/briefe-schreiben/briefmarathon/jahre/2019/16-jahre-haft-fuer-eine-poetische-protestaktion

13 www.amnesty.ch/de/laender/naher-osten-nordafrika/iran/dok/2019/hunderte-tote-bei-demonstrationen-im-iran

14 www.derbund.ch/kultur/kino/das-adrenalin-ist-auf-dem-maximum-immer/story/16634849

15 Hawken, Paul (HG:), Drawdown Der Plan, Wie wir die Erderwärmung umkehren können, München, 2019, Seite 147

16 www.deutschlandfunkkultur.de/nach-dem-umsturz-im-sudan-die-stunde-der-frauen.979.de.html?dram:article_id=464991

17 https://kontrast.at/beruehmte-frauen-2019

18 www.derbund.ch/kultur/buecher/die-eu-hat-die-voelker-erniedrigt/story/30700763

19 «NZZ am Sonntag», Zürich, 9. Februar 2020

Revolutionär

Nach der GSoA-Abstimmung im November 89 hielt der Freudentaumel ein paar Wochen an, schliesslich hatten wir über ein Drittel der Abstimmenden hinter unsere konkrete Utopie geschart. Während ich mit meinen Kolleg*innen das GSoA-Sekretariat räumte, nahm die Weltgeschichte in Berlin ihren Lauf.

Den Fall der Mauer hatte ich auf dem Sofa vor dem Fernseher im Gemeinschaftsraum der WG miterlebt. Als die SED in Ostberlin einen Parteitag plante, wollte ich das vor Ort miterleben. Mich interessierte es, ob die angezählte Staatspartei es schaffte, die Kurve Richtung Demokratie zu kriegen.

Auf der Redaktion der «Solothurner AZ» gab es einen Kollegen, der ein Anhänger der DDR war. Ich brauchte nur wenig Überzeugungskraft, um von ihm die Zusage zu erhalten, eine Reportage vom SED-Parteitag abzudrucken. Reisespesen gab es nicht, aber so viel Geld konnte ich gerade noch entbehren. Also fuhr ich mit dem Nachtzug nach Berlin. Ohne Akkreditierung, eine solche war in diesen chaotischen Tagen in Ostberlin nicht zu erhalten. Nachdem ich mich im Westen in einer billigen Absteige für zwei Nächte eingemietet hatte, machte ich mich auf den Weg in den Ostteil der Stadt, zum Hauptquartier der SED, das von Medienschaffenden aus der ganzen Welt belagert wurde.

Neben Kolleg*innen der «Washington Post», des Zürcher «Tagesanzeigers» oder von «Le Monde» harrte ich der Dinge, die da kommen sollten. Meine Ernüchterung folgte bald. Für den Parteitag gab die SED bloss rund zwei Dutzend Akkreditierungen heraus. Da brauchte ich mich gar nicht in die Schlange der Interessenten zu stellen. Ich ging zurück nach Westberlin. Aufzugeben war aber nicht mein Ding. So fuhr ich am nächsten Morgen mit einem Taxi zu der Sporthalle in Ostberlin, wo der Parteitag stattfand. Als ich dort ein amerikanisches TV-Team entdeckte, schloss ich mich den Journalist*innen an, als sie an der Eingangskontrolle vorbei ins Gebäude gingen. Bis sie mich bemerkten, war ich bereits in der Halle angelangt.

Der Sonderparteitag der SED im Dezember 1989 war blamabel. Eine Diskussion fand nicht statt, neue Ideen gab es nicht. Den zweiten Tag schenkte ich mir, ich hatte genug gehört. Zu Hause schrieb ich eine bitterböse Repor-

tage, die dann allerdings nie veröffentlicht wurde. Dem mit dem DDR-Sozialismus sympathisierenden «AZ»-Redaktor gefiel mein Text gar nicht. Viel zu SED-kritisch, meinte er. So etwa könne er nicht publizieren.

Auf das Ausfall-Honorar warte ich noch heute. Allerdings vergeblich. Denn die Zeitung machte es nicht mehr lange. Die gleichen Leute, die mich gemobbt hatten, liessen 1991 zuerst die Genossenschaftsdruckerei und wenig später auch die «AZ» liquidieren. Heute erinnert nicht einmal mehr ein Name an die Zeitung, die als «Das Volk» bereits beim Landesstreik von 1918 erschienen war. Als Mitte der 90er-Jahre die «Aargauer Zeitung» entstand, riss sich die neue bürgerliche Zeitung das Kürzel «AZ», das ursprünglich für «Arbeiterzeitung» stand, unter den Nagel.

Nach dem Ende des GSoA-Engagements hielt ich mich neben meiner Arbeit als Hausmann mit Gelegenheitsjobs auf dem Bau und in der Industrie über Wasser. Und ich engagierte mich im Komitee «Schluss mit dem Schnüffelstaat», das sich gebildet hatte, nachdem kurz vor der GSoA-Abstimmung der Fichenskandal aufgeflogen war. Für die «Solothurner AZ» verfasste ich dazu einen Diskussionsbeitrag, in dem ich unter anderem schrieb: «Auch heute, zehn Jahre vor der Jahrtausendwende, wo die ökologischen Probleme unlösbar scheinen und sich die sozialen Widersprüche zunehmen verschärfen, gibt es Leute, die glauben, dass alles ein bisschen einfacher sein könnte.» Ich beschrieb die ausserparlamentarische Opposition als Kraft, die eine Ahnung davon hatte, wie wir im Einklang mit der Natur und anderen Staaten in Frieden leben könnten. [1]

Im nationalen Komitee hielten die Genoss*innen um den damaligen SPS-Präsidenten Peter Bodenmann die Zügel in der Hand. Diese wollten Realpolitik machen und keine radikale Systemkritik üben oder gar politische Utopien propagieren. Entsprechend gab es für mich keinen Platz im Initiativkomitee, das die Politische Polizei abschaffen wollte. Also zog ich mich politisch ein wenig zurück. Ich investierte meine Energie verstärkt in die Betreuung meiner Pflegekinder, die es in einem zunehmend feindlichen Umfeld nicht immer einfach hatten. Als ich im Herbst 1990 Vater wurde, präsentierte sich meine private Situation ansonsten nicht besonders rosig. Die Fichen-Affäre nagte an meinem Vertrauen. Und die soziale Kälte, die in der Gross-WG herrschte, trug nicht dazu bei, dieses Vertrauen wiederaufzubauen. So stand ich nach der Geburt meines Sohnes auf dem Spitalbalkon und schwor mir, alles zu unternehmen, dass er dereinst nicht durch denselben Mist waten musste.

Nun, dieser Schwur war nicht besonders originell. Und auch nicht ganz neu. Bereits an meinem 20. Geburtstag hatte ich erklärt, dass ich bis zum 30. Geburtstag mithelfen würde, eine Revolution zu machen. Seither habe ich dieses Versprechen mehrmals erneuern müssen.

Im Frühjahr 1991 erhielt ich die Gelegenheit, die Geschäftsführung des Netzwerkes für Selbstverwaltung in Zürich zu übernehmen. Diese 50-Prozent-Stelle war zwar nicht besonders gut bezahlt, passte aber gut in mein politisches Weltbild. Mitglieder des Netzwerkes waren genossenschaftliche Betriebe, die als «Inseln der Zukunft»[2] versuchten, ohne formelle Hierarchien zu wirtschaften. Neben Restaurants, Druckereien und Kulturzentren gab es auch Zeitungen und Reisebüros, die dem Netzwerk angeschlossen waren.

Der Verein hatte allerdings seine besten Zeiten hinter sich. Der Vorstand bestand mehrheitlich aus älteren Männern, und viele Betriebe hatten Mühe, ihre hohen Ideale zu erfüllen. Aber die Arbeit machte Spass. Ich erledigte gewöhnliche Sekretariatsarbeiten, redigierte und produzierte aber auch das Vereinsheft «Sapperlot», das sechsmal pro Jahr erschien. Dass der Staatsschutz die selbstverwalteten Betriebe als Hort von Anarchist*innen im Umfeld des linken Terrorismus ansiedelte, wusste ich. Aber das war mir egal. Ich dachte, ich hätte nichts zu verlieren.

Meine Freiheiten als Geschäftsführer nutzte ich, um etwas frischen Wind in die verstaubte Organisation zu blasen und das zuvor eher handzahme Vereinsblatt ein wenig aufzumotzen. So publizierte ich beispielsweise einen Leitartikel mit der These, dass die Wohnungsnot nur mit einer kommunalen Selbstverwaltung gelöst werden konnte. Ich war mir aber auch nicht zu schade, einen Text von Karl Marx über die Pariser Kommune von 1871 ins Blatt zu rücken: «Statt einmal in drei oder sechs Jahren zu entscheiden, welches Mitglied der herrschenden Klasse das Volk im Parlament ver- und zertreten soll, sollte das allgemeine Stimmrecht dem in Kommunen konstituierten Volk dienen, wie das individuelle Stimmrecht jedem anderen Arbeitgeber dazu dient, Arbeiter, Aufseher und Buchhalter in seinem Geschäft auszusuchen. Und es ist bekannt genug, dass Gesellschaften ebenso gut wie Einzelne, in wirklichen Geschäftssachen gewöhnlich den rechten Mann zu finden und, falls sie sich einmal täuschen, dies bald wiedergutzumachen wissen.»[3]

Abgesehen davon, dass sich Karl Marx nur auf männliche Arbeiter bezieht und die Frauen vergisst, zeigt sich hier, dass der Vater des Kommunismus die Demokratie nicht ablehnte, sondern diese im Gegenteil verstärken wollte. Obwohl ich kein Marxist war, fand ich diese Überlegungen auch für die Selbstverwaltungsszene interessant. Trotz der Tatsache, dass die Betriebe selbst basisdemokratisch organisiert waren, fehlte es der Szene an einer Vision, wie wir die ganze Gesellschaft demokratisieren konnten.

Im Februar 1992 publizierten wir eine gemeinsame Nummer von «Sapperlot» mit der deutschen Schwesterzeitung «Contraste». Ich schrieb den Leitartikel «Der Schein bestimmt das Bewusstsein – Des Kaisers Neue Kleider». Darin arbeitete ich den Schnüffelstaat Schweiz auf und verglich diesen mit jenem in der untergegangenen DDR: «Arschlöcher gibt's nicht nur in den fünf neuen Bundesländern, sondern überall, das weiss jeder Biermann.»[4]

Mein Artikel wurde im Vorstand des Netzwerkes hart kritisiert. Ein alter Leninist, der im Genossenschaftsrat eines der grössten angeschlossen Betriebe sass, spuckte Gift und Galle. Noch aber war das Tischtuch nicht endgültig zerschnitten. In der April-Ausgabe von «Sapperlot» konnte ich deshalb noch einmal richtig zulangen. Im Vorfeld der «Grossen Internationalen Umweltshow» in Rio schrieb ich unter dem Titel «Es gibt keine Alternative zur solidarischen Selbstverwaltung» ein politisches Pamphlet: «Lokale und regionale Selbstverwaltung als Überlebensmodell bedingt radikale Veränderungen der herkömmlichen Produktionsabläufe und Entscheidungsmechanismen, kann nur als freiwillige vernetzte Assoziationen freier Individuen und selbstbestimmter Kollektive funktionieren, die sich ihrer solidarischen und ökologischen Verantwortung bewusst sind.» Und ich postulierte nicht weniger pathetisch: «Nur der radikale Umbau des herrschenden, profitorientierten Wirtschafts- und Gesellschaftssystems in demokratische, solidarische und umweltverträgliche SelbstverwaltungsgenossInnenschaften durch die Bevölkerungen des industrialisierten Nordens ermöglicht den ausblutenden Ländern des Südens und Ostens mit dem Selbstbestimmungsrecht der Völker ernst zu machen.»[5]

Doch damit nicht genug. Davon ausgehend, dass ich mit meinen radikalen Ansichten im Vorstand des Netzwerks keine Mehrheit fand, formulierte ich eine «Charta 92», um diese an der Mitgliederversammlung vom 30. Mai zur Abstimmung vorzulegen. Der Vereinsvorstand wollte diese Charta nur mit einleitenden Worten in «Sapperlot» abgedruckt haben. Dort hiess es dann, dass die «Charta 92» von «Peter Staub, Leiter der Infostelle des Netzwerkes, in eigener Verantwortung formuliert» wurde. Und dass diese «von der Mehrheit des aktuellen Vereinsvorstandes grundsätzlich nicht als Arbeitsgrundlage für das Netzwerk für Selbstverwaltung angesehen und damit auch nicht unterstützt» wurde.

Aber ich setzte mich soweit durch, dass die «Charta 92» in der April-Ausgabe von «Sapperlot» vollständig publiziert wurde. Ein paar Ausschnitte:

«1. Wir anerkennen die historische Schuld der europäischen Völker für die andauernde Vernichtung, Zerstörung und Ausbeutung anderer Völker, ihrer Kulturen und Lebenszusammenhänge. 500 Jahre nach der Landung Columbus' an den Küsten der Neuen Welt wollen wir die verhängnisvolle Spirale des Weltwirtschaftskrieges aufbrechen. Wir verlangen die Streichung aller Schulden (...). Wir verlangen die entschädigungslose Enteignung und weltweite Vergesellschaftung der transnationalen Konzerne (...). Wir verlangen weltweit geltende Arbeitsverträge und Schutzbestimmungen.

2. (...) Das patriarchale Familienmodell ist als Keimzelle der bürgerlichen Gesellschaft in die letzte Form der jahrtausendealten Unterdrückung und Ausbeutung der Frauen. (...) Wir verlangen die Abschaffung der Ehe und die Garantie der Kommunen, für die Unversehrtheit und das Wohlergehen der Kinder in den Gemeinden zu sorgen. (...)

3. Das systembedingte Wachstum der sozial-kapitalistischen Marktwirtschaft führte neben der Verelendung der Mehrheit der Weltbevölkerung zur intensiven, nachhaltigen Zerstörung der natürlichen Lebensgrundlagen. (....) Wir verlangen (...) die entschädigungslose Enteignung und Kommunalisierung des Grund und Bodens. (...) Wir verlangen eine allgemeine, existenzsichernde Rente.

4. (...) Die motorisierte Verkehrslawine und die automanischen Fluchtversuche beeinträchtigen die Umwelt und die Gesundheit der Menschen in unverantwortlicher Art und Weise. (...) Wir verlangen die Abschaffung des motorisierten Privatverkehrs, die drastische Reduktion des Warentransports auf der Strasse und die Aufhebung der Autobahnen. Wir verlangen grenzenlos freien, öffentlichen Personentransport.»

Obwohl ich die diese «Sapperlot»-Ausgabe mit einem Hinweis auf die «Charta 92» an zahlreiche Medien verschickte, meldete keine Zeitung, kein TV- und kein Radiosender auch nur ein Wort darüber. Nicht dass mich das besonders erstaunte. Aber getreu meines Mottos, immer grösstmögliche öffentliche Transparenz herzustellen, wollte ich meine Absichten nicht verbergen.

An der Mitgliederversammlung war mein Antrag chancenlos, was das Ende der Anstellung besiegelte. Am Ende der Kündigungsfrist sass ich Herbst 1992 wieder einmal ohne Job da. Und weil sich auch die Situation in der Haus- und Wohngemeinschaft weiter verschärft hatte, gab ich auch das Experiment des selbstverwalteten Wohnens nach knapp drei Jahren auf. Da ich mich zuvor schon von der Mutter meines Sohnes getrennt hatte und ohne Wohnung und ohne Job dastand, blieb mir nichts anderes übrig, als meine zwei Pflegekinder wieder zu ihren Grosseltern zu bringen.

Quellen

1 «Solothurner AZ», Olten, 4. April 1990
2 Holenweger, Toni, Mäder, Werner: Inseln der Zukunft? Selbstverwaltung in der Schweiz, Zürich, 1979
3 «Sapperlot», Informationen für eine alternative Gesellschaft, Zürich, Dezember 1991, (zitiert nach Karl Marx, Der Bürgerkrieg in Frankreich, in Marx/Engels Werke, Berlin 1962, Bd 17, S. 339 ff.)
4 «Contraste», Monatszeitung für Selbstverwaltung, Heidelberg, Februar 1992
5 «Sapperlot», Informationen für eine alternative Gesellschaft, Zürich, April 1992

Kapitel 5

Die Wurzeln der Demokratie reichen tief

Wenn ein Schweizer von einer weltweiten Revolution spricht und dabei auch noch eine Demokratie nach Schweizer Vorbild propagiert, setzt er sich in progressiven Kreisen dem Vorwurf aus, eurozentristisch zu denken. Diese Kritik war denn auch schnell zur Stelle, als Mitte der 1990er-Jahre erstmals die Idee aufkam. Angesichts der ständigen Betonung des schweizerischen Sonderfalls durch die helvetische Rechte kam der Einwand nicht überraschend.

Aber die Kritik greift zu kurz. Erstens bedenkt sie nicht, dass die schweizerische Spielart der bürgerlichen Demokratie auf einer Basisdemokratie beruht, die den Gemeinden und den Kantonen grosse Autonomie gewährleistet. Was auf globale Verhältnisse übersetzt bedeutet, dass in einer globalen Konföderation die Staaten ebenfalls weitreichende Kompetenzen erhalten. Zweitens geht der Anti-Schweiz-Reflex von der falschen Annahme aus, dass in einer globalisierten Demokratie die Fehler des Schweizerischen Demokratiemodells unkorrigiert übernommen würden.

Zudem unterschätzen diese linken Kritiker*innen, dass in einer Föderation der Vereinigten Staaten der Welt die Menschen aus dem globalen Süden die Mehrheit haben werden. Durch das weltweit umgesetzte Prinzip «ein Mensch – eine Stimme» wird die Herrschaft des Nordens definitiv gebrochen. Das ist ein Ziel der Arbeiter*innen-Bewegung, seit sie im 19. Jahrhundert begonnen hat, die «Internationale» zu singen.

Ob sich eine helvetische Variante oder ein anderes Modell der Demokratie global durchsetzt, wird sich zeigen. Weil eine globale Verfassung in einer weltweiten Abstimmung angenommen werden muss, kann und wird es auf jeden Fall kein Grundgesetz nach Vorgabe des globalen Nordens sein.

Abgesehen davon gibt es auch die Schweizer Demokratie nur, weil sich die Menschen andernorts erhoben hatten und für ihre Freiheit und für eine gerechte Gesellschaft kämpften. Denn die Vorstellung, dass es auf dem Gebiet der heutigen Schweiz mit Bauerngenossenschaften und Gemeinde-Allmenden bereits im Mittelalter demokratische Traditionen gab, ist ein Mythos.[1] Die moderne Schweiz hat ihre Demokratie drei Revolutionen zu verdanken, die mit dem Alpenstaat wenig zu tun haben. Neben den bekannten Revolutionen in Nordamerika und Frankreich am Ende des 18. Jahrhunderts gab es zu Beginn des 19. Jahrhunderts auch die Revolution in Haiti, die in Europa gerne vergessen wird.

Mit der Unterzeichnung der haitianischen Unabhängigkeitserklärung im Jahr 1804 erfüllte sich erstmals der Traum von einer Freiheit, die nicht zwischen Hautfarben unterscheidet. Die Revolution in Haiti machte radikalen Gebrauch der Ideen von Gleichheit, Solidarität und Freiheit aller Menschen. Die haitianischen Revolutionär*innen lehnten nicht nur den europäischen Kolonialismus und die Sklaverei ab, sie verwarfen auch grundsätzlich das Konzept des Rassismus. Der «einzige erfolgreiche Sklavenaufstand der Weltgeschichte» war deshalb noch revolutionärer als das französische Vorbild, wie der deutsche Historiker Philipp Hanke in seinem Buch zur «Revolution in Haiti. Vom Sklavenaufstand zur Unabhängigkeit» schreibt.[2]

Gemäss der englischen Geschichtsprofessorin Gurminder K. Bhambra ging es den karibischen Revolutionär*innen nicht nur um das Wahlrecht von «reichen weissen Männern», sondern um «die Freiheit für die gesamte Bevölkerung» und den Kampf gegen Kolonialisierung und Sklaverei.[3] Als sie im Jahr 1804 in der damaligen französischen Kolonie Saint-Domingue den Staat Haiti ausriefen, schafften sie nicht nur die Sklaverei ab. Sie setzten auch eine Verfassung in Kraft, «in der allen die politische Teilhabe – unabhängig von ihrer Hautfarbe – zugesichert wurde». Damit gründete die haitianische Verfassung «auf einem staatsbürgerlichen Verständnis, das in seiner universellen Anwendbarkeit über die Forderungen der Französischen und der Amerikanischen Revolution hinausging. Haiti wurde so zur ersten Republik in der Geschichte, die auf der Freiheit der gesamten Bevölkerung beruhte.»[4]

Dass die Revolutionär*innen es wagten, den vormaligen Sklaven- und Plantagenbesitzern zu verbieten, auf Haiti weiterhin Besitztümer zu haben, forderte die Kolonialherren erst recht heraus. Der haitianische Anthropologe Michel-Rolph Trouillot vermutet wohl nicht zu Unrecht, dass die karibische Revolution genau deshalb totgeschwiegen wurde. Das begann bereits kurz nach der Revolution, als Frankreich eine totale Wirtschaftsblockade gegenüber Haiti verhängte. Diese Blockade ruinierte Haiti innerhalb von 20 Jahren, wie Gurminder K. Bhambra feststellt.

Aufgehoben wurde die Wirtschaftsblockade erst mehr als hundert Jahre danach, als sich Haiti verpflichtete, Frankreich für den Verlust seiner «Besitzungen» zu entschädigen. Bhambra weist nach, dass die insgesamt rund 17 Milliarden US-Dollar – in heutigem Wert aufgerechnet –, welche die ehemalige Kolonialmacht Frankreich bis Mitte des 20. Jahrhunderts aus Haiti herauspresste, ausschlaggebend dafür war, «dass Haiti in Armut» versank.[5] Bis heute hat sich der Karibikstaat davon nicht erholt.

Nicht nur die Haitianische Revolution wird heute noch immer unterschätzt oder totgeschwiegen. Auch die entscheidende Rolle der amerikanischen Ureinwohner*innen bei der Entwicklung der modernen Demokratie ist weitgehend unbekannt. Für die Diskussion über eine globale Demokratie ist es wichtig, dass der indigene Ursprung der Mitbestimmung thematisiert wird. Denn so wird deutlich, dass die Demokratie eine universelle Idee ist.

Die amerikanische Journalistin Terri Hansen, Stammesmitglied der Winnebago, hat die Ursprünge der repräsentativen Demokratie in den USA untersucht.[6] Sie bezeichnet die Konföderation der Irokesen als «die älteste lebende partizipative Demokratie der Welt». 1988 anerkannte auch der US-Senat, dass die nordamerikanische Konföderation und viele der demokratischen Prinzipien der Verfassung vom politischen System der Irokesen beeinflusst waren.

Die verschiedenen Völker der Irokesen-Konföderation hatten mit ihren Familien in Langhäusern gelebt. «Es war eine hochentwickelte und blühende Gesellschaft mit weit über 5000 Menschen, als die ersten europäischen Ausbeuter im frühen 17. Jahrhundert auf sie traf,» schreibt Hansen. Die Menschen der sechs irokesischen Nationen lebten ursprünglich im Nordosten Nordamerikas. Sie hatten ein System entwickelt, das «auf der Zustimmung der Regierten» beruhte. «In unserer heutigen Zeit können wir immens davon profitieren, wenn wir erneut versuchen, eine Regierung zu gründen, die wirklich der Freiheit und dem Glück des Lebens gewidmet ist, wie es die Sechs Nationen seit über 800 Jahren praktizieren», heisst es dazu auf der indigenen Webseite *ratical.org*.[7]

Gemäss Terri Hansen führte erst die Konföderation der Irokesen zum Frieden zwischen den verschiedenen Stämmen. Um die ständigen Konflikte zwischen den Nationen der Irokesen zu überwinden, hatten sie in einer gemeinsamen Ratssitzung «das Grosse Gesetz des Friedens» erarbeitet, das die Nationen zu einem Völkerbund vereinte. Dieses Gesetz wurde zur Grundlage für die Verfassung der Irokesen-Konföderation. Während jede

Nation ihre eigene Führung beibehielt, war man sich einig, dass gemeinsame Angelegenheiten im Grossen Rat der Häuptlinge entschieden werden sollten. Das Konzept basierte also auf Frieden und Konsens statt auf Kampf und Krieg.

Im Jahr 1744 hielt Canassatego eine Rede, in welcher der Häuptling der Irokesen-Nation Onondaga die 13 amerikanischen Kolonien aufforderte, sich nach dem Beispiel der Irokesen zu vereinigen. Benjamin Franklin, einer der späteren Gründerväter der Vereinigten Staaten von Amerika, war davon so begeistert, dass er Canassategos Rede drucken liess. Canassatego sagte unter anderem: «Wir sind eine mächtige Konföderation, und wenn Sie die gleichen Methoden anwenden, die unsere weisen Vorfahren angewendet haben, werden Sie neue Stärke und Macht erlangen. Was auch immer Ihnen widerfährt, Sie werden niemals auseinanderfallen.» Der Häuptling der Onondagas benutzte in seiner Rede die Metapher, dass viele Pfeile nicht so leicht gebrochen werden können wie ein einzelner. Diese Metapher ist im heute noch gültigen Siegel der USA verewigt, in dem der Adler ein Bündel von 13 Pfeilen in den Fängen hält.

Benjamin Franklin verwies ausdrücklich auf das Modell der Irokesen-Völker als er 1754 auf dem Albany Congress seinen *Plan of Union* vorstellte.[8] «Wenn sich sechs verschiedene Stämme wilder Indianer auf einen solchen Bund einigen konnten, sollte es doch kein Ding der Unmöglichkeit sein, einen solchen Bundesstaat für zehn oder mehr englische Kolonien zu bilden», erklärte er. 33 Jahre später schaffte er es dann, am entscheidenden Verfassungskonvent in Philadelphia, die USA auf den Föderalismus einzuschwören, wie der Schweizer Journalist Bruno Kaufmann in einem Artikel über die Ursprünge der direkten Demokratie berichtet.[9]

Chief Oren Lyons, ein Onondaga wie Canassatego und Professor für Amerikanistik an der State University in Buffalo, hat deshalb recht, wenn er sagt: «Wenn die Amerikaner den Jahrestag ihrer Verfassung feiern wollen, sollten wir ihnen besser sagen, woher die Idee stammt.» Lyons verweist auf die drei Hauptprinzipien der Verfassung der Irokesen-Konföderation: Frieden, Gerechtigkeit und die Macht des guten Geistes.[10]

Den Native Americans hat es allerdings nicht lange geholfen, dass sie die Geburtshelfer*innen der amerikanischen Demokratie waren. Der Schweizer Historikers Aram Mattioli, der an der Universität Luzern neuere Geschichte lehrt, hat aufgearbeitet, wie sich das Verhältnis der europäischen Siedler zur amerikanischen Urbevölkerung veränderte.[11] In der Unabhängigkeitserklärung der USA vom 4. Juli 1776 steht, «dass alle Menschen gleich geboren, dass sie von ihrem Schöpfer mit gewissen unveräusserlichen Rechten begabt worden sind, worunter sind Leben, Freiheit und das Streben nach Glückseligkeit». Der erste US-Präsident, George Washington, und sein Kriegsminister Henry Knox verfolgten gegenüber den Ureinwohnern in den 1790er Jahren noch eine Politik, «die von der Idee inspiriert war, dass diese dereinst einen gleichberechtigten Platz in der amerikanischen Gesellschaft finden könnten», schreibt Mattioli. Dafür aber sollten die «Wilden» ein Zivilisierungsprogramm absolvieren, das aus Kriegern und Jägern friedliche Bauern und alphabetisierte Bürger machen sollte.

Im frühen 19. Jahrhundert waren es vor allem die Cherokees, die sich so «zivilisierten» und als Farmer Höfe bewirtschafteten. Andere wurden Müller, Schmiede und Schreiner. Sie errichteten Siedlungen im amerikanischen Stil, gründeten Schulen und konvertierten nach anfänglichem Zögern gar zum Christentum. Zahlreiche Cherokees konnten besser lesen und schreiben als einfache Kolonisten. Die Cherokees gaben sich 1827 eine geschriebene Verfassung. Darin erklärten sie sich zu einer unabhängigen Nation. Und sie übernahmen zentrale Elemente der amerikanischen Verfassung, um sich und ihren Kindern für alle Zukunft die «Segnungen der Freiheit» zu sichern, wie der Luzerner Historiker schreibt.

Doch die friedliche Koexistenz dauerte nicht lange. «Weite Kreise im Süden empfanden den Schritt als Affront, der nicht hinzunehmen sei, zumal auf dem Stammesgebiet 1829 auch noch Gold gefunden wurde». Während das weisse Amerika ab 1830 auf mehr Demokratie setzte und die Ära der politischen Massenpartizipation begann, sahen auch immer mehr Amerikaner die Union als ein *white man's country*: Sie «wünschten sich, dass das lästige ‹Indianerproblem› endgültig gelöst würde.»

Im Herbst 1828 wurde der Demokrat und Sklavenhalter Andrew Jackson zum neuen Präsidenten gewählt. Er betrachtete die *Native Americans* als «Wilde», als Angehörige einer «unterlegenen Rasse», die keine Rücksicht verdiente. Im Frühjahr 1830 stimmten beide Parlamentskammern seinem *Indian Removal Act* zu. Wie Aram Mattioli ausführt, kostete diese «Indianerpolitik» mindestens 4000 Cherokees, etwa einen Viertel des Volkes, das Leben. Auch die anderen betroffenen Stämme hatten «viele Tausende von Opfern zu beklagen».

Obwohl die amerikanische Urbevölkerung die Gründer der Vereinigten Staaten inspirierte, profitierte sie davon nicht. Dennoch prägten die Irokesen den Föderalismus der modernen Schweiz und der USA. Nicht zuletzt auf der lokalen Ebene, wo in beiden Ländern direktdemokratischen Volksrechte stark verankert sind. Dass sich die Schweiz und die USA immer wieder stark beeinflussten, ist für den Schweizer Politikwissenschaftler und ehemaligen Politiker Andreas Gross kein Zufall: «Wir sind wie Zwillinge, die von Geburt an in verschiedenen Familien aufgewachsen sind, aber in engem Kontakt stehen.»

Wobei die Form der direkten Demokratie in der Schweiz nicht auf die Irokesen, sondern auf den französischen Gelehrten Marquis de Condorcet zurückgeht. Dieser erklärte am französischen Verfassungskonvent von 1792, dass die Republik aktive und sich persönlich engagierende Bürger brauche. Entsprechend schlug er das Recht der Volksinitiative vor. Während seine Idee in Frankreich nicht überlebte, wurden die direktdemokratischen Instrumente der Volksinitiative und des Referendums mit der demokratischen Verfassung von 1848 in den meisten Kantonen der Schweiz eingeführt, bis sie schliesslich 1891 auch auf Bundesebene galten.[12]

Aber nicht nur die Irokesen-Konföderation ist vorbildlich. Auch in anderen Bereichen der Politik können wir von den *Native Americans* lernen. Zum Beispiel, wenn es um die Nachhaltigkeit geht. Das zeigen neue Forschungsergebnisse. Nordamerikas Ureinwohner hinterliessen jedenfalls kaum «unauslöschbare Spuren». Dies hat eine Studie von US-Ökologen ergeben, die an der Küste Neuenglands Pollen, Kohlereste und archäologische Funde aus den vergangenen 14 000 Jahren untersuchten. Zwar rodeten auch die *Native Americans* Wälder und brannten Bäume ab, aber diese Praktiken hatten praktisch keinen Einfluss auf das Ökosystem. Dabei waren die untersuchten Gegenden teilweise dicht besiedelt. Mit der Ankunft der Europäer im 17. Jahrhundert änderten sich die Verhältnisse deutlich, die Abholzungen nahmen massiv zu.[13]

Dass die amerikanischen Ureinwohner Wert auf Nachhaltigkeit legten, kam nicht von ungefähr, wie Terri Hansen berichtet. Sie bezeichnet das Modell der Konföderation der amerikanischen Ureinwohner nicht nur als politisch fair. Für sie war es auch im modernen Sinn nachhaltig. Denn es wurde «immer den Bedürfnissen der kommenden siebten Generation gerecht». Dieses Prinzip schrieb vor, «dass Entscheidungen, die heute getroffen werden, für sieben Generationen in die Zukunft führen sollten.» Viel besser kann man auch heute das Prinzip der Nachhaltigkeit nicht definieren. Ein weiteres beispielhaftes Prinzip der Irokesen-Konföderation bestand darin, starke Beziehungen zu fördern, bei denen nicht der materielle

Gewinn, sondern der Dienst an anderen im Zentrum stand. So war es gemäss Hansen in gewissen Völkern der amerikanischen Ureinwohner «eine grosse Ehre, die Pferde den ärmsten Mitgliedern des Stammes zu geben.»[14]

Neben diesen vorbildlichen sozialen Aspekten spielten bei den amerikanischen Ureinwohnern auch die Tiere eine wichtige Rolle. Im Zusammenhang mit der Klimakrise wird zu Recht über das Verhältnis der Menschen zur Tierwelt diskutiert. Nicht nur, wenn es darum geht, wie viel Fleisch wir essen können, um noch von einer nachhaltigen Landwirtschaft zu sprechen. Wie der französische Ethnologe Claude Lévi-Strauss in seinem Buch «Die Luchsgeschichte – Zwillingsmythologie in der Neuen Welt» beschreibt, spielten Tiere und Tierfiguren im mythischen Denken der Kulturen der Ur-Amerikaner eine wichtige Rolle. Lévi-Strauss zeigt beispielsweise, dass die *Native Americans* sich selbst als Teil dieser Tierwelt empfanden.[15]

Die alte Erkenntnis der Verwandtschaft der Tierwelt mit den Menschen erhält Aufschwung von Wissenschaftlerinnen wie der renommierten Schimpansen-Forscherin Jane Goodall. Sie sagt, dass es mit dem Intellekt natürlich einen grossen Unterschied zwischen Menschen und Schimpansen oder anderen Tieren gibt. «Aber hier sind wir, die intelligentesten Wesen des Planeten, und zerstören unser Zuhause.» Statt die Natur zu zerstören und unser «eigenes Aussterben» voranzutreiben, wäre es schlauer, wenn wir nicht nur anständiger mit der Tierwelt umgehen würden, sondern auch mit den natürlichen Ressourcen, «wie es in indigenen Gesellschaften üblich war».[16]

Dass wir einen grundlegend anderen Umgang mit den Menschen, mit der Natur und mit den Tieren brauchen, wenn wir eine solidarische und nachhaltige Gesellschaft aufbauen wollen, ist heute weitgehend unbestritten. Die Kultur der *Native Americans* zeigt uns auch in einem weiteren Beispiel, dass wir die Welt nicht gänzlich neu erfinden müssen.

So pflegten die *Native Americans* mit Homosexuellen einen anderen Umgang, als das im christlich geprägten Abendland der Fall war. Manche Stämme gingen etwa von einem dritten Geschlecht aus. Wie diese Tradition aktualisiert wird, zeigt ein Artikel der Journalistin Rachel Savage.[17] Sie berichtet über den kanadischen Arzt Dr. James Makokis, der junge Transgender-Menschen lehrt, «Zwei-Geister» zu sein. Makokis ist als *Native American* ein Hausarzt der *Saddle Lake Cree Nation*. Als schwuler Mann identifiziert er sich selbst als «Zwei-Geist». Diesen Begriff verwendeten indigene Völker in Nordamerika in vorkolonialen Zeiten für Menschen, die sich sowohl mit Männlichkeit als auch mit Weiblichkeit identifizierten. Die traditionelle Navajo-Kultur kannte neben dem dritten Geschlecht, das sie *Nadleeh* nannte, sogar noch zwei weitere Gender, nämlich die Kategorien der männlichen Frau und des weiblichen Mannes.[18]

Die aktuellen Gender-Diskussionen würden sich vielleicht deutlich entspannen, wenn wir diesen unaufgeregten Umgang mit der Sexualität aufnähmen und allgemein von drei Geschlechtern ausgehen würden. Dass diese gleichwertig sind, ist für demokratisch gesinnte Menschen selbstverständlich.

Um noch deutlicher zu machen, dass es für eine echte Demokratie unabdingbar ist, rassistische Ideologien endgültig auf den Müllhaufen der Geschichte zu werfen, lohnt es sich, einem Mann zuzuhören, der auch lange nach seinem Tod noch immer weltweit für seine Ideen der Gewaltfreiheit verehrt wird: Mahatma Gandhi. Sein Wort, wonach eine «disziplinierte und aufgeklärte Demokratie das Beste auf der Welt» sei, kann geradezu als Motto für eine globale Demokratie gelten. Genauso wie sein Diktum, dass man von Demokratie nur sprechen kann, wenn «sie dem Schwächsten die gleichen Chancen einräumt wie dem Stärksten.»

Mahatma Gandhi macht uns Mut, die demokratische Veränderung gewaltfrei umzusetzen. Er lehrt uns, dass Gewaltlosigkeit «nicht demütige Unterwerfung unter den Willen des Bedrückers, sondern der Einsatz der ganzen Seele gegen den Willen des Tyrannen» ist. Und er macht uns Mut, notfalls auch allein dafür einzustehen: «So ist es einem einzelnen Menschen möglich, der gesamten Macht eines ungerechten Weltreichs zu trotzen» und «den Grundanstoss zu geben für den Sturz oder die Reform dieses Weltreichs.» Die Kraft der Gewaltlosigkeit ist «unendlich mächtiger als die Kraft sämtlicher Waffen, die Menschengeist ersonnen hat», schrieb Gandhi.

Dabei sah er den zivilen Ungehorsam als «angeborenes Recht des Bürgers» an. Wer zivilen Ungehorsam bekämpfe, versuche, das Gewissen einzukerkern. Mahatma Gandhi erachtete die Gewaltlosigkeit zwar als «die grösste Macht, die der Menschheit in die Hand gegeben» wurde. Das aber bedeutet nicht, dass wir uns nicht verteidigen dürfen, denn die aktive Selbstverteidigung ist im Namen der Gewaltlosigkeit erlaubt: «Die nächstbeste, aber ebenso ehrenvolle Methode gebietet uns, zur Selbstverteidigung tapfer zuzuschlagen und unser Leben an gefahrvollster Stelle einzusetzen.»[19]

Ein weiteres Beispiel für die universellen Werte der Demokratie zeigt sich bei Julius Kambarage Nyerere. Als erster Präsident des unabhängigen Staates Tansania definierte er die Grundlagen für einen afrikanischen Sozialismus, die für den Weg hin zu einer weltweiten Demokratie wichtige Hinweise geben. In den 1960er-Jahren schrieb er einen Essay mit dem Titel «Sozialismus ist – wie Demokratie – eine Geisteshaltung». Darin schrieb der grosse afrikanische Staatsmann, dass eine demokratische Gesellschaft so organisiert sein muss, «dass man sich um ihre Mitglieder kümmert.» Kein Mensch solle sich «Sorgen darüber machen, was morgen mit ihm geschehen wird, wenn er heute keinen Reichtum gehortet hat.» Dieses Ziel habe auch die traditionelle afrikanische Gesellschaft mit Erfolg verfolgt. Alle Mitglieder der Gemeinschaft seien abgesichert gewesen.

Um Reichtum zu schaffen, sind nach Nyerere drei Dinge notwendig: Land, Werkzeuge und Arbeit. «In der traditionellen afrikanischen Gesellschaft war jeder ein Arbeiter.» Es gab keine andere Möglichkeit, den Lebensunterhalt für die Gemeinschaft zu erwerben. «Selbst der Stammesälteste, der, ohne selbst irgendwelche Arbeit zu leisten, in den Tag hineinlebte und für den anscheinend alle anderen arbeiteten, hatte in Wahrheit in all seinen früheren Jahren sehr hart gearbeitet.»

Mit dieser Einstellung war Nyerere als Befürworter eines afrikanischen Sozialismus nicht weit entfernt von seinen europäischen Kolleg*innen. Zum privaten Grundeigentum aber vertrat er eine urkommunistische Auffassung: «Wir in Afrika haben das Land immer als Besitz der Gemeinschaft angesehen.» Jedes Mitglied der Gesellschaft hatte ein Recht auf Bodennutzung, anders konnte es seinen Lebensunterhalt nicht verdienen. «Aber das Recht des Afrikaners auf Land war lediglich ein Nutzungsrecht.» Wer sein Land nicht nutzte, also nicht bearbeitete, hatte auch kein Recht, darüber zu verfügen.

Mit einem solchen System wäre es den Mitgliedern der Landlosenbewegung in Brasilien schon längst gelungen, die riesigen, brachliegenden Flächen der Grossgrundbesitzer für ihre Bedürfnisse zu nutzen. Diesen Aspekt gilt es im Auge zu behalten, wenn im Hinblick auf eine globale Verfassung davon die Rede ist, den Grund und Boden als allgemeines Gut zu behandeln.

Nyerere hatte auch eine interessante Auffassung vom Klassenkampf, die für die künftigen Veränderungen wegweisend ist: «Der wirkliche afrikanische Sozialist sieht nicht eine Klasse als seine Brüder an und eine andere als seine natürlichen Feinde», schrieb er. Nyerere glaubte an die Brüderlichkeit aller Menschen und an die Einheit Afrikas. Und er verwahrte sich dagegen, von Europäer*innen zum Sozialismus bekehrt oder über Demokratie belehrt zu werden. «Beide haben ihre Wurzeln in unserer eigenen Vergangenheit – in der traditionellen Gesellschaft, aus der wir hervorgegangen sind.»

Julius Kambarage Nyerere hatte erfahren, dass es notwendig war, eine Einheit zu bilden, um die Macht der Kolonialisten zu brechen. Dafür knüpfte er an die sozialistische Geisteshaltung der alten Stämme an, die den Einzelnen Sicherheit gab. Diese Einheit und Solidarität sollten auch in einer noch grösseren Gemeinschaft erhalten bleiben. Aber «der Bereich der Familie, zu der wir alle gehören und wie wir sie uns vorstellen, muss noch ausgedehnt werden – über den Stamm, die Gemeinschaft, die Nation oder sogar den Kontinent hinaus, um die ganze Menschheit mit einzubeziehen.»[20]

Die Wurzeln der modernen Demokratie reichen weit und tief. Sie sind universell. Eine globale Demokratie ist also eine logische Weiterentwicklung.

Quellen

1 www.swissinfo.ch/ger/direktedemokratie/demokratiegeschichte_keine-demokratie-ohne-revolten-und-proteste/43182862

2 Hanke, Philippe: «Revolution in Haiti. Vom Sklavenaufstand zur Unabhängigkeit», Köln, 2017

3 Daellenbach, Ruth et al. (Hrsg.): Reclaim Democracy – Die Demokratie stärken und weiterentwickeln, Zürich, 2019, Seite 42

4 aao, Seite 44

5 aao. Seite 45

6 www.pbs.org/native-america/blogs/native-voices/how-the-iroquois-great-law-of-peace-shaped-us-democracy

7 https://ratical.org/many_worlds/6Nations

8 www.pbs.org/native-america/blogs/native-voices/how-the-iroquois-great-law-of-peace-shaped-us-democracy

9 www.swissinfo.ch/ger/direktedemokratie/demokratie-schweiz-usa_am-anfang-des-schweizer-foederalismus-standen-die-irokesen/43627408

10 www.nytimes.com/1987/06/28/us/iroquois-constitution-a-forerunner-to-colonists-democratic-principles.html

11 www.zeit.de/2011/30/Indianer

12 www.swissinfo.ch/ger/direktedemokratie/demokratie-schweiz-usa_am-anfang-des-schweizer-foederalismus-standen-die-irokesen/43627408

13 «NZZ am Sonntag», Zürich, 26. Januar 2020

14 www.pbs.org/native-america/blogs/native-voices/how-the-iroquois-great-law-of-peace-shaped-us-democracy

15 Lévi-Strauss, Claude: «Die Luchsgeschichte - Zwillingsmythologie in der Neuen Welt», Berlin, 2004

16 «NZZ am Sonntag», Zürich, 23. Februar 2020

17 https://news.trust.org/item/20200108142805-ivggs/

18 https://transgenderglobe.wordpress.com/2010/12/17/navajo-cultural-construc-tions-of-gender-and-sexuality/

19 www.zeit.de/1983/46/den-feind-zum-freunde-machen

20 www.boell.de/de/navigation/afrika-ujamaa-grundlage-des-afrikanischen-sozialis-mus-10245.html

Taxi-Chauffeur und Roman-Autor

Im Herbst 1992 zog ich in eine Ein-Zimmer-Wohnung im Zentrum von Olten. Ich fand vorübergehend eine Stelle bei dem Taxiunternehmen, für das ich bereits während des Studiums gearbeitet hatte. Vorübergehend, weil ich dachte, schnell ein neues Engagement zu finden, zum Beispiel als Journalist bei einer linken Zeitung, als Gewerkschaftssekretär oder als Kommunikationsfachmann bei einer Non-Profit-Organisation.

Doch obwohl ich in den nächsten neun Jahren zwei bis vier Bewerbungen pro Monat schrieb, gelang es mir nicht, eine neue Stelle zu finden. Ich fuhr gerne Taxi, das war nicht das Problem. Der Kontakt mit den unterschiedlichen Leuten gefiel mir gut. Und mir war selten langweilig. Wenn nichts los war, las ich oder unterhielt mich mit meinen Kolleg*innen. Aber die Arbeitszeiten waren mit gegen 55 Stunden pro Woche zu lang und der Lohn, der inklusive Trinkgeld selten mehr als 3500 Franken pro Monat betrug, war unanständig tief. Zudem begann die Wechselschicht mit der Zeit an den Nerven zu zerren. Es kam regelmässig vor, dass ich von Freitagabend von 16.30 Uhr bis Samstagmorgens um 4.45 Uhr Nachtschicht fuhr, um 36 Stunden später wieder vor 5 Uhr mit der Frühschicht zu beginnen.

Natürlich hatte ich das Gefühl, dass der Schnüffelstaat an mir ein Exempel statuieren wollte. Doch beweisen konnte ich das nie. Die wirtschaftlich schwierige Lage und die soziale Isolation setzten mir zu. Ich rauchte nach Feierabend zu viel selbstgezogenes Gras und trank an Wochenenden gelegentlich auch zu viel Bier. Lichtblicke waren die monatlichen Besuche meines Sohnes. Aber ich liess mich nicht unterkriegen und liess mir meine gute Laune nicht nehmen. Trotz der engen finanziellen Lage – die Alimente, die ich für meinen Sohn bezahlte, waren aufgrund meines ehemaligen Gewerkschaftslohnes festgelegt worden – schaffte ich es, mindestens alle zwei Jahre mit den drei Kindern in die Ferien zu fahren.

In der Region Olten war ich bekannt wie ein bunter Hund. Viele Bekannte waren sich wohl bewusst, dass ich meine politische Frechheit durch die «Degradierung» zum Taxichauffeur bezahlte. Hin und wieder musste ich mir im Taxi entsprechende Sprüche anhören.

Aufgrund meiner Erfahrung mit dem Schnüffelstaat hatte ich keine Lust, mich auf eine Beziehung einzulassen oder soziale Kontakte zu pflegen. Spätestens nachdem ich eine Kopie meiner Fiche erhalten hatte, musste ich davon ausgehen, dass auch mein Privatleben kontaminiert war. Deshalb beschloss ich, die Sache allein durchzustehen und mir Schillers Zitat aus Wilhelm Tell zu eigen zu machen: «Der Starke ist am mächtigsten allein.» Nicht dass ich mich besonders stark fühlte. Aber ich wusste, dass ich mich auf mich verlassen konnte.

An politische Arbeit war so nicht zu denken. So blieben die drei Gerichtsprozesse wegen Verweigerung des Zivilschutz-Dienstes und die 1. Mai-Kundgebungen meine einzigen politischen Demonstrationen. Beim ersten Verweigerer-Prozess, den ich bis vors Obergericht weiterzog, wurde ich zu fünf Tagen bedingt verurteilt.[1] Es folgten weitere Verweigerungen und Verurteilungen, bis ich nach einem mehrstündigen Sozialdienst schliesslich doch noch ins Gefängnis musste, und so mit einer Freiheitsstrafe von insgesamt 30 Tagen endgültig genug hatte, um vom Zivilschutzdienst befreit zu werden.

Sonst versuchte ich, mit unregelmässigen, kleineren Aktionen, auf mich und meine Ideen aufmerksam zu machen. Am 1. Mai 1998 beispielsweise verteilte ich an der Kundgebung ein A4-Faltblatt mit dem Titel: «Revolution Now!», mit dem ich mich ironisch als «unabhängiger linker Kandidat» für die Nationalratswahlen im Jahr 1999 ins Spiel brachte. Der Lead lautete: «Die Mode sagt: Der Kommunismus ist tot. Die Mode sagt: Es gibt keine Alternative zu der neoliberalen Globalisierung. Die Mode sagt: Man kann nichts tun. Was die Mode sagt, hat mich noch nie besonders interessiert.»

Im Lauftext wurde ich etwas klarer: «Während sich traditionelle Parteien um Realpolitik kümmern, bin ich frei zu sagen: Wir brauchen eine globale, demokratische Revolution. Nur so kann die Ausbeutung der Menschen durch Menschen überwunden werden. Nur so kann die Zerstörung der natürlichen Lebensgrundlagen gestoppt werden.»

Im «Kleinen Vier-Punkte-Programm» verfeinerte ich die Ansichten, die ich bereits in der «Charta 92» ausgeführt hatte. Und ich verlor ein paar Worte über die Gewalt: «Wir müssen den gewaltfreien Weg gehen, wenn wir nicht eine Eskalation der Gewalt riskieren wollen, die im atomaren Winter endet. Gewaltfreiheit erfordert Geduld und manchmal ziemliche Selbstdisziplin, aber auch Engagement und Militanz. Gewaltfreier Widerstand kann bürgerlicher Ungehorsam in allen Variationen sein, Demonstrationen, Streiks und Besetzungen ebenso, wie Sit-ins, Go-ins oder Happenings.»

Selbstredend fand meine Aktion kein mediales Echo. Meine Flugblätter haben wohl nur in den Giftschränken des Schnüffelstaates überlebt.

Dank eines Kreuzbandrisses, den ich mir um die Jahrtausendwende beim Skifahren mit meinem Sohn zuzog, hatte ich die Möglichkeit, ein paar Wochen zu Hause zu bleiben. Diese Zeit nutzte ich, um meinen ersten Roman zu schreiben, der 2004 in der linken Verlagsgenossenschaft Edition 8 in Zürich unter dem Namen «Hudere-Waser» erschien.

Parallel zur Arbeit als Schriftsteller bewarb ich mich weiter für jede vernünftige Stelle, die ausgeschrieben war. Und tatsächlich erhielt ich im Winter des Jahres 2000 erstmals seit fast zehn Jahren wieder eine Einladung zu einem Vorstellungsgespräch. Ein ehemaliger Gewerkschaftskollege, mit dem ich bei der GTCP zusammengearbeitet hatte, war unterdessen im Verband Handel, Transport und Lebensmittel (VHTL) für die Region Nordwestschweiz verantwortlich. Zum Glück war diesem Kollegen, gebürtiger Engländer und erklärter Kommunist, der Schweizer Schnüffelstaat ebenfalls suspekt; er holte mich aus der Versenkung des Taxifahrens heraus.

Am 1. Mai 2001 begann ich meine Arbeit als VHTL-Sekretär in Aarau und Luzern. Ich war unter anderem dafür verantwortlich, die Arbeitsbedingungen von Verkäufer*innen und Lastwagenfahrer*innen zu verbessern. Drei Jahre später, unterdessen betreute ich auch die Redaktion der «VHTL-Zeitung» in Zürich, fusionierte die Gewerkschaft VHTL mit zwei grösseren Verbänden zur grössten Gewerkschaft der Schweiz, zur Unia. Weil in der Unia Restbestände der ehemaligen, trotzkistischen Sozialistischen Arbeiterpartei den Ton angaben, hatten wir immer mal wieder Streit, sodass ich im Frühjahr 2004 als «Fusionsopfer» auf der Strecke blieb.

Da gleichzeitig «Hudere-Waser»[2] in die Buchhandlungen kam und ich nach drei Jahren mit einem anständigen Lohn finanziell auf guten Beinen stand, störte mich diese Entlassung nicht. Im Gegenteil. Weil unterdessen auch das jüngere meiner ehemaligen Pflegekinder volljährig war, sah ich meine privaten Pflichten in der Region Olten soweit erfüllt, dass ich mir einen langgehegten Wunsch erfüllte und Richtung Westen zog.

Quellen

1 «Solothurner Zeitung», Solothurn, 25. Mai 1996
2 Staub, Peter: Hudere-Waser, Zürich, 2004

Kapitel 6

Wie sich die Schweizer Demokratie entwickelt hat

«Die Schweiz hat das beste politische System der Welt.» Dieser Werbeslogan für die helvetische Demokratie stammt nicht von einem konservativen Politiker im Wahlkampf, sondern von Ousman Agnou.[1] Der aus Benin stammende und seit Jahren in der Schweiz lebende Informatiker und Trainer bei *Swiss Athletics* feiert jeweils am 1. August den Geburtstag seines alten und seines neuen Heimatlandes. Wobei das westafrikanische Land tatsächlich am 1. August 1960 von Frankreich unabhängig wurde. In der Schweiz hingegen wurde der Bundesfeiertag willkürlich auf diesen Tag festgelegt.

Aber die Schweiz ist heute tatsächlich nicht nur für die Uhrenindustrie, die Schokolade und die Nummernkonten ihrer Grossbanken bekannt. Nein, trotz der unlängst aufgedeckten Affäre um von amerikanischen und deutschen Geheimdiensten fingierte Chiffriergeräte, die während Jahren aus der neutralen Schweiz in zahlreiche Länder geliefert wurden, wird die Alpenrepublik weltweit für ihre Demokratie geachtet.

Obwohl in der Schweiz noch immer wider besseres Wissen erzählt wird, dass die helvetische Demokratie bis ins 13. Jahrhundert zurückreiche, gibt es den modernen, demokratischen Bundesstaat erst seit 1848. Und dann dauerte es noch einmal geschlagene 123 Jahre bis in der Schweiz die Geschlechterapartheid überwunden wurde und 1971 erstmals alle erwachsenen Staatsbürger*innen stimm- und wahlberechtigt waren.

Dass die Schweiz im 19. Jahrhundert zu einer Demokratie wurde, war nicht selbstverständlich. So wurden beispielsweise noch im Jahr 1749 drei Aufständische in Bern mit dem Schwert hingerichtet, weil sie demokratische Forderungen erhoben hatten. In der späteren Bundesstadt der Schweiz regierten damals die Patrizier. Eine Gruppe von Handwerkern und Händlern um den Schriftsteller Samuel Henzi wollte sich mit der absolutistischen Herrschaft dieser Familien nicht mehr abfinden. Sie forderten demokratische Mitsprache in Form einer jährlichen Gemeindeversammlung und planten einen Aufstand. Die Aufständischen wurden verraten, bevor sie in Aktion traten. Die Obrigkeit verurteilte die Rädelsführer um Henzi und liess sie köpfen. Der Fall Henzi wird in Berns Schulstuben bis heute nicht thematisiert, dabei löste er Mitte des 18. Jahrhunderts in Europa ein grosses Echo aus: Der damals 20-jährige deutsche Schriftsteller und Aufklärer Gotthold Ephraim Lessing schrieb zu Ehren der Aufständischen das Theaterstück «Henzi», in dem er diesen als uneigennützigen Revolutionär porträtierte.[2]

Wie aber kam es dazu, dass die «Schweiz eines jener demokratischen Systeme hat, die weltweit am besten funktionieren», wie das neben Ousman Agnou auch der Schweizer Chemie-Nobelpreisträger Jacques Dubochet sagt?[3]

Die Entwicklung der Schweizer Demokratie zeigt, dass die politische Partizipation nicht vom Himmel fiel. Sie musste hart erkämpft werden. Insofern ist die Schweiz kein Sonderfall: Was in der Schweiz möglich war, ist auch für Länder möglich, die heute noch autokratisch regiert werden.

Für die Entwicklung der Schweizer Demokratie war der Kampf der Schweizer Arbeiter*innen-Bewegung im 19. Jahrhundert und im frühen 20. Jahrhundert ganz entscheidend. Ohne ihren Landesstreik von 1918 gäbe es heute wahrscheinlich weder einen Sozialstaat noch das Frauenstimmrecht. Deshalb sind die Kämpfe der helvetischen Linken über die Schweiz hinaus für Länder interessant, in denen heute noch Arbeits- und Lebensbedingungen herrschen, wie in der Schweiz am Ende des 19. Jahrhunderts.

Die Grundlage der Demokratie bildeten die Revolutionen in Amerika und Frankreich, welche die Menschenrechte gesellschaftsfähig machten. In der Schweiz war es besonders die Französische Revolution von 1792. Nicht nur weil Frankreich an die Schweiz grenzt, sondern auch, weil zahlreiche Schweizer Söldner auf der Seite des Königs gegen die Revolutionäre kämpften.

Die Ideen der Französischen Revolution – Freiheit, Gleichheit, Brüderlichkeit – fielen zwar auch in der Schweiz teilweise auf fruchtbaren Boden, hatten aber vorerst wenig direkte Auswirkungen. Die Franzosen besetzten 1793 zwar einige Grenzgebiete, die zum Bistum Basel gehörten. Aber erst im Januar 1798 bat die Westschweiz die Franzosen, die Berner Machthaber aus ihrem Gebiet zu vertreiben. Die Niederlage der Berner Truppen besiegelte das Ende der alten, undemokratischen Eidgenossenschaft.

Mit Hilfe der französischen Truppen schrieben Schweizer Revolutionär*innen eine neue Verfassung für die Helvetische Republik, die im April 1798 in Kraft trat. Der Unterschied zwischen Kantonen, Untertanengebieten und gemeinen Herrschaften wurde abgeschafft. Die Eidgenössische

Tagsatzung wurde durch ein Zweikammer-Parlament mit indirekt gewählten Abgeordneten ersetzt. Als Regierung amtete ein fünfköpfiges Direktorium.[4]

1815 wollten europäische Mächte nach ihrem Sieg über Napoleon die vorrevolutionären, feudalistischen Verhältnisse teilweise wiederherstellen. Das geschah in der Schweiz mit dem Bundesvertrag von 1815, der den Kantonen fast vollständige Selbstverwaltung zugestand.[5]

Insbesondere die Berner und die Innerschweizer waren zum Bürgerkrieg bereit gewesen, um die Herrschaftsverhältnisse des *Ancien Régime*, der alten Eidgenossenschaft, wiederherzustellen. Die demokratische Verfassung, die in ihren wesentlichen Elementen – etwa dem aus den USA übernommenen Zweikammersystem – bis heute Bestand hat, war gemäss dem Schweizer Historiker Thomas Maissen schliesslich das Ergebnis langer politischer Kämpfe, seit die liberale Bewegung 1830 in vielen Kantonen an die Macht gekommen war.

Auf nationaler Ebene scheiterte die Umsetzung der liberalen Ideale vorerst: Es gab keine schweizerische Staatsbürgerschaft, keine nationale Armee. Katholische und reformierte Konservative verteidigten die Souveränität der Kantone und die Rolle der Kirchen in der Erziehung. Nach Maissen ging der Streit grundsätzlich um die Quellen der Wahrheit: Offenbarung oder Vernunft. Radikale Freisinnige und Katholisch-Konservative mobilisierten ihre Anhänger, was schliesslich zum Sonderbundskrieg von 1847 führte.[6]

Es war der letzte Krieg, der auf dem Gebiet der Schweiz ausgefochten wurde. Das war angesichts der gewalttätigen Vergangenheit der Schweizer alles andere als absehbar. Auch dass aus dem damals bitterarmen Land eine prosperierende Nation werden sollte, war nicht vorhersehbar.

Joseph Jung, ehemaliger Chefhistoriker der Grossbank *Credit Suisse*, zitiert in seinem Buch «Das Laboratorium des Fortschritts – Die Schweiz im 19. Jahrhundert» einen Gesandten des Grossherzogtums Baden aus einem Brief im Jahr 1829: «Nie wird mit der Schweiz etwas anzufangen und consequent auszuführen sein.» Ein in österreichischen Diensten stehender Spitzel nannte die Schweiz noch 1843 die «cloaca magna von Europa». Den Grund für die Rückständigkeit der Schweiz im frühen 19. Jahrhundert sah Jung in der damaligen politischen Architektur. Doch das änderte sich: «Man kann gewiss sagen, dass die kleine Schweiz einer der grössten Industriestaaten der Welt ist», stellte ein Diplomat im Jahr 1864 fest.[7]

Der Grund dafür war die neue demokratische Verfassung der Schweiz von 1848. Diese kam übrigens nur mit Hilfe von Radikalen im Ausland zustande. Denn der Sieg der Liberalen und Radikalen Schweizer im Sonderbundkrieg hatte den konservativen Monarchen in Frankreich, Österreich und Preussen missfallen. Weil aber die Radikalen in diesen Staaten im März 1848 selbst die Revolution probten, vermochten sich Monarchen nicht mehr in die eidgenössischen Angelegenheiten einzumischen.

Die Tagsatzung nutzte diesen Freiraum und beendete im Frühjahr 1848 die Arbeit an der neuen Bundesverfassung. Nach deren Annahme durch die Tagsatzung gab es Abstimmungen in den Kantonen. Zwei Drittel der Kantone stimmten der neuen Verfassung zu, ein Drittel lehnte sie ab. Eigentlich wäre Einstimmigkeit erforderlich gewesen, doch die Liberalen erklärten am 12. September 1848 in einem revolutionären Akt die Bundesverfassung für angenommen. Dadurch hatte die Schweiz mit dem Bundesrat eine nationale Regierung und mit der Bundesversammlung ein nationales Parlament. Der Bund war vor allem für die Aussenpolitik, Armee, Währung, Post und Zölle zuständig.[8]

Die liberalen Revolutionen im benachbarten Ausland scheiterten, nur jene in der Schweiz war erfolgreich. Sie schaffte dauerhafte demokratische Strukturen und gewährte nun landesweit die Presse-, Vereins-, Gewerbe- und Niederlassungsfreiheit.[9]

Während die Bundesverfassung Fragen der Bildung, Religion und Kultur in kantonaler Kompetenz liess, entwickelten die wirtschaftspolitischen Neuerungen – Vereinheitlichung von Massen und Gewichten, Aufhebung der Binnenzölle, Einführung des Schweizer Frankens, Handels- und Gewerbefreiheit und Eigentumsgarantie – gemäss Historiker Jung eine ungeheure wirtschaftliche Dynamik. Und sie brachten gleichzeitig eine bisher nicht bekannte politische Stabilität. Es war die Bundesverfassung von 1848, welche die Schweiz zum Experimentierfeld von Wirtschaft und Wissenschaft – zum «Laboratorium des Fortschritts» machte.[10]

Das Kapital wurde zu einem Schlüsselbegriff, schreibt der Bankenhistoriker: «Kapitalisten prägten die Schweiz nach 1848. Hotelkönige, Fabrikanten, Unternehmer, Handelsherren und Grosskapitalisten gaben den Ton an und zogen ganz offen die Fäden.» Dass die Schweiz in der zweiten Hälfte des 19. Jahrhunderts den Anschluss an die Moderne fand, hatte vor allem mit dem Bau der Eisenbahn zu tun.

Aus geopolitischer Sicht bestand das «Wunder der Schweiz», wie es Jung bezeichnet, vor allem darin, dass in der zweiten Hälfte des 19. Jahrhunderts das kleine Land mit seinen damals bloss etwa drei Millionen Einwohner*innen «zum globalen Markenzeichen für Maschinen, Käse, Schokolade, Finanz-Know-how, Tourismus und humanitäre Dienste» wurde.[11]

Für die Arbeiter*innen sah die Welt in der Schweiz damals nicht so wundervoll aus. Schliesslich gab es noch kaum Arbeitsschutz. Welches Leid die Industrialisierung für die Arbeiter*innen bedeutete, hat der Zürcher Journalist Benno Gasser aufgearbeitet: «Kinderarbeit, Hungersnöte, Arbeitskämpfe, Massenarmut und Alkoholprobleme bestimmen in Zürich und Umgebung den Alltag. Der Staat hält die Armenfürsorge klein und überlässt die Aufgabe privaten Armenvereinen.» Gasser zitiert den Nationalökonomen Victor Böhmert, der davon berichtete, dass die «eigenthümlichen socialen Missstände» in der Schweiz ebenso vorhanden waren, wie in anderen Ländern. Die Arbeiter*innen bezeichneten ihre Tätigkeiten als geisttötend und einförmig, der Arbeitsrhythmus wurde durch die Maschine und den Betriebsablauf bestimmt. Die Fabrikarbeiter*innen starben auch in der Schweiz im 19. Jahrhundert früher als andere Werktätige. Wer Maschinen in einer Spinnerei reinigte, wurde selten älter als 38 Jahre alt. Die Wahrscheinlichkeit, dass ein 20-Jähriger noch 40 Jahre zu leben hatte, lag 1880 bei weniger als 50 Prozent.[12]

Dass die Revolutionäre von 1848 in erster Linie die Freiheit des Bürgertums im Sinn hatten, zeigte sich darin, dass bis in die 1860er-Jahre zahlreiche kantonale Verbote gewerkschaftsähnliche Vereine einschränkten. Erst 1858 entstand der Schweizerische Typographenbund als erste nationale Gewerkschaft. In den späten 1860er- und frühen 70er-Jahren gab es einen ersten Höhepunkt der neuen Arbeiter*innen-Bewegung, die sich für bessere Arbeitsbedingungen und höhere Löhne einsetzte. Streiks der Genfer Bauarbeiter*innen und der Basler Bandweber*innen 1868 sorgten sogar für internationale Beachtung. Erstmals erschienen damals auch kurzlebige Arbeiter*innen-Zeitungen. Die Proteste waren wesentlich dafür verantwortlich, dass 1877 das eidgenössische Fabrikgesetz in Kraft trat. Dieses führte den Elfstundentag, eine Haftpflicht der Unternehmer für körperliche Schädigungen und ein Verbot der Fabrikarbeit für Kinder unter 14 Jahren ein. Das Nacht- und Sonntagsarbeitsverbot galt nur für das weibliche Fabrikpersonal.[13]

Die Organisation der Arbeiter*innen steckte immer noch in den Kinderschuhen. Der von 1873 bis 1880 bestehende Schweizerische Arbeiterbund hatte höchstens 6000 Mitglieder. Neben dem Typographenbund formierten sich weitere nationale Berufsverbände, zum Beispiel von Uhrenarbeiter*innen, Schneider*innen oder Holzarbeiter*innen. Damals entstanden auch die Konsumvereine, oft als genossenschaftliche Selbsthilfeorganisationen, damit die Arbeiter*innen nicht in den überteuerten Fabrikläden einkaufen mussten. 1890 gründeten 43 Vereine den Verband Schweizerischer Konsumvereine, aus der die Genossenschaft Coop hervorging.[14]

Obwohl also die moderne Schweiz ab 1848 eine halbdemokratische Verfassung hatte und theoretisch alle männlichen Arbeiter das Stimm- und Wahlrecht hatten, brauchte es die Bewegung von unten, um den Arbeiter*innen gewisse Rechte zu sichern. Und es brauchte den landesweiten Generalstreik von 1918, um so etwas wie einen Sozialstaat durchzusetzen.

Das darf man nicht vergessen, wenn man heute die Arbeits- und Lebensbedingungen in Ländern betrachtet, in welchen die Phase der ersten Industrialisierung noch nicht abgeschlossen ist.

Die in der Schweiz heute oft mystifizierten direktdemokratischen Instrumente wurden nicht mit der Verfassung von 1848 eingeführt. Und sie waren auch kein progressives Mittel, sondern ein Zugeständnis an die konservative Opposition in den ländlichen Gebieten. Das Referendum wurde durch die revidierte Bundesverfassung von 1874 eingeführt, die Volksinitiative sogar erst 1891. Dieser Ausbau der Volksrechte war gemäss Thomas Maissen ein Anliegen der konservativen Parteien, die sich gegen die Zentralisierungsbemühungen der freisinnigen Staatspartei wehrten.

Die neuen Möglichkeiten, unliebsame Entwicklungen zu blockieren, verlangten, dass Gesetzesvorlagen gemeinsam mit den Betroffenen vorbereitet wurden. In der Folge entstanden nationale Organisationen wie der Arbeitgeberverband, der Gewerbe- und der Bauernverband sowie der Gewerkschaftsbund.[15] Die direktdemokratischen Instrumente führten zu einer Konkordanz-Demokratie, in der keine Partei einen Entscheid durchboxen kann, der nicht in einer Volksabstimmung besteht.

Im Jahr 1876 erliess die Schweiz auch das erste eidgenössische Waldgesetz. Was unspektakulär tönt, war so visionär, dass es noch heute als Vorbild für ein globales Waldgesetz dient. Das Revolutionäre am Forstpolizeigesetz war der Grundsatz der Nachhaltigkeit: Jede Generation soll Anrecht auf die gleichen Ertragsmöglichkeiten haben, nur das nachwachsende Holz darf genutzt, sodass der eigentliche Wald unangetastet bleibt. Seit diesem Waldgesetz vergrösserte sich die Schweizer Waldfläche markant. Zuvor abgeholzte, kahle Berge sind heute wieder bewaldet, und die

Gebirgstäler sind wieder bewohnbar, weil der Wald sie schützt. «Naturkatastrophen – Überschwemmungen, Steinschläge, Rutschungen und Lawinen, wie sie sich im 19. Jahrhundert gehäuft hatten, sind dank dem höheren Bewaldungsprozent und dank Waldpflege anstelle von Raubbau und Kahlschlag stark zurückgegangen», heisst es beim Bundesamt für Umwelt.[16]

Das Waldgesetz kam allerdings damals nicht einfach deshalb zustande, weil die Schweiz die Nachhaltigkeit als Mode entdeckt hatte. Es hatte einen handfesten wirschaftlichen Hintergrund. Denn gegen Ende des 19. Jahrhunderts häuften sich aufgrund der massiven Rodungen die Naturkatastrophen im Gebirge. Der Bundesrat entschied deshalb, «im Interesse des öffentlichen Wohles», diese «Kahlschläge zu beschränken», wie die «Neue Zürcher Zeitung» im Oktober 1874 schrieb. Das eidgenössische Waldgesetz sah nicht nur vor, dass man für Rodungen eine Bewilligung brauchte, man musste die entwaldete Fläche auch wieder aufforsten. Dieser Entschluss diente nicht zuletzt dazu, die Eisenbahnen zu schützen. Denn der Schutzwald sicherte auch die modernen Kommunikations- und Transportwege.[17]

Bankenhistoriker Joseph Jung legte in seinem Loblied auf die Schweiz im 19. Jahrhundert viel Gewicht auf den Anteil, den die einheimischen Kapitalisten beim Infrastrukturaufbau der modernen Schweiz spielten. Woher aber kam dieses Kapital in der damals armen Schweiz? Dass Schweizer Financiers sich auch am Sklavenhandel bereichert hatten, wurde schon erwähnt. Noch wichtiger aber war eine andere Finanzierungsquelle, die ebenfalls alles andere als unblutig war: die Reisläuferei, das Schweizer Söldnertum.

Der Schweizer Journalist Jost Auf der Maur hat die Geschichte der Hunderttausenden Schweizer Söldner aufgearbeitet, die während Jahrhunderten im Dienst fremder Mächte auf den Schlachtfeldern Europas kämpften, auch gegeneinander. Die Schweizer Haudegen waren begehrt. Und sie waren teuer. Wobei der Reichtum bei den Patrizier Familien liegen blieb, welche die Söldner verdingten. Sie stiegen so zur finanziellen Elite des Landes auf.[18]

Auf der Maur beschreibt die Schweiz während der militärischen Solddienste – vom 13. bis Mitte des 19. Jahrhunderts – als «rückständiges» und «mausarmes» Land. Die grossen europäischen Kriege bildeten den Nährboden für das Schweizer Söldnerwesen. Auf diesem Feld brachte die Schweiz ihre Kinder «ihre kostbarste Saat aus», schreibt Auf der Maur. Die Schweizer Söldner hatten einen furchtbaren Ruf. Sie galten als grimmig und stark, als räuberisch, stolz und arrogant. Damals war in der Innerschweiz die Blutrache üblich. «Gross ist unter Männern die Bereitschaft, bei Meinungsverschiedenheiten sofort zur Waffe zu greifen. Der Dolch sitzt locker, genauso der legendäre Schweizerdegen, ein kurzes, als Hieb- und Stichwaffe geeignetes Schwert. Es herrscht ein aufgeladenes Klima der Gewalt, schnell gilt es, die Ehre zu verteidigen», heisst es bei Jost Auf der Maur, dessen Ahnen selbst als Söldner unterwegs waren.

Im Mittelalter war das Söldnerwesen noch nicht in der Hand der städtischen Familien. Die Aussicht auf Beute war die Triebfeder zum «wilden Reislaufen». Den alten «Schweizern» wurde eine «Feldlust» nachgesagt, eine ungestüme Freude am Kriegsabenteuer. In den Jahren um 1500 fehlte es deswegen auf dem Gebiet der heutigen Schweiz gar an männlichen Arbeitskräften. Das hatte wirtschaftliche Gründe. Mitte des 16. Jahrhunderts verdiente ein einfacher Söldner mit bis zu 18 Pfund pro Monat doppelt so viel wie ein Zürcher Erntearbeiter. Erst etwa 150 Jahre später glichen sich die Monatslöhne der Söldner und der Handwerker an.

Wie Auf der Maur recherchiert hat, waren es insgesamt etwa einundeinhalb Millionen Schweizer Söldner, die im Ausland für fremde Herren Kriege führten. Zum Vergleich: Im Jahr 1500 lebten ungefähr 600 000 Menschen auf dem Gebiet der heutigen Schweiz, im Jahr 1800 waren es etwa 1,6 Millionen. Die Söldner aus den Gebieten der alten Eidgenossenschaft kämpften für die adligen Herren in Frankreich, Holland, Spanien, Österreich, Polen, England, Süddeutschland, Kanada, Venedig, Sardinien-Piemont, Neapel oder Sizilien. Dabei kamen sie nicht nur in Europa, sondern auch in Ägypten, in Indien oder auf Sri Lanka zum Einsatz.

Der Zürcher Pfarrer Johann Heinrich Waser, der von 1742 bis 1780 lebte, war ein Gegner der Solddienste. Er schätzte, dass zwischen dem 15. und 18. Jahrhundert von den 1,1 Millionen Schweizern in Frankreichs Diensten weniger als die Hälfte zurückkehrte. Davon waren etwa 160 000 so kriegsversehrt und verwahrlost, dass sie als «invalid» galten. Lediglich 320 000 waren noch fürs Zivilleben tauglich.

Das knappe Drittel der Söldner, die einigermassen gesund zurückkehrten, brachten neues Wissen, andere Manieren, fremde Sprachen oder neue Kochrezepte in die Schweiz. Und jene, die in den fremden Heeren als Offiziere dienten, brachten gemäss Auf der Maur auch «grosse Vermögen», also Kapital nach Hause.

Die Kriege in Europa waren ein Geschäft für die Herrschaften in der Schweiz. Bankhäuser in Genf und St. Gallen stellten Geld bereit, mit dem die europäischen Kaiser und Könige ihre Kriege führen konnten und mit dem sie die Schweizer Söldner für ihre blutige «Arbeit» auf den Schlachtfeldern Europas entschädigten. Und die Patrizier liessen sich «das Privileg, Söldner anwerben zu dürfen, teuer bezahlen», wie Auf der Maur schreibt. Mit diesem «Drecksgeschäft» konnte sich die politische Elite die Macht sichern, bis die Verfassung von 1848 das Söldnerwesen verbat.[19]

Wie viel Kapital, das dann in der demokratischen Schweiz zum Beispiel in den Eisenbahnbau investiert wurde, auf dieses blutige Geschäft mit den Söldnern zurückgeht, ist eine Frage, die in der Schweiz historisch noch aufgearbeitet werden muss. Sicher ist, dass jene, die ihre Köpfe für fremde Könige und Fürsten hinhalten mussten, am wenigsten davon hatten.

Auch weil das helvetische Söldnerwesen endgültig vorüber war, schaffte es die Schweiz, sich aus dem Ersten Weltkrieg herauszuhalten. Die wirtschaftlichen Auswirkungen des Krieges verschärften aber auch im Inland die sozialen und damit die politischen Gegensätze. Während die Exportindustrie und die Bauern zu den Kriegsgewinnlern gehörten, stiegen die Lebenshaltungskosten in den Städten auf über das Doppelte. Soldaten wurden eingezogen und leisteten durchschnittlich rund 500 Tage Aktivdienst. Da es dafür keinen Erwerbsersatz gab, gerieten ihre Angehörigen in grosse wirtschaftliche Nöte.[20]

Bereits vor dem Ersten Weltkrieg hatte sich die Arbeiter*innen-Bewegung mit Arbeitskämpfen bemerkbar gemacht. Von 1900 bis 1914 gab es im Durchschnitt etwa 125 Streiks pro Jahr. Damit gehörte die Schweiz gemäss dem Historiker Bernhard Degen zu den bewegten Ländern Europas. Nach Ende des Krieges benutzten die Gewerkschaften den Streik auch als Druckmittel auf politischer Ebene. Das Oltner Aktionskomitee drohte mit einem Generalstreik und stellte ab Februar 1918 mehrmals Forderungen an den Bundesrat: ein Wirtschaftsprogramm mit Schwergewicht auf der Lebensmittelversorgung, keine Milchpreiserhöhung, keine Einschränkung der politischen Rechte, Lohnerhöhungen und Arbeitszeitverkürzungen. Im Herbst 1918 streikten die Zürcher Bankangestellten. Sie wurden von der Arbeiterunion mit einem lokalen Generalstreik unterstützt. Nicht zuletzt aus Angst vor einer Revolution wie in Russland mobilisierte das herrschende Bürgertum via Bundesrat die Armee. So wurde Zürich am 7. November militärisch besetzt, um den Streik niederzuschlagen. Das Oltner Aktionskomitee rief zuerst zu einem Proteststreik auf, um dann am 12. November 1918, den ersten und bislang einzigen landesweiten Generalstreik auszurufen.[21]

Das Ziel des Landesstreiks war nicht nur, die Arbeitsbedingungen verbessern, sondern die Gesellschaft zu demokratisieren. Das Oltner Akti onskomitee forderte neben der Bildung einer neuen Regierung auch die sofortige Neuwahl des Nationalrats nach Proporzwahlrecht und die Einführung des Frauenstimmrechts. Weiter verlangte das oberste Gremium der Streikenden die Einführung einer allgemeinen Arbeitspflicht, die 48-Stunden-Woche, eine Armeereform, die Sicherung der Lebensmittelversorgung sowie die Einführung einer Alters- und Invalidenversicherung und eine Vermögenssteuer zum Abbau der Staatsverschuldung.

Dem Streikaufruf folgten rund 250 000 Arbeiter*innen. Der Bundesrat forderte den Streikabbruch und die Armeeführung bot weitere Truppen auf. Weil das Aktionskomitee Angst vor bürgerkriegsähnlichen Zuständen und vor der militärischen Niederschlagung des Streiks hatte, beschloss es nach wenigen Tagen den Streikabbruch. Dass das Oltner Komitee die Lage nicht ganz falsch einschätzte, zeigte sich am letzten Streiktag. Am 14. November 1918 erschoss das Militär in Grenchen drei unbewaffnete, streikende Uhrenarbeiter.[22]

Weil der Generalstreik ohne Erfolg und ohne politische Zusagen abgebrochen wurde, galt er in Teilen der Schweizer Linken lange Zeit als Misserfolg. Längerfristig aber wurden ein paar Forderungen der Streikenden ganz oder teilweise verwirklicht, auch wenn es bis 1971 dauerte, bis schliesslich auch das Frauenstimmrecht eingeführt wurde.

Direkte Folgen hatte der Generalstreik bei der Arbeitszeitverkürzung. Ein Jahr nach dem Landesstreik wurde die 48-Stunden-Woche durch Absprachen und Gesetze in der Industrie, im öffentlichen Dienst und in zahlreichen Gewerbezweigen zur neuen Normalarbeitszeit. Die Einführung der Alters- und Hinterlassenenversicherung liess länger auf sich warten. Es dauerte bis nach dem Zweiten Weltkrieg, bis diese realisiert wurde.

Daneben verbesserte sich auch die Stellung der Gewerkschaften. Unternehmerverbände hatten es vorher oft nicht als nötig erachtet, mit diesen zu verhandeln. Erst nach dem Generalstreik wurden Verhandlungen zur Norm. Auch der Bundesstaat änderte seine Haltung gegenüber den Arbeiter*innen-Organisationen. Bereits in der Woche nach dem Generalstreik sass Bundesrat Edmund Schulthess als Vorsteher des Eidgenössischen Volkswirtschaftsdepartementes mit Vertretern der Gewerkschaften und Unternehmer am Verhandlungstisch, um Gespräche zur Verkürzung der Arbeitszeit zu führen.[23]

Mit dem landesweiten Generalstreik von 1918 legte die Arbeiter*innen-Bewegung den Grundstein für den modernen Sozialstaat, wie er in den Jahren nach dem Zweiten Weltkrieg ausgebaut wurde. Und mit der kollektiven

Arbeitsniederlegung ebneten die Gewerkschaften auch den Boden für die künftige Sozialpartnerschaft zwischen den Unternehmen und den organisierten Arbeiter*innen. So wurden im Zweiten Weltkrieg linke Anliegen besser berücksichtigt als zwischen 1914 und 1918. Das Bürgertum wollte einen weiteren Generalstreik verhindern. Es war unter Einbezug der Betroffenen zu Reformen bereit, weil es nach Kriegsende eine Situation wie 1918 vermeiden wollte.[24]

Der Sozialdemokratische Partei gelang es 1943, in den Bundesrat aufzusteigen. Und seit 1959 gehören dem Bundesrat jeweils zwei Vertreter*innen der SP an.[25] Damit war die Zauberformel und die Schweizer Konkordanz-Demokratie geboren: Alle massgebenden politischen Kräfte sollten angemessen in die Landesregierung eingebunden sein.

Am längsten aber dauerte es, bis die Schweiz die Geschlechter-Apartheid beendete. Obwohl die Einführung des Frauenstimmrechts eine zentrale Forderung des Generalstreiks war, dauerte es über 50 Jahre, bis die politische Diskriminierung der Frauen aufgehoben wurde. Dass das auch anders gegangen wäre, zeigten andere Länder. Allen voran Neuseeland, das 1893 als erstes Land das Frauenwahlrecht einführte. In Europa ging 1906 Finnland voran. Von 1918 bis 1920 führten Deutschland, Russland, Österreich oder die USA das Frauenstimmrecht ein. Frankreich, Jugoslawien, Belgien und Italien folgten nach dem Zweiten Weltkrieg.

In der Schweiz waren es die Westschweizer Stände Waadt und Neuenburg, die 1959 als Erste das kantonale Frauenstimmrecht einführten. Im gleichen Jahr lehnte eine Zwei-Drittel-Mehrheit der Männer die Einführung des nationalen Frauenstimmrechts ab. Es brauchte die neue Frauenbewegung, die ab 1968 die Gleichberechtigung als Menschenrecht einforderte, um dem Anliegen endlich zum Durchbruch zu verhelfen. Im Februar 1971 nahmen die Männer mit gut 65 Prozent Ja-Stimmen das Frauenstimmrecht an. Die Appenzeller Innerrhoder Männer gaben ihren Widerstand erst auf, als das Bundesgericht 1990 festhielt, dass ihre Kantonsverfassung gegen das Gleichheitsprinzip verstiess.[26]

Noch heute ist die Gleichstellung der Frauen in der Schweiz nicht erreicht. Gemäss dem «Global Gender Gap Report» des WEF, der die Gleichstellung der Frauen in 153 Ländern in den Bereichen Wirtschaft, Bildung, Politik und Gesundheit analysiert, lag die Schweiz im Jahr 2019 weltweit bloss auf Platz 18. Island, Norwegen, Finnland und Schweden schnitten am besten ab. Auch Nicaragua oder Ruanda lagen deutlich vor der Schweiz.[27]

Doch die Frauen geben nicht auf. Der Frauenstreik vom 14. Juni 2019[28] war die grösste politische Mobilisierung in der Schweiz seit dem Generalstreik vor über 100 Jahren: Hunderttausende Frauen und einige Tausend Männer nahmen daran teil.[29] Und die Forderungen der Frauen sind klar: finanzielle und gesellschaftliche Aufwertung der Arbeit der Frauen, mehr Zeit und Geld für Betreuungsarbeit, Respekt statt Sexismus am Arbeitsplatz.[30] Es sind Forderungen, die nicht nur in der Schweiz Sinn machen.

«Der Frauenstreik war nur der Anfang», sagt Vania Alleva, Präsidentin der Gewerkschaft Unia – der grössten Einzelgewerkschaft in der Schweiz – und Vizepräsidentin Schweizerischen Gewerkschaftsbundes. Im privaten Sektor verdienen Frauen durchschnittlich fast 20 Prozent weniger als Männer. Nach Angaben von Alleva verdient eine Berufsfrau in der Schweiz durchschnittlich rund 650 Franken pro Monat weniger als ein Mann für gleichwertige Arbeit.[31]

Nach dem Frauenstreik reichten Bundesparlamentarierinnen gemeinsame Vorstösse ein, um die Stellung der Frauen zu verbessern.[32] Ein erster Erfolg der Mobilisierung zeigte sich bei den Nationalratswahlen im Herbst 2019. Der Frauenanteil in der grossen Kammer des Bundesparlaments erhöhte sich auf 42 Prozent. Im internationalen Vergleich rückte die Schweiz damit auf Platz 15 vor und überholte Staaten wie Norwegen, Dänemark oder Neuseeland. Zuvor hatte die Schweiz mit einem Frauenanteil im Nationalrat von 32 Prozent im internationalen Vergleich bloss den 38. Platz belegt.[33]

Neben der langjährigen Diskriminierung der Frauen hat sich die politische Schweiz auch in anderen Bereichen nicht mit Ruhm bekleckert. Drei Beispiele zeigen, dass auch eine halbdirekte Demokratie nicht davor gefeit ist, die Rechte von Minderheiten massiv zu beschneiden.

Administrativ Versorgte: Bis 1981 wurden in der Schweiz Zehntausende Menschen, ohne dass sie eine Straftat begangen hatten, in Anstalten eingewiesen. Obwohl diese Praxis durch Gesetze gestützt wurde, war das Vorgehen der Behörden rechtsstaatlich mehr als nur problematisch und von Willkür geprägt. Oft reichte es für eine jahrelange Anstaltsversorgung aus, dass jemand von einer Behörde als «arbeitsscheu» oder als «liederlich» bezeichnet wurde. Erst im Jahr 2014 anerkannte das nationale Parlament der Schweiz das Unrecht und erteilte den Auftrag für eine historischen Aufarbeitung.[34]

Diskriminierung der Fahrenden: Die Aktion «Kinder der Landstrasse» der Stiftung Pro Juventute ist eines der dunkelsten Kapitel in der Schweizer

Geschichte. Mit Unterstützung der Vormundschaftsbehörden wurden Kinder von Fahrenden, insbesondere von Jenischen, aus rassistischen Gründen ihren Familien entrissen. Jahrzehntelang. Das Ziel der Aktion war es, die Kinder zu «brauchbaren Gliedern» der Gesellschaft zu erziehen. Bis das Projekt 1972 nach öffentlichem Druck eingestellt wurde, waren rund 600 Kinder betroffen. Die Bekämpfung der fahrenden Lebensweise gilt als kultureller Genozid.[35]

Fichenaffäre: Als «subversiv» galten in den Augen der Schweizer Staatsschützer neben ausländische Anarchist*innen, Schweizer Sozialist*innen und Gewerkschafter*innen in der Zeit des Kalten Krieges alle Linken, Alternativen, Grünen, Friedensbewegten, Atomkraftgegner*innen, Frauenrechtlerinnen oder Dritte-Welt-Aktivist*innen. Insgesamt wurden rund 900 000 Personen und Organisationen beim Staatsschutz registriert. Am 22. November 1989 machte die Parlamentarische Untersuchungskommission die Aktivitäten des Staatsschutzes publik. Danach demonstrierten rund 35 000 Personen in Bern gegen den Schnüffelstaat. Die daraufhin lancierte Volksinitiative «S.o.S. – Schweiz ohne Schnüffelpolizei» wurde 1998 jedoch mit über 75 Prozent Nein-Stimmen abgelehnt. Das im gleichen Jahr in Kraft gesetzte Bundesgesetz erlaubte dem Staatsschutz nur noch das Sammeln von Informationen aus öffentlich zugänglichen Quellen.[36] Allerdings wurde die Fichenaffäre nie juristisch aufgearbeitet. So erhielten praktisch keine Opfer der Schnüffelpolizei Entschädigungen; Täter wurden keine belangt. Und im Jahr 2017 wurden die Kompetenzen des Nachrichtendienstes wieder massiv ausgebaut.[37] Das Referendum gegen das neue Schnüffelgesetz lehnten die Schweizer Stimmberechtigten im September 2016 deutlich ab.[38]

So wichtig direktdemokratische Instrumente sein können, so zeigen diese Beispiele deutlich, dass Minderheiten bei Abstimmungen nicht automatisch darauf zählen können, dass ihnen die Mehrheit ihr Recht auch zuspricht. Das gilt es zu bedenken, wenn es auf globaler Ebene um direktdemokratische Instrumente geht: Die direkte Demokratie muss dort enden, wo die Mehrheit die Rechte der Minderheiten verletzt.

Dennoch, Initiativen und Referenden sind eine Bereicherung für eine demokratische Gesellschaft. Die Bevölkerung hat so die Möglichkeit, neue Ideen aufs Tapet zu bringen und Entscheide des Parlaments zu kippen.

Für eine Volksinitiative zur Änderung der Verfassung braucht es in der Schweiz 100 000 Unterschriften von stimmberechtigten Bürger*innen, die innerhalb von 18 Monaten gesammelt werden müssen. Für ein Referendum, um ein umstrittenes Bundesgesetz zur Abstimmung zu bringen, braucht es 50 000 Unterschriften, die man innerhalb von 100 Tagen sammeln muss.

Seit 1891 wurden in der Schweiz über 340 Volksinitiativen eingereicht. Davon wurden rund 100 zurückgezogen, da die entsprechenden Anliegen vom Parlament aufgenommen wurden. Von den restlichen 216 Initiativen wurden nur gerade 22 angenommen. Also knapp zehn Prozent. In den letzten Jahren waren das vor allem rechte Anliegen wie die Initiativen «Gegen Masseneinwanderung», «Für die Ausschaffung krimineller Ausländer» oder «Gegen den Bau von Minaretten». Aber auch fortschrittliche Initiativen gewannen Mehrheiten, zum Beispiel: «Schluss mit uferlosem Bau von Zweitwohnungen», «Für Lebensmittel aus gentechnikfreier Landwirtschaft», «Für den Beitritt der Schweiz zur Organisation der Vereinten Nationen», «Zum Schutze des Alpengebietes vor dem Transitverkehr» oder «Zum Schutz der Moore – Rothenthurm-Initiative».[39]

Neben den Initiativen wurden 194 fakultative Referenden eingereicht.[40] Zu den Volksabstimmungen auf nationaler Ebene, die mit Unterschriftensammlungen zu erzwungen wurden, kamen seit 1848 noch zahlreiche obligatorische Abstimmungen. Zum Beispiel über Verfassungsänderungen, welche die Bundesversammlung beschlossen hatte. Die Schweizer Bundeskanzlei wies im März 2020 insgesamt 630 Volksabstimmungen auf nationaler Ebene aus. Angenommen wurden 304 Vorlagen, also knapp die Hälfte. Allerdings wurden nur gerade 13 obligatorische Referenden abgelehnt.[41]

Parallel zu diesen Abstimmungen auf Bundesebene, gibt es auch Vorlagen in den Kantonen sowie in Städten und grösseren Gemeinden. In kleineren Gemeinden finden zudem in der Regel zweimal pro Jahr Gemeindeversammlungen statt, an denen mit Handzeichen über die Jahresrechnung, das Budget und grössere Investitionen befunden wird.[42]

Ein europäisches Forschungsprojekt, das die Autonomie der Gemeinden in 39 Ländern untersuchte, ergab, dass die Schweizer Gemeinden im europäischen Vergleich an der Spitze lagen. Für die Schweizer Politologen Andreas Ladner und Nicolas Keuffer war das erfreulich, «weil Staaten mit autonomen Gemeinden auch in wirtschaftlicher und demokratischer Hinsicht besser abschneiden». Dezentralisierung und autonome Gemeinden gelten als zentrale Bestandteile von *Good Governance*. Davon zeugen für Ladner und Keuffer die Europäische Charta der kommunalen Selbstverwaltung und entsprechende Stellungnahmen der Organisation für wirtschaftliche Zusammenarbeit und Entwicklung OECD und der Weltbank:

«Autonome, starke und selbstverwaltete Gemeinden stehen für einen sorgfältigen Umgang mit den Ressourcen.» Gleichzeitig garantieren sie für eine Teilnahme der Bürger*innen an den politischen Entscheidungen, schreiben Andreas Ladner und Nicolas Keuffer.[43]

Weil die Bundesverfassung von 1848 auf dem Subsidiaritätsprinzip gründete, wonach alle Aufgaben, welche die Verfassung nicht dem Bund zuwies, in der Verantwortung der Kantone und Gemeinden lagen, brauchte es mühsame Prozesse, um kantonale oder kommunale Aufgaben auf den Bund zu übertragen. Der Föderalismus verlangsamte so die Entwicklung des Sozialstaates in der Schweiz. Etwa bei der Umsetzung von nationalen Versicherungen wie der AHV, der Kranken- und der Arbeitslosenversicherung. Aber Kantone und Städte waren gleichzeitig auch wichtige Promotoren der Entwicklung des Sozialstaates. Bei der Arbeitslosenversicherung etwa waren es Städte und Gewerkschaften, die ab den 1880er-Jahren lokale Arbeitslosenkassen betrieben. Und in der Altersvorsorge gab es neben betrieblichen Pensionskassen frühe kantonale Initiativen. Auch bei der Einführung von Kinderzulagen oder bei der Mutterschaftsversicherung gingen Kantone dem Bund voran. Die Sozialhilfe blieb allerdings weitgehend in der Kompetenz der Gemeinden, Kantone und karitativer Organisationen. Deshalb ist sie in der Schweiz nach wie vor stark fragmentiert.[44]

Ein anderes wichtiges Element im föderalistischen System ist der nationale Finanzausgleich. Bei diesem geht es vor allem um die Minderung der kantonalen Unterschiede in der finanziellen Leistungsfähigkeit sowie um die Steigerung der finanziellen Autonomie. Weil die einzelnen Kantone aufgrund unterschiedlicher Wirtschafts- und Bevölkerungsstrukturen nicht über die gleichen finanziellen Ressourcen verfügen, erhalten die ärmeren Kantone von den reicheren Kantonen und vom Bund finanzielle Mittel, über die sie frei verfügen können. Zudem werden beispielsweise Gebirgskantone entlastet, die höhere Kosten bei der Infrastruktur, beim Winterdienst oder beim Schulwesen haben. Umgekehrt erhalten Zentrumskantone Zuschüsse, da sie einen höheren Anteil an älteren und armen Personen aufweisen. Der Finanzausgleich strebt an, dass die finanziellen Ressourcen in allen Kantonen mindestens 85 Prozent des schweizerischen Durchschnitts erreichen.[45]

Global gesehen würde ein internationaler Finanzausgleich etwa bedeuten, dass der Sudan pro Kopf seiner Bevölkerung mindestens 85 Prozent so viel Geld zur Verfügung hätte, wie es dem globalen Durchschnitt entspräche.

Zur Eigenart der Schweizer Demokratie gehört, dass es auf allen drei Ebenen des Staates – Gemeinde, Kanton, Bund – Kollegialregierungen gibt: Gemeinderat, Regierungsrat, Bundesrat. In der Regel bestehen diese Räte aus fünf bis sieben Mitgliedern. Während auf Gemeindeebene die Präsidentin oder der Präsident normalerweise direkt für eine Amtsperiode von vier Jahren gewählt wird, sind die Regierungspräsidien auf kantonaler Ebene oder im Bundesrat jeweils auf ein Jahr beschränkt. Gemein ist aber allen Regierungen, dass die Präsidentin oder der Präsident nicht mehr zu sagen hat als die anderen Mitglieder des Exekutiv-Rates. Sie leiten zwar die Sitzungen der jeweiligen Räte, haben aber nur eine gewöhnliche Stimme. Selbst wenn sie als Gemeindepräsident oder Stadtpräsidentin gewählt sind. Das Prinzip nennt sich *Primus inter pares*: die oder der Erste unter Gleichen. Was ausserhalb der Schweiz gelegentlich zu Irritationen führt, dass nämlich die Bundespräsidentin oder der Bundespräsident jedes Jahr wechselt, ist in der Schweiz so selbstverständlich, dass bisher niemand ernsthaft an diesem Prinzip gerüttelt hat.

Die direkte Demokratie sorgt auf Bundesebene seit den 1950er-Jahren dafür, dass eine grosse Koalition der wichtigsten politischen Parteien regiert. Denn wenn eine Partei, die stark genug ist, um in eigener Regie genügend Unterschriften für Volksinitiativen und Referenden zu sammeln, von der Regierung ausgeschlossen würde, hätte sie die Möglichkeit, den politischen Betrieb zu lähmen. Bei den Kantons- und Stadtregierungen ist das ähnlich, bloss die konkrete Zusammensetzung sieht anders aus. So konnten die Grünen dort in direkten Wahlen schon lange Sitze erobern.

Die sogenannte Zauberformel auf Bundesebene wird so interpretiert, dass die drei grössten Parteien in der Bundesversammlung zwei und die viertgrösste Partei einen Sitz im Bundesrat haben. Durch die massiven Gewinne der Grünen Partei, die bisher zwar in acht Kantonsregierungen und zahlreichen grösseren Stadtregierungen, aber nicht im Bundesrat vertreten war, und durch die teilweise herben Verluste der Bundesratsparteien wurde diese Formel Ende 2019 allerdings entzaubert. Obwohl die Fraktion der Grünen Partei im Nationalrat so gross wurde, wie jene der Christdemokraten und der Freisinnigen, gestand die bürgerliche Mehrheit der Bundesversammlung im Dezember 2019 den Grünen keinen Bundesratssitz zu. Das änderte aber wenig daran, dass die vier aktuellen Bundesratsparteien zusammen knapp 80 Prozent der Sitze in der Bundesversammlung vertreten. Hätte das Parlament anstelle eines freisinnigen Bundesrates die grüne Kandidatin in den Bundesrat gewählt, hätte sich die Repräsentanz des Bundesrates sogar auf über 93 Prozent erhöht.

Eine wichtige politische Mitwirkungsmöglichkeit in der Schweiz ist auch das sogenannte Vernehmlassungsverfahren. Es dient dazu, eine Vorlage im Vorfeld einer Abstimmung so breit abzustützen, dass niemand das Referendum ergreift und damit eine Volksabstimmung erzwingt.[46] In der Vernehmlassung werden «Vorhaben des Bundes von erheblicher politischer, finanzieller, wirtschaftlicher, ökologischer, sozialer oder kultureller Tragweite auf ihre sachliche Richtigkeit, Vollzugstauglichkeit und Akzeptanz hin geprüft». Die Vorlagen werden den Kantonen, den in der Bundesversammlung vertretenen Parteien, den Dachverbänden der Gemeinden, Städte und der Berggebiete sowie den Dachverbänden der Wirtschaft unterbreitet. Zudem können sich weitere Interessierte zu der Vorlage äussern, selbst wenn sie «nicht zum Vernehmlassungsverfahren eingeladen» werden. Kantone und grössere Gemeinden kennen für ihre Vorlagen ähnliche Regelungen.

Die Schweiz ist aber nicht nur das Land zahlloser Volksabstimmungen. Es ist auch ein Land der Vereine. Und von diesen machen einige oft bei Vernehmlassungen mit, vor allem im kommunalen Bereich. Die Vereine sind gemäss Schweizerischem Zivilgesetzbuch demokratisch organisiert, nach dem Prinzip «ein Mensch – eine Stimme». Forschungen des Verbandsmanagement-Instituts der Universität Fribourg haben gezeigt, dass es im Jahr 2010 bei einer Bevölkerung von rund 8,5 Millionen Menschen knapp 80 000 Vereine gab.[47] Kein Wunder existiert in der Schweiz das Bonmot: Haben drei Schweizer*innen das gleiche Interesse, gründen sie einen Verein.

Viele junge Vereinsmitglieder machen an den Jahresversammlungen ihrer Vereine die ersten Erfahrungen mit der direkten Demokratie. Denn diese Versammlungen verlaufen nach dem gleichen Muster wie Gemeindeversammlungen. Die anwesenden Vereinsmitglieder entscheiden über die Jahresrechnung und das neue Budget, wählen den Vorstand und stimmen über das Jahresprogramm ab. Vereine sind sozusagen der demokratische Bodensatz der Schweiz.[48]

Obwohl sich die Regeln der Schweizer Demokratie grundsätzlich positiv auswirken, hat die Alpenrepublik auch massive demokratische Defizite. Eines davon ist das sogenannte Milizprinzip, auf welches das Bürgertum stolz ist. Die Mitglieder der Bundesversammlung sind keine Berufspolitiker*innen. Es gibt es kein Gesetz, dass Parlamentarier*innen nicht im Lohn jener stehen dürfen, die von ihren politischen Entscheiden profitieren. Was in jedem zivilisierten, demokratischen Land als Korruption verfolgt wird, hat in der Schweiz System.

Dabei ist das Milizparlament eine Fiktion, das hat sogar die staatstragende, freisinnige «Neue Zürcher Zeitung» erkannt. Gemäss einer in der NZZ publizierten Studie wenden Nationalräte «im Mittel ein Pensum von 87 Prozent und Ständeräte eines von 71 Prozent für Tätigkeiten auf, die in Zusammenhang mit dem Mandat stehen.» Doch die daraus logisch abgeleitete Forderung nach einem Berufsparlament lehnt die NZZ stellvertretend für die bürgerlichen Parteien und die Wirtschaftsverbände ab: «Die Schweiz hat keine Politikerkaste – so lautet zumindest das gehegte Ideal. Hierzulande werden die Gesetze nebenbei von Milizparlamentariern gefertigt, von Ärzten, die selbst Patienten betreuen, von Bauern, die selbst die Scholle bewirtschaften, und von Lehrern, die selbst Schulklassen unterrichten. Diese Leute sind geerdet und stehen der Alltagswelt der Menschen nah. Sie sind in erster Linie gewöhnliche Bürger. Das Milizparlament gehört denn auch zu den stärksten Symbolen der republikanischen Schweiz», schreibt die NZZ.[49]

Fakt ist, dass im Schweizer Parlament mehrheitlich bürgerliche Jurist*innen und Lobbyist*innen sitzen[50], die sich ihre Ämter mit Verwaltungsratssitzen in Privatunternehmen, mit Verbandspräsidien oder Mitgliedschaften in Stiftungsräten vergolden lassen. Im Durchschnitt hatten Schweizer Nationalrät*innen im Jahr 2015 acht ausserparlamentarische Mandate.[51] Diese Interessenbindungen müssen zwar deklariert werden. Wer sich aber von wem wie bezahlen liess, wollte die bürgerliche Mehrheit des Nationalrates im Mai 2018 nicht transparent machen. Mit 93 zu 92 Stimmen lehnte der Nationalrat eine Deklarationspflicht ab, mit der die Ratsmitglieder hätten angeben müssen, ob sie ein Nebenamt ehrenamtlich oder bezahlt ausüben. Dabei hätten die National- und Ständeräte noch nicht einmal angeben müssen, wie hoch die Entschädigung ausfiel. Eine entsprechende Forderung von linker Seite hatte die grosse Kammer bereits im Dezember des Vorjahres abgelehnt.[52]

Die Schweizer Sektion der Nichtregierungsorganisation *Transparency International*, die weltweit gegen Korruption kämpft, sieht es als problematisch an, «wenn nicht transparent ist, wohin und für welche Zwecke wie viel Geld fliesst und wenn der demokratische Meinungsbildungsprozess unterlaufen wird, indem die relevanten Fäden in Hinterzimmern gezogen werden.» Umso augenfälliger und stossender ist für *Transparency International Schweiz* der Umstand, dass «die Schweiz weiterhin keine Regelung zur Transparenz der Wahl-, Abstimmungs- und Parteienfinanzierung und nur äusserst rudimentäre Bestimmungen zur Regelung des Lobbyings kennt. In Europa bildet die Schweiz mittlerweile das einzige Land, das diesbezüglich eine derartige Wüste bildet.»[53]

Denn die Schweiz hat nicht nur ein Problem mit der institutionalisierten Korruption, mit der Unternehmen ganz legal Parlamentarier*innen finanziell unterstützen können, damit diese in ihrem Sinn abstimmen. Die Schweiz hat auch ein massives Transparenz-Problem, wenn es darum geht, wer wie Abstimmungs- und Wahlkampagnen oder die Parteien finanziert. Während es gemäss dem Journalisten Bruno Kaufmann zu den starken Seiten der amerikanischen Demokratie gehört, dass es dort beim Einsatz von Geld in einer Abstimmungs- oder Wahlkampagne hohe Transparenz gibt,[54] herrscht in der Schweiz diesbezüglich Finsternis.

Dabei wünschten sich «zwei Drittel der Schweizer Bevölkerung gemäss zahlreichen Umfragen mehr Transparenz in der Politik.» Das schrieb Mitte Dezember 2019 der Verein Transparenz-Initiative in einer Medienmitteilung. Kurz zuvor hatte die Mehrheit des Ständerats Nein zur Volksinitiative «Für mehr Transparenz in der Politikfinanzierung» gesagt.[55]

Ein Komitee aus mehreren Parteien der Linken und der bürgerlichen Mitte hatte im November 2017 die Initiative mit knapp 110 000 Unterschriften eingereicht. Wann sie zur Abstimmung kommt, war im Herbst 2020 noch offen. «In keinem anderen Land können die Bürger*innen so häufig abstimmen und wählen wie in der Schweiz. Darauf sind wir zu Recht stolz», schreibt der Verein. In die Wahl- und Abstimmungskämpfe mischen sich neben Parteien auch Verbände und Unternehmen mit viel Geld ein. «Entscheidend ist, dass mit offenen Karten gespielt wird: Es geht nicht darum, Spenden zu verbieten. Aber wir wollen Klarheit, wer wie viel bezahlt» begründet das Initiativkomitee seinen Vorstoss.[56] Die Transparenz-Initiative verlangt, dass Parteien und Komitees ihre Finanzen und die Herkunft aller Grossspenden über 10 000 Franken offenlegen. «Denn mehr Transparenz stärkt die direkte Demokratie, unterstützt den Meinungsbildungsprozess und schafft Vertrauen in die Politik», schreibt der Trägerverein der Transparenz-Initiative.[57]

Abgesehen davon, dass es für demokratische Verhältnisse generell wichtig ist, zu wissen, wer welche politischen Parteien und Kampagnen finanziert, ist es in der Schweiz speziell wichtig. Und zwar nicht nur, weil es in der Schweiz viele Abstimmungen gibt. Sondern auch, weil die Schweiz keine staatliche Parteienfinanzierung kennt. Damit steht die Schweiz weltweit ziemlich allein da. Gemäss einer Übersicht des *Electoral Knowledge Networks* gibt es in 130 Ländern eine direkte Finanzierung der Parteien. Auch in Europa fördern praktisch alle Länder die Parteien mit teilweise beträchtlichen staatlichen Mitteln.[58]

Insbesondere für linke Parteien kommt in der Schweiz erschwerend dazu, dass die Vermögen sehr unterschiedlich verteilt sind. Zugegeben, die Schweizer*innen sind insgesamt sehr reich: Ende 2016 verfügten alle Haushalte in der Schweiz gemäss der Eidgenössische Steuerverwaltung zusammen über 1866 Milliarden Franken steuerbares Vermögen.[59] Dabei wurden die Pensionskassen-Guthaben nicht mitgerechnet. Das entspricht rund gut 350 000 Franken pro steuerpflichtige Person.

Allerdings sind diese Vermögen extrem einseitig verteilt. Während knapp ein Viertel der Bevölkerung über gar kein Vermögen verfügt, besitzen weitere 31 Prozent der in der Schweiz wohnhafte Personen ein Vermögen von weniger als 50 000 Franken. Zusammen besitzen diese 55 Prozent ärmsten Steuerpflichtigen der Schweiz 27 Milliarden Franken. Das ist weniger als 1,5 Prozent des gesamten Vermögens.

Am anderen Ende der Skala sieht es anders aus: Gut 5 Prozent der in der Schweiz wohnhaften, steuerpflichtigen Bevölkerung besitzt zwischen 1 und 5 Millionen Franken Vermögen. Zusammen sind das immerhin mehr als 520 Milliarden Franken. Das ist gut ein Viertel des gesamten Vermögens.

Richtig krass ist die Vermögensverteilung aber an der Spitze der Reichen. Knapp 23 000 Personen versteuern ein Vermögen zwischen 5 und 10 Millionen Franken. Bei rund 15 500 Personen liegt das persönliche Vermögen gar über 10 Millionen Franken. Diese beiden Kategorien machen zusammen gerade mal 0,73 Prozent der Bevölkerung aus. Also deutlich weniger als 1 Prozent. Doch ihr Anteil am Gesamtvermögen liegt mit insgesamt über 734 Milliarden Franken bei über 39 Prozent des gesamten privaten Vermögens in der Schweiz

Um das Ganze noch absurder zu machen: Die 0,3 reichsten Personen in der Schweiz besitzen knapp 31 Prozent des Vermögens. Das entspricht ziemlich genau dem Vermögen, das die ärmsten 94 Prozent der Bevölkerung zusammenbringen.

Bei dieser extrem unterschiedlichen Vermögensverteilung von einer Gefährdung der Gleichheit zu sprechen, ist eine Untertreibung. Und wenn man diese Vermögensverteilung in Relation zu der intransparenten Finanzierung der Parteien und Abstimmungskampagnen in der Schweiz setzt, darf man von einer käuflichen Demokratie sprechen.

Um dieses Missverhältnis zu korrigieren, ist im Verfassungsentwurf für eine globale Demokratie eine Obergrenze für persönliche Vermögen vorgesehen.

Dass es aber auch in der Schweiz der Reichen und Superreichen möglich ist, ohne finanzielle Unterstützung eine Volksinitiative zur Propagierung einer konkreten Utopie zu nutzen, zeigt das Beispiel der «Gruppe für eine Schweiz ohne Armee».

Deren Geschichte begann am Anfang der 1980er-Jahre, als sich in der Schweiz wie in anderen Ländern Westeuropas eine neue Friedensbewegung bemerkbar machte. Bis heute hält sich hartnäckig die Legende, dass «zu einem nicht mehr rekonstruierbaren Zeitpunkt im Jahr 1981 zwei Mitglieder der Jungsozialisten Basel-Stadt auf die Idee kamen, eine Volksinitiative zur Abschaffung der Armee zu lancieren», wie es auf Wikipedia heisst. Das ist nicht richtig. Es war der heutige Schriftsteller Nicolas Lindt, der die Idee der Armeeabschaffung erstmals öffentlich aufbrachte. Und zwar an der Grossdemonstration der Friedensbewegung vom 5. Dezember 1981, an der sich gegen 40 000 Menschen auf dem Bundesplatz in Bern versammelten.

An dieser Demo drängte der damals 27-jährige Lindt «aus Frust über das unverbindliche Friedensgeschwätz» am Schluss der Kundgebung nach vorn, wo er dem Schriftsteller Lukas Hartmann das Mikro entriss. «Ich rief zur Abschaffung der Armee auf, was mit tosendem Applaus quittiert wurde. Es geschah völlig spontan, ich hatte das in keiner Weise geplant», erzählt Lindt.

Nicolas Lindt gehörte denn auch zu den Gründern der «Gruppe für eine Schweiz ohne Armee» (GSoA), die im September 1982 im selbstverwalteten Restaurant «Kreuz» in Solothurn gegründet wurde. Am 25. Februar 1985 reichte die GSoA bei der Bundeskanzlei den Initiativtext zur Vorprüfung ein. Die Initiative trug den offiziellen Titel: «Für eine Schweiz ohne Armee und für eine umfassende Friedenspolitik». Ab Mitte März 1985 hatten die GSoAt*innen 18 Monate Zeit, 100 000 Unterschriften von stimmberechtigten Schweizer*innen zu sammeln. Die Antimilitarist*innen und radikalen Pazifist*innen gründeten in praktisch allen Städten der Schweiz

Regionalgruppen. Beim Sammeln der Unterschriften auf der Strasse kam es immer wieder vor, dass ältere Männer die Aktivist*innen attackierten oder ihre Stände beschädigten.

Mitte der 1980er-Jahre herrschte in der offiziell neutralen Schweiz noch immer der Kalte Krieg. So hörten die GSoAt*innen öfters, dass man sie ohne Rückfahrkarte nach Moskau schicken sollte. Doch nicht nur das Bürgertum wehrte sich gegen die Idee der Armeeabschaffung, auch die linken Parteien sprachen sich gegen die Initiative aus. Sie befürchteten, die Abstimmung würde zu einem Plebiszit für die Armee, das eine militärkritische Diskussion noch jahrelang verunmöglichen würde.

Für die GSoA-Aktivist*innen war die geforderte «umfassende Friedenspolitik» ebenso wichtig, wie die Abschaffung der Armee. Ein Programm, was darunter genau zu verstehen war, gab es nicht. Eine solche Friedenspolitik sollte nach Annahme der Initiative in einem partizipativen Prozess mit der Zivilgesellschaft festgelegt werden.

Es gab aber durchaus Menschen innerhalb der GSoA, die sich damit auseinandersetzten, wie eine «umfassende Friedenspolitik» aussehen müsste. Dass die globale Gerechtigkeit darin eine zentrale Rolle spielen müsste, war unbestritten. Konkrete Forderungen wie jene nach Vergesellschaftung von Grund und Boden wurden zwar intensiv diskutiert, aber nie detailliert aufgelistet.

Im Herbst 1986 reichte die GSoA ihre Initiative mit über 111 000 gültigen Unterschriften bei der Bundeskanzlei in Bern ein. In der Abstimmungskampagne gelang der GSoA eine breite Mobilisierung. Zahleiche Kulturschaffende, darunter die Schriftsteller Friedrich Dürrenmatt und Max Frisch, unterstützten die GSoA. Am «Stop-the-Army»-Musikfestival auf dem Bundesplatz in Bern spielten etwa einen Monat vor der Abstimmung fast alle Rock- und Popbands, die damals in der Schweiz Rang und Namen hatten. Rund 20 000 Zuhörer*innen waren begeistert.

Am 26. November 1989 stand das Resultat der Abstimmung fest: Bei einer sehr hohen Stimmbeteiligung von knapp 70 Prozent, stimmte mit 35,6 Prozent über ein Drittel der Schweizer*innen für die Abschaffung der Armee. Die Initiative erreichte insgesamt über eine Million Ja-Stimmen. Ein Ergebnis, das niemand für möglich gehalten hatte.

Mit der Formulierung einer konkreten Utopie, die von fast allen ausser den Initiant*innen als Spinnerei abgetan wurde, gelang es der GSoA, die zuvor verkrustete, politische Gesellschaft aufzubrechen.

30 Jahr später gibt es die GSoA noch immer. Sie beschreibt sich als «eine antimilitaristische Organisation, die sich einsetzt gegen jegliche Beteiligung der Schweiz am Krieg und sich engagiert für eine globale Gerechtigkeit.»[60]

Das politische System der Schweiz ist weder ideal oder in allen Punkten vorbildlich. Aber es bietet die Möglichkeiten der Partizipation und Mitsprache sowie der Einbindung grosser Mehrheiten in die Regierung, die in anderen Systemen weniger gut möglich sind.

Vier unterschiedliche Menschen ordnen das System der Schweiz auf ihre Weise ein:

Der Schweizer Chemie-Nobelpreisträger Jacques Dubochet sagt: «Wir haben in der Schweiz eines jener demokratischen Systeme, die weltweit am besten funktionieren. Wir haben direktdemokratische Instrumente, die wunderbare Gestaltungsmöglichkeiten bieten.» Obwohl der politische Wandel angesichts der Klimakrise «sehr langsam» geht, zeigt er sich optimistisch: «Den demokratischen Pluralismus zu ergänzen, um auf die Klimakrise und die Bedrohung der Biodiversität effizient zu reagieren, scheint mir eine gute Idee. Alle in der Schweiz lieben die Gletscher und wollen sie erhalten. Die Leute sind nicht dumm. Wenn sie begreifen, wie bedrohlich Umweltzerstörung ist, werden sie handeln.»[61]

Auch der berühmteste Schweizer, Roger Federer, äussert sich lobend über das Land, in dem er aufgewachsen ist: «Ich nehme die Schweiz als eines der innovativsten Länder wahr. Es ist doch unglaublich, wie viel wir als kleines Land herausbringen und entwickeln. Die Schweiz ist in dieser Beziehung fantastisch.» Obwohl er selbst als Tennisprofi und nicht in der Berufsbildung geglänzt hatte, windet Federer dem weitgehend kostenlosen Bildungswesen ein Kränzchen: «In der Schweiz haben fast alle einen sehr guten Bildungsabschluss. Wir lernen in jungen Jahren viel, sind sehr studiert. So entwickeln wir Ideen – und haben auch noch den Mut und die Voraussetzungen, diese in die Tat umzusetzen.»[62]

Aus der politischen Warte kommt der Blick der ehemaligen Basler Ständerätin Anita Fetz. Der Wandel weg von einer fossilen Gesellschaft und Wirtschaft sei eine gewaltige Herausforderung: «Die Schweiz verfügt jedoch über alles, was es dazu braucht: Geld für entsprechende Investitionen, kluge Ingenieure und Forscherinnen, die technologische Innovationen voranbringen, und eine Cleantech-Industrie, die das umsetzen kann.» Fetz weist auch darauf hin, dass die Schweizer Politik «das wirkungsvolle Instrument der Lenkungsabgaben» schon lange kannte, mit dem etwa

Einnahmen aus CO_2-Steuern an die Bevölkerung rückerstattet werden können. «Damit kann der Wandel sozialverträglich gestaltet werden.» Und sie blickt auf die Vergangenheit zurück, um für die Zukunft Mut zu machen: «Ende des 19. Jahrhunderts hat die Schweiz innert 30 Jahren das ganze Land elektrifiziert. Da werden wir wohl im 21. Jahrhundert den Ausstieg aus den Fossilen in der gleichen Zeit schaffen. Wir können das!»[63]

Gina Miller, Vermögensverwalterin aus London und ehemalige Brexit-Gegnerin, sagt mit Blick auf ihre englische Heimat: «Das Volk muss mehr Mitspracherecht haben, es braucht auch bei uns mehr Föderalismus, wie in der Schweiz. Dafür kämpfe ich nicht erst seit dem Thema Brexit, ich bin schon seit 30 Jahren eine politische Aktivistin.» Und sie setzt zu einem eigentlichen Werbespruch an: «Es gibt im politischen System der Schweiz zwei Dinge, die mir imponieren: die jährliche Neuwahl des Bundespräsidenten und der Einbezug des Volkes. Die Macht wird so gut wie möglich verteilt.»[64]

Quellen

1 «Der Bund», Bern, 31. Juli 2018

2 «Der Bund», Bern, 18.Februar 2020

3 «Der Bund», Bern, 31. Oktober 2019

4 www.myswitzerland.com/de-ch/planung/ueber-die-schweiz/geschichte-der-schweiz/franzoesische-revolution-helvetische-republik

5 www.eda.admin.ch/aboutswitzerland/de/home/geschichte/epochen/auf-dem-weg-zum-bundesstaat--1815-1848-.html

6 www.zeit.de/2010/38/CH-Geschichte

7 www.derbund.ch/wissen/geschichte/wie-die-schweiz-vom-schurkenstaat-zum-musterland-wurde/story/26420398

8 www.eda.admin.ch/aboutswitzerland/de/home/geschichte/epochen/auf-dem-weg-zum-bundesstaat--1815-1848-.html

9 www.zeit.de/2010/38/CH-Geschichte

10 www.derbund.ch/wissen/geschichte/wie-die-schweiz-vom-schurkenstaat-zum-musterland-wurde/story/26420398

11 «NZZ am Sonntag», Zürich, 22. Dezember 2019

12 www.tagesanzeiger.ch/zuerich/stadt/drecksarbeit-in-der-fabrik/story/18089825

13 https://hls-dhs-dss.ch/de/articles/016583/2016-03-31

14 https://hls-dhs-dss.ch/de/articles/016479/2014-02-24

15 www.zeit.de/2010/38/CH-Geschichte

16 www.bafu.admin.ch/bafu/de/home/themen/wald/dossiers/wald-wasser-ressourcen-nutzen/uebernutzung-fuehrte-zu-grossen-gefahren-fuer-mensch-und-natur.html

17 «Neue Zürcher Zeitung», Zürich, 31.Juli 2013

18 Auf der Maur, Jost: «Söldner für Europa», Basel, 2011

19 www.zeit.de/2011/35/CH-Soeldnertum

20 www.zeit.de/2010/38/CH-Geschichte

21 www.woz.ch/dossier-generalstreik/als-die-schweiz-ein-bewegtes-land-war

22 www.generalstreik.ch/basisinformationen-zum-landesstreik

23 www.woz.ch/dossier-generalstreik/als-die-schweiz-ein-bewegtes-land-war

24 www.woz.ch/dossier-generalstreik/als-die-schweiz-ein-bewegtes-land-war

25 www.sp-ps.ch/de/persons/overview/bundesrat

26 «Neue Zürcher Zeitung», Zürich, 14. August 2018

27 www.srf.ch/news/wirtschaft/wef-studie-zur-gleichstellung-die-schweiz-liegt-auf-platz-18

28 www.14juni.ch

29 www.srf.ch/news/schweiz/protokoll-zum-nachlesen-das-war-der-schweizer-frauenstreik-2019

30 www.14juni.ch/wp-content/uploads/2019/03/SGB-Forderungen-zum-Frauenstreik

31 www.sgb.ch/fileadmin/user_upload/Dokumente/Medienkonferenzen/2019-07-09_FrauenstreikGreveDesFemmes/190709_Vania_Alleva_Frauenzahltag.pdf

32 www.swissinfo.ch/ger/gleichstellung_politische-reformen-nach-dem-frauenstreik-gefordert/45041170

33 www.swissinfo.ch/ger/wahlen-schweiz-frauen-parlament-vergleich/45315556

34 www.uek-administrative-versorgungen.ch

35 www.stiftung-fahrende.ch/de/gesternheute/die-aktion-lkinder-der-landstrasser

36 «Luzerner Zeitung», Luzern, 27. August 2016

37 http://schnueffelstaat.ch

38 www.vbs.admin.ch/de/themen/nachrichtenbeschaffung/nachrichtendienstgesetz.html

39 www.bk.admin.ch/bk/de/home/politische-rechte/volksinitiativen.html

40 www.bk.admin.ch/ch/d/pore/rf/ref_2_2_3_4

41 www.bk.admin.ch/ch/d/pore/va/vab_2_2_4_6

42 www.swissinfo.ch/ger/longform/direkte-demokratie_gemeindeversammlung

43 www.defacto.expert/2016/02/04/autonome-schweizer-gemeinden

44 www.geschichtedersozialensicherheit.ch/home

45 www.efd.admin.ch/efd/de/home/themen/finanzpolitik/nationaler-finanzausgleich.html

46 www.admin.ch/ch/d/gg/pc

47 www.vmi.ch/content/upload/Medien/Pressemitteilungen/wie_viele_Vereine_gibt_es_in_der_Schweiz

48 «Bieler Tagblatt», Biel/Bienne, Dienstag, 14. März 2017

49 www.nzz.ch/meinung/ruf-nach-einem-berufsparlament-milizpolitiker-sind-freier-ld.1296227

50 www.nau.ch/politik/bundeshaus/diese-berufe-dominieren-im-neuen-nationalrat-65602824

51 www.swissinfo.ch/ger/parlament_das-lobbying-der-nationalraete-auf-einen-blick/41570042

52 www.nzz.ch/schweiz/nationalraete-wollen-bezahlte-nebenaemter-nicht-offenlegen-ld.1389400?reduced=true

53 https://transparency.ch/politikfinanzierung-und-lobbying

54 www.swissinfo.ch/ger/direktedemokratie/demokratie-schweiz-usa_am-anfang-des-schweizer-foederalismus-standen-die-irokesen/43627408

55 https://transparenz-ja.ch/die-schweizer-politiklandschaft-braucht-endlich-mehr-transparenz

56 https://transparenz-ja.ch

57 transparenz-ja.ch/news/bevoelkerung-kann-ueber-staerkung-der-demokratie-abstimmen/

58 www.swissinfo.ch/ger/direktedemokratie/transparenz-und-demokratie_staatliche-schweizer-parteienfinanzierung---nicht-direkt--aber-indirekt/43501928

59 www.bfs.admin.ch/bfs/de/home/statistiken/wirtschaftliche-soziale-situation-bevoelkerung/einkommen-verbrauch-vermoegen/vermoegen.html

60 www.gsoa.ch

61 «Der Bund», Bern, 31. Oktober 2019

62 «Der Blick», Zürich, 27. November 2019

63 «Basler Zeitung», Basel, 2. Dezember 2919

64 «Der Blick», Zürich, 18. November 2019

Ici c'est Bienne

Weil mein Französisch zu schlecht war, um in der französischsprachigen Schweiz beruflich Fuss zu fassen, zog ich an die Sprachgrenze. Das zweisprachige, rote Biel/Bienne mit seiner aufmüpfigen Geschichte und der idyllischen Lage am See und am Jurasüdfuss hatte mir schon immer gefallen. In einer kleinen Zweizimmer-Wohnung in der Innenstadt unweit vom Zentralplatz wollte ich zwei Jahre lang an meinen zweiten Roman schreiben.

Die Rezensionen zu «Hudere-Waser» waren nicht schlecht. Unter dem Titel «Ein spannender Krimi mit Schauplatz Olten» schrieb ein Redaktor des «Oltner Tagblatt», Ruedi Studer: «Mit ‹Hudere-Waser› legt der in Trimbach aufgewachsene Schriftsteller Peter Staub ein spannendes Erstlingswerk vor. Hintergrund des Kriminalromans ist der ‹Schnüffelstaat Schweiz›; eine Thematik, welche Anfang der Neunzigerjahre mit dem Fichenskandal die Gemüter bis tief ins bürgerliche Lager erhitzte.»[1] Auch im «Bund» erschien unter dem Titel «Auf der Fährte der Alpen-Stasi» eine längere Kritik: «Staub strebt nicht mehr und nicht weniger an als eine Art Polit-Thriller, was ihm – zugegeben – in der zweiten Hälfte des Buches einigermassen gelingt.»[2]

Aus den geplanten zwei Jahren wurde nichts: Nach drei Monaten Arbeitslosigkeit hatte ich bereits wieder eine Stellenzusage, beim bürgerlichen Personalverband der kantonalen Angestellten in Bern. Es hatte mir nichts genutzt, dass ich beim Vorstellungsgespräch sagte, dass ich als registrierter «Staatsfeind» für das staatliche Personal nicht der Richtige war. Ich konnte mich nicht gegen die Stelle als Assistent des Geschäftsführers wehren. Es war, als ob man mich ganz gern wieder unter Kontrolle hatte. Zu dieser These passte, dass mein Chef, wie ich später erfuhr, früher tatsächlich für den militärischen Nachrichtendienst tätig gewesen war.

Immerhin war ich bis zum Stellenantritt mit dem Rohmanuskript fertig. Auch meinen zweiten Kriminalroman lud ich politisch auf. Ich nutzte ihn als Gelegenheit, meine Vision einer demokratischen Weltrevolution zu präsentieren, in dem ich meine Hauptfigur per Zufall das revolutionäre Programm einer Frauenorganisation finden liess.

Mein bisheriger Verlag wollte das Manuskript nicht veröffentlichen. Auch eine Bieler Verlegerin, die mir zuvor versichert hatte, mein Buch auf jeden Fall zu publizieren, kriegte plötzlich kalte Füsse. Schliesslich blieb mir nichts anderes, als «Das Heulen der Wölfe» in einem Book-on-Demand-Verlag herauszugeben.[3]

Im Hinblick auf die Wahlen 2007 schrieb ich für das linke deutsche Magazin «konkret» eine Rezension über «Das Blocher-Prinzip». Meine Idee war, auf das zutiefst antidemokratische Denken des Milliardärs aus Herrliberg hinzuweisen, der mit seiner teilweise rechtsextremen Schweizerischen Volkspartei SVP die Mehrheit im Nationalrat anstrebte. Die Redaktion in Hamburg erkannte aber erst nach den Wahlen, dass die SVP als bereits stärkste Partei noch einmal zulegte, mit einem Wähleranteil von knapp 30 Prozent aber noch weit unter der Mehrheit blieb. Also wurde meine Buchbesprechung unter dem Titel «Das Führer-Prinzip» in der Dezemberausgabe nach den Wahlen doch publiziert.[4] Obwohl ich den rechten Führer scharf angriff und «konkret» in den meisten Kiosken der Deutschschweiz auslag, fand mein Artikel in den Schweizer Medien keinen Widerhall.

Als «Das Heulen der Wölfe» im Jahr 2008 erschien, schrieb immerhin der Journalist Fredi Köbeli in einem Oltner Gratisanzeiger über den «politisch brisanten Krimi aus Biel».[5] Und im «Bieler Tagblatt» konnte ich ein längeres Interview geben, das unter dem Titel «Ich werde die Revolution noch erleben» publiziert wurde.[6] Dazu schrieb BT-Mitarbeiter Raphael Amstutz eine kurze Rezension: «Der süffig geschriebene und flott erzählte Krimi gefällt mit viel Lokalkolorit und witzigen Anspielungen und sorgt mit seiner politischen Ausrichtung für Diskussionen.» Im Interview gab mir Amstutz die Gelegenheit, Propaganda zu machen. Das liess ich mir nicht nehmen: «Mit einem Krimi kann ich en passant meine politischen Ideen unter die Leute bringen.» Ich sprach über eine globale, gewaltfreie Revolution: «Anders können wir die sozialen und ökologischen Probleme nicht lösen. Wir müssen die Fahne der französischen Revolution von Halbmast nach oben ziehen.» Und ich kritisierte die Festung Europa. «Die EU betreibt an ihren Grenzen eine verbrecherische Politik. Weil sie die afrikanischen Boatpeople so hart bekämpft, sterben jedes Jahr x-mal mehr Menschen beim Versuch, nach Europa zu gelangen, als die Grenzwächter der DDR in 40 Jahren umbrachten.» Für den Interviewer klang das «etwas plakativ». Also fragte er, was konkret geändert werden müsste. Nun war ich im Element: «Das Privateigentum muss auf ein vernünftiges Mass beschränkt werden.» Das entsprechende Mass legte ich auf Nachfrage «bei zwölf Millionen Schweizer Franken oder acht Millionen Euro» fest. Doch ich war noch lange nicht fertig. Und Amstutz liess mich auch ausreden: «Es braucht eine weltweite Demokratisierung. Ein Weltkongress, der wichtige Entscheide fällt und Ziele erlässt. Und eine Energiekontingentierung ist unabdingbar. Private Grosskonzerne müssen verboten werden. Es braucht eine Vergesellschaftung, die staatlich oder genossenschaftlich organisiert ist.»

«Das Heulen der Wölfe» konnte zwar in allen Buchhandlungen bezogen werden, aber weil kein professioneller Verlag dahinterstand, der dafür Werbung machte, verkaufte sich mein zweiter Roman schlechter als «Hudere-Waser». Ich schaffte es immerhin, in ein paar selbstverwalteten Restaurants in der Deutschschweiz Lesungen zu organisieren, die teilweise ganz gut besucht waren.

Beim Bernischen Staatspersonalverband lernte ich, eine ruhige Kugel zu schieben und wurde zur Belohnung zum Stellvertretenden Geschäftsführer befördert. Meinem Versprechen, eine Revolution zu machen, gönnte ich eine Pause. Nach zwei Versuchen, die Welt durch Polit-Thriller zu verändern, war ich ausgebrannt.

Dafür nutzte ich meine neuen finanziellen Möglichkeiten, um das Leben im multikulturellen Biel/Bienne zu geniessen. Ich lernte segeln und renovierte eine alte Holzjolle. Ich verbesserte mein Französisch, indem ich Volkshochschul-Kurse besuchte und an zweisprachigen Tandems teilnahm. Und ich begann wieder, Restaurants und Konzerte zu besuchen.

Beruflich kam ich jedoch nicht vom Fleck. Sieben Jahre lang gelang es mir nicht, vom bürgerlichen Personalverband wegzukommen und in einer NPO, die mir politisch näher gelegen wäre, eine neue Stelle zu finden. Gegen Ende 2010 hatte ich endgültig genug davon, in einem düsteren Büro in der unteren Berner Altstadt versenkt zu sein. Und ich hatte meine Batterien so weit aufgeladen, um einen neuen Versuch zu starten, die Welt zu verändern.

Also kündigte ich meine Stelle, um mich selbständig zu machen. Die Einzelfirma liess ich im Handelsregister eintragen. Im November 2010 verschickte ich eine Medienmitteilung: «Vom Schweizerischen Nachrichtendienst wird er seit 25 Jahren als ‹Staatsfeind› geführt. Doch das kümmert ihn nicht. Der ehemalige Aktivist für eine Schweiz ohne Armee hat ein Unternehmen gegründet, mit dem er die schweizerische Demokratie in die ganze Welt exportieren will: Pitch Staub, die private Agentur für Demokratie und Kommunikation. Gemäss eigenen Angaben hat Pitch Staub seine Dienstleistungen über 70 diplomatischen Vertretungen in der Schweiz angeboten. In seinen Briefen an die Botschaften wies er darauf hin, dass sich die Schweiz nur dank ihrer Demokratie von einem armen zu einem reichen Land entwickelte. Auf der dreisprachigen Firmen-Website bietet Pitch Staub zudem seine Dienste an, um Organisationen und Unternehmen zu demokratisieren.»

Zudem schickte ich eine Petition an den ehemaligen Schweizer Bundesrat Joseph Deiss, der ab Mitte September 2010 ein Jahr lang als Präsident der UNO-Generalversammlung amtete. In meinem Brief, in dem ich Deiss auf Englisch direkt ansprach, hiess es unter anderem: «Es ist ein alter Traum der Menschheit, eine Welt zu verwirklichen, in der alle Menschen frei sind, Nahrung haben und in Frieden leben. (...) Die Menschheit kann eine solche freie Welt in sieben Jahren verwirklichen. Aus diesem Grund erwarten wir, dass Sie der Generalversammlung der Vereinten Nationen in der September-Sitzung 2011 die folgende Petition vorlegen: ,Wir fordern die Mehrheit der Generalversammlung der Vereinten Nationen auf, allen ihren Mitgliedern den Befehl zu erteilen, in allen Ländern freie Wahlen für einen globalen Verfassungsrat zu organisieren. (...) In allen nationalen Delegationen müssen mindestens 40 Prozent Frauen sein. (...) Der globale Verfassungsrat wird in zwei Jahren eine demokratische Verfassung für die Welt ausarbeiten. Diskussionsgrundlage ist die aktuelle Verfassung der Schweizerischen Eidgenossenschaft. (...) 2017 finden freie Wahlen zum Weltparlament statt. Und schließlich tritt 2018 die Verfassung in Kraft. Das Weltparlament wird die Arbeit aufnehmen und die demokratische Weltregierung wählen.»

Gleichzeitig bot ich meine Dienstleistungen Non-Profit-Organisationen, Stiftungen und sozialen Institutionen an. Von der Beratung und Entwicklung zu innerbetrieblicher Partizipation bis zum Verfassen von Jahresberichten. Und ich bereitete ich eine Kampagne vor, die ich «Swiss the World» nannte. Da ich mir für meine Selbstständigkeit mein Pensionskassenvermögen ausbezahlen liess, verfügte ich über die finanziellen Möglichkeiten, dafür eine professionelle Website mit einem gut zehnminütigen Werbefilm zu produzieren. Der Film im Stil einer Nachrichtensendung ist noch heute auf YouTube zu finden.[7] Dass er viral ging, wie ich mir das erhoffte, kann ich leider nicht sagen.

Meine Idee war es, die Kampagne «Swiss the World» am 11. Januar 2011 zu starten. Und zwar weltweit. Dafür hatte ich eine Menge E-Mail-Kontaktdaten recherchiert. So sollten zahlreiche Medien und Universitäten weltweit meine auf Englisch geschrienen E-Mails erhalten. Im Brief an die Universitäten hiess es unter anderem: «Eine Welt ohne Hunger und Krieg ist eine Illusion. Eine Utopie, wie viele Menschen denken mögen. Aber es ist möglich, eine Welt ohne Hunger und Krieg zu verwirklichen. Innerhalb von nur sieben Jahren. Friedlich. (...) Die Länder der Welt stehen heute an der gleichen Schwelle wie die Schweizer Kantone 1848: Sie brauchen einen demokratisch geschriebenen politischen Überbau. Andernfalls können sie die aktuellen Probleme nicht lösen. Die Welt braucht eine globale politische Konföderation und eine globale demokratische Verfassung. (...) Swiss the World ist eine Petition an die Generalversammlung der Vereinten Nationen. Das Ziel: Die Erarbeitung einer globalen Verfassung nach dem Vorbild der Schweiz. (...)»

Die Kampagne ist abgestürzt, bevor sie anlief. Ich wurde als Spam-Schleuder auf eine entsprechende Liste gesetzt und fast alle meine Werbe-E-Mails erreichten ihre Adressaten nie. Bloss von ein paar linken Organisationen erhielt ich Antworten, die mich aber auch nicht weiterbrachten.

Immerhin hatte ich in meinem «seriösen» Geschäftsmodell einige Aufträge akquiriert, mit denen ich mich die ersten zwei, drei Monate über Wasser hielt. Allerdings kam auch damit zu wenig Geld herein, um meine laufenden Kosten zu decken, also zehrte ich von meinem Pensionskassengeld. Da ich daneben viel freie Zeit hatte, begann ich damit, meinen dritten Roman zu schreiben.

Im Frühsommer hatte ich genug. Ich zog die Reissleine, um nicht mein ganzes Rentenkapital aufzubrauchen, das durch die fehlenden Beitragsjahre während meiner Jahre als Taxifahrer ohnehin nicht besonders gross war. Ich meldete mich bei der Arbeitslosenversicherung, die mich zuerst nicht unterstützen wollte. Aber ich fand dann relativ schnell eine Anstellung beim linken Verband des Personals öffentlicher Dienste (VPOD) in Bern, wo ich im November als Gewerkschaftssekretär beginnen konnte.

Bis Ende Oktober hatte ich mein drittes Manuskript so weit fertig, dass meine Partnerin, die ich halbes Jahr zuvor lieben gelernt hatte, es Korrektur lesen konnte. Allerdings fand ich auch für «Des Unbeugsamen Zähmung» keinen Verlag. Und weil ich das Buch nicht noch einmal in einem Book-on-Demand-Verlag herausbringen wollte, liegt das rund 230-seitige Manuskript noch immer unveröffentlicht in meiner Schublade.

Beim VPOD war ich für die organisierten städtischen Angestellten in Biel/Bienne und Thun, für die Patrouilleure des Touringclubs Schweiz sowie für die Arbeiter*innen der Energiebetriebe in Biel/Bienne und Thun zuständig. Neben Einzelberatungen und Betreuung der jeweiligen Betriebsgruppen führte ich auch Verhandlungen über die jährlichen Lohnanpassungen und über Erneuerung der Gesamtarbeitsverträge (GAV). Die Arbeit gefiel mir gut, das Pensum mit vier Tagen pro Woche passte ebenfalls. Doch dann erhielt ich ein Angebot, das ich kaum absagen konnte.

Quellen

1 «Oltner Tagblatt», Olten, 7. Mai 2004
2 «Der Bund», Bern, 16. Oktober 2004
3 Staub, Peter: Das Heulen der Wölfe, Aachen, 2008
4 «konkret», Hamburg, 12/2007
5 «Neue Oltner Zeitung», Olten, 13. August 2008
6 «Bieler Tagblatt», Biel/Bienne, 3. Dezember 2008
7 www.youtube.com/watch?v=LkHtXzlnx_A

Kapitel 7

Eine nachhaltige Wirtschaft ist möglich

Die Coronakrise hat die Wirtschaft weltweit ins Trudeln gebracht. Das herrschende System wankt. In der Schweiz, der EU und in den USA lancierten die Regierungen riesige Finanzprogramme, um die Wirtschaft zu stützen und bei den betroffenen Arbeiter*innen die Schäden zu mildern.

Zu Beginn der Krise sind fast alle Flugzeuge am Boden geblieben; leere Autobahnen haben vielerorts das Bild geprägt. Die Coronakrise zeigt, zu welchen Massnahmen die Regierungen der Nationalstaaten bereit sind, wenn sie eine Krise als solche erkennen: Notstandsmassnahmen und Notrecht, Einschränkung der persönlichen Freiheiten, Schliessung ganzer Wirtschaftsbranchen.

Für die Zeit nach der Krise verlangen fortschrittliche Kreise, dass die Wirtschaft ökologischer reanimiert wird. In der Schweiz fordern beispielsweise die Solarbranche, die Grünen oder *Greenpeace*, dass die Unsummen der Finanzhilfe für die Förderung einer sozial gerechten und klimatauglichen Wirtschaft eingesetzt werden. Etwa durch Investitionen in die Energiewende, um die Solarwirtschaft und die Effizienzbranche zu stärken und so für neue dauerhafte Arbeitsplätze zu sorgen. Oder durch klare Regeln für einen klimafreundlichen Finanzsektor und die Förderung des ökologischen Umbaus der Landwirtschaft, die umwelt- und tierfreundlicher und damit krisenresistenter werden sollte. «Um weitere tiefgreifende Krisen in Zukunft möglichst zu vermeiden, müssen wir die Klimaerhitzung und die Biodiversitätskrise in den Griff bekommen», schreibt Greenpeace.[1]

Für den Branchenverband der Solarindustrie ist die Coronakrise eine Chance für ein Konjunkturprogramm, das nicht veraltete Strukturen zementiert, sondern in ökologische Strukturen investiert. Und die Grüne Partei Schweiz will ein langfristiges «Arbeitsplatz-Neustart-Programm», das «Schub für die nachhaltige Wirtschaft der Zukunft» gibt.[2]

In den Social Media mehren sich die Stimmen, die verlangen, dass nun ein bedingungsloses Grundeinkommen durchgesetzt wird, um den sozialen Abstieg breiter Bevölkerungskreise zu verhindern.[3]

Dass die Coronakrise automatisch zu einem wirtschaftspolitischen Umdenken führt, ist eine Illusion. Das Schweizer Parlament hat in seiner Sondersession zu Corona beispielsweise entschieden, Schweizer Fluggesellschaften einen Milliarden-Franken-Kredit zu sprechen, ohne den Airlines ökologische Auflagen zu machen.[4] Die Hoffnung der progressiven australischen Politologin Katherine Trebeck, die seit Jahren für eine ökologische *Wellbeing Economy* eintritt, ist zumindest in der Schweiz nicht eingetroffen: Die Politik ist nicht daran, die Wirtschaft umzukrempeln. «Wenn Fluggesellschaften jetzt Rettungspakete wollen, sollte das an Konditionen geknüpft werden», sagt sie. Zu Recht fordert sie, dass das Geld der Steuerzahler*innen mit der Erwartung einhergehen muss, «dass die Unternehmen am Aufbau einer mitfühlenden, sozialeren und gerechteren Gesellschaft mitwirken.»[5]

Die Coronakrise hat offengelegt, wie schlecht die Arbeiter*innen sogar in höchstindustrialisierten Ländern geschützt sind. Zum Beispiel in den USA, wo in den Dienstleistungsberufen oft bloss Mindestlöhne bezahlt werden und es keine genügende Arbeitslosenversicherung gibt. In den Hotels, den Casinos und Restaurants gingen Millionen Stellen verloren. Bereits kurz nachdem die Coronakrise die USA erfasst hatte, meldete rund ein Fünftel der Haushalte Entlassungen oder Kurzarbeit, was in jedem vierten Haushalt mit einem Einkommen von unter 50 000 Dollar zu finanziellen Problemen führte.

Das dahinterliegende Problem ist die völlig ungenügende Absicherung der Arbeiter*innen: In Serviceberufen etwa haben nur rund die Hälfte der Entlassenen Anrecht auf Krankheitsgelder; und sogar nur rund ein Viertel kann Arbeitslosengelder beziehen. «Die meisten Entlassenen werden weniger als die Hälfte ihres Lohns beziehen können», sagt Michele Evermore vom *National Employment Law Center*. Dabei hatten bereits vor der Coronakrise rund zwei Fünftel der Amerikaner nicht genügend Reserven, um überraschende Rechnungen von 400 Dollar zu decken.[6]

Für den ehemaligen Präsidenten der Schweizer Nationalbank Philipp Hildebrand ist die Coronakrise «eine grosse menschliche Tragödie», die mit einer Naturkatastrophe verglichen werden kann, «welche die gesamte Welt gleichzeitig erfasst hat.» Als Vize-Chairman des weltgrössten Vermögensverwalters «*Blackrock*» steht er nicht im Verdacht, ein verkappter Sozialist zu sein. Dennoch beklagt er, dass «eine globale Instanz» fehlt, «welche in dieser Krise eine Leitfunktion übernimmt». Hildebrand weist darauf hin, dass gerade die staatlichen Infrastrukturen «zu einem extrem wichtigen Faktor bei der Bewältigung dieser Krise» geworden sind. Und er vermutet, dass die öffentliche Hand bis zu 20 Billionen Dollar investieren muss, um die Wirtschaft am Leben zu erhalten. Das entspricht etwa 10 bis 20 Prozent der weltweiten Wirtschaftsleistung. Für den Ökonomen und Politologen, der als Nationalbankpräsident die Finanzkrise von 2008 hautnah miterlebte, sind eine «wirksame Finanzinfrastruktur und ein hervorragendes soziales Netz» nötig, um die Coronakrise erfolgreich zu bewältigen. Die Krise widerlege all jene, die den Sozialstaat über Jahre hinweg verteufelt haben. «In nur einem Jahrzehnt haben wir jetzt zweimal erlebt, wie unser Staat liefern konnte – trotz Föderalismus und direkter Demokratie, welche die politischen Entscheidungen verlangsamen.» Hildebrand weist insbesondere auf die Kurzarbeit-Entschädigungen in der Schweiz hin, mit denen «das Geld an die betroffenen Angestellten und Selbständigen» verteilt wird. Dass andere Länder damit grosse Probleme haben, begründet er mit dem ausgehöhlten Sozialsystem und der maroden Infrastruktur. «Meine Freunde in den USA und Grossbritannien können es kaum glauben, wie reibungslos und schnell das bei uns funktioniert», sagt Philipp Hildebrand.[7]

Die Coronakrise zeigt nicht nur, dass es soziale und wirtschaftliche Instrumente und Infrastrukturen braucht, sie zeigt auch, dass diese global funktionieren müssten. Die Bedingungen für Arbeiter*innen sind zwar in den USA schlechter als in der Schweiz. Aber in Ländern wie Argentinien, Indien oder Bangladesch, wo ebenfalls ein Lockdown verhängt wurde, sehen die Verhältnisse noch viel schlimmer aus. Und zwar nicht nur, was die soziale Absicherung betrifft, sondern auch bezüglich der medizinischen Versorgung.

Der israelische Historiker Yuval Harari ärgert sich, dass die Krise nicht global koordiniert wird. «Die Staaten sollten sich gegenseitig helfen, anstatt Opfer zu ächten und Schutzmasken zu bunkern. Sie sollten ehrlich Informationen teilen und nicht nur an die eigene Wirtschaft denken.» Für eine weltweite Solidarität hätten wir heute gute Bedingungen. Anders als früher: «Als die Pest im 14. Jahrhundert in China ausbrach, dauerte es zehn Jahre, bis sie in Grossbritannien ankam. Die Menschen waren damals ja nur mit Eseln unterwegs, mit Fuhrwagen oder zu Fuss. Sie fanden nie heraus, was die Ursache der Pandemie war. Es wurden Massengebete veranstaltet, wobei sich noch mehr Menschen ansteckten. In der Corona-Pandemie dagegen hat es nur zwei Wochen gedauert, bis Wissenschaftler das Virus erkannt, dessen Erbgut entschlüsselt und kurz darauf weltweit Staaten Massnahmen zur sozialen Distanzierung verfügt haben», sagt Harari.

Deshalb ist es falsch, Gesundheitsfragen weiterhin bloss als nationale Themen zu betrachten. «Eine bessere Versorgung der Iraner schützt gleichzeitig auch Israelis, Amerikaner und Deutsche.» Doch im Fall der Coronakrise passiert das Gegenteil. «Statt die Pandemie unter einer globalen Kooperation zu managen, ist jeder nur sich selbst der Nächste.» Dass sich Länder einen Wettbewerb liefern, wer besser und schneller Masken, Schutzkleidung oder Beatmungsgeräte auftreiben kann, ist für Harari schrecklich. «Diejenigen, die am meisten Geld dafür zahlen können, kommen zum Zug, anstatt erst einmal an jene Länder zu verteilen, die am nötigsten Hilfe brauchen», sagt er.[8]

Ob die Coronakrise tatsächlich zu einem «Neubeginn» führt, wie das die holländische Trendforscherin Lidewij Edelkoort formuliert,[9] ist unwahrscheinlich. Es ist sicher wichtig und sinnvoll, die Coronakrise zum Anlass zu nehmen, um über internationale Solidarität und über globale soziale Standards zu diskutieren. Genauso richtig ist es, dass mit den Billionen Investitionen zumindest Teile der Wirtschaft umgebaut werden sollen. Doch das reicht bei Weitem nicht. Denn das gigantischere Problem des Klimawandels ist nicht verschwunden, bloss weil Corona die Schlagzeilen beherrscht. Und die Klimakrise verlangt noch weit stärkere Veränderungen des Wirtschaftssystems als der Umgang mit Covid-19.

Deshalb fordern die für eine nachhaltige Klimapolitik streikenden Jugendlichen in der Schweiz weiterhin nicht nur, dass in ihrem Land der Klimanotstand ausgerufen wird und bis ins Jahr 2030 im Inland nur noch Netto-Null-Treibhausgasemissionen verursacht werden. Als Teil der weltweiten *Fridays for Future*-Bewegung verlangen sie auch Klimagerechtigkeit. Für den absehbaren Fall, dass diesen Forderungen «im aktuellen System nicht nachgekommen» wird, fordert die Klimajugend einen «Systemwandel».[10]

Wobei sich dieser Systemwandel nicht nur auf die Politik beschränken kann, sondern sich auch auf das Wirtschaftssystem bezieht. «Technische Massnahmen, Lenkungsabgaben und monetäre Anreize reichen für eine erfolgsversprechende Klimapolitik nicht aus. Es braucht klare Vorschriften, Gebote und Verbote.» Es braucht strukturelle Massnahmen, etwa «die Ausweitung der Demokratie gegenüber der Macht der grossen Konzerne», schreibt Beat Ringger, Geschäftsführer des Denknetz', der zwar nicht mehr als Jugendlicher durchgeht, sich aber intensiv mit der Klimakrise und ihren Auswirkungen auseinandergesetzt hat.[11]

Ringgers Postulat klingt gut. Aber um die Demokratie wirklich auf die Wirtschaft auszudehnen, braucht es eine Revolution. Die *Blaue Revolution* zielt nämlich nicht nur darauf ab, die Eigentumsverhältnisse grundlegend zu verändern und den Zweck des Wirtschaftens von der Profitlogik zu lösen, wie das die traditionelle Linke schon lange fordert. Die *Blaue Revolution* geht weiter und nimmt die feministische Forderung auf, die bezahlte und die unbezahlte Arbeit in ein Gleichgewicht zu bringen. Erst ein solches Gleichgewicht wird es Frauen und Männern ermöglichen, tatsächlich gleichberechtigt zu arbeiten und zu leben. Und nicht zuletzt will die *Blaue Revolution* die gesamte Wirtschaft so demokratisieren, dass faire Arbeitsbedingungen weltweit gelten und überall auf der Welt anständige Löhne bezahlt werden. Die Demokratie darf nicht mehr vor Fabriktoren oder Bürotürmen Halt machen.

Das ist unmöglich? Weil die «göttliche Ordnung» vorschreibt, dass alles so bleibt, wie es bisher war? Weil sich die Besitzer*innen der Reichtümer der Welt nicht freiwillig davon trennen werden?

Nein. Eine «göttliche Ordnung» gibt es nicht. Eine vernünftige Wirtschaftsordnung ist nur so lange unmöglich, bis sich die Menschheit entscheidet, die Verhältnisse zu ändern. Um die im Vergleich zu Corona-Viren viel komplexeren Probleme des Klimawandels, der schwindenden Biodiversität und der weltweiten sozialen Missstände wie Hunger, mangelnder Gesundheitsversorgung oder ungenügender Bildungschancen zu lösen, braucht es neben einem globalen demokratischen politischen System vor allem auch eine Wirtschaftspolitik, die sich an den Bedürfnissen aller Menschen orientiert.

Um der dafür notwendigen Revolution den Boden zu ebnen, werden in diesem Kapital einige Ideen vorgestellt, wie die Wirtschaft sowohl vernünftiger und gerechter als auch nachhaltiger organisiert werden kann. Dabei geht es nicht um die Wahl zwischen Teufel und Beelzebub, zwischen neoliberalem Kapitalismus und stalinistischer Planwirtschaft. Das muss so klar gesagt werden, weil dieses Gegensatzpaar nach 100 Jahren Antikommunismus und über 40 Jahren Kaltem Krieg noch immer in vielen Köpfen steckt.

Immerhin hat es sich Ende 2019 bis in liberale Wirtschaftskreise herumgesprochen, dass es nicht wie bisher weitergehen kann. So schrieb Kurt Lanz, Mitglied der Geschäftsleitung von *Economiesuisse*, dem Dachverband der Schweizer Wirtschaft, im Hinblick auf die UNO-Klimakonferenz in Madrid, dass es «robuste internationale Spielregeln» brauche, «um die Herausforderungen der Klimaveränderung zusammen mit der internationalen Staatengemeinschaft erfolgreich angehen zu können.» Lanz berief sich auf den Internationale Währungsfonds, der postulierte, dass «der weltweite Ausstoss von Kohlendioxid bis 2030 um ein Drittel reduziert werden» muss, um den weltweiten Temperaturanstieg auf unter 2 Grad Celsius zu halten. «Wir bräuchten ein abgestimmtes globales System mit einheitlichen Rahmenbedingungen», folgerte der Kadermann der Schweizer Wirtschaft.[12] Dabei hatte er allerdings kaum die «Rahmenbedingungen» im Auge, die hier entwickelt werden. Trotzdem, das grundlegende Bedürfnis ist erkannt.

Doch der Impuls, Klimademonstrant*innen abzukanzeln, ist auch im Jahr 2020 bei vielen Vertretern des alten Systems noch hoch im Kurs. Als Beispiel eines besonders gehorsamen Lohnschreibers wird hier Nikolaus Piper zitiert. Unter dem Titel «Märkte nützen dem Klima» verbreitet er die Kernaussage, dass man «den Klimawandel nur mit Kapitalismus, Demokratie und Kompromissen bekämpfen» könne.

Piper schafft es in seinem Loblied auf den Kapitalismus nicht nur, die Klimajugend *en passant* in die stalinistische Ecke zu stellen, er biegt sich auch sonst seine Wahrheit so zurecht, dass sie in die These des guten Kapitalismus passt. Wie in einer gut gemachten Werbeschrift gibt er den Kritiker*innen vorerst scheinbar Recht: «Der Aufstieg des Kapitalismus und der Abbau fossiler Rohstoffe, die eigentliche Ursache des menschengemachten Klimawandels, gingen in der Geschichte Hand in Hand: Dampfmaschinen und kohlebetriebene Fabriken, Ölförderung und Massenmotorisierung.» Das Aber ist vorprogrammiert: «Nur durch die Nutzung von fossilem Kohlenstoff gelang es, in Nordamerika, Westeuropa, Japan und einigen anderen Weltgegenden einen aus historischer Sicht beispiellosen Wohlstand zu schaffen, Epidemien und früher tödliche Krankheiten zu bekämpfen, den Hunger fast auszurotten und die Lebensgrundlage für 7,7 Milliarden Menschen zu schaffen.»[13]

Der Kapitalismus hat es geschafft, den Hunger fast auszurotten? Selbst ein Wirtschaftsjournalist wie Piper weiss das besser: «Rund 820 Millionen Menschen weltweit – jeder Neunte – hatten 2018 nicht genug zu essen», heisst im UNO-Report zur «Situation der Nahrungssicherheit und Ernährung in der Welt», der im Juli 2019 veröffentlicht wurde. Die Zahl der Hungernden stieg das dritte Jahr in Folge an. Zwei Milliarden Menschen sind von Nahrungsmittelunsicherheit betroffen, haben also keinen verlässlichen

Zugang zu Nahrung. Knapp 150 Millionen Kinder unter fünf Jahren, jedes fünfte Kind weltweit, ist wegen chronischer Mangelernährung unterentwickelt.[14]

Weitere Erkenntnisse Pipers sind ähnlich überzeugend: «Das Geheimnis des Kapitalismus sind funktionierende Märkte», die weder «klimafreundlich noch –feindlich» seien. Deshalb dürfe man «sich die Dinge nicht zu einfach zu machen». Piper zitiert Ernst Rauch, den Chefklimatologen des Versicherungskonzerns *Munich Re*, der 2019 immerhin rund 50 Milliarden Euro umsetzte. «Sicher ist es gut, weniger zu fliegen und weniger Fleisch zu essen. Ich fürchte nur, dass wir das Problem verniedlichen, wenn wir überall den Aufkleber ‹Verzicht› draufpappen.»

So funktioniert Propaganda: Den bewegten Klimajugendlichen vorwerfen, sie würden die Klimakrise «verniedlichen», damit die Chefs der grossen Konzerne weitermachen können wie bisher. Lohnschreiber Piper will «den Kapitalismus mit seinen Märkten und seiner Profitgier» nicht verteufeln. Die Fähigkeit dieser Märkte, Neues zu entdecken, sei heute notwendiger denn je.[15]

So richtig es ist, dass offene Märkte helfen können, neue Ideen zu entwickeln und zu erproben, so richtig ist auch, dass die Alternative zur «Profitgier» kein Wirtschaftssystem à la DDR sein muss.

Wenn wir den Hunger weltweit überwinden und gleichzeitig die weltweite CO_2-Produktion auf ein klimaverträgliches Mass reduzieren wollen, kommen wir nicht darum herum, das Wirtschaftssystem radikal umzubauen. Dann reicht es nicht, den verbliebenen Inserenten der serbelnden Presse nach dem Mund zu reden. Der Umbau der Wirtschaft wird auch nicht einfach das Rad der Globalisierung zurückdrehen. Er wird dafür sorgen, dass die Weltwirtschaft demokratischer und gerechter organisiert ist und gleichzeitig so vernünftig ist, dass dort lokal oder regional produziert wird, wo es Sinn macht.

Gleichzeitig ist es eine Aufgabe der reichen Staaten, solidarisch mitzuhelfen, dass sich die Weltregionen, die wirtschaftlich und infrastrukturell unterversorgt sind, politisch und ökonomisch emanzipieren können. Dass dies in einer Welt der endlichen Ressourcen nur möglich ist, wenn sich Industriestaaten des globalen Nordens beim Verbrauch dieser Ressourcen einschränken, ist logisch.

Oder um es mit dem US-amerikanischen Wirtschaftswissenschaftler Jeremy Rifkin zu sagen: Wir brauchen nicht nur in den USA oder in der Europäischen Gemeinschaft einen *Green New Deal*. Wir brauchen einen globalen *Green New Deal*.

Der Umbau der Weltwirtschaft ist möglich. Beispielsweise, wenn es um die Elektrizität geht. «Wir befinden uns in einem frühen Stadium der Schaffung eines globalen, miteinander verbundenen Stromnetzes, das voraussichtlich zwischen jetzt und Ende der 2030er-Jahre in kleinen Stücken online gehen wird und die Menschheit zum ersten Mal in der Geschichte miteinander verbindet», schreibt Rifkin. Ganze Weltregionen können sich so von der geopolitischen Machtpolitik der Öl-Ära befreien, die durch organisierte Kriege geprägt ist. Die Länder und Regionen werden immer stärker zusammenarbeiten, um sich Sonnen- und Windenergie zu teilen, prophezeit Rifkin: «Die Menschheit bewegt sich in Richtung einer globalen, digital vernetzten grünen Welt.»

Für den US-amerikanischen Ökonomen ist dabei wichtig, «dass wir uns alle über politische Grenzen hinweg vertrauen und anfangen, als Spezies zu denken.» Und dass wir eine neue ökologische Zivilisation aus der Asche der Öl-Ökonomie aufbauen.[16]

Auch der indische Ökonom Raghuram Rajan verlangt, dass man «jetzt ein System schaffen» muss, «das zu einer multipolaren Welt passt.» Ein System, das nicht mehr von der Verantwortung einer einzigen Grossmacht wie den USA abhängt. «Die Regeln müssen für alle Länder die gleiche Gültigkeit haben. Es braucht aber einen vernünftigen Dialog zwischen allen grossen Mächten, damit ein solches neues System funktioniert», sagt Rajan, der als ehemaliger Chef der indischen Notenbank und ehemaliger Chefökonom des Internationalen Währungsfonds an der Universität von Chicago lehrt.[17]

Der Aufbau eines neuen globalen Wirtschaftssystems bedingt politischen Willen. Um diesen zu bilden, braucht es den Druck der Basis. Nur wenn die Menschen die entsprechenden Forderungen auf der Ebene der Nationalstaaten umsetzen, kann es eine weltweite, nachhaltige Ökonomie geben. Um eine solche zu erreichen, ist die Bewegung der Klimajugendlichen zentral.

Mit Rifkin haben sie einen gewichtigen Mitstreiter, der für die dritte industrielle Revolution auf die Generation der *Digital Natives* zählt, die im globalen Klassenzimmer und auf *Facebook* und *Instagram* miteinander interagieren. «Sie verstehen sich als Mitglieder einer bedrohten Spezies und fühlen sich in einer gemeinsamen Notlage.» Zudem beginne eine wachsende Zahl junger Menschen noch einen Schritt weiterzugehen und «sich in alle anderen Kreaturen hineinzuversetzen, mit denen wir ein evolutionäres Erbe teilen.» Das ist deshalb wichtig, weil die Menschheit spätestens durch die Klimakrise lerne, «dass alles, was wir tun, die Funktionsweise von allem anderen auf der Erde beeinflusst» und damit direkte «Konsequenzen für das Wohlergehen aller Kreaturen hat, mit denen wir auf diesem Planeten zusammenleben.»[18]

Rifkin plädiert damit nicht für nur ein Naturverständnis, das die *Native Americans* bereits vor Jahrhunderten lebten, sondern er spricht auch über eine Erkenntnis, die sich gerade durch die Coronakrise manifestiert hat.

Eine solche neue Art der Empathie, global und über die bloss menschliche Solidarität hinaus, braucht es, um eine neue Art des Wirtschaftens zu etablieren.

Darüber, wie lange der Menschheit noch Zeit bleibt, bis die Klimaerwärmung die sogenannten Kipppunkte erreicht hat, nach denen die Erwärmung zwangsläufig weitergeht, sind sich die Fachleute uneinig. Unbestritten ist, dass so schnell wie möglich gehandelt werden muss. Jeremy Rifkin ist der Meinung, dass «die Infrastruktur der dritten industriellen Revolution wahrscheinlich in zwanzig Jahren – einer einzigen Generation – gebaut werden» kann.[19]

Wobei Rifkin bei dieser Infrastruktur «Breitband-Internet, Big Data und digitale Kommunikation, emissionsfreien Ökostrom, autonome Elektrofahrzeuge auf intelligenten Strassen, die mit erneuerbaren Energien betrieben werden, und miteinander verbundene emissionsfreie Gebäude mit einer positiven Energiebilanz» meint. Diese Infrastruktur soll in jeder Region ausgebaut werden, sodass alle Regionen miteinander verbunden werden, um schliesslich die ganze Welt zu umfassen.[20]

Trotz dieser optimistischen Prognose gilt es zu bedenken, dass viele Regionen rund um den Globus gleichzeitig die erste und zweite Industrialisierung nachholen müssen. In diesen Ländern braucht es nicht nur eine nachhaltige Elektrifizierung, sondern auch Basisinfrastrukturen: Schulen und Universitäten, Polikliniken und Spitäler, eine effiziente Landwirtschaft mit einer funktionierenden Grundversorgung mit lebensnotwendigen Gütern, Wasserversorgung, befestigte Strassen und öffentliche Transportmittel, Abwassersysteme, Recyclingsysteme und Kläranlagen.

Obwohl der weltweite Aufbau einer anständigen Infrastruktur eine Aufgabe der globalen Gesellschaft ist, damit die ganze Menschheit die Klimakrise anständig übersteht, darf die kommunale Perspektive nicht vergessen werden. Wie Raghuram Rajan schreibt, geht es vor allem darum, lokale Initiativen zu unterstützen, die die Gemeinwesen wiederbeleben. Und das gilt nicht nur für unterentwickelte Gegenden im globalen Süden, sondern auch für deindustrialisierte Regionen in den USA oder in Europa. Das ist nicht nur eine Frage der Solidarität. Es wird entscheidend, die Menschen in den von der Wirtschaft abgehängten Regionen davon zu überzeugen, dass auch sie von einer nachhaltigen Wirtschaft profitieren werden.

«In Frankreich sagen viele Bürgermeister, dass sie machtlos sind und nichts tun können, um ihre Städte und Dörfer zu stärken», erzählt Rajan. «Wenn man den Menschen Fähigkeiten vermitteln will, muss man sich auf die lokalen Institutionen konzentrieren.» Nur wenn die lokalen Schulen und die Universitäten in der Region gut funktionieren, gibt das den Leuten die Hoffnung, sich die Fähigkeiten anzueignen, um in der modernen Wirtschaft mithalten zu können. Dabei lässt sich Rajan, der schon als Anwärter für den Wirtschaftsnobelpreis gehandelt wurde, auch von der Schweiz inspirieren. «Die Art der Dezentralisierung in der Schweiz führt zu einem grösseren lokalen Engagement.» Das sei durchaus ein Modell für andere Länder. Denn ein grösseres Engagement in den Kommunen gibt den Leuten das Gefühl, das eigene Schicksal besser kontrollieren zu können. «Das fehlt in vielen industrialisierten Ländern», sagt Raghuram Rajan.[21]

In den weniger industrialisierten Ländern sieht das nicht anders aus. Auch hier wird es in einem demokratischen, nachhaltigen Wirtschaftssystem darum gehen, dass die Menschen nicht nur über globale politische Fragen mitentscheiden können, sondern dass sie vor allem dort, wo sie leben und arbeiten, direkt mitreden können. *Glocal*, also global und lokal, nennt das Rifkin.[22]

Vielleicht hat es neben der Klimakrise mit dem drohenden Klimakollaps auch noch die globale Herausforderung durch das neue Corona-Virus gebraucht, um Platz für ein neues, internationales Wirtschaftssystem zu schaffen. Auch das alte System wurde in Krisenzeiten geboren. Es wurde nach Ende des Zweiten Weltkriegs durch die USA geschaffen, nachdem die Welt zuvor «durch eine sehr grosse Depression gegangen ist», wie Raghuram Rajan sagt. Damals halfen die USA den einstigen Gegnern wie Italien und Deutschland mit dem Marshallplan wieder auf die Füsse. Obwohl es dabei auch darum ging, zu verhindern, dass dort sozialistische Parteien die Oberhand gewannen, war die Idee hinter dem Marshallplan, «dass jedes Land vom Wachstum der anderen profitiert. Die Länder wurden als Verbündete, nicht wie heute als Gegner gesehen», sagt Rajan.[23]

Eine solche internationale Gesinnung ist auch heute erforderlich. Aber heute geht es nicht mehr darum, sozialistische Ideen zurückzudrängen oder in kriegsversehrten Ländern den Boden für künftige Profite zu bereiten. Es geht darum, allen Ländern zu helfen, ökologisch nachhaltige Infrastrukturen aufzubauen, damit sie die Grundbedürfnisse der Menschen decken können. Oder um es mit den Worten von Carola Rackete zu sagen: «Wir brauchen ein System, das dem Menschen dient, nicht eines, das nur sich selbst dient.» Um ein solches System zu erreichen, ist eine grosse Umverteilung notwendig. Das führt aber letztlich zu «einer gerechteren und sichereren Welt, in der weder die Ökosysteme und das Erdklima noch die Gesellschaft zerstört werde,» zitiert Rackete die Wirtschaftswissenschaftlerin Kate Raworth.[24]

Allerdings brauchen sowohl der globale *Green New Deal* als auch vernünftig nachgeholte Industrialisierungen sehr viele Ressourcen. Um solche Pläne ökologisch verträglich umzusetzen, muss der verwöhnte globale Norden seine Bedürfnisse zugunsten der bisher Vernachlässigten zurücksetzen. Dafür braucht es wohl Kontingente oder Rationierungen: «Es ist dringend erforderlich, dass wir Gesetze einführen, die den Ressourcenkonsum der Menschen in den Wohlstandsgesellschaften bremsen», schreibt Carola Rackete.[25]

Dass wir nicht weiter produzieren können wie bisher, ist auch dem deutschen Ökonomen Niko Paech klar. Er fordert zu Recht, dass wir «unseren Lebensstil dergestalt ändern, dass wir eine Wirtschaft ohne Wachstum meistern können». Dafür aber braucht es auch einen kulturellen Wandel: «Nur durch eine Überwindung der Kultur der Masslosigkeit können wir zu Klimaschutzergebnissen kommen.»[26]

Ob die von Rackete geforderten Gesetze zum Ressourcenverbrauch auch dann noch benötigt werden, wenn es gelingt, weltweit gültige Arbeitsstandards durchzusetzen, mit geregelten Arbeitszeiten, Gesamtarbeitsverträgen, Arbeitslosenversicherungen, anständigen Mindestlöhnen, bezahlten Ferien und Weiterbildungen, ist offen. Eventuell kosten dann die aktuell viel zu billigen Produkte aus dem globalen Süden so viel, dass es automatisch vorbei ist mit der Wegwerf-Mentalität. Allerdings hat man viel zu lange vergeblich auf Adam Smiths «unsichtbare Hand des Marktes» gesetzt. Deshalb ist es unabdingbar, als Ultima Ratio über eine Kontingentierung nachzudenken.

Eine Rationierung wäre dabei in einer Form denkbar, die für Verfechter*innen einer Marktwirtschaft annehmbar ist: So könnte man beispielsweise festlegen, dass jeder Mensch das Anrecht auf zehn T-Shirts, vier Hemden oder Blusen und zwei Paar Hosen pro Jahr hat. All jene, die ihr Kontingent nicht ausschöpfen, könnten ihr restliches Guthaben an eine entsprechende T-Shirt-, Hemden- oder Hosenbörse bringen. Angebot und Nachfrage würden darüber entscheiden, wie gross ihr Erlös wäre.

Eine solche Kontingentierung kann aber nur eingeführt werden, wenn sie von globalen demokratischen Institutionen festgelegt wird. Nur sie verfügen über die Legitimation, ein solches restriktives System umzusetzen. Dafür braucht es, wie Rackete sagt, «echte Demokratie in der Wirtschaft, in der Politik und in der Gesellschaft.»[27]

Dass die Industriestaaten ihre Wirtschaftspolitik von sich aus ändern, ist angesichts der realen Herrschaftsverhältnisse illusorisch. Selbst der gross angekündigte *Green Deal* der Europäischen Union rüttelte nicht an dem System, das für die Klimakrise verantwortlich ist. Der chilenische Soziologe Andrés Kogan Valderrama analysiert das messerscharf: «Würden sich die Eliten Europas wirklich für die globale Erwärmung interessieren, redeten sie nicht von Klimaneutralität, sondern von Klimagerechtigkeit, wie es alle Völker der Welt verlangen.» Valderrama kritisiert dabei nicht die Absicht, «erneuerbare Energien zu fördern, Kreislaufökonomien sowie energieeffiziente Gebäude zu schaffen, die Verschmutzung von Wasser und Luft zu vermeiden, die Biodiversität zu bewahren, gesündere Ernährungsweisen zu entwickeln und effektivere nachhaltige Transportmittel anzubieten.» Er weist mit gutem Recht darauf hin, dass sich die europäische Idee der Klimaneutralität nicht um die «historischen Folgen kümmert, die seine industrialisierten Ökonomien in den letzten 200 Jahren» hinterliessen. Und dass die Rohstoffe abbauenden Konzerne, «mit diesem europäischen grünen Pakt durch ihre Megakonzerne der Energiewirtschaft, des Bergbaus und der Agroindustrie die Südhalbkugel der Erde weiter verschmutzen werden.»

Der europäische *Green Deal* geht aus Valderramas Perspektive auch «über die historische Klimaschuld» von Ländern wie England, Deutschland oder Frankreich hinweg. Deshalb ziehe der EU-Plan auch «die absurde Idee eines unendlichen ökonomischen Wachstums auf einem Planeten mit begrenzten Mitteln» nicht in Zweifel. Europa sei angesichts seiner wirtschaftlichen Schwäche bereit, «weiterhin die ärmeren Länder auszuplündern, während es gleichzeitig seine Grenzen gegen Migranten aus dem Süden der Welt weiterhin schliesst, die in ihren Ländern immer mehr von Klimakatastrophen heimgesucht werden», sagt Valderrama.[28]

Während sich die EU am Pariser Abkommen orientiert, mit dem die Erderwärmung «deutlich unter 2 Grad Celsius begrenzt werden soll, um einem gefährlichen Klimawandel entgegenzuwirken»[29], ist für William Nordhaus klar, dass dies unmöglich ist. Der US-amerikanische Wirtschaftswissenschaftler war einer der Ersten, der die ökonomischen Folgen der Klimakrise erforschte. Für ihn ist die Katastrophe ist noch weit entfernt, und er denkt, sie könnte immer noch verhindert werden. «Die Frage ist aber, ob wir es tun werden. Viel haben wir gegen den Klimawandel jedenfalls noch nicht unternommen.» So ist im Jahr 2019 bloss etwa auf einem Fünftel der globalen Treibhausgasemissionen überhaupt ein Preis erhoben worden. Und dieser lag im Durchschnitt bei etwa 2 Dollar pro Tonne ausgestossenes CO_2. «Ein sinnvoller Preis müsste aber bei 40 Dollar oder gemäss gewissen Berechnungen gar bei 100 Dollar liegen, damit er gegen den CO_2-Ausstoss wirkt», sagt der Professor für Volkswirtschaftslehre an der Yale University. Mit bloss 2 Dollar ist die Welt weit von dem Punkt entfernt, «wo wir selbst mit einer wenig ambitionierten Strategie eigentlich sein müssten», sagt Nordhaus.

Für ihn wäre es ein entscheidender Schritt, die CO_2-Preise zu erhöhen und die heute nationalen Systeme global zu harmonisieren. Dafür bräuchte es aber nicht nur den politischen Willen, sondern eine Koordination der Klimapolitik aller Länder. «Da bin ich hoffnungsvoll», meint Nordhaus. Trotzdem macht sich der Nobelpreis-Träger für Wirtschaftswissenschaften des Jahres 2018 wenig Hoffnung, wenn es um die Beschränkung der globalen Erwärmung auf weniger als 2 Grad geht. In einer Reihe von Modellrechnungen komme «die Hälfte der Modelle» zum Schluss, dass es «unmöglich ist, das 2-Grad-Ziel noch zu erreichen.» Dafür sei das System zu träge. Wobei er nicht das politische oder wirtschaftliche System, sondern das ökologische System meint. Die Erde hat sich bereits um 1 Grad erwärmt, und die Temperaturen steigen weiter und rasch an. «Selbst wenn wir die schnellstmögliche Wende in Richtung Nullemissionen schaffen, wird sich weiterhin CO_2 in der Atmosphäre ansammeln, denn wir können nicht einfach unsere Wirtschaft stilllegen», sagt Nordhaus. Doch die schnellstmögliche Wende ist nicht in Sicht. Und das hat mit der Freiwilligkeit der heutigen Klimaabkommen zu tun. «Es hat keine negativen Folgen, wenn man nicht mitmacht oder wenn man wieder austritt.» Deshalb ist auch kaum ein Land der Welt so weit, wie es aufgrund der Abkommen sein müsste. «Die Abkommen von Kyoto und Paris sind gescheiterte Versuche, weil sie geradezu zum Trittbrettfahren einladen.»

Für einen der führenden Ökonomen des globalen Nordens macht Nordhaus auch bezüglich des herrschenden Wirtschaftssystems eine bemerkenswerte Aussage: «Der Klimawandel wird durch Wirtschaftsaktivitäten verursacht, die in die falsche Richtung laufen. Die Zerstörung wertvoller Güter – wie zum Beispiel intakter Regenwälder – ist zu billig. Wenn Preissignale dramatisch falsch sind, wie derzeit bei der Nutzung von fossiler Energie, kann dies katastrophale Ergebnisse haben.»[30]

Aus einer anderen Perspektive ist die Zerstörung der intakten Regenwälder nicht nur zu billig, sie ist ein Verbrechen gegen die Menschheit. Aber William Nordhaus hat erkannt, dass die Preise für Umweltzerstörung massiv erhöht werden müssen, damit diese schlicht nicht mehr rentiert. Die Fragen, die sich dabei konkret stellen: Wer setzt wann die Höhe der Preise für welche Arten der Umweltzerstörung fest? Und wie schafft es die organisierte Menschheit, den Preis pro Tonne CO_2 so hoch festzulegen, dass die Abgabe tatsächlich Wirkung zeigt?

Die Fragen stellen, heisst sie beantworten: Dazu ist heute niemand in der Lage. Es braucht eine demokratisch legitimierte Institution, welche die Macht und Mittel hat, diese Fragen zu beantworten und die entsprechenden Regeln durchzusetzen. Um das ökonomische System zu verändern, braucht es die Unterstützung jenes Teils der Weltbevölkerung, der bisher wenig oder nichts zu bestimmen hatte.

Denn das überkommene Plädoyer für einen freien Markt und grenzenlosen Profit kann auch so gedeutet werden, wie es die Schweizer Genderforscherin Franziska Schutzbach in einem anderen Zusammenhang formuliert hat. Es ist «als würde sich ein verletztes Tier nochmals aufbäumen, um ein letztes Mal den Status quo zu bewahren.» Das unbeirrbare Eintreten für ein Wirtschaftssystem, das die Welt an den Abgrund geführt hat, ähnelt sehr stark dem Verhalten der Machos, die auch im 21. Jahrhundert noch glauben, am männlichen Wesen werde die Welt genesen. Und die sich noch immer hartnäckig dagegen weigern, den Frauen die ihnen zustehende Hälfte des weltweiten Reichtums zuzugestehen oder gar glauben, sie könnten die Frauen noch immer an Haus und Herd ketten.

Die von den Frauen verlangte soziale, gesellschaftliche, ökonomische und sexuelle Emanzipation – zum Beispiel anlässlich des Frauenstreiks in der Schweiz oder der weltweiten *#metoo*-Bewegung – ist nicht nur die unabdingbare Basis einer gleichberechtigten und gerechteren Gesellschaft, sondern auch einer solidarischen und nachhaltigen Wirtschaft. Immer mehr Frauen wollen am Wirtschaftsleben teilnehmen. Sie wollen sich nicht auf die Mutterrolle reduzieren lassen, während gleichzeitig immer mehr Männer keine Lust mehr auf blosses Karrieredenken haben. «Die Politik kann sich noch eine Zeitlang saudumm anstellen, und das macht sie in der Schweiz auch immer besonders gern und gut, weil wir ja vermutlich das einzige Land auf der Welt sind, in dem sich Menschen dieses folkloristische Ein-Ernährer-Modell überhaupt noch leisten können. Aber mehr als ein Aufschieben der Veränderung wird nicht möglich sein», sagt Schutzbach.

Wie es keine «göttliche Ordnung» gibt, so sind auch die Verhältnisse zwischen den Geschlechtern nicht in Stein gemeisselt. Sie sind genauso wie die Eigentumsverteilung eine Frage der Machtverhältnisse. Schutzbachs Studien zeigen, «dass Dinge veränderbar sind, auch patriarchale Verhältnisse.» Diese Erkenntnis ist auch darum wichtig, weil «rechte, völkische, reaktionäre oder auch konservative Weltbilder» von der Vorstellung geprägt seien, «dass es eine Art Naturordnung gibt, die nicht angreifbar ist.»

Auch für die Wirtschaft gibt es keine solche «Naturordnung». Deshalb ist auch eine frauengerechte Ökonomie nicht nur denkbar, sondern auch machbar. Schutzbach bezeichnet es als «Teil einer feministischen Utopie: dass wir wegkommen vom reinen Individualismus». Dafür lohnt sich ein Blick zurück. Während sich die Französische Revolution an der Gleichheit orientierte, ging es 1968 vor allem um die Freiheit. «Was also neben den Forderungen nach Gleichheit und Freiheit bisher zu kurz kam, war das Dritte: die Brüderlichkeit», sagt Franziska Schutzbach. In einem künftigen Wirtschaftssystem gehe es darum nicht mehr um Konkurrenz, um Kaputtmachen oder Selbstverwirklichung, sondern darum, die sozialen Beziehungen in den Vordergrund zu stellen. «Kooperation statt Konkurrenz. Zusammenkommen. Rücksicht. Rücksprache. Empathie.» Das sind die Werte, die eine gerechte Wirtschaft und Gesellschaft prägen werden. «Das wäre die feministische Revolution. Weg vom Ego-Individualismus hin zur Beziehungsfähigkeit. Wenn wir das nicht ernst nehmen, fahren wir die Welt gegen die Wand», sagt die Geschlechterforscherin und Soziologin.[31]

Obwohl sich ein Teil der Schweizer Politik tatsächlich hin und wieder «saudumm» anstellt, gibt es in der Schweiz auch immer wieder politische Kampagnen, die über den helvetischen Tellerrand hinauswirken. Eine davon ist die Konzernverantwortungsinitiative, die im Jahr 2020 in den eidgenössischen Räten behandelt wird.

Wie aktuell die Frage der Konzernverantwortung ist, hat sich am Bespiel der Proteste deutscher und australischer Klimaschützer*innen gegen die Politik des deutschen Siemenskonzerns im Januar 2020 gezeigt. Trotz anhaltender Demonstrationen hielt Siemens-Chef Joe Kaeser am Auftrag für ein riesiges Kohlebergwerk in Australien fest. «Kaeser macht einen unentschuldbaren Fehler», sagte etwa die *Fridays for Future*-Aktivistin Luisa Neubauer. Die Klimajugend hatte an den Technologiekonzern appelliert, für eine Eisenbahnlinie von der Kohlemine in Australien zum Hafen keine Zugsignalanlage liefern. Das Auftragsvolumen von 18 Millionen Euro ist für einen Konzern wie Siemens Peanuts. Aber Siemens hat damit den Bau eines der grössten Kohlebergwerke der Welt unterstützt, das bis zu 60 Millionen Tonnen Kohle pro Jahr fördern soll. Das Projekt steht zudem in der Kritik, weil die Kohle über das Great Barrier Reef hinweg transportiert werden soll. Auch Greta Thunberg kritisierte den Konzern: «Es scheint so, als ob Siemens die Macht habe, den Bau der riesigen Adani-Kohlemine in Australien zu stoppen, zu verzögern oder zumindest zu unterbrechen», twitterte sie.[32]

Was im Fall Siemens punktuell für Empörung sorgte, will in der Schweiz die Konzernverantwortungsinitiative (KVI) per Gesetz verhindern. Das ist brandaktuell, weil auch internationale Unternehmen mit Sitz in der Schweiz die Menschenrechte und Umweltstandards verletzen. Gemäss Webseite der KVI ist *Glencore* ein Paradebeispiel dieser Art: Der weltweit grösste Rohstoffhändler mit Sitz im Kanton Zug vergiftet Flüsse in Kolumbien, vertreibt indigene Landwirt*innen in Peru mit Gewalt und schädigt Menschen in Sambia mit ätzenden Schwefeldioxiden. Ohne dass das Unternehmen Konsequenzen befürchten muss. Gegen solche Missstände will die Initiative angehen: «Wenn Konzerne das Trinkwasser verseuchen oder ganze Landstriche zerstören, sollen sie dafür geradestehen.»

Die KVI ist breit abgestützt. Sie wurde von über 110 Hilfswerken, Frauen-, Menschenrechts- und Umweltorganisationen, kirchlichen, genossenschaftlichen und gewerkschaftlichen Vereinigungen sowie Aktionärsverbänden lanciert.[33] Inhaltlich orientiert sich die KVI an den 2011 verabschiedeten UNO-Leitprinzipien für Wirtschaft und Menschenrechte. Sie verlangt, dass Schweizer Konzerne für ihre Geschäftsbeziehungen eine Sorgfaltsprüfung bezüglich Menschenrechte und Umweltschutz einführen. Falls ein Konzern seiner Sorgfaltsprüfungspflicht nicht nachkommt, soll er auch für Schäden haften, die seine Tochterfirmen im Ausland verursacht haben.

Eine repräsentative Umfrage bei der Schweizer Bevölkerung zeigt: Eine grosse Mehrheit der Befragten will, dass Schweizer Konzerne verpflichtet werden, Menschenrechte und Umwelt auch im Ausland zu respektieren. Sie sind der Meinung, dass die Unternehmen auch für ihre Tochterfirmen und Zulieferer mitverantwortlich sind.[34]

Trotz der Zustimmung in Umfragen, trotz der Breite des Initiativkomitees und der weit ins bürgerliche Lager hinein reichenden Unterstützung, hat das Parlament im Sommer bloss einen schwachen Gegenvorschlag angenommen. Das Lobbying der grossen Konzerne hat gewirkt. Wie weit dabei Gelder an Parteien oder Parlamentarier*innen geflossen sind, kann nicht eruiert werden, da es in der Schweiz kein entsprechendes Transparenzgesetz gibt.[35] Die Volksabstimmung über die KVI ist Ende November 2020 angesetzt.

Die KIV ist ein schönes Beispiel dafür, wie schwierig es ist, die auf Profit ausgerichtete Wirtschaft zu zivilisieren. Die Initiative zeigt aber auch, dass es innerhalb des herrschenden Systems möglich wäre, weltweit geltende rudimentäre Rechte durchzusetzen. Und dass es grundsätzlich möglich ist, solche Regeln global zu erlassen.

Deshalb sagt die ehemalige Basler Ständerätin Anita Fetz zu Recht: «Eigenverantwortung oder staatliche Regeln ist nicht die Frage. Kein einziges Umweltproblem wurde durch den Markt allein oder freiwillig gelöst.» Dabei war es egal, ob es sich um Gewässerschutz, Kläranlagen, Katalysator-Obligatorium oder das FCKW-Verbot handelte, es brauchte jeweils klare staatliche Regeln, um die Probleme zu lösen. «Und immer haben sich Bevölkerung und Unternehmen anpassen können.»[36]

Für solche Regeln braucht es nicht nur globale demokratische Strukturen, sondern eben auch ein grundlegend neues Wirtschaftssystem. Die britische Ökonomin Grace Blakeley beispielsweise sieht den einzigen Weg dazu in der Überwindung des Kapitalismus, wie ihn in den 1980er-Jahren Ronald Reagan, Margaret Thatcher und Helmuth Kohl durchgesetzt haben. In einem neuen System muss gemäss Blakeley demokratisch entschieden werden, was zukünftig wie produziert wird. Dabei denkt die Buchautorin nicht an die ehemalige Wirtschaftspolitik im realexistierenden Sozialismus der Sowjetunion und den Staaten des Warschauer Pakts. «Die Form von Kommunismus, die in diesen Staaten existiert hat, war eher ein staatlich gelenkter Kapitalismus, ähnlich wie in China heute.»

Für Grace Blakeley ist ein funktionierender Sozialismus ohne Demokratie nicht zu haben. «Wir brauchen nicht nur Demokratie in der Politik, sondern auch in der Wirtschaft. In vielen Hinsichten wäre es das genaue Gegenteil von dem, was in der DDR und der UdSSR passiert ist.» Sie stellt sich eine neue Gesellschaft und eine neue Wirtschaft vor, die «von den Bürgern von unten angetrieben» ist. Und nicht von einem Diktator oder einer Partei, die für sich die Macht gepachtet haben. Und Blakeley verlangt, dass die Bevölkerung in die politischen Entscheidungen miteinbezogen wird.

Für die Aktivistin der britischen Labour-Partei sind die Voraussetzungen für eine funktionierende, nachhaltige Wirtschaft gar nicht so kompliziert: Es braucht «ein perfekt funktionierendes Gesundheitssystem», das für alle Menschen frei zugänglich ist und ein Schulsystem, «wo jeder so viel Bildung bekommen kann, wie er oder sie braucht». Zudem sollen alle Menschen die Möglichkeit haben, Geld zu sparen. «Nur so viel, um zu überleben und das Leben zu geniessen. Es sollte eine Gesellschaft sein, in der alle kooperieren, um ein Ziel zu erreichen: die Bewältigung der Klimakrise.»[37]

Dabei hat die Marktwirtschaft durchaus ihre Vorzüge. Etwa, wenn es darum geht, mit weniger Ressourcen mehr zu Wohlstand schaffen. Während etwa der Bauschutt früher einfach in einer Deponie verscharrt wurde, werden heute «in der Schweiz immerhin zwei Drittel wiederverwertet», hat der Journalist Christoph Eisenring recherchiert. In den 1950er-Jahren wog eine Aludose noch 85 Gramm, mittlerweile reichen knapp 13 Gramm. Nach dem Zweiten Weltkrieg wuchs der Konsum fossiler Energieträger und anderer Ressourcen parallel zur Wirtschaftsleistung an. Aber seit den 1970er-Jahren ist gemäss Eisenring der Materialverbrauch langsamer gewachsen als der allgemeine Wohlstand. In der EU hat der Konsum von Biomasse, Mineralien, Metallen und fossilen Energien seit dem Jahr 2000 «um 6 Prozent abgenommen – obwohl sich die reale Wirtschaftsleistung gleichzeitig um 30 Prozent erhöht hat.» Allerdings ist in dieser schönen Statistik der indirekte Verbrauch der Ressourcen nicht mitberechnet. Denn die ressourcenintensive Produktion wurde teilweise einfach ins Ausland verschoben. Trotz technischem Fortschritt und steigender Effizienz liegt heute der Pro-Kopf-Ressourcenverbrauch in der Schweiz mehr als die Hälfte über dem, was weltweit durchschnittlich verbraucht wird.»[38]

Die Konkurrenz und der Zwang, immer billiger zu produzieren, führen teilweise dazu, dass die Ressourcen besser genutzt werden. Solange aber Schweizer*innen, Europäer*innen oder Nordamerikaner*innen pro Kopf immer noch weit mehr Ressourcen verbrauchen als die anderen Menschen auf der Welt, und solange der weltweite Verbrauch der Ressourcen über dem liegt, was der Natur und der Atmosphäre des Planeten zuzumuten ist, gibt es keinen Grund zur Zuversicht.

Fundamentale Veränderungen bleiben notwendig. Das weiss auch der britische Journalist George Monbiot, der für die britische Zeitung «The Guardian» schreibt. Er verlangt «ein neues Menschenrecht für zukünftige Generationen». Denn die jungen Klimastreikenden hätten Recht, wenn sie verlangen, dass ihr Leben nicht geopfert wird, um die aktuelle Gier zu befriedigen. Die Argumente, mit denen das herrschende Wirtschaftssystem verteidigt wird, erachtet Monbiot als «schwach und absurd». Denn das System beruhe auf «Plünderungen von anderen Menschen, Plünderungen von anderen Nationen, Plünderungen von anderen Arten und Plünderungen von der Zukunft.»

Deshalb hat der englische Universitätsdozent und Umweltschützer ein Grundprinzip für ein gerechtes System entwickelt. Es besteht im Wesentlichen darin, «dass diejenigen, die noch nicht am Leben sind, bei ihrer Geburt die gleichen Rechte haben wie diejenigen, die heute am Leben sind.» Das würde bedeuten, dass der erste Artikel der Allgemeinen Erklärung der Menschenrechte heissen müsste: «Jede Generation soll das gleiche Recht auf den Genuss des natürlichen Reichtums haben.»

Monbiot Prinzip erinnert an die alte Regel der Irokesen, wonach wirtschaftliches Handeln so angelegt sein muss, dass es auch den nächsten sieben Generationen dient. Es entspricht dem Konzept der Nachhaltigkeit, wo nur so viele erneuerbaren Ressourcen verwendet werden, wie gleichzeitig nachwachsen und führt «zu einer Kreislaufwirtschaft, aus der niemals Materialien verloren gehen».

Um das Menschenrecht für künftige Generationen zu etablieren, müsste der Begriff des Eigentums verändert werden. Monbiot schlägt deshalb vor, den Artikel 17 der Allgemeinen Erklärung Menschenrechte zu ändern: «Jeder hat das Recht, Eigentum zu nutzen, ohne die Rechte anderer zu verletzen, Eigentum zu nutzen.» Damit wirft Monbiot auch Fragen auf: Wie weit ist es zulässig ist, Grund und Boden über Generationen hinweg als Eigentum zu betrachten? Wie gross darf der Besitz einer Person sein, ohne dass er die Rechte anderer verletzt? «Solche Themen sollten überall Gegenstand lebhafter Gespräche sein», schreibt George Monbiot.[39]

Dass auch innerhalb des herrschenden Systems wichtige Anreize in Richtung einer umweltverträglichen und sozialen Wirtschaftspolitik gesetzt werden können, zeigte Ende 2019 die damals neue finnische Regierungschefin Sanna Marin. Sie sprach sich dafür aus, die 4-Tage-Arbeitswoche und den 6-Stunden-Arbeitstag einzuführen. Kürzere Arbeitszeiten forderte die Sozialdemokratin bereits Mitte 2019, als sie noch Verkehrs- und Kommunikationsministerin war.

Ganz neu ist Marins Idee einer radikalen Arbeitszeit-Reduktion bei vollem Lohn nicht. In Göteborg, der zweitgrössten Stadt Schwedens, wurde 2015 in Altersheimen und im städtischen Krankenhaus die Arbeitszeiten auf sechs Stunden pro Tag reduziert, bei gleichen Löhnen notabene. Zwei Jahre später zeigte sich, dass sich die Angestellten nicht nur glücklicher fühlten, sondern dass sie auch produktiver waren. Sogar ihre Patient*innen waren zufriedener. Auch in der schwedischen Auto-Branche funktioniert der 6-Stunden-Tag seit Jahren. Toyota hat bereits 2003 das Werk in Göteborg mit ähnlichen Erfolgen auf kürzere Arbeitstage bei vollem Lohn umgestellt.[40]

Das Beispiel der radikalen Arbeitsreduktion bei vollem Lohn zeigt, dass das aktuelle System nicht nur flexibel ist, wenn es darum geht, neue Produkte und Dienstleistungen zu kreieren oder mit weniger Ressourcen auszukommen. Es ist elastisch genug, um auch mit neuen sozialen Anforderungen umzugehen. Daran sollten wir uns erinnern, wenn es darum geht, neue globale Massstäbe zu setzen.

Ein anderes Beispiel aber zeigt, dass das aktuelle Wirtschaftssystem am Ende fast nur Verlierer*innen hinterlässt, wenn die falschen Anreize gesetzt werden. Die Mode- und Kleiderindustrie ist gleichzeitig auch ein Symbol dafür, wie ähnlich sich die stalinistische Kommandowirtschaft und die sogenannt freie Marktwirtschaft sein können.

Wie heute in vielen Schwellenländern, in die der globale Norden seine Produktion ausgelagert hat, galten auch in der Sowjetunion die individuellen Menschenrechte und ökologische Fragen nichts. Im sowjetischen System wurde alles dem Planerfüllungssoll untergeordnet. Was das konkret bedeuten konnte, zeigt der Aralsee in Zentralasien, der früher der viertgrösste See der Welt war. Heute ist er fast verschwunden; der ehemalige

Seeboden ist eine Salzwüste. Für UNO-Generalsekretär António Guterres ist es «die wohl grösste Umweltkatastrophe, die der Mensch in neuerer Zeit verursacht hat».

Diese ökologische Katastrophe begann, als die Sowjetunion 1964 beschloss, das Bewässerungsnetz rund um den Aralsee auszubauen, um in grossem Stil Baumwolle anzubauen. Allein auf dem Gebiet der Republik Usbekistan wurden über hunderttausend Kilometer Kanäle gebaut. Der Anbau von Baumwolle erforderte nicht nur enorme Mengen Wasser, sondern auch den intensiven Einsatz von Pestiziden. Der Aralsee wurde immer kleiner, da man ihm durch die Kanäle rund 90 Prozent des Wassers abzapfte, sodass die grossen Zuflüsse bloss noch als Rinnsale ankamen. Das ökologische Desaster zeigt sich in der usbekischen Stadt Muynak, die früher am südlichen Ufer des Aralsees lag. «Heute blickt man von seinem ehemaligen Badestrand über eine scheinbar endlose Halbwüste, die mit trockenen Büschen bewachsen ist und etwa 25 Meter tiefer liegt als der Strand – der ehemalige Seeboden. Ein halbes Dutzend Schiffsgerippe rosten darauf vor sich hin: die ehemalige Fischereiflotte Muynaks», berichtet der Schweizer Journalist Thomas Häusler.[41]

Diese ökologische Katastrophe aus der Zeit der Sowjetunion ist nur ein Beispiel der Baumwollproduktion. Sie steht auch stellvertretend für die Probleme, welche die marktwirtschaftliche Mode- und Kleiderindustrie noch heute Tag für Tag anrichten. Gegen 75 Millionen Menschen, vorwiegend Frauen, arbeiten in der Bekleidungs- und Textilindustrie. Damit schafft die Branche nicht nur wichtige Arbeitsplätze in Entwicklungsländern, sie verursacht gleichzeitig auch gewaltige Umweltprobleme. Gemäss WWF produziert die Branche weltweit 1,7 Milliarden Tonnen CO_2 und 2,1 Milliarden Tonnen Abfall pro Jahr.

Das hält jedoch beispielsweise die Schweizer Konsument*innen nicht davon ab, pro Jahr durchschnittlich 20 Kilogramm Kleider zu kaufen, die teilweise gar nie getragen und schnell wieder weggeworfen werden.[42] Die Schweizer*innen kaufen jährlich mehr als 60 Artikel der Kleiderindustrie. Nach einem Jahr liegen aber 60 Prozent aller Kleidungsstücke bereits im Abfall, wie Autor*innen von «*Nature Climate Change*» recherchiert haben. Wobei rund 40 Prozent der produzierten Bekleidung noch nicht einmal verkauft werden.

Die Klimabilanz der Textilindustrie ist verheerend. Mal abgesehen von der CO_2-Produktion, die mehr als 5 Prozent aller globalen Emissionen ausmacht. Die Produktion für ein einziges T-Shirt benötigt bis zu 3000 Liter

Wasser; für eine Jeans sind es gar 8000 Liter. Für das Bleichen, Färben, Waschen werden zusätzlich Grundwasservorräte angezapft. Auch für die Biodiversität ist der Baumwoll-Anbau eine Katastrophe: «Obwohl auf nur 2,5 Prozent der weltweiten Ackerfläche angebaut wird, werden dort nach Schätzungen der Umweltverbände 10 bis 20 Prozent aller ausgebrachten Pestizide versprüht.»[43] In rund 80 Ländern wird Baumwolle angebaut, die Anbaufläche beträgt etwa 30 Millionen Hektar. Die konventionelle Baumwolle wird gemäss WWF «häufig mit katastrophalen Methoden angebaut». Bloss etwa 15 Prozent der weltweit angebauten Baumwolle gelten als nachhaltig produziert.[44]

Das Umweltbewusstsein der Kund*innen habe bei der Mode nie die gleiche Dynamik entwickelt wie bei der Nahrung, sagt Karin Frick, die sich als Trend- und Konsumforscherin am Gottlieb Duttweiler Institut mit der Modeindustrie beschäftigt. Nicht zuletzt, weil die Kleidung unterdessen extrem billig ist, wird immer mehr verkauft. Der Branchenverband Swiss Textiles hat berechnet, dass die Ausgaben für Textilien das Haushaltsbudget vor 70 Jahren mit gut 10 Prozent belastet haben. Heute machen diese Ausgaben trotz viel höherem Konsum bloss noch bei zwei Prozent aus.[45]

Dass diese meistens in Südasien produzierten Kleider so billig sind, hat nicht nur damit zu tun, dass die Umweltkosten nicht adäquat aufgerechnet werden und dass die Transportkosten wegen des viel zu billigen Treibstoffs und der viel zu tiefen Löhne der Transportarbeiter kaum ins Gewicht fallen. Viel entscheidender sind die unsäglichen Arbeitsbedingungen der Arbeiter*innen, welche die Baumwolle ernten und bearbeiten und schliesslich die Kleider herstellen.

Ende der 1980er-Jahre hat ein internationales Netzwerk von Menschenrechts-Organisationen und Gewerkschaften begonnen, sich für die Verbesserung der Arbeitsbedingungen in der Bekleidungsindustrie einzusetzen. Das Netzwerk lancierte die internationale *Clean Clothes Campaign* (CCC). Was als Protestaktion gegen ausbeuterische Arbeitsbedingungen in der Zulieferkette des deutsch-belgischen Bekleidungsunternehmens C&A begann, hat sich zu einem globalen Netzwerk aus über 250 Organisationen in Europa und Asien entwickelt. Es setzt sich heute weltweit dafür ein, dass Kleiderfirmen ihre soziale Verantwortung wahrnehmen und sich die Arbeitsbedingungen in Textilfabriken nachhaltig verbessern.

Wie nötig das ist, zeigt sich etwa darin, dass die meisten der 75 Millionen Arbeiter*innen in der Schuh-, Bekleidungs- und Textilindustrie einen so schäbigen Lohn erhalten, dass dieser nicht existenzsichernd ist. «Armut und das Fehlen anderer Beschäftigungsmöglichkeiten zwingen viele, sich in ausbeuterischen Strukturen aufzureiben: Die Löhne betragen meist nur einen Bruchteil eines Existenzlohns, die Arbeitsbedingungen sind oft gefährlich und menschenunwürdig. Trotz Repression und Gewalt kämpfen sie tagtäglich für ihre Rechte», schreibt CCC.[46]

Zahlreiche grosse Modefirmen haben den Sitz in der Schweiz, von wo aus sie ihre globalen Geschäfte organisieren. «Der grösste Teil dieser Firmen bekennt sich nicht zu Existenzlöhnen und profitiert dreifach: Von billigsten Einkaufspreisen bei den Fabriken, von lukrativen Absatzmärkten in der Schweiz und von niedrigen Steuersätzen», heisst es bei der Schweizer NGO *Public Eye*, die zum Netzwerk der CCC gehört. Dabei ist es eigentlich ein Verbrechen, Arbeiter*innen einen Existenzlohn vorzuenthalten. So heisst es in der Allgemeinen Erklärung der Menschenrechte im Artikel 23/3: «Alle, die arbeiten, haben das Recht auf gerechte und befriedigende Entlohnung, die ihnen und ihrer Familie eine der menschlichen Würde entsprechende Existenz sichert, gegebenenfalls ergänzt durch andere soziale Schutzmassnahmen.»[47]

Doch die globalisierte Textil- und Modeindustrie macht bloss die Inhaber der Firmen reich. «Die Gewinne der Modeindustrie landen überwiegend am oberen Ende der Wertschöpfungskette, bei den Markenfirmen. Hier fallen in der Regeln die grössten Margen an, Textilgiganten wie H&M und Inditex erzielen daraus Umsatzrenditen im zweistelligen Bereich und haben ihre Eigentümer auf die Liste der reichsten Menschen der Welt gebracht», heisst es bei Public Eye.[48]

Dabei wäre es gerade bei Textilien relativ einfach, diese lokal und nachhaltig zu produzieren. Das zeigen zwei Beispiele aus dem deutschsprachigen Raum. Dabei bedeutet nachhaltig nicht nur, dass die Arbeiter*innen anständige Löhne erhalten, vernünftige Arbeitszeiten und andere zeitgenössische Arbeitsbedingungen haben. Nachhaltig bezieht sich insbesondere auch auf den Anbau der Materialien.

Das erste Beispiel ist die Genossenschaft Glärnisch Textil. Sie begann 2017, die Glarner Textilproduktion wiederzubeleben, für die der Kanton in der Zentralschweiz im 19. Jahrhundert weltbekannt war. In den 1870er-Jahren war die Textilindustrie auf ihrem Höhepunkt gewesen. Damals gab es im Kanton Glarus über 20 Stoffdruckereien, die mehr als 5000 Arbeiter*innen beschäftigten. Gleichzeitig waren 4000 Arbeiter*innen in 18 Spinnereien und 17 Webereien tätig. Das bei einer Bevölkerungszahl von rund 30 000 Einwohner*innen. [49]

Glärnisch Textil produziert nun mit dem Stroh von Nutzhanf nicht nur Textilien, sondern auch Baustoffe und Materialien als Kunststoffersatz.[50] Mit dem auf die Region beschränkten Modell bekennt sich die Genossenschaft dazu, die globale Herausforderung «hier und jetzt anzunehmen». Die regionale Verarbeitung von Leinen und Nutzhanf trägt dazu bei, die weitgehend ohne Pestizide nachwachsenden Ressourcen über die gesamte Wertschöpfungskette industriell zu verarbeiten. Glärnisch Textil richtet sich dabei nach den Vorgaben der Kreislaufwirtschaft, sodass sich ihre Produkte auffrischen und erneut verwenden lassen.

Noch ist die Glärnisch Textil Genossenschaft nicht soweit, um die etablierte Baumwoll-Industrie auf der regionalen Ebene herauszufordern. Um «Hemden, Hosen, Jacken, Wäsche aus Hanf mit dem Komfort und zu Preisen», wie es die Konsument*innen von der Baumwolle her gewohnt sind, vollständig in der Schweiz zu erzeugen, brauchte die junge Genossenschaft im Herbst 2020 «noch mehr Zeit und noch mehr Kapital.»[51]

Weil Hanf eine anspruchslose Pflanze ist, die praktisch überall angebaut werden kann, eignet sich das neue Glarner Modell, weltweit angewendet zu werden. Der Hanfanbau benötigt kaum Pestizide und kommt mit relativ wenig Wasser aus. Und weil die Hanfpflanzen für viele weitere Anwendungen genutzt werden können, sind moderne Textilien aus Hanf eine vernünftige und nachhaltige Alternative zu Baumwoll-Kleidern.[52]

Bereits einen wesentlichen Schritt weiter in der Produktion ist die «wijld» GmbH aus Wuppertal. Das junge deutsche Unternehmen hat sich darauf spezialisiert, ökologische Kleidung aus Holz herzustellen. Wobei «wijld» ausschliesslich Holz aus nachhaltiger Forstwirtschaft bearbeitet und sich gleichzeitig für Aufforstungsprojekte engagiert.

Dass die Verwendung von Holz anstelle von aufwendig angebauter Baumwolle Sinn macht, liegt auf der Hand. In der nachhaltigen Forstwirtschaft werden keine Düngemittel oder Pestizide eingesetzt. Zudem braucht Holz weniger Anbaufläche: Gemäss «wijld» «ist die benötigte Fläche bei Baumwolle durchschnittlich um 300 bis 500 Prozent grösser als bei unseren Holzfasern.»

So abwegig es klingt, aus Bäumen umweltfreundliche, angenehme Kleidung zu produzieren, die Methode ist keineswegs neu. «wijld» bezeichnet das Verfahren zur Herstellung von Viskosefasern gar «als Urvater unseres Stoffes». Es wurde bereits in den 1890er-Jahren entwickelt. Allerdings wurde damals ein Lösemittel eingesetzt, das sehr umweltschädlich war.

«*wijld*» nutzt nun aber in einem geschlossenen Stoffkreislauf organische Lösungsmittel, um die Cellulose aus dem Holz zu extrahieren. Der gelöste Zellstoff wird gefiltert, durch Spinndrüsen gepresst und als Faserkabel zusammengefasst. Dabei ist der Wasserverbrauch rund 20 Mal tiefer als bei der Baumwoll-Faserherstellung. Zudem fällt bei der Produktion von Holzfasern rund 75 Prozent weniger CO_2 an als bei der Baumwolle.[53] «*wijld*» lässt seine Kleider in Portugal fertigen, wo gemäss Eigendeklaration alle Mitarbeiter*innen unter guten Arbeitsbedingungen «vernünftig bezahlt» werden.[54]

Eigene Erfahrungen zeigen, dass Holz-T-Shirts mit Shirts aus Baumwolle keinen Vergleich scheuen müssen.

Dass es ökologisch Sinn macht, weniger Kleidung zu kaufen und diese länger zu tragen, steht ausser Frage. Und dass ein Wirtschaftssystem, das auf Wachstum und Profit ausgerichtet ist, dafür nicht geeignet ist, ist ebenso klar.

Die Textilindustrie ist ein Sinnbild der negativen Seiten der wirtschaftlichen Globalisierung. Deshalb hat auch die *Charta*, die zwar für die Schweizer Textilwirtschaft entworfen wurde, das Potenzial für eine globale Ausstrahlung. Die «*Kerenzerberg Charta Nachhaltige Textilien*» richtet sich nach den Prinzipien Transparenz, Kreislaufwirtschaft und Nachfrage. Dass sie nach dem Kerenzerberg benannt wurde, geht auf die Glarner Textil-Geschichte zurück. Der Kerenzerberg ist ein beliebtes Ausflugsziel im Glarnerland und dort hat im Sommer 2019 das dritte *Zukunftsforum Ethical Fashion Switzerland* stattgefunden, an dem die Charta vorgestellt wurde. Sie wurde aus der Hoffnung heraus entwickelt, dass Schweizer Firmen, die öffentliche Hand und die Zivilgesellschaft eine Führungsrolle beim Wandel der Textilindustrie hin zu mehr Nachhaltigkeit übernehmen könnten.[55]

Die «11 Punkte für eine gerechte, umwelt- und sozialverträgliche Bekleidungs- und Textilindustrie», die hier gekürzt wiedergegeben sind, können nicht nur als Vorlage für die globale Textil- und Modebranche dienen, sie könnten auch für andere Branchen adaptiert werden.

1. Wir sind transparent und handeln verantwortlich. Wir übernehmen soziale und ökologische Verantwortung und kennen die Wertschöpfungskette. Wir setzen uns auf allen Stufen für nachhaltige Verbesserungen ein.
2. Wir bewegen uns hin zur Kreislaufwirtschaft. Verantwortungsvollen Umgang mit Ressourcen erreichen wir durch Innovation. Mit Abfall-

vermeidung und der Förderung kleinräumiger Kreisläufe entstehen Wettbewerbsvorteile.

3. Im Konsum und im Einkauf, in jeder Wertschöpfungsstufe fordern und fördern wir Rohmaterialien, Halbfabrikate und Produkte.

4. Wir verstehen Gesundheit und Sicherheit am Arbeitsplatz als Menschenrecht. Daneben engagieren wir uns in unserer Wertschöpfungskette für die Rechte der Mitarbeitenden, für Gendergerechtigkeit und für die Achtung der Würde und der Interessen benachteiligter Menschen.

5. Wir anerkennen faire Löhne. Mit existenzsicheren Löhnen und gut ausgebildeten und selbstständigen Werktätigen wird die Textilindustrie insgesamt stark und resilient.

6. Wir stellen uns den Herausforderungen und setzen uns für nachhaltige Rohstoffe ein. Wir fördern neue und innovative Ansätze in der Faserproduktion. Dabei gilt unsere besondere Aufmerksamkeit dem möglichst geringen ökologischen Fussabdruck.

7. Wasser gilt es als kostbares Gut zu schützen. In der Produktion kommen wir mit möglichst wenig Wasser aus. Mit geschlossenen Wasserkreisläufen minimieren wir die Belastung der Abwässer, der Gewässer und des Grundwassers.

8. Mit umfassenden Systemanalysen und innovativen Technologien führen wir die Textilindustrie in Richtung der CO_2-Neutralität und verfolgen die Vermeidung ihrer Emissionen an Luftschadstoffen und Treibhausgasen.

9. Wir vermeiden den Einsatz schädlicher Chemikalien in unserer Wertschöpfung. Wir ersetzen sie konsequent durch umweltverträgliche Stoffe.

10. Das Tierwohl geht uns etwas an. Wo tierische Fasern eingesetzt werden, fordern wir die artgerechte und respektvolle Tierhaltung.

11. Wir entwickeln wettbewerbsfähige und innovative Geschäftsmodelle, machen uns attraktiv für alternative Finanzierungen und leisten Aufklärungsarbeit für die gerechte Kostenkalkulation und Preisbildung.[56]

Die *Kerenzerberg-Charta* ist ein Beispiel dafür, dass die Schweizer Wirtschaft nicht ausschliesslich aus profitorientierten Grossbanken oder Chemiekonzernen besteht. Sie zeigt zudem exemplarisch, nach welchen Prinzipien eine nachhaltige und soziale Wirtschaft in Zukunft aufgebaut sein muss.

Der vielleicht bekannteste deutsche Umweltchemiker denkt ebenfalls über die Kreislaufwirtschaft nach. Michael Braungarts war früher Greenpeace-Aktivist, nun arbeitet er in Hamburg an einer Revolution, welche die Umwelt und Menschheit retten soll. Den dringenden Handlungsbedarf beschreibt er so: «Koalabären, Gorillas, Zebras, Giraffen, Wale, Delfine – alles wird aussterben. Aber viele Säugetiere werden erhalten bleiben, ebenso die Kakerlaken etc. Wir verlieren aber durch Verteilungskämpfe das, was wir in 10 000 Jahren Zivilisation an Würde geschaffen haben.» Und er sagt erfrischend offen, dass die Politik den Leuten bloss den Eindruck verschafft, «als täten wir etwas». Dabei stehen die politischen Massnahmen «in keinem Verhältnis zu dem, was getan werden müsste.» Zu sagen, es reiche, ein bisschen weniger zu zerstören, wäre gemäss Braungart so, wie man sagen würde: «Ich schlage mein Kind nur noch fünfmal statt zehnmal.»

Das Ziel der von Michael Braungart propagierten Revolution entspricht weitgehend den Absichten der Textil-Charta: «Alles geht in den Kreislauf zurück.» Dinge wie Reifen oder Schuhsohlen, die sich abnützen, müssen so hergestellt werden, dass man sie in biologische Systeme zurückführen kann. Für die neue industrielle Revolution sei allerdings eine solide Wissenschaft nötig. Als Chemiker und Verfahrenstechniker arbeitete Michael Braungart 22 Jahre lang, «um ein kompostierbares Papier hinzukriegen. Es klappt. Meine Bücher drucke ich auf Papier, das man essen kann, so unschädlich ist es», erzählt er.

Braungart will jedoch nicht auf die Marktwirtschaft verzichten. Obwohl er durchaus anerkennt, dass «die Konzerne die Gewinne privatisieren, die Kosten für Müllentsorgung, Umweltzerstörung und krankmachende Stoffe aber verallgemeinern».[57]

Mit seiner Beisshemmung gegenüber dem herrschenden System, bringt er nicht den gleichen Mut auf wie Wirtschaftsnobelpreisträger Joseph E. Stiglitz. Dieser sagt zwar auch, dass es unbestrittenermassen Innovation und eine Mischung aus CO_2-Steuer und gezielter Regulierung brauche, um die Klimakatastrophe abzuwenden. Stiglitz sagt aber auch, dass «man das Feld nicht allein dem freien Markt überlassen» dürfe. «Wir setzen viel mehr Mittel für solche Innovationen ein, mit denen Arbeitskräfte gespart werden, als für Innovationen, die helfen, den Planeten zu retten. Auch das ist ein Beispiel von Marktversagen.» Der Professor der Columbia-Universität bezeichnet seine Analyse als simpel: «Wir müssen allgemein weniger Energie verbrauchen und von Kohle, Öl und Gas auf erneuerbare Energien umstellen.» Dass dies eine «grundlegende Veränderung der Wirtschaft und im Verhalten von Regierung und Individuen» bedeutet, ist logisch. Interessant aber ist, dass Joseph E. Stiglitz sagt, dass wir davor keine Angst davor haben sollten. «Der Lebensstandard kann sich durch die Umstellung sogar verbessern. Nichts gegen den Klimawandel zu unternehmen, ist viel riskanter und potenziell kostspieliger, als zu handeln.»

Wie sein Nobelpreis-Kollege William Nordhaus spricht sich auch Stiglitz für eine hohe CO_2-Steuer aus: «Der Ausstoss von Kohlendioxid muss einen Preis bekommen, der die wahren Kosten reflektiert.» Gleichzeitig kann man aber nicht auf Verbote verzichten. Stiglitz schlägt vor, den Betrieb von Kohlenkraftwerken zu verbieten, «wenn sie keine Lösung für die Lagerung ihres ausgestossenen CO_2 haben.» Eine interessante Idee, die sich allerdings nur international koordiniert durchsetzen lässt.

Wie die protestierende Klimajugend legt auch Stiglitz einen Fokus auf die Finanzmärkte, denen er eine «enorm wichtige Rolle» zuspricht. Aber er räumt ein: «Green Finance allein wird das Problem nicht lösen. Denn die Finanzmärkte haben Mühe, Risiken richtig einzuschätzen. Die Akteure sind kurzfristig orientiert und ignorieren langfristige Entwicklungen.»

Stiglitz spricht sich nicht nur für die existierenden internationalen Regulierungen aus. Er fordert auch, dass die internationalen Regeln fair sein müssen. «Das heisst, dass sie nicht nur den Partikularinteressen in den Industrieländern dienen». Das bedeutet nichts anderes, als dass über neue internationale Regeln der Produktion und des Handels demokratisch diskutiert und entschieden werden muss.

Und Joseph E. Stiglitz weist mit Recht darauf hin, dass in den USA oder in Europa «eine Wirtschaft ohne Wachstum vorstellbar» wäre, ohne dass deshalb der Lebensstandard sinken würde, «wenn dafür viel mehr umverteilt würde». Von den Ärmsten der Welt kann man aber nicht verlangen, «sie sollten weiter von der Subsistenzwirtschaft leben.» Sie brauchen das Wachstum, das ihnen ermöglicht, «auf ein anständiges Entwicklungsniveau» zu kommen, sagt Stiglitz.

Angesichts des aktuell viel zu grossen weltweiten CO_2-Ausstosses kann das nichts anderes bedeuten, als dass der globale Norden seine Wirtschaft und seinen Konsum herunterfahren muss, damit der globale Süden auf seine Rechnung kommt.[58]

Um die Marktwirtschaft umwelt- und sozialverträglich zu machen, müsste sie so gezähmt werden, dass sie mit einer globalen Demokratie kompatibel ist. Ob das möglich ist, stelle ich zur Diskussion. Dazu vertritt der französische Wirtschaftswissenschaftler Thomas Piketty in seinem aktuellen Buch «Kapital und Ideologie» interessante Thesen.[59] Seine Kernbotschaft lautet: Die Ungleichheit jeder Gesellschaft beruht darauf, dass die herrschende Ideologie die Ungleichheit rechtfertigt. Und für Piketty ist die heutige Ideologie die «Heiligsprechung des Privateigentums». Mit diesem Statement erinnert der französische Ökonom an die alten russischen Anarchisten. Mit seinem Buchtitel bezieht er sich aber vor allem auf Karl Marx' «Das Kapital». Darauf angesprochen, sagt Piketty, dass sein Werk durch viel mehr Daten belegt sei als jenes von Marx und er zudem auf die Erfahrungen des 20. Jahrhunderts bauen könne. Zum Beispiel auf die Fehler, die in der untergangenen Sowjetunion gemacht wurden, oder jene, welche der liberale Flügel der Sozialdemokrat*innen zu verantworten hat.

Thomas Piketty schlägt einen neuen Weg vor, der nichts mit dem berühmt-berüchtigten «Dritten Weg» zu tun hat, mit dem Tony Blair im Vereinigten Königreich und Gerhard Schröder in Deutschland ihre sozialdemokratischen Parteien an die Wand fuhren. Piketty schlägt als neues System einen «partizipativen Sozialismus» vor, der die gesellschaftlichen Gräben wieder zuschüttet. Dabei soll es künftig Privateigentum nur noch auf Zeit geben. Zudem sollen die Reichsten bis zu 90 Prozent Steuern bezahlen. Aus den entsprechenden Einkünften sollen dafür junge Erwachsene mit 25 Jahren eine Summe von etwa 120 000 Euro als Startkapital erhalten. Und Thomas Piketty wagt sich gar auf das Feld der Wirtschaftsdemokratie vor, indem er vorschlägt, dass in den Verwaltungsräten der Firmen die Angestellten die Hälfte der Sitze übernehmen sollen.[60]

Das Thema der Wirtschaftsdemokratie ist so wichtig und spannend, dass es später in diesem Kapitel ausführlich behandelt wird. Um Pikettys Vorschlag der fast hundertprozentigen Besteuerung der Superreichen zu unterstützen, zunächst ein paar Worte und Zahlen zur ungleichen Verteilung des Kapitals.

Dass der Umbau der Weltwirtschaft in ein gerechtes und nachhaltiges Wirtschaftssystem nicht nur Arbeiter*innen, Unternehmer*innen, Politiker*innen und Wirtschaftswissenschaftler*innen vor riesige Herausforderungen stellt, sondern auch eine Menge Kapital braucht, ist unbestritten. Für die nachträgliche und nachhaltige Industrialisicrung und für den Aufbau der Basisinfrastruktur im globalen Süden wird mehr Kapital vonnöten sein, als dies die reichen Staaten im globalen Norden aus ihren normalen Haushalten aufbringen können. Abgesehen davon, dass diese selbst enorme Summen investieren müssen, um den ökologischen Umbau ihrer Wirtschaft zu stemmen.

Es liegt auf der Hand, das Kapital dort zu holen, wo es im Überfluss vorhanden ist. Das kann, wie von Piketty vorgeschlagen, über sehr hohe Steuern geschehen, wie dies in skandinavischen Ländern oder in den USA nach dem Zweiten Weltkrieg der Fall war. Eine bisher kaum diskutierte Variante ist es, das persönliche Eigentum zu limitieren. Dafür spricht, dass es gerade bei «altem» Kapital genügend Fälle gibt, in denen diese Vermögen nur durch unmenschliche Geschäfte wie den Sklavenhandel oder das Söldnerwesen gebildet werden konnten. Abgesehen davon, dass eine extrem ungleiche Verteilung der Vermögen die Demokratie ad absurdum führt: Kein Mensch braucht für ein anständiges Leben ein Vermögen, das über ein paar Millionen Dollar oder Euro hinausgeht.

Weltweit gibt es jedenfalls genügend Kapital, um die Wirtschaft so umzubauen, dass Armut und Elend weltweit überwunden werden können. Um nicht gleich mit schwindelerregenden Zahlen zu operieren, hier ein paar Zahlen aus der kleinen Schweiz, wo nur gerade 1 Promille der Weltbevölkerung lebt.

Die zehn reichsten Familien in der Schweiz besassen 2019 zusammen über 220 Milliarden Franken. An der Spitze standen wie seit Jahren üblich die Erben des Ikea-Gründers Ingvar Kamprad. Ihr Vermögen belief sich auf rund 55 Milliarden Franken. Das war rund doppelt so hoch wie das Vermögen der Familien Hoffmann und Oeri, die hinter dem Pharmariesen Roche stehen.[61]

Während also allein die zehn reichsten Familien in der Schweiz über 220 Milliarden Franken Vermögen besassen, betrug die «Verschuldung der öffentlichen Hand» in der Schweiz im Jahr 2017 gemäss Schweizer Bundesamt für Statistik gleichzeitig rund 197 Milliarden Franken.[62]

Wenn die Vermögen der zehn reichsten Familien in der Schweiz auf maximal 100 Millionen Franken pro Familie reduziert und der Rest vergesellschaftet würde, könnte die öffentliche Verschuldung auf einen Schlag getilgt werden. Die Superreichen müssten sich mit einem solchen Vermögen nicht einmal besonders einschränken.

Nimmt man die 300 Reichsten der Schweiz, die zusammen auf gut 700 Milliarden Franken Vermögen kommen, in diese Modellrechnung auf, blieben diesen bei einer solchen Beschränkung immer noch insgesamt 30 Milliarden Franken. Mit den restlichen 670 Milliarden wäre nicht nur die Verschuldung der öffentlichen Hand in der Schweiz gedeckt, es blieben Hunderte Milliarden Franken, die in eine ökologische Wirtschaft investiert werden könnten. Die Tilgung aller Staatsschulden durch die Besitzenden war die letzte der neun Forderungen des landesweiten Generalstreiks von 1918 in der Schweiz.[63] Das ist eine der wenigen Forderungen, die auch hundert Jahre später nicht eingelöst wurden.

Weltweit sieht die Bilanz der Reichsten noch etwas anders aus. Das *Credit Suisse Research Institute* hat im Oktober 2019 den aktuellen *Global Wealth Report* publiziert. Danach gibt es rund 56 000 Menschen mit einem Nettovermögen von mindestens 100 Millionen Dollar. Knapp 5000 Menschen habe gar ein Vermögen, das grösser ist als 500 Millionen Dollar. Die ärmsten 90 Prozent der Weltbevölkerung besitzen dagegen nur 18 Prozent des weltweiten Vermögens.[64]

Die zehn Reichsten der Welt haben 2019 zusammen ein geschätztes Vermögen über 740 Milliarden Franken besessen. Wobei Amazon-Gründer Jeff Bezos mit damals 131 Milliarden Franken obenaus schwang.[65] Die 160 reichsten Milliardäre besitzen zusammen so viel Vermögen wie die gesamte ärmere Hälfte der Weltbevölkerung.[66]

2019 gab es weltweit über 2100 Personen mit einem Vermögen von mindestens einer Milliarde US-Dollar.[67] Selbst wenn sich die konkreten Zahlen wegen der Coronakrise leicht nach unten verschoben haben sollten: Wenn alle diese Menschen jeweils «bloss» eine einzige Milliarde Dollar besässen, von dieser aber 900 Millionen abgeben müssten, um eine weltweite Finanzreform und weltweite Investitionen zu finanzieren, hätte die globale öffentliche Hand auf einen Schlag mindestens 1900 Milliarden Dollar dafür zur Verfügung. 1900 Milliarden Dollar sollten reichen, um die ganze Welt mit nachhaltig produziertem Strom zu versorgen, alle öffentliche Schulden zu tilgen und um weltweit genügend Spitäler und Schulen zu bauen.

Doch damit nicht genug. Die Menschheit könnte auch eine Menge Geld und nebenbei gesagt auch einige Millionen Tonnen CO_2 sparen, wenn sie auf Kriege und auf ihre hochgerüsteten Armeen verzichten würden. Laut einer im November 2019 veröffentlichten Studie gaben die USA in den letzten 20 Jahren 6400 Milliarden US-Dollar für ihre Kriege in Afghanistan, im Irak, in Syrien und in Pakistan aus. Der Bericht des *Watson Institute of International and Public Affairs* der Brown University hat ausserdem ausgerechnet, dass als direkte Folge dieser Kriege mehr als 800 000 Menschen starben, davon mehr als 335 000 Zivilisten. Weitere 21 Millionen Menschen wurden aufgrund von Gewalt vertrieben. Die entsprechenden volkswirtschaftlichen Kosten wurden nicht erhoben. Die USA als führende

Kriegsnation haben 2017 mehr Geld fürs Militär ausgegeben als die sieben Länder auf den Rängen zwei bis acht zusammen. Weltweit wurden insgesamt 1700 Milliarden Dollar fürs Militär verschwendet.[68]

Diese Zusammenstellung zu Vermögen und Kriegskosten zeigt: Weltweit gibt es genügend Kapital, um eine gerechte und friedliche Gesellschaft aufzubauen. Was fehlt, ist der politische Wille, dieses Kapital gerechter zu verteilen und es intelligent zu investieren.

Für eine faire und nachhaltige Wirtschaftsordnung braucht es aber auch eine Neubewertung der Care-Arbeit. Das aktuelle Wirtschaftssystem funktioniert nur, weil ein wesentlicher Teil der Arbeit nicht entlohnt wird, die Care-Arbeit, Betreuungsleistungen, die meistens im privaten Bereich erledigt werden. Dass es fast zu 100 Prozent Frauen sind, die diese unbezahlte Care-Arbeit leisten, ist eine der Ursachen, warum Frauen einen viel zu kleinen Anteil am Weltvermögen haben. Wie die Entwicklungsorganisation *Oxfam* berichtet, besitzen Männer weltweit rund 50 Prozent mehr Vermögen als Frauen.

Weltweit können über 40 Prozent der Frauen im erwerbsfähigen Alter keinen Beruf ausüben, weil sie Pflege- und Fürsorgeaufgaben übernehmen müssen. Bei Männern liegt dieser Anteil nur gerade bei sechs Prozent. «Diese Zahlen sind Ausdruck eines Wirtschaftssystems, das vor allem für wohlhabende Männer funktioniert», sagt Ellen Ehmke, Analystin für soziale Ungleichheit bei *Oxfam*.

Frauen in ländlichen Gebieten des globalen Südens leisten pro Tag bis zu 14 Stunden Pflege- und Fürsorgearbeit. Wobei die Klimakrise diese Situation noch verschlechtert, weil die Wege zu Wasserstellen länger und der Anbau von Gemüse schwieriger werden. Auch in den Industrieländern des Nordens kämpfen die Frauen noch immer für eine gerechtere Verteilung der Care-Arbeit. Dass sich dort die Erwerbstätigenquoten von Frauen und Männern in den letzten Jahren angenähert haben, basiert weitgehend auf mehr Teilzeitanstellungen der Frauen. Dabei würden zum Beispiel in Deutschland die Frauen lieber mehr Lohnarbeit verrichten. Dass sie das nicht realisieren können, liegt meistens daran, dass sie Kinder oder Angehörige betreuen müssen.

Oxfam hat ausgerechnet, was die Care-Arbeit die Weltwirtschaft kosten würde, wenn die Frauen dafür anständige Löhne erhielten. Die zwölf Milliarden unbezahlten Arbeitsstunden, die Frauen und Mädchen pro Tag leisteten, entsprachen auf ein ganzes Jahr hochgerechnet einem Wert von mindestens 11 000 Milliarden US-Dollar.[69]

Damit diese weltweit herrschende Ungerechtigkeit verschwindet, fordert die italienisch-amerikanische Philosophin Silvia Federici eine feministische Revolution. Federici war mit ihren Theorien zur Care-Arbeit eine Pionierin. In den 1970er-Jahren hat sie sich in der feministischen Kampagne «Löhne für Hausarbeit» engagiert.

Federici erklärt, dass es die feministische Bewegung in den 1970er-Jahren zwar geschafft hat, diese Ausbeutung der Frauen sichtbar zu machen, aber die neue Frauenbewegung konnte diese Verhältnisse nicht verändern. Die reproduktive Arbeit wird noch immer als etwas betrachtet, das zum «Frau-Sein» gehört. «Somit wird sie nicht als richtige Arbeit gesehen», sagt Silvia Federici. Entsprechend wird sie nicht bezahlt. Und weil es in den letzten Jahren nicht gelungen ist, die Sozialleistungen auszubauen oder wenigstens den Sozialabbau der Staaten zu verhindern, müssen sich die Care-Arbeiter*innen heute gar mit «weniger und schlechteren Leistungen» herumschlagen.

Die emeritierte Professorin für politische Philosophie und internationale Politik an der Hofstra University New York weist darauf hin, dass es bezahlte Hausarbeit immer schon gab. Dabei habe diese «immer schon als eine der niedrigsten Arbeiten in unserer Gesellschaft» gegolten. Selbst wenn sie bezahlt wurde, «war sie fast eine Form der Sklaverei.» Dass weiterhin täglich Millionen Frauen diese Arbeit unbezahlt verrichten, verschlechtert auch die Verhältnisse für die Frauen, die dafür bezahlt werden: «Heute ist die Situation vieler Hausarbeiterinnen schrecklich, weil viele von ihnen aus ehemaligen kolonisierten Ländern kommen. Es sind viele migrantische Frauen und *women of color*, die noch dazu rassistisch ausgebeutet werden – und oft auch keinen legalen Aufenthalt haben», sagt Silvia Federici.

Um das traditionelle Missverhältnis zwischen bezahlter und unbezahlter Arbeit zu ändern, schlägt Federici vor, die unbezahlte Care-Arbeit als kollektives Projekt zu betrachten, «das wir sozialer und kooperativer gestalten müssen.» Dabei denkt sie beispielsweise an Kooperationen in der Kinderbetreuung oder beim Kochen. «Wie das genau ausschauen soll, müssen wir diskutieren, aber wir werden schon einen Weg finden. Es gibt kein richtiges Modell. Wichtig ist, dass diese Arbeit gemeinsam erledigt wird – auch gemeinsam mit Männern.»[70]

Zu Federicis Forderung einer feministischen Revolution passt Birgit Sauers Aufruf, dass demokratisches Handeln in allen sozialen Feldern stattfinden muss, also nicht nur in der bezahlten Wirtschaftswelt, sondern auch in der Familie und im Haushalt. Voraussetzung dafür ist, dass «partizipative Diskussions- und Entscheidungsprozesse» auch an den Arbeitsplätzen und in den Betrieben initiiert werden. Wobei die Professorin für Politikwissenschaft an der Universität Wien ausdrücklich auch den «Arbeitsplatz Haushalt, wo der Hauptteil gesellschaftlich notwendiger Fürsorgearbeit erbracht wird», zu einem Teil «eines radikalen Demokratisierungsprojekts» machen will.[71]

Zu einer Demokratisierung gehört auch, dass die Mitbestimmung nicht vor den Fabriktoren aufhört, wie das früher in der Arbeiter*innenbewegung genannt wurde. Denn es ist ein grundlegender Makel der liberalen Demokratie, dass «ein für die meisten Menschen zentraler und prägender Bereich des Lebens, die Arbeit, von der demokratischen Entscheidungsfindung ausgeschlossen ist», wie es der italienische Politikwissenschaftler Dario Azzellini formuliert. Dass sich die Wirtschaftsdemokratie nie durchsetzen konnte, liegt nicht daran, dass sie nie versucht wurde. Bereits in der ersten Industrialisierung gab es Experimente mit der betrieblichen Selbstverwaltung. Friedrich Engels hatte dazu in Karl Marx' «Das Kapital» eine Fussnote verfasst: «In einem mir bekannten Fall wurde nach der Krisis von 1868 ein fallierter Fabrikant bezahlter Lohnarbeiter seiner eigenen früheren Arbeiter. Die Fabrik wurde nämlich nach dem Bankrott von einer Arbeitergenossenschaft weitergeführt und der ehemalige Besitzer als Dirigent angestellt». In der Pariser Kommune drei Jahre später wurden dann erstmals die wirtschaftliche Selbstverwaltung im grösseren Massstab ausprobiert. «Räte organisierten 72 Tage lang das Leben von Paris, von Produktion und Verteilung bis zu Bildung und Kultur», schreibt Azzellini.[72]

Knapp 150 Jahre nach der Pariser Kommune ist das wirtschaftliche Leben ganz anders organisiert, schliesslich war damals noch nicht einmal das Fliessband erfunden. Und die Digitalisierung war sogar als Begriff unbekannt. Die Frage der Demokratisierung der Wirtschaft ist aber weiterhin aktuell. Allerdings müssen heute neben Fabriken auch die Dienstleistungsunternehmen demokratisiert werden.

Wenn es um die globalen Technologiefirmen geht, die mit ihren Quasi-Monopolen die Demokratien ganzer Nationalstaaten bedrohen, gibt es für Formen der Firmendemokratie sogar Unterstützung aus einer Ecke, die mit Klassenkampf nichts zu tun hat. Der Schweizer Ökonom Hans Gersbach arbeitet als Professor für Makroökonomie an der ETH Zürich. Er plädierte dafür, führende Technologie-Unternehmen wie Apple, Google, Microsoft, Facebook oder Amazon wenigstens teilweise zu demokratisieren. Diese fünf Unternehmen, auch «Techgiganten» genannt, gelten nicht nur als die wertvollsten Konzerne der Welt, für Gersbach sind sie auch eine ökonomische Bedrohung, weil sie mit ihren Monopolen langfristig «höhere Kosten und geringere Auswahlmöglichkeiten für Kunden» erzeugen. Die *Big Five* bedrohen aber auch die Demokratie, «weil sie wichtige Informationsprozesse kontrollieren können, die unsere Gesellschaft für Entscheidungen nutzt. Die Techgiganten können diese Prozesse massgeblich beeinflussen, sobald ihre Produkte genutzt werden.»

Für den Ökonomie-Professor aus der Bankenstadt Zürich liegt es deshalb «im Interesse der Demokratien, diese Monopolstellung zu beschränken.» Dafür müssten aber «die Rechte an den eigenen Daten und deren Austausch» so festgelegt werden, dass man die Unternehmen kontrollieren könnte. Fragt sich, wer solche Gesetze ausarbeiten und anwenden soll. «Techgiganten agieren global und schnell, supranationale Regeln sind darum schwer durchzusetzen.» Die Frage zu beantworten, heisst für eine globale Demokratie zu plädieren. Soweit will Gersbach nicht gehen. Und die Eigentumsverhältnisse der Techfirmen infrage zu stellen, ist seine Sache ebenfalls nicht.

Aber Hans Gersbach zeigt auf, wie eine Teil-Demokratisierung der Unternehmen möglich wäre. Sein Grundgedanke ist, dass die User*innen ein Mitspracherecht bekommen, welche ihrer Daten die Technologiekonzerne nutzen dürfen. Die Nutzer*innen könnten beispielsweise über solche Fragen abstimmen. Dafür hat Gersbach mit seinem Team ein «Co-Voting-Verfahren» entwickelt. Dieses sieht vor, dass eine zufällig ausgewählte Untergruppe stellvertretend für alle User*innen mitreden kann. Diese Gruppe stimmt zuerst über eine Frage ab und veröffentlicht das entsprechende Resultat. Erst danach kommen die Aktionär*innen zum Zug. Aus diesen beiden Abstimmungsresultaten würde dann die endgültige Entscheidung gefällt, wobei die genaue Gewichtung der einzelnen Resultate noch geklärt werden müsste. Ein solches Co-Voting könnte nach Gersbach «dazu beitragen, die Rechte an den eigenen Daten zu schützen, und das Recht auf freie Meinungsäusserung zu bewahren.» Zudem kann sich Gersbach vorstellen die «Demokratisierung der Techgiganten» durch weitere Elemente zu ergänzen, zum Beispiel durch einen «Nutzerrat».[73] Der aktuelle Ansatz des ETH-Professors zeigt, dass die Demokratisierung der Wirtschaft ein hochaktuelles Thema ist. Für den ökologischen Umbau der Wirtschaft wird er wie der Einbezug der Care-Wirtschaft gar zu einem Schlüsselelement.

Für mehr Wirtschaftsdemokratie sprechen sich auch die Ökonom*innen Hossam Zeitoun, Margrit Osterloh und Bruno S. Frey sowie der pensionierte Schweizer Gewerkschaftsökonom Hans Baumann aus. Ihr Ziel ist es, neben den Aktionär*innen auch andere Interessensgruppen in die Unternehmensentscheide einzubeziehen. Wie das Schweizer Parlament soll der Aufsichts- oder Verwaltungsrat einer Aktiengesellschaft über zwei Kammern verfügen. Eine Kammer würde durch die Aktionär*innen-Versammlung gewählt, die andere durch die anderen «Stakeholder» wie Arbeiter*innen, Nichtregierungsorganisationen oder Konsumentenvereinigungen.[74]

Obwohl beide Modelle interessante Möglichkeiten der demokratischen Mitsprache bieten, gehen sie das Problem der fehlenden Demokratie nicht an der Wurzel an, bei den Eigentumsverhältnissen der entsprechenden Unternehmen. Der amerikanische Ökonom Jeremy Rifkin hingegen hat sich intensiv mit der Frage beschäftigt, wem die Unternehmen in Zukunft gehören werden. Und er kam dabei zu Schlussfolgerungen, die zumindest zu einer teilweisen Demokratisierung der Wirtschaft führen könnten.

In seinem Werk «*The Green New Deal*» arbeitet er dazu ein paar Zahlen auf, aufgrund derer er sich gar mit Marx anlegt. Denn Rifkin geht davon aus, dass ein grosser Teil, der für den Aufbau der neuen grünen Infrastruktur erforderlichen Finanzmittel aus globalen Pensionsfonds stammen wird. Also aus Kapital, das die Lohnabhängigen angespart haben. Die Pensionskassenfonds haben nach Rifkin im Jahr 2017 mit 41,3 Billionen US-Dollar den grössten Pool für Investmentkapital gebildet. Weltweit. Davon haben die Pensionskassengelder der US-amerikanischen Arbeiter*innen mit einem Vermögen von mehr als 25,4 Billionen US-Dollar den grössten Teil ausgemacht.

«Karl Marx hätte sich niemals eine Realität des 21. Jahrhunderts vorgestellt, in der ‹die Arbeiter der Welt› über ihr öffentliches und privates Kapital die Haupteigentümer des globalen Investitionskapitals sind»,[75] schreibt Rifkin.

Das riesige Pensionskapital hat sich den letzten sieben Jahrzehnten im globalen Norden angesammelt. Dahinter steht keine Revolution im traditionellen Sinne, aber vielleicht doch «das bestgehütete Geheimnis der modernen kapitalistischen Geschichte». Mit der wirtschaftlichen Schlagkraft dieser 41,3 Billionen US-Dollar könnten die gewerkschaftlich organisierten Arbeitskräfte indirekt die «Wirtschaftsinstitutionen, die die internationale Wirtschaftsordnung regieren», glaubt Jeremy Rifkin. Damit müsste man sich aber, «um Marx auf den Kopf zu stellen», die Arbeiter*innen der Welt als eine Armee von «kleinen Kapitalisten» vorstellen.

Im Jahr 2017 hat es in den USA 135 Millionen Beschäftigte des öffentlichen und privaten Sektors gegeben, von denen über die Hälfte in die Pensionsfonds einbezahlt haben. Was würde passieren, wenn sich diese 73 Millionen amerikanischen «Rentenkapitalist*innen» mit ihren Kolleg*innen rund um den Globus zusammenschlössen und beginnen würden, die Kontrolle über diesen riesigen Kapitalpool in der Weltwirtschaft auszuüben, fragt Rifkin rhetorisch.[76]

Eine interessante Gedankenübung. Allerdings geht Rifkin bei seinen Überlegungen davon aus, dass sich am globalen Wirtschaftssystem nichts Grundlegendes ändern wird. Mit Blick auf eine neue globale Finanzarchitektur, die nicht nur die Reparationskosten der Kolonialisierung und Sklavenwirtschaft berücksichtigt, sondern auch die unbezahlte Care-Arbeit der Frauen weltweit aufrechnet, ist es undenkbar, dass die Pensionskassengelder der Arbeiter*innen ungeschoren davonkommen. Eine globale, gerechte Finanzreform muss aber dafür garantieren, dass die Pensionsansprüche der Arbeiter*innen des globalen Nordens soweit gesichert sind, dass sie ihr Rentner*innenleben in Würde, ohne materielle Nöte und selbstbestimmt gestalten können.

Eine andere, für die Zukunft nicht minder interessante, Form der Wirtschaftsdemokratie hat sich in der Schweiz ab der Mitte des 19. Jahrhunderts entwickelt. Von den Konsumvereinen, die von Fabrikarbeiter*innen als Selbsthilfeorganisationen gegründet wurden, damit sie in fabrikeigenen Läden nicht überteuerte Lebensmittel kaufen mussten, war schon einmal kurz die Rede. Sie waren die Vorläufer der Genossenschaft Coop. Diese bildet noch heute zusammen mit der ebenfalls genossenschaftlichen Migros das Führungsduo des schweizerischen Detailhandels. Coop und Migros kommen auf je rund 28 Milliarden Franken Umsatz pro Jahr und beschäftigen zusammen rund 185 000 Beschäftigte. Zusammen kontrollieren sie knapp 70 Prozent des Einzelhandels in der Schweiz.[77]

Es wird zu Recht kritisiert, dass die Genossenschafter*innen der beiden Detailhandelsriesen nicht mehr über viele Mitwirkungsmöglichkeiten verfügen. Dennoch haben beide Genossenschaften keine Privatpersonen als Eigentümer, die sich am Detailhandel eine goldene Nase verdienen, wie dies bei den entsprechenden Firmen in den Nachbarländern der Schweiz der Fall ist. «Genossenschaften stehen für moderne Werte wie Selbsthilfe,

Selbstverantwortung und Unternehmertum», sagt Ursula Nold, Präsidentin des Migros-Genossenschaftsbunds. Coop und Migros sind nur zwei Beispiele für die etablierten Genossenschaftsunternehmen in der Schweiz. Dazu gehören auch die Bank Raiffeisen, die Versicherung Mobiliar, das Carsharing Unternehmen Mobility oder die Reisekasse Reka. Insgesamt gibt es in der Schweiz rund 8500 Genossenschaften.

«Die Genossenschaft wäre die richtige Form für nachhaltiges Wirtschaften», sagt Ursula Nold zu Recht.[78] Denn obwohl auch die kommerziellen Genossenschaften im aktuellen System Profite machen müssen, die sie in die Weiterentwicklung des Unternehmens stecken können, hat der Profit bei Genossenschaften nie den Zweck, die Investor*innen reich zu machen. Genossenschaftsmitglieder erhalten in der Regel keine oder nur geringe Anteile der Gewinne ausbezahlt. Genossenschaften, die grössere Gewinne machen, als sie für Investitionen brauchen, geben diese in der Regel nicht nur an Genossenschafter*innen, sondern auch an Kund*innen weiter. Bei der Mobiliar Versicherung beispielsweise erhalten die Kund*innen regelmässig finanzielle Gutschriften, mit denen die Genossenschaft einen Teil des Gewinns auszahlt.

Die Mitwirkungsmöglichkeiten bei Genossenschaften sind sehr unterschiedlich. Bei den Detailhandelsriesen Coop und Migros sind sie, wie erwähnt, relativ bescheiden. Aber bei den selbstverwalteten Betrieben ist die Mitbestimmung zentral. Arbeiten ohne Chef*in und Entscheide im Kollektiv zu treffen, heisst das Credo. Der Journalist Stefan Howald hat das in einem Beitrag für die selbstverwaltete Zürcher «Wochenzeitung» so beschrieben: «Als gesellschaftspolitisches Konzept erhielt die Genossenschaftsbewegung mit der 68er-Bewegung neue Impulse. Unter dem Stichwort Wirtschaftsdemokratie wurden die beiden Strategien Mitbestimmung und Selbstverwaltung verflochten. Genossenschaft wurde nun zumeist als selbstverwalteter Betrieb übersetzt.»

Die Selbstverwaltungsszene erhielt in der Schweiz durch die Jugendunruhen von 1980 Auftrieb. Die neuen Betriebe siedelten sich vor allem im Dienstleistungssektor, im Gastgewerbe und in den Medien an. «Nicht mit der traditionellen Arbeiterbewegung verbunden, zielte ihr Anspruch über die Realpolitik hinaus zuweilen auf einen ganzheitlichen alternativen Lebensentwurf: Die Aufhebung der Entfremdung», schreibt Howald. Zu Beginn der 1980er-Jahre hat auch die Sozialdemokratische Partei der Schweiz die Idee der betrieblichen Selbstverwaltung aufgenommen. Sie sei «ein grundlegendes Prinzip, mit dem wir die Demokratie erweitern und vertiefen wollen», hiess es damals.[79]

Eine Genossenschaft ist einer Aktiengesellschaft im Bereich der Demokratie und der Mitbestimmung immer überlegen. In einer Genossenschaft hat die Stimme einer Person mit bloss einem Anteilschein den gleichen Wert wie die Stimme einer Person, die 100 oder mehr Anteilscheine besitzt. Bei einer Aktiengesellschaft ist das umgekehrt. Hier kommt es darauf an, wer wie viele Aktien besitzt.

Für die bürgerliche «Neue Zürcher Zeitung» sprechen diese «demokratischen Strukturen und die Schwierigkeiten bei der Beschaffung von Kapital zur Finanzierung eines starken Wachstums» gegen die Genossenschaft als Unternehmensform. Doch auch die NZZ gibt zu, dass «genossenschaftliche Strukturen sinnvoll» sind, sobald «ein partizipatives Element in den Vordergrund tritt». Als gute Beispiele werden die landwirtschaftlichen Genossenschaften, Mobility oder «sozialpolitische Genossenschaften und der Bereich der Wohnbaugenossenschaften» erwähnt.[80]

Das Modell der Genossenschaft hat sich nicht nur in der Schweiz bewährt. Wenn es darum gehen wird, selbst grosse, multinationale Konzerne zu demokratisieren, wird die Genossenschaft als Unternehmensform eine gute Möglichkeit sein. Nicht nur, weil in der Genossenschaft die eigene Belegschaft problemlos am Unternehmen beteiligt werden kann. Eine Genossenschaft bietet ideale Bedingungen, denn auch die öffentliche Hand und Kund*innen können sich bei den Unternehmen einbringen.

Wenn im Rahmen einer umfassenden Finanzreform die Wirtschaft auf eine genossenschaftliche Basis gestellt wird, kann sichergestellt werden, dass in den neuen Leitungsgremien mindestens die Hälfte der Sitze von Frauen besetzt werden. Zudem müssen die Eigentumsverhältnisse der Unternehmen so verändert werden, dass neben den bisherigen privaten Investor*innen neu auch die Belegschaft, Kommunen oder Staaten, Gewerkschaften sowie Konsument*innen- und Umweltorganisationen Mitbesitzer*innen werden. Damit wird einerseits das Recht auf Privateigentum weiterhin gewährleistet, während andererseits garantiert ist, dass die Unternehmen den Zweck ihres Wirtschaftens nach gesellschaftlichen Bedürfnissen ausrichten und Umweltfragen genügend berücksichtigen. Über die konkrete Umsetzung solcher Veränderungen werden sich die Unternehmen und ihr Umfeld verständigen müssen.

Wichtig aber ist, dass eine globale Verfassung für eine solche Wirtschaftsreform die Grundlage schaffen wird. Obwohl die Demokratisierung der Wirtschaft «als Partizipation bei der globalen Verteilung der Ressourcen, in der Gesamtwirtschaft, bei der Care- und Nichterwerbsarbeit, im staatlichen Sektor und auf der betrieblichen wie auch auf Konzernebene» verstanden werden muss, wie das der Schweizer Ökonom und Publizist Hans Baumann formuliert, können auch auf der Ebene der Nationalstaaten wichtige Anliegen umgesetzt werden.[81] Wie eine radikale Arbeitszeitverkürzung aussehen kann, hat das Beispiel Finnland gezeigt. Lia Becker, wissenschaftliche Mitarbeiterin von «Die Linke», macht daraus für die Mobilisierung der Arbeiter*innen in Europa eine konkrete Utopie: «Die kurze Vollzeit um die 30-Stunden-Woche mit Lohnausgleich soll neue ‹Normalarbeitszeit› werden. Zwischen 22 und 35 Stunden könnte diese dann, auch in unterschiedlichen Lebensphasen, selbstbestimmt gestaltet werden.»[82] Finanziert würde dies durch die gestiegene Produktivität der Arbeit, die seit den neoliberalen Reformen der 1980er-Jahre in Form von Gewinnausschüttungen praktisch ausschliesslich den Aktionär*innen zugutegekommen sind; Reallohnerhöhungen oder Arbeitszeitverkürzungen für die Arbeiter*innen waren Mangelware.

Gemäss einem Gutachten des Bundesverbandes der Deutschen Industrie lag das durchschnittliche Wachstum der Produktivität pro erwerbstätige Person in der Industrie zwischen 1992 und 2017 jährlich bei 1,5 Prozent. Im verarbeitenden Gewerbe lag dieser Faktor mit 2,4 Prozent noch höher.[83] Selbst ohne «Zinseszins-Rechnung» war damit die Produktivität in Deutschland in den letzten 25 Jahren um 37 Prozent bis 60 Prozent gestiegen. Wobei hier Deutschland stellvertretend für die ganze europäische Wirtschaft stehen kann. Und was hatten die Arbeiter*innen von diesem Produktivitätsfortschritt? Wenig bis nichts. Statt beispielsweise das Pensionsalter zu senken, wurde es in vielen Ländern sogar angehoben.

Für Lia Becker ist aber der Kampf um eine Verkürzung der Arbeitszeit nicht nur «eine Bedingung für die weitreichende Demokratisierung der Arbeit». Sie ist auch die Voraussetzung, um die von Federici geforderte feministische Revolution umzusetzen, weil nur so «die Erwerbsarbeit in der Gesellschaft, aber auch die Sorge- und Hausarbeit zwischen den Geschlechtern gerecht verteilt werden» kann.[84]

In den industrialisierten Dienstleistungsgesellschaften des globalen Nordens sind Forderungen nach einer massiven Reduktion der Wochen-Arbeitszeit und nach einem wesentlich tieferen Rentenalter also auch ein

Mittel, um die Demokratisierung der Wirtschaft voranzutreiben. Gleichzeitig können mit solchen Forderungen die Lebensbedingungen der Arbeiter*innen und Angestellten konkret verbessert werden. Das ist eine zentrale Voraussetzung dafür, um die Menschen auch dafür zu motivieren und zu mobilisieren, für ein global gerechtes Wirtschaftssystem auf die Barrikaden zu gehen.

Im globalen Süden, wo der Aufholbedarf bei der Basis-Infrastruktur fast unendlich gross ist, müssen die Schwerpunkte der konkreten Forderungen von den Betroffenen wohl anders gesetzt werden. Das werden die Arbeiter*innen und ihre Organisationen natürlich selbst festlegen. Die Solidarität aus den Industriestaaten wird ihnen aber helfen, ihre Anliegen durchzusetzen.

Die Gruppe Wirtschaftsdemokratie des Denknetz' hat 34 Thesen aufgestellt, wie eine sozial gerechte und nachhaltige Wirtschaft aussehen müsste. Die wichtigsten Forderungen der alternativen Ökonom*innen:

Um die Grundlagen der Wirtschaftsdemokratie herzustellen, sollen alle «solidarischen Formen des Wirtschaftens wie Produktions-, Konsum- und Dienstleistungsgenossenschaften, selbstverwaltete Betriebe und Allmenden» in allen Bereichen der Ökonomie mit allen Mitteln gefördert werden. Dazu müsste das «Prinzip der Solidarität als Motor der wirtschaftlichen Tätigkeit» und die Teilhabe der Arbeiter*innen am wirtschaftlichen Produkt in der Verfassung verankert werden. Für die Denknetz-Autor*innen ist klar, dass die Wirtschaftsdemokratie ist nur im Rahmen eines demokratischen Staates möglich ist, in dem die gesamte Bevölkerung in allen wichtigen Belangen mitbestimmt.

Demokratisierung der Wirtschaft bedeutet das Recht aller Mitarbeitenden eines Unternehmens auf Mitentscheidung, Teilhabe und Mitverantwortung. Wobei die Arbeiter*innen nach dem Prinzip: ein Mensch – eine Stimme über alle wichtigen Angelegenheiten des Unternehmens entscheiden. Dies betrifft nicht nur die Arbeitsbedingungen, sondern auch die Produktion, die Vertriebspolitik und die Investitionen in Forschung und Entwicklung.

Wichtig ist auch, dass das Kapital des Unternehmens in den «unteilbaren Besitz der Gemeinschaft der Mitarbeitenden umgewandelt» wird. Damit ist der Firmenbesitz nicht mehr an einzelne Personen gebunden, er wird aber auch nicht unter einzelnen Personen aufgeteilt. Das Kapital soll «neutralisiert» werden. Dieses Konzept geht auf den tschechischen Ökonomen Ota Sik zurück, der Ende der 1960er-Jahre das Wirtschaftsmodell des Prager Frühlings prägte, der dem realexistierenden Sozialismus ein menschliches Antlitz geben sollte.

Nicht nur die einzelnen Unternehmen, auch der Staat spielt bei der Demokratisierung der Wirtschaft eine wichtige Rolle, leistet er mit seinem Service public doch einen wichtigen Beitrag zum Gemeinwohl. Für die Denknetz-Ökonom*innen ist essentiell, dass die Care-Ökonomie mit öffentlichen Mitteln verbessert wird. Wobei private Initiativen nicht ausgeschlossen werden, solange diese nicht bloss profitorientiert sind.

Zu den Elementen einer demokratischen Wirtschaft gehört, dass alle Menschen zu einer fundierten Bildung und Ausbildung Zugang haben. «Vor allem in ärmeren Ländern sind gezielte Anstrengungen zu einer Verbesserung der Ausbildung von Lehrkräften auf allen Niveaus und bessere Entlohnung derselben dringend nötig.»

Die «absolute Marktgläubigkeit des Neoliberalismus» halten die Autor*innen der Thesen genauso für einen Irrweg wie «ein dogmatisches Verharren in planwirtschaftlichen Konzepten». Das gleichzeitige Wirken von Marktmechanismen und wirtschaftlicher Planung erachten sie als sinnvoll und notwendig.

Bei der nachhaltigen Umweltpolitik orientieren sie sich an der Philosophie vom guten Leben, «wie es von verschiedenen indigenen Völkern angestrebt wird». Für sie ist es ein Mythos, dass Fortschritt «nur mit Hilfe von wirtschaftlichem Wachstum und der damit einhergehenden Plünderung und Verschmutzung der Umwelt» möglich sei.

Zudem soll mit solidarischem Wirtschaften ein «Ausgleich zwischen den ärmsten und den reichsten Schichten der Bevölkerung erreicht» werden, damit «menschenwürdige Lebensverhältnisse für alle gewährleistet» sind. Und zwar weltweit. Dafür muss beispielsweise aber das Patentrecht auf «freien Austausch des Wissens» ausgerichtet und entsprechend «Verfahren oder Produkte als offene Patente registriert werden».

Weil die realexistierende Globalisierung «zu einer immer extremeren Konzentration des Reichtums» führte, «fordern wir eine Globalisierung für alle, die sich an globalen Rechtsnormen und an den Beschlüssen globaler demokratischer Gremien orientiert.»

Natürlich kann die Demokratisierung der Wirtschaft nicht vor dem Thema des Privateigentums Halt machen. Wobei «private Besitzansprüche im persönlichen Lebensbereich, soweit sie Gebrauchsgüter und Wohneigentum ohne Grundbesitz in sozial und ökologisch vertretbarem Ausmass betreffen», legitim sind. Allerdings nur, «sofern sie nicht auf der Ausbeutung anderer Menschen beruhen, nicht schwere Umweltschäden verursachen und nicht unter Missachtung elementarer ethischer Normen, insbesondere mittels korrumpierender Praktiken, zustande gekommen sind.»

Die alternativen Wirtschaftsfachleute verlangen, dass das Privateigentum des Grund und Bodens aufgehoben wird. Wer Boden zu produktiven Zwecken nutzen will, muss einen langfristigen Pachtvertrag mit der zuständigen öffentlichen Instanz abschliessen. Zum Wohnen kann dafür die Nutzung im Baurecht beantragt werden. «Bodenschätze sind und bleiben jederzeit staatliches Eigentum.»

Zudem ist die strikte Regulierung des Finanzwesens «eine unerlässliche Voraussetzung für die Demokratisierung der Wirtschaft.» Und in einer solidarisch orientierten Wirtschaft sollen auch Kapitalgewinne jeglicher Art und Bonuszahlungen gleich besteuert werden wie gewöhnliche Löhne. Für die Denker*innen der Wirtschaftsdemokratie ist es unverzichtbar, Einkommen, Vermögen und Erbschaften mit einer starken Progression zu besteuern, «wie es in skandinavischen Staaten ab Mitte des 20. Jahrhunderts mit vorzüglichen gesamtgesellschaftlichen Ergebnissen vorübergehend praktiziert wurde.»[85]

Soweit die Denknetz-Ökonom*innen mit ausgewählten Thesen zur Demokratisierung der Wirtschaft.

Zu einer wesentlichen Demokratisierung des Steuersystems würde auch eine Initiative führen, die in der Schweiz im Frühling 2020 lanciert worden ist. Diese hat mit ihrem radikal neuen Ansatz das Potential, als Modell für eine globale Steuer zu dienen, mit dem ein weltweiter Bundeshaushalt zumindest teilfinanziert werden könnte. Denn die Initiative will einer Steuer einführen, die «automatisch auf dem elektronischen Zahlungsverkehr erhoben wird». Die Mikrosteuer soll die Mehrwertsteuer und die direkte Bundessteuer ersetzen. Sie würde bei «jeder elektronischen Transaktion» fällig und soll maximal ein halbes Prozent betragen. «Die automatische Erhebung bringt Transparenz in das undurchsichtige Finanzsystem, weil in Zukunft jede Transaktion erfasst wird», schreiben die Initiant*innen. Von der Mikrosteuer würden Privatpersonen und kleinere Unternehmen profitieren, da diese unter dem Strich deutlich weniger Steuern bezahlen würden. «Wer viel Geld bewegt, bezahlt auch mehr Steuern.» Und sie würde zu einem gerechteren Steuersystem beitragen, da endlich auch die Finanzindustrie zur Kasse gebeten würde, die in der Schweiz bisher wenig Steuern zahlt, obwohl sie hohe Gewinne erzielt.

Wie die Mikrosteuer konkret aussieht, haben die Initiant*innen am Beispiel eines Notebooks durchgerechnet. Bei einem Preis von 1000 Franken bezahlen Konsument*innen in der Schweiz mit der Mehrwertsteuer von 7,7 Prozent insgesamt 1077 Franken. Bei einem Mikrosteuersatz von 0,1 Prozent würde dasselbe Notebook die Konsument*innen nur 1001 Franken kosten während der Verkaufsladen 999 Franken erhielte. Der Steuerertrag von 2 Franken ginge an die Eidgenössische Steuerverwaltung.[86]

Zum Schluss dieses Kapitels kommt der Schweizer liberale Publizist Roger de Weck zu Wort. Gerade weil der studierte Ökonom und ehemalige Journalist kein Linker ist, sind seine Aussagen in der Diskussion über eine demokratische Wirtschaft besonders interessant. «Drei Dutzend Menschen haben so viel Geld wie die ärmere Hälfte der Weltbevölkerung, 3,8 Milliarden an der Zahl», sagt de Weck. Die ehemals liberale Demokratie sei zu einer neoliberalen Demokratie mutiert, was «in den USA zur Plutokratie, der Geldherrschaft» geführt habe. «Das beunruhigt nicht nur viele Unterprivilegierte, sondern auch viele Privilegierte wie mich. Immer mehr amerikanische Milliardäre verlangen, die Reichen stärker zu besteuern.»[87]

Im herrschenden System werden die Reichen entlastet, während die armen Mitglieder der Gesellschaft dafür den Preis bezahlen. «Noch ein bisschen weniger Sozialhilfe, noch rascher ausgesteuerte Arbeitslose; und abgelehnte Asylbewerber sollen ein Gnadenbrot bekommen.» Für de Weck verlieren die «liberale Demokratien ihren Stolz, wenn sie sich als Steigbügelhalter der Wirtschaft begreifen, statt ihr Rahmenbedingungen zu setzen, wie das die liberale Ordnung vorsieht.» Das Primat der Politik müsse deshalb auch gegenüber der Wirtschaft gelten. «Und die natürlichen Ressourcen müssen zur Teilnehmerin an der Demokratie werden. Hier haben wir eine verfälschte Marktwirtschaft», sagt Roger de Weck. «Jetzt haben wir die Chance, jenseits von Liberalismus und Sozialismus, aber mit aller Liberalität an neuen Gleichgewichten zu arbeiten.»[88]

Offen über ein neues Wirtschaftssystem zu diskutieren, das Privatinitiative, Mitarbeiter*innen-Partizipation, demokratische Kontrolle und soziale wie ökologische Standards berücksichtigt, ist ein zentrales Thema der *Blauen Revolution*. Wie sie realisiert werden kann, ist Thema des letzten Kapitels.

Quellen

1   www.greenpeace.ch/de/handeln/covid-milliarden-klimafreundlich-einsetzen

2   www.derbund.ch/wissen/technik/krise-als-chance-fuer-die-klimawende/story/19127081

3   www.openpetition.eu/ch/petition/online/schweiz-mit-dem-bedingungslosen-grundeinkommen-durch-die-coronakrise

4   www.cash.ch/news/politik/parlament-schafft-grundlage-fuer-staatshilfen-fuer-flugnahe-betriebe-1538470

5   «Der Sonntagsblick», Zürich, 26. April 2020

6   www.derbund.ch/ausland/amerika/zehn-millionen-arbeitslose-in-den-usa/story/28994417

7   «NZZ am Sonntag», Zürich, 12. April 2020

8   «Der Bund», Bern, 20. April 2020

9   www.dezeen.com/2020/03/09/li-edelkoort-coronavirus

10 www.climatestrike.ch/de/movement

11 Ringger, Beat: Das Systemchange Klimaprogramm. Zürich, 2019, Seite 34

12 www.economiesuisse.ch/de/artikel/durchbruch-der-internationalen-klimakonferenz-erforderlich

13 www.sueddeutsche.de/wirtschaft/klimaschutz-kapitalismus-1.4539483

14 www.unicef.de/informieren/aktuelles/presse/2019/un-report-jeder-neunte-mensch-hungert/196298

15 www.sueddeutsche.de/wirtschaft/klimaschutz-kapitalismus-1.4539483

16 Rifkin, Jeremy: The Green New Deal, e-book, New York City, 2019, Seiten 165 bis 167

17 www.derbund.ch/wirtschaft/die-regeln-der-weltwirtschaft-sind-nichts-mehr-wert/story/16130319

18 Rifkin, Jeremy: The Green New Deal, e-book, New York City, 2019, Seiten 159 bis 161

19 Rifkin, Jeremy: The Green New Deal, e-book, New York City, 2019, Seiten 181 und 182

20 Rifkin, Jeremy: The Green New Deal, e-book, New York City, 2019, Seite 130

21 www.derbund.ch/wirtschaft/die-regeln-der-weltwirtschaft-sind-nichts-mehr-wert/story/16130319

22 Rifkin, Jeremy: The Green New Deal, e-book, New York City, 2019, Seite 166

23 www.derbund.ch/wirtschaft/die-regeln-der-weltwirtschaft-sind-nichts-mehr-wert/story/16130319

24 Rackete, Carola: Handeln statt Hoffen, München, 2019, Seite 125

25 Rackete, Carola, aao Seite 122

26 www.deutschlandfunkkultur.de/oekonom-niko-paech-zum-klimaschutz-wir-muessen-unseren.1008.de.html?dram:article_id=459353

27 Rackete, Carola: Handeln statt Hoffen, München, 2019, Seite 129

28 https://amerika21.de/analyse/236917/weisse-haut-gruene-masken-green-deal

29 https://ec.europa.eu/clima/policies/international/negotiations/paris_de

30 «NZZ am Sonntag», Zürich, 26. Januar 2020

31 www.republik.ch/2019/12/31/mehr-als-ein-aufschieben-der-veraenderung-wird-nicht-moeglich-sein

32 «Der Bund», Bern, 13. Januar 2020

33 https://konzern-initiative.ch

34 https://konzern-initiative.ch/medienmitteilung/echte-schweizer-qualitaet-heisst-schutz-von-mensch-und-umwelt

35 www.tagesanzeiger.ch/schweiz/standard/staenderat-lehnt-gegenvorschlag-zu-konzernverantwortung-ab/story/24245594

36 «Basler Zeitung», Basel, 2. Dezember 2019

37 www.jetzt.de/politik/interview-mit-der-jungen-oekonomin-grace-blakeley

38 www.nzz.ch/wirtschaft/mehr-wohlstand-mit-weniger-ressourcen-das-ist-keine-utopie-sondern-findet-statt-auch-in-der-schweiz-ld.1529445?reduced=true

39 www.theguardian.com/commentisfree/2019/mar/15/capitalism-destroying-earth-human-right-climate-strike-children

40 https://kontrast.at/finnische-regierungschefin-marin-6-stunden-tag-4-tage-woche

41 www.srf.ch/kultur/wissen/wochenende-wissen/oekokatastrophe-in-zentralasien-der-verschwundene-aralsee-koennte-erst-der-anfang-sein

42 www.srf.ch/news/wirtschaft/umweltsuender-fashion-branche-die-modeindustrie-und-ihr-problem-mit-der-nachhaltigkeit

43 «NZZ am Sonntag», Zürich, 10. November 2019

44 www.wwf.de/themen-projekte/fluesse-seen/wasserverbrauch/wasser-verschwendung

45 www.srf.ch/news/wirtschaft/umweltsuender-fashion-branche-die-modeindustrie-und-ihr-problem-mit-der-nachhaltigkeit

46 www.publiceye.ch/de/themen/mode

47 www.publiceye.ch/de/themen/mode/das-clean-clothes-campaign-netzwerk

48 www.publiceye.ch/de/themen/mode/5-minuten-info

49 http://glarner-industrieweg.ch/Geschichte

50 www.suedostschweiz.ch/sendungen/2017-11-09/textilindustrie-kommt-zurueck-ins-glarnerland

51 https://glaernischtextil.ch/index

52 https://hanfverband.de/faq-neu/hanf-als-nutzpflanze

53 /www.wijld.com/nachhaltige-mode

54 www.wijld.com/de/ueber-wijld

55 www.swissfairtrade.ch/kerenzerberg-charta-nachhaltige-textilien

56 www.swissfairtrade.ch/wp-content/uploads/GBG_poster_A0_DOW_DU_PRINT.pdf

57 http://zeitung.shz.de/flensburgertageblatt/2296/article/1069976/21/1/render/?token=fdd7d6d69abb8922c465672158b09155

58 www.fuw.ch/article/der-markt-unterschaetzt-die-klimarisiken

59 Piketty, Thomas: Kapital und Ideologie, München 2020

60 www.derbund.ch/wirtschaft/piketty-praesentiert-seine-sozialismusvision/story/25389344

61 «Der Bund», Bern, 29. November 2019

62 www.bfs.admin.ch/bfs/de/home/statistiken/oeffentliche-verwaltung-finanzen.html

63 www.generalstreik.ch/basisinformationen-zum-landesstreik

64 www.credit-suisse.com/about-us/en/reports-research/global-wealth-report.html

65 www.tagesanzeiger.ch/wirtschaft/geld/milliardaerenland-schweiz-das-sind-die-reichsten-der-reichen/story/11316572

66 www.welt.de/wirtschaft/article205150978/Oxfam-Ungleichheitsbericht-Maenner-besitzen-50-Prozent-mehr-als-Frauen

67 https://de.statista.com/statistik/daten/studie/220002/umfrage/anzahl-der-dollar-milliardaere-weltweit

68 www.infosperber.ch/Politik/USA-Russland-Die-weltweiten-Rustungsausgaben-im-Vergleich

69 www.welt.de/wirtschaft/article205150978/Oxfam-Ungleichheitsbericht-Maenner-besitzen-50-Prozent-mehr-als-Frauen

70 https://kontrast.at/silvia-federici-wien-caliban-and-the-witch

71 Daellenbach, Ruth et al. (Hrsg.): Reclaim Democracy – Die Demokratie stärken und weiterentwickeln, Zürich, 2019, Seite 63

72 Daellenbach, Ruth et al., aao, Seite 205

73 «NZZ am Sonntag», Zürich, 9. Februar 2020

74 Daellenbach, Ruth et al. (Hrsg.): Reclaim Democracy – Die Demokratie stärken und weiterentwickeln, Zürich, 2019, Seite 218

75 Rifkin, Jeremy: The Green New Deal, New York City, 2019, Seite 107

76 Rifkin, Jeremy: The Green New Deal, New York City, 2019, Seiten 107 bis109

77 www.eda.admin.ch/aboutswitzerland/de/home/wirtschaft/taetigkeitsgebiete/detailhandel.html

78 www.tagesanzeiger.ch/wirtschaft/standardgenossenschaften-gruenden-neue-lobby/story/17632925

79 www.stefanhowald.ch/pdf/texte/09/WoZ_Genossenschaft_neu.pdf

80 www.nzz.ch/genossenschaft--eine-unverwuestliche-unternehmens-form-1.18084320?reduced=true

81 Daellenbach, Ruth et al. (Hrsg.): Reclaim Democracy – Die Demokratie stärken und weiterentwickeln, Zürich, 2019, Seite 212

82 Daellenbach, Ruth et al., aao, Seite 237

83 https://bdi.eu/publikation/news/produktivitaetswachstum-in-deutschland/

84 Daellenbach, Ruth et al. (Hrsg.): Reclaim Democracy – Die Demokratie stärken und weiterentwickeln, Zürich, 2019, Seite 237

85 www.denknetz.ch/wp-content/uploads/2019/05/21_34_Thesen_Demokratisierung_Wirtschaft.pdf

86 https://mikrosteuer.ch

87 www.tagesanzeiger.ch/kultur/diverses/das-schweizer-modell-laesst-sich-nicht-uebertragen/story/25514927

88 «NZZ am Sonntag», Zürich, 26. Januar 2020

Nächster Anlauf

Im Herbst 2012 kam ich an einer Veranstaltung mit der Ressortleiterin Region des «Bieler Tagblatts» (BT) ins Gespräch. Ich erwähnte beiläufig, dass ich mich mehrmals vergeblich beim BT beworben hatte. Da forderte sie mich auf, mich bei ihr zu bewerben, da sie zwei Stellen in ihrem Ressort zu besetzen hatte. So kam es, dass ich am 1. Juni 2013 erstmals seit 27 Jahren wieder als Journalist die Redaktion einer Tageszeitung betrat. Den ersten Artikel als Regionalredaktor schrieb ich über ein Autobahnprojekt, das die Bevölkerung ein paar Jahre danach so stark auf die Palme brachte, dass es bis heute nicht realisiert wurde. Ziemlich überraschend wurde mir drei Jahre später die Leitung des Regionalressorts übertragen. Nun erhielt ich öfters die Gelegenheit, den samstäglichen Wochenkommentar zu schreiben.

Ein Jahr zuvor unternahm wieder einmal einen Anlauf, um die Idee einer globalen Demokratie zu propagieren. Anfang Juni 2015 verschickte ich an mehrere Persönlichkeiten einen Brief auf Englisch. Einer der Empfänger war der ehemalige UNO-Generalsekretär Kofi Annan, der unterdessen am Ufer des Genfersees in der Schweiz lebte. Bereits im Titel meines Schreibens lud ich die Empfänger*innen ein, mitzuhelfen die Welt zu verändern. Und ich zitierte Victor Hugo, der Mitte des 19. Jahrhunderts die Macht der Idee propagierte: «One resists the invasion of armies; one does not resist the invasion of ideas.» Ich machte Kofi Annan und die anderen Adressat*innen darauf aufmerksam, dass die Menschheit die Mittel habe, «um den Traum einer Welt ohne Krieg und Elend zu verwirklichen.» Und dass ich einen Plan hatte, «wie wir diesen Traum gewaltfrei und demokratisch wahr machen können.» Was mir fehlte, war ein Team, «dessen Mitglieder fähig und motiviert sind, diese historische Gelegenheit zu nutzen.» Auf meine Einladung, Mitglied dieses Teams zu werden», erhielt ich von den elf angefragten Persönlichkeiten bloss zwei Antworten. Ein ehemaliger Bundesrat mit sozialdemokratischem Parteibuch erachtete sich als die falsche Person. Und der unterdessen verstorbene Kofi Annan antwortete sinngemäss, dass er die Idee sehr interessant fand, aber aus Kapazitätsgründen nicht mitmachen konnte. Damit war mal wieder ein Versuchsballon geplatzt.

Das hat mich aber nicht daran gehindert, am Thema dran zu bleiben. Am 18. Juni 2016 wurde in der Schweiz der nationale Flüchtlingstag begangen. Ich nutzte diese Gelegenheit, um mein erstes grösseres Projekt als Ressortleiter zu realisieren. Wir thematisierten den Tag in der ganzen BT-Ausgabe. Nach dem Frontaufhänger und meinem Wochenkommentar publizierten wir in allen Ressorts insgesamt sechs Artikel, die von Flüchtlingen in der Region Biel verfasst wurden. Meinem Kommentar gab ich den Titel: «Es ist Zeit, Demokratie zu globalisieren». Darin forderte ich «die fortschrittlichen Kräfte der Welt» auf, sich endlich ein Herz zu fassen und einen modernen demokratischen, globalen Bundesstaat zu gründen, «in dem alle Menschen die gleichen Rechte haben.» Ich plädierte für eine demokratische Verfassung, ein globales Parlament mit zwei Kammern, einen demokratisch gewählten Welt-Bundesrat, Gleichberechtigung der Geschlechter, Meinungs- und Versammlungsfreiheit, einen globalen Finanzausgleich, weltweite Niederlassungsfreiheit, ein vernünftiges Gesundheitswesen und ein nachhaltiges Ausbildungssystem. Alles Forderungen, die nun in der Blauen Revolution wieder vorkommen. Wobei ich in meinem Kommentar mit etwas Untertreibung davon sprach, dass das «nichts Revolutionäres» sei. Für die Schweizer*innen wäre das bloss ein kleiner Schritt. «Für den grössten Teil der Welt hingegen wäre es ein epochaler Schritt in eine bessere Zukunft.»[1]

Während die «Flüchtlingsausgabe» bei der Blattkritik weitgehend positiv gewürdigt wurde, bezeichnete ein Kollege meinen Kommentar als zu abgehoben. Das traf mich nicht besonders. Solche Bemerkungen war ich mir seit Jahren gewohnt. Mir reichte es, mal wieder den revolutionären Samen auszutragen und so die Hoffnung am Leben zu erhalten, dass er irgendwo auf fruchtbaren Boden fällt und zu wachsen beginnt.

Es dauerte ein gutes Jahr, bis ich wieder die Gelegenheit erhielt, auf mein Lebensthema zurückzukommen. Unter dem Titel «Verschweizern oder untergehen» schrieb ich einen Kommentar zur Bundesfeier vom 1. August 2017: «Die Schweiz geniesst bei Eingewanderten einen hervorragenden Ruf. Zwei Besucher des Big Bang in Biel haben das auf ‹Telebielingue› so ausgedrückt: ‹Biel ist eine wunderbare Stadt, wie die ganze Schweiz›, sagte Nour Ebrahim aus La Chaux-de-Fonds. Omar Ahmad aus Biel sprach von einem ‹geilen Fest, weil es meine Heimat ist›.» Der Wochenkommentar endete mit den Worten: «Damit das Schweizer Erfolgsmodell weiterhin gedeihen kann, scheint eine Weiterentwicklung auf einer neuen Stufe unabdingbar. Als die demokratische Schweiz vor 169 Jahren geboren wurde, dauerte eine Reise von St. Moritz nach Genf länger als wir heute benötigen, um von Biel ans andere Ende der Welt zu gelangen. Die globale wirtschaftliche Verflechtung ist heute grösser als die innerhelvetische im Jahr 1848. Existentielle globale Probleme wie der Klimawandel können nicht national, sondern nur durch international verbindliche Beschlüsse gelöst werden. Und dass dazu weder die G20 noch die UNO fähig sind, haben sie mehrfach bewiesen. Dennoch halten wir am Konzept des Nationalstaates aus dem vorletzten Jahrhundert fest. Um die Errungenschaften der Schweiz auch in Zukunft zu erhalten, brauchen wir längerfristig neue internationale demokratische Strukturen. Der französische Schriftsteller Alexandre Dumas hat den Slogan der modernen Schweiz geprägt: Einer für alle, alle für einen. (...) Bei der Entwicklung einer globalen Demokratie könnten die Schweizer einiges einbringen. Didier Burkhalter, übernehmen Sie?»[2]

Der damalige Schweizer Aussenminister Didier Burkhalter meldete sich nicht. Ich war damit zufrieden, dass ich die Idee einer weltweiten Demokratie wieder einmal öffentlich thematisieren konnte; gemäss dem Motto der Gewaltfreiheit: Wasser ist härter als Fels.

Dank dieses Kommentars kam ich mit einer ehemaligen Bieler Politikerin der Grünliberalen ins Gespräch. Daraus entwickelte sich die Idee, einen Verein zu gründen, um die Vision einer globalen Demokratie zu propagieren. Am 1. Oktober 2018 gründeten wir den Verein Glode – Globale Demokratie. Und ich machte mich daran, auf der Basis der Verfassung der Eidgenossenschaft einen ersten Entwurf für eine globale Verfassung zu schreiben.

Während meine Frau und ich von Mitte Oktober 2018 bis Mitte Januar 2019 dank eines Sabbaticals drei Monate lang durch Australien und Neuseeland reisten, gingen in der Schweiz und in Europa plötzlich Tausende Jugendlicher auf die Strasse, um auf die Klimakrise aufmerksam zu machen. Was Generationen von Umweltbewegten in den letzten 30 Jahren nicht gelang, haben sie geschafft: Bis zum Auftauchen des Corona-Virus war die drohende Klimakatastrophe das mediale Thema Nummer 1.

Am 18. Mai 2019 publizierte ich im BT einen zweiseitigen Leitartikel zum Klimawandel.[3] Unter dem Titel «Der Klimawandel kann gestoppt werden – aber nur, wenn wir endlich handeln» habe ich versucht, mögliche Lösungen aufzuzeigen. So schrieb ich im Lead meines Artikels: «Trotz vieler UNO-Konferenzen ist es bisher nicht gelungen, die Klimaerwärmung zu begrenzen. Im Gegenteil: Noch nie war der weltweite CO_2-Ausstoss so hoch wie im letzten Jahr. Für die nötigen, radikalen Reformen braucht es einen politischen Wandel und neue Perspektiven.»

Zum letzten Mal sprach ich als Redaktor des «Bieler Tagblatt» mein Lieblingsthema an: «Damit Gleichberechtigung, Gemeinsinn und Kooperation tatsächlich weltweit möglich sind, braucht es allerdings eine Revolution in den Köpfen und danach einen Umbau des globalen Systems. Natürlich kann man eine solche Vision als Wunschdenken bezeichnen. Aber warum soll es der Weltbevölkerung angesichts der Bedrohung durch den Klimawandel nicht gelingen, was die verknöcherte Führung der Sowjetunion mit Glasnost (Transparenz) und Perestroika (Umbau) in den 80er-Jahren schaffte, nämlich ein überholtes System friedlich zu verändern? Die globale Zivilgesellschaft ist fähig, weltweite moderne und demokratische Strukturen aufzubauen. Wenn sie genügend Druck aufbaut, wird sie die Politikerinnen und Politiker dazu bringen, die nötigen fundamentalen Reformen in die Wege zu leiten. Und dann könnte ein weltweiter Marshallplan der Ökologie, der sich etwa am ‹Green New Deal› der amerikanischen Demokraten orientiert, tatsächlich global umgesetzt werden. (...) Wenn es uns gelingt, die Gefahren des Klimawandels als Chance anzunehmen und diese zu nutzen, öffnet sich uns plötzlich eine ganz neue Perspektive. Am Ende der Öl-Party winkt uns ein Fest, wie wir es noch nie feiern konnten. Die französische Schauspielerin Juliette Binoche beschrieb diese Möglichkeit kürzlich im ‹Bund› so: ‚Die Politik von morgen kann nur Wachstumsrückgang und Nachhaltigkeit sein: bescheidener und zugleich grosszügiger leben. Vielleicht ist die Klimakatastrophe, die sich abzeichnet, ein Glücksfall, unsere eigentliche Chance, eine verantwortungsbewusste und schöne Menschengesellschaft zu schaffen.»[4]

Die Resonanz auf meinen Artikel war nicht überwältigend. Christian Levrat, Präsident der SP Schweiz, sprach zwar rund zwei Wochen danach erstmals öffentlich von einem «Marshall-Plan» im Zusammenhang mit dem Klima.[5] Allerdings beschränkte er sich auf die Schweiz, für die er einen ökologischen Investitionsplan für 12 Milliarden Franken jährlich vorschlug.

Nach dem Leitartikel kehrte wieder Ruhe ein. Dann kam mir der Zufall zu Hilfe. Weil sich die wirtschaftliche Situation beim «Bieler Tagblatt» stetig verschlechterte – zu sinkenden Abonnent*innen-Zahlen kamen auch noch starke Einbussen bei der Werbung – standen einmal mehr Entlassungen zur Diskussion.

Etwas überraschend wurde mir Ende Oktober eröffnet, dass ich als ältester Redaktor beim BT per Ende Februar 2020 entlassen wurde. Der Schock sass anfänglich tief. Nach etwa zwei Wochen hatte ich den Schreck soweit verdaut, dass ich begann, mich für neue Stellen zu bewerben. Wohlwissend, dass dies für mich als bald 58-Jährigen nicht einfach sein würde. Und ich beschloss, dieses Buch zu schreiben.

Gut zwei Monate lang recherchierte ich. Am 13. Januar 2020 begann ich zu Schreiben. Ende Januar erhielt ich die Nachricht, dass ich ab April bei einer Behinderten-Organisation die Stelle als Leiter Kommunikation und

Marketing antreten konnte. Da wusste ich: Ich muss noch zwei Monate hart arbeiten, um mit dem Rohmanuskript bis Ende März fertig zu sein. Es funktionierte.

Mitte April erhielt ich auf Anfrage folgenden Bescheid des Nachrichtendienst des Bundes (NDB): «Die Auskunft darüber ob der NDB zum Zeitpunkt Ihres Auskunftsbegehrens Daten in den Systemen IASA NDB, IASA-GEX NDB, INDEX NDB, ISCO, im Restdatenspeicher sowie in den nachrichtendienstlichen Daten von GEVER NDB bearbeitet hat, wird aufgeschoben. » Wobei diese Auskunft gemäss der entsprechenden Fussnote aufgeschoben wird, «a. wenn überwiegende Interessen an einer Geheimhaltung bestehen; b. wenn und soweit es wegen überwiegender Interessen Dritter erforderlich ist oder c. wenn über die gesuchstellende Person keine Daten bearbeitet werden. » C. kann als Variante ausgeschlossen werden, da im ersten Punkt der Antwort detailliert aufgeführt wurde, wo sich keine Daten über mich befanden.

Die wichtigsten im NDB-Schreiben aufgeführten Abkürzungen bedeuten:
- *IASA -GEX NDB (integrales Analysesystem Gewaltextremismus)*
- *INDEX NDB (Personen- und Organisationsidentifikation sowie Ablage für kantonale Nachrichtendienste)*
- *ISCO (Kontrolle und Steuerung der Funk- und Kabelaufklärung)*

Als Nichtjurist interpretiere ich die Nachricht des NDB folgendermassen: Der Nachrichtendienst des Bundes schätzt mich als Gewaltextremisten ein und überwacht mich mit elektronischen Mitteln. Obwohl ich nie wegen eines Gewaltdelikts angeklagt, geschweige denn verurteilt wurde.

Bis Ende September überarbeitete ich das Manuskript. Nun hoffe ich, dass «Die Blaue Revolution» die Aufmerksamkeit erhält, die sie verdient. Und dass wir es gemeinsam schaffen, die Welt ohne Waffen so umzubauen, dass sie für Mensch und Natur zu einem Ort wird, wo man anständig leben kann.

Quellen

1 «Bieler Tagblatt», Biel/Bienne, 18. Juni 2016
2 «Bieler Tagblatt», Biel/Bienne, 5. August 2017
3 «Bieler Tagblatt», Biel/Bienne, 18. Mai 2019
4 «Bieler Tagblatt», Biel/Bienne, 18. Mai 2019
5 www.aargauerzeitung.ch/schweiz/sp-chef-levrat-will-oeko-marshallplan-fuer-12-milliarden-franken-134591868

Kapitel 8

Was tun?

Warum es die *Blaue Revolution* braucht und was diese beinhalten muss, um erfolgreich eine gerechte, friedliche und nachhaltige Gesellschaft aufzubauen, habe ich hinreichend belegt. Viele der angesprochenen Themen und Lösungsansätze müssen vertieft und intensiv diskutiert werden. Das ist gewiss. Wichtig ist nun aber, aktiv zu werden, um das das Ziel einer globalen Demokratie auf die politische Agenda zu setzen.

Die *Blaue Revolution* braucht Menschen, die sich aktiv dafür einsetzen. Diese müssen weder Heilige oder Märtyrer sein. Wer sich aber ernsthaft für eine bessere Welt engagieren will, muss bereit sein, sich im Rahmen des Möglichen ökologisch und sozial vorbildlich zu verhalten. Dazu gehört beispielsweise, den eigenen CO_2-Fussabdruck möglichst klein zu halten und sich gegenüber den Mitmenschen solidarisch zu zeigen. Das betrifft nicht nur die Nächsten, sondern auch die Obdachlosen um die Ecke, das streikende Pflegepersonal im Nachbarland oder die Opfer von Krieg und Naturkatastrophen am anderen Ende der Welt. Zum Verhaltenskodex der blauen Revolutionär*innen gehört, dass sie sich an die politische Anstandsregel halten, niemanden zu diskriminieren. Weder das Geschlecht, die sexuelle Orientierung, die Weltanschauung oder das Glaubensbekenntnis noch die Hautfarbe oder das Alter einer Person machen einen Unterschied: Wir behandeln alle Menschen so, wie wir behandelt werden wollen.

Das bedeutet nicht, alles durchgehen zu lassen. Eine rote Linie bildet die Intoleranz. Gegen Intoleranz gehen blaue Revolutionär*innen sowohl politisch als auch situationsbezogen mit Zivilcourage vor. Wer anderen Menschen das Recht auf ein anständiges, selbstbestimmtes Leben abspricht, verdient keinen Respekt, sondern Widerstand. Genauso inakzeptabel ist es, einem Staat das Existenzrecht abzusprechen.

Wie die Ideen der *Blauen Revolution* auf Gigant*innen der Geschichte zurückgehen, kann für die Propagierung der *Blauen Revolution* auf die Geschichte des Kampfes für sozialen Fortschritt zurückgegriffen werden. Die Antwort auf die Frage «Was tun?» heisst in der Kurzform: Propaganda und Mobilisierung. Als entscheidendes Element kommt die Gewaltfreiheit dazu. Und weil es sich bei der *Blauen Revolution* um eine Bewegung von unten und um eine unabhängige politische Bewegung handelt, wird sie sich nach dem Vorbild der Graswurzelbewegungen organisieren: lokal, demokratisch, global und digital.

Der erste Schritt ist mit der Publikation dieses Buches getan. Nun muss sich die Idee selbst Bahn brechen. Wie das gehen kann, zeigen die folgenden Abschnitte zur Gewaltfreiheit, zur Solidarität, zur Massenmobilisierung und zu den Symbolen der *Blauen Revolution*.

Der Schweizer Chemie-Nobelpreisträger Jacques Dubochet hat im Zusammenhang mit der Klimabewegung für den zivilen Ungehorsam geworben. Denn dieser «kann nützlich sein, um die Politik und die Gesellschaft darauf aufmerksam zu machen, dass das Überleben der Menschheit auf dem Spiel steht». Und er hat einen wichtigen Punkt angefügt, der auch für die *Blaue Revolution* zentral ist: «Entscheidend ist die Gewaltfreiheit.» Und so wie der alte Chemiker die jungen Klimaaktivistinnen lobt, die sie sich «strikt» an die Gewaltfreiheit halten, so wichtig wird es sein, auch angesichts massiven Widerstands gegen die *Blaue Revolution* an dieser Maxime festzuhalten.[1]

Dabei ist die Gewaltfreiheit nicht bloss eine Frage der politischen Einstellung oder der Ethik, sondern auch eine Frage der Effektivität. Praktisch alle Revolutionen, die sich in den letzten 300 Jahren mit Gewalt durchsetzten, endeten am Ende statt in einer freien und friedlichen Gesellschaft in einer Kultur der Unterdrückung. Die Massenhinrichtungen mit der Guillotine am Ende der Französischen Revolution führten fast nahtlos in die Diktatur Napoleons. Auch die Russische Revolution ging nicht nur wegen der Kriege, welche die Nachbarländer gegen sie anstrengten, sondern auch wegen der gewaltverherrlichenden Ideologie der Bolschewiki in der stalinistischen Diktatur unter.

Und die USA, um ein letztes Beispiel anzuführen, bauten ihre Macht und ihren Reichtum nach der Revolution von 1776 auf der Ausbeutung und Unterdrückung der schwarzen und der indigenen Bevölkerung auf. Die Vereinigten Staaten von Amerika sind bis heute ein durch Waffengewalt und Kriminalität geprägtes Land. Es ist weltweit das einzige Land, in dem die Zahl der Waffen im Privatbesitz die der Einwohner*innen übersteigt.[2]

Doch das ist nicht das einzige Argument für eine gewaltfreie Revolution. Auch angesichts der überrüsteten Armeen der Welt und der Erfahrungen der Kriege der letzten Jahrzehnte, wäre es verantwortungslos, zu einem bewaffneten Aufstand aufzurufen. Der Blutzoll wäre viel zu hoch.

Abgesehen von historischen, ethischen oder ideologischen Überlegungen: Gewaltfreier Widerstand ist an sich die beste Option, um die Gesellschaft zu verändern. Denn wenn es um politischen Wandel geht, hat der gewaltfreie zivile Widerstand grössere Erfolgschancen als ein bewaffneter Aufstand. Zu diesem Schluss kamen die US-Wissenschaftlerinnen Erica Chenoweth und Maria J. Stephan in ihrem Buch «*Why Civil Resistance Works*», das sie 2011 veröffentlichten.[3] Sie trugen die Daten von über 100 gewaltfreien und über 200 bewaffneten Widerstands-Kampagnen zusammen. Und sie untersuchten alle weltweit bekannten Auseinandersetzungen zwischen 1900 und 2006, in denen es um das Recht auf Selbstbestimmung, Amtsenthebungen politischer Führer oder um die Vertreibung militärischer Besatzungsmächte ging. Chenoweth und Stephan fanden heraus, dass der gewaltfreie Widerstand für die Entwicklung nachhaltiger Regierungssysteme und friedlicher Gesellschaften viel erfolgreicher war. Die Erfolgsquote der gewaltfreien Kampagnen war sogar doppelt so hoch wie jene bei gewaltsamen Auseinandersetzungen. Und die Wahrscheinlichkeit, dass die Konflikte in einem Bürgerkrieg mündeten, war deutlich kleiner.

Der zivile Widerstand war sogar gegenüber Regimes erfolgreicher, die auf brutale Unterdrückung setzten. Dort trugen Proteste, Boykotte, ziviler Ungehorsam und andere Formen gewaltfreier Aktionen dazu bei, die Loyalität gegenüber der Regierung zu untergraben und diese zu schwächen. Mit Streiks, Protesten oder Sit-ins ist der zivile Widerstand angesichts von Unterdrückung «die beste Strategie für sozialen und politischen Wandel», schreiben die US-amerikanischen Autorinnen. Wobei für den Erfolg einer Bewegung am Ende immer die breite Unterstützung durch die Bevölkerung entscheidend ist.

Gemäss den Untersuchungen von Erica Chenoweth und Maria J. Stephan haben erfolgreiche zivile Widerstandskampagnen drei Dinge gemeinsam: eine massive Beteiligung der Bevölkerung, eine flexible Taktik sowie das Potenzial, aus regimetreuen Exponent*innen Überläufer*innen zu machen. Diese Regeln gelten weltweit, was für eine globale Bewegung besonders wichtig ist: «Es gibt keine Belege für systematische Unterschiede zwischen erfolgreichen zivilen Widerstandsbewegungen in der südlichen und der nördlichen Hemisphäre», sagt Chenoweth.

Der zivile, gewaltfreie Widerstand ist eher Marathon als Sprint: Eine der wichtigsten Voraussetzungen für den Erfolg die Geduld. Selbst wenn man eine erfolgreiche Strategie verfolgt, dauert es gemäss Erica Chenoweth und Maria J. Stephan oft sehr lange, bis sich die Probleme lösen lassen. Deshalb müssen all «jenen, die diesen Weg verfolgen wollen, die Realitäten eines langen Kampfes für die Gerechtigkeit klar» sein.[4]

Das zweite Element der *Blauen Revolution* ist die Solidarität, die gelebte Menschlichkeit. Denn bei der *Blauen Revolution* stehen nicht nur die Klimakrise, sondern auch die soziale Frage und die weltweite Solidarität im Zentrum. Carola Rackete hat so formuliert: «Wir können gemeinsam und demokratisch eine Gesellschaft gestalten, in der die höchsten Werte nicht Geld und Wachstum und fortwährender Konsum sind. In der wir stattdessen auf Solidarität und Gerechtigkeit und Gemeinschaft setzen. Eine Gesellschaft, in der Wohlstand ganz einfach bedeutet, dass es allen gut geht.»[5]

Bevor die wohlhabenden Menschen im globalen Norden wieder mit gutem Gewissen verschwenderisch konsumieren können, wird es wohl eine längere Pause brauchen. Erst wenn alle Menschen des globalen Südens mit allen lebensnotwendigen Dingen des Lebens versorgt sind und sie so das Leben einigermassen unbeschwert geniessen können, ist es gerechtfertigt, wieder nach Luxus und Überfluss zu streben. Bis dann werden die privilegierten Bewohner*innen des globalen Nordens, Spass und Freude anstatt mit materiellem Konsum mit Kultur, Sport und Geselligkeit verbinden müssen. Dafür braucht auch in Europa oder Nordamerika niemand in Sack und Asche herumzulaufen: Verantwortungsvoller Konsum kann durchaus Spass machen.

Weil das Wirtschaftssystem neu gedacht werden muss, wenn es tatsächlich nachhaltig sein will, wird es auch nicht die Zukunft der Mobilität sein, die Verbrennungsmotoren durch Elektroantrieb zu ersetzen. Neue Mobilitätskonzepte werden den Langsamverkehr zu Fuss oder mit dem Fahrrad so mit dem öffentlichen Nah- und Fernverkehr verbinden, dass es kaum mehr Autos auf den Strassen braucht. Aber auch dies wird nicht ohne einen gewissen Verzicht zu haben sein. Und dass wir dafür neue Technologien brauchen, ist ebenfalls unbestritten.

Einschränkungen und Verzicht wird es auch bei den Flugreisen brauchen. Selbst wenn es künftig möglich sein sollte, Linien-Flugzeuge mit einer ausgeglichenen CO_2-Bilanz zu betreiben, werden nie alle Menschen auf der Welt so viel fliegen können wie die Schweizer*innen in den letzten Jahren. Bloss etwa fünf Prozent aller Menschen haben jemals ein Flugzeug bestiegen. Dabei hat sich der Flugverkehr global seit 1990 fast verdreifacht. Die Bewohner*innen der reichen Schweiz sind besonders extreme Vielflieger*innen. Im Vergleich zu den Einwohner*innen ihrer Nachbarländer besteigen sie doppelt so häufig ein Flugzeug. Vor der Corona-Krise sind sie so viel geflogen, dass in der Schweiz die Fliegerei für über 18 Prozent des menschengemachten Klimaeffekts verantwortlich war, während es weltweit durchschnittlich bloss 5 Prozent waren.[6]

Gewaltfreiheit und Solidarität bilden das Fundament der *Blauen Revolution*. Wie aber erreichen die Ideen der *Blauen Revolution* die Menschen? Dafür braucht es Propaganda und die Mobilisierung der Menschen, die guten Willens sind.

Dass die *Blaue Revolution* nur global erfolgreich sein kann, zeigen Probleme wie die Klimakrise oder der dramatische Schwund der Biodiversität, die nur global und gemeinsam gelöst werden können. Beat Ringger vom Denknetz hat Recht, wenn er schreibt: «Die Bewahrung der Erde als zivilisatorischen Lebensraum gelingt nur als ein globaler *System Change*, als ein dynamischer Veränderungsprozess, der alle Länder dieser Welt erfasst.»[7]

Welche Möglichkeiten die Schweiz bietet, um eine konkrete Utopie zu propagieren, hat das Beispiel der *Gruppe Schweiz ohne Armee* gezeigt. In anderen demokratisch verfassten Ländern bieten sich ebenfalls Volksbegehren oder Petitionen an. Wenn entsprechende Vorstösse auch nicht bindend sind, können sie als Propagandainstrumente genutzt werden.

Obwohl es für die dort lebenden Oppositionellen viel schwieriger ist, sich bemerkbar zu machen, gibt es auch in Staaten die Möglichkeit, sich Gehör zu verschaffen, die keine oder kaum demokratische Verfassungen kennen. «Auch in Ländern, in denen demokratische Institutionen schwach sind, findet die Zivilgesellschaft Wege, um mit kreativen Mitteln Entscheidungsträger*innen unter Druck zu setzen. So haben Fischer*innen, Bewohner*innen und die Presse erfolgreich gegen den Bau eines Kohlekraftwerks in Südthailand protestiert», berichtet Payal Parekh.[8] Die aus Indien stammende und in Bern lebende Aktivistin hat ihre Doktorarbeit zu Klima und Ozeanographie geschrieben und hat sich auf drei Kontinenten für eine bessere Welt engagiert.

Vorläufig werden wir nicht darum herumkommen, im Rahmen der Nationalstaaten für das Anliegen einer globalen Demokratie mit menschlichem Antlitz zu werben. Dabei aber dürfen wir dieses Ziel nicht aus den Augen verlieren. Carola Rackete formuliert es so: «Je klarer der Zweck der Bewegung ist, umso eher erreicht sie eine kritische Masse. Alles muss auf ein Ziel hinführen, aber es darf nicht zu kurz greifen.»[9]

Dass dabei die Massenmobilisierung eine zentrale Rolle spielen wird, zeigt die weltweite *Fridays for Future*-Bewegung. An der bisher weltweit grössten Demonstration haben sich am 20. September 2019 in über 180 Ländern Millionen Menschen beteiligt, um gegen die ungenügende Klimapolitik zu protestieren. Dabei hatten die Proteste oft auch länderspezifische Ziele; vom steigenden Meeresspiegel auf den Salomonen über Giftmüll in Südafrika bis hin zu Luftverschmutzung und Plastikmüll in Indien oder dem Ausbau der Kohleindustrie in Australien.[10]

Auch die serbische Oppositionsbewegung Otpor, die um die Jahrtausendwende dazu beitrug, das Regime von Slobodan Milošević zu stürzen, machte im ehemaligen Jugoslawien die Erfahrung, dass «nichts wirkungsvoller ist, als Menschen, die auf der Strasse stehen – und die etwas für ihre Freiheit und ihre Rechte riskieren.»[11] Alle, die schon einmal an politischen Demonstrationen teilgenommen haben, kennen das Gefühl, danach gestärkt und motiviert nach Hause zu gehen.

Damit die notwendige Massenmobilisierung gelingt, braucht es die Kreativität und die Innovationskraft der ganzen Menschheit. Dafür muss die *Blaue Revolution* es schaffen, «das Gemeinsame» herzustellen, wie das die feministische Künstlerin und Autorin Bini Adamczak nennt. Weil dieses Gemeinsame aber weder unter totalitären Bedingungen noch in der Vereinzelung möglich ist, brauchen wir die Solidarität; nicht nur in der engeren Gemeinschaft, sondern weltweit. «Milliarden von Menschen, die sich nicht kennen, stehen in Beziehung und sind aufeinander angewiesen», sagt sie.

Bini Adamczak, die sich intensiv mit der Russischen Revolution auseinandersetzte, zeigt auf, wie wichtig die Solidarität ist. So ging die erste Russische Revolution von 1905 nicht von einem Programm oder einer entschlossenen Partei, sondern von einer Bewegung der Solidarisierung aus: «Eine Belegschaft hat gestreikt, und die Arbeiter*innen vieler anderer Fabriken haben sich solidarisiert.» Dieses Muster zeigte sich immer wieder: «1917, 1968 oder zuletzt 2011, nach dem sogenannten Arabischen Frühling.» Weil sich die Menschen in Südeuropa oder den USA in den Menschen auf dem Tahrirplatz in Kairo wiedererkannten, liessen sie sich von ihnen anstecken: «Sie haben in den Kämpfen und Träumen dort ihre eigenen Kämpfe und Träume erkannt», sagt Adamczak.[12] Diese Erkenntnis müssen wir für die *Blaue Revolution* im Auge behalten: Es braucht nicht «nur ein Ziel und einen guten Plan»[13], von Anfang an ist ebenfalls das solidarische Denken und Handeln zentral. Das gilt auch, wenn die Erkenntnisse aus den historischen Kämpfen auf die Möglichkeiten der heutigen Technologien umgesetzt werden.

Ähnlich wie sich die Proteste des Arabischen Frühlings vor allem über digitale Kanäle wie *Twitter* oder *Facebook* organisiert haben, wird die *Blaue Revolution* die Digitalisierung nutzen, um sich weltweit zu verbreiten, ohne sich deshalb zu Sklaven der Techgiganten zu machen. Der Schweizer Netzaktivist Daniel Graf hat 2016 die digitale Unterschriftenplattform We-Collect gegründet[14] und hat als Co-Autor das Buch «Eine Agenda für eine digitale Demokratie» verfasst. Er ist überzeugt, dass eine digitale Demokratie den Bürger*innen mehr direkte Mitsprache ermöglicht. Und er hat einige Ideen, die wir für die *Blaue Revolution* nutzen können.

Der «grosse Fan der direkten Demokratie» verfügt als ehemaliger Kommunikationsleiter einer Gewerkschaft, Sprecher von *Amnesty International* und Geschäftsführer der Grünen Partei Zürich über politische Kampagnenerfahrung. Er geht davon aus, dass die traditionellen Parteien schon bald «von neuen Organisationsformen» konkurrenziert werden. Das weist für ihn in Richtung einer «Netzwerkpartei, die ganz anders funktioniert als die alten Parteien mit ihren traditionellen, hierarchischen Strukturen».

Im Internet gibt es viele digitale Plattformen, um sich austauschen. Deshalb ist es für Menschen relativ einfach, sich zu vernetzen und sich politisch zu organisieren. In der Schweiz hat WeCollect rund 60 000 Kontaktdaten von Menschen gespeichert, die etwas verändern wollen: «Wir sind heute in der Lage, in wenigen Wochen Zehntausende Unterschriften zu sammeln», sagt Graf.

Die Möglichkeit, dass Bürger*innen «zu politischen Mini-Influencern werden und anderen helfen, Entscheidungen zu treffen», soll der *Blauen Revolution* helfen, sich rasch und nachhaltig Gehör zu verschaffen. Und wer erlebt hat, wie schnell sich ein Virus weltweit verbreitet, kann erkennen, wie schnell sich dank Internet und Sozialen Medien auch eine Idee ausbreiten kann, deren Zeit gekommen ist.

Daniel Graf sagt zurecht, dass «Mark Zuckerberg der direkten Demokratie mit Facebook durchaus etwas gegeben» hat. Die von Trollen, Rassist*innen und Wutbürger*innen verbreiteten Fake News, sind nur «dann gefährlich, wenn es keine lautstarke Widerrede gibt.» Es wird also eine wichtige Aufgabe der Unterstützer*innen der *Blauen Revolution* sein, klare und unmissverständliche «Widerrede» gegen Unterstellungen und Lügen zu leisten.

Für eine globale Demokratie mit direktdemokratischen Elementen wären neue Formen der Digitaldemokratie auf jeden Fall ein Gewinn. Wenn es gelingt, vernetzte, globale Datenbanken von Sympathisant*innen der *Blau-*

en Revolution aufzubauen, wird es nicht allzu schwierig sein, auch in kurzer Zeit viele Menschen für weltweit parallel stattfindende Aktionen zu mobilisieren.

Dass für die *Blaue Revolution* der Weg auch das Ziel ist, wurde bereits dargelegt. Hier ein paar weitere Gedanken, mit welcher Strategie sich die *Blaue Revolution* durchsetzen kann. Mit der konkreten Taktik werden sich die einzelnen Gruppen zu gegebener Zeit befassen. Bereits jetzt Ratschläge über taktische Fragen zu geben, ist nicht sinnvoll. Sicher ist allerdings, dass die *Blaue Revolution* nicht ohne Verbündete aus «alten» Organisationen auskommen wird. Anders wird es nicht möglich sein, Mehrheiten zu beschaffen. Dabei werden wir uns auch mit einer Erkenntnis von Adam Grant auseinandersetzen müssen, der herausfand, dass Koalitionen oft dann auseinanderfallen, «wenn Menschen sich weigern, ihren Radikalismus zu mildern.»[15]

Obwohl das Projekt der *Blauen Revolution* in dieser Dimension völlig neu ist, sind es die Ziele keineswegs. So gibt es zahlreiche Organisationen wie *Greenpeace* oder den *WWF*, welche die Umweltziele der *Blauen Revolutionen* teilen. Auch Gewerkschaften fordern gerechte Arbeitsbedingungen für die Arbeiter*innen der Welt.

Wo immer möglich werden daher Aktivist*innen der *Blauen Revolution* mit Organisationen, die sich der Verwirklichung der allgemeinen Menschenrechte verpflichtet sehen, zusammenarbeiten. Aber die *Blaue Revolution* nimmt sich auch ein Beispiel an der *Fridays for Future*-Bewegung, die sich bisher erfolgreich dagegen gewehrt hat, von bestehenden Organisationen oder Parteien vereinnahmt zu werden.

Da die *Blaue Revolution* eine weitgehende Demokratisierung der Welt fordert, ist es nur folgerichtig, dass auch die Gruppen und Organisationen, die sich unter dem blauen Banner formieren, selbst demokratisch strukturieren. Dazu gehört, dass in allen Leitungsgremien die Genderparität beachtet wird.

Grundsätzlich gilt, dass alles, was die *Blaue Revolution* für die Verfassung der Vereinigten Staaten der Welt fordert, von der Solidarität über die Partizipation bis hin zur Transparenz auch innerhalb der Organisationen der *Blauen Revolution* entsprechend umgesetzt wird.

Die *Blaue Revolution* versteht sich als eine Graswurzelbewegung, als eine Organisation, die von unten wächst. Zu Beginn besteht sie aus engagierten Einzelpersonen oder kleinen Gruppen, die sich regional oder digital themenbezogen organisieren und mit ihren Mitteln und Möglichkeiten dafür sorgen, die Ideen der *Blauen Revolution* zu verbreiten.

Diese Individuen oder Kleingruppen ergreifen von sich aus Initiativen. Ohne Auftrag und Unterstützung schreiben sie Artikel, verfassen Petitionen, sammeln Unterschriften, organisieren Diskussionen oder Lesungen. Sie stellen Fahnen her, malen Bilder, sprayen Symbole, komponieren Lieder oder drehen Videos. Der Fantasie sind dabei nur ethische und praktische Grenzen gesetzt. Es ist vernünftig, sich die Kräfte einzuteilen. Und so weit unter dem Radar des Staatsschutzes zu bleiben, dass die Arbeit auch langfristig geleistet werden kann. Natürlich macht es Sinn, wenn sich einzelne Aktivist*innen und Kleingruppen in einem ersten Schritt in informellen Gruppierungen organisieren, um gemeinsame Aktionen zu lancieren.

Auf der anderen Seite können technisch versierte Menschen Diskussionsplattformen programmieren und aufschalten, damit dort die Ideen der *Blauen Revolution* oder der Verfassungsentwurf vertieft diskutiert werden können.

Die Forderungen der *Blauen Revolution* können durch Aktivist*innen und Publizist*innen auf die konkreten Lebensumstände ihrer Umgebung heruntergebrochen werden. Indem man sich beispielsweise folgende Fragen stellt: Wie können wir in der eigenen Kommune direktdemokratische Elemente realisieren? Wie können wir in der eigenen Region die Energieversorgung auf Nachhaltigkeit umstellen? Welche Initiativen sind möglich, um im eigenen Land den Grund und Boden zu vergesellschaften? Wie bringen wir die Regierung unseres Landes dazu, sich für eine globale demokratische Konföderation einzusetzen?

Nach dieser ersten informellen Phase braucht es für einen nachhaltigen Erfolg den Aufbau einer übergeordneten Organisation. Auch hier kann sich die *Blaue Revolution* von der Kreativität der *Fridays for Future*-Bewegung inspirieren lassen. Allerdings braucht es wohl etwas mehr Verbindlichkeit. Je nach Grösse der kommunalen, regionalen oder staatlichen Zusammenschlüsse werden Vollversammlungen oder Delegiertenversammlungen nötig sein. Dafür wird es unabdingbar sein, sich als demokratisch verfasste, eigenständige Vereine zu organisieren, die über eine Leitung, über ein Aktionsprogramm und über ein Budget verfügen.

Bei allem Respekt vor der protestierenden Klimajugend mit ihrer sympathischen Abneigung gegenüber jeglichem Personenkult: Die *Blaue Revolution* braucht Menschen, die bereit sind, öffentlich ihren Kopf hinzuhalten, die bereit sind, mit ihrem Namen und ihrem Gesicht für die Ziele der *Blauen Revolution* einzustehen. Natürlich wird niemand allein im Namen der *Blauen Revolution* sprechen können. Das ist auch nicht nötig. Um aber grosse Teile der Bevölkerung überzeugen zu können, müssen sie wissen, wer die Menschen sind, die hinter der *Blauen Revolution* stehen. Sonst werden die Menschen der *Blauen Revolution* nie das nötige Vertrauen schenken. Diese Exponent*innen wiederum brauchen das Vertrauen der Basis. Verspielen sie dieses, muss die Möglichkeit bestehen, sie von ihren Aufgaben zu entbinden, indem sie abgewählt werden.

Sobald grössere Organisationseinheiten aufgebaut sind, können grössere Aktionen wie landesweite Petition oder Initiativen zu einzelnen Aspekten der *Blauen Revolution* ins Auge gefasst werden. In der Schweiz beispielsweise gibt es die Möglichkeit einer Initiative mit einer allgemeinen Anregung.[16] So könnte angeregt werden, dass sich die Schweiz auf internationaler Ebene dafür einsetzen soll, die UNO zu einem konföderativen Staat mit einer demokratischen Verfassung und einem Zweikammer-Parlament umzubauen. Ähnliche Petitionen können in vielen anderen Ländern lanciert werden.

In demokratisch unterentwickelten Ländern wie China oder Russland werden sich konkrete Forderungen wohl vorläufig auf das Land selber beschränken müssen, weil sonst die Gefahr besteht, dass sich die Träger*innen blauer Fahnen als «ausländische Agenten» denunziert im Gefängnis oder in einem «Umerziehungslager» wiederfinden.

Allerdings kann sich das schnell ändern: Wenn die Graswurzelbewegung der *Blauen Revolution* global richtig Fahrt aufgenommen hat, werden auch herrschende Parteien und Autokraten nicht darum herumkommen, die Bewegungen in ihrem Land ernst zu nehmen.

Natürlich ist es dann das Ziel, die lokalen, regionalen und landesweiten Gruppierungen schliesslich zu einer globalen Organisation zu vereinen. Wie dieser Globale Kongress der *Blauen Revolution* am Ende funktionieren wird, muss in einem partizipativen Prozess entschieden werden. Im Idealfall werden die Teilnehmenden dieses Kongresses beschliessen, in möglichst vielen Ländern an einem gemeinsamen Termin Referendumsabstimmungen zur Gründung der Vereinigten Staaten der Welt zu planen. Bis dahin ist es allerdings noch ein langer Weg. Und vielleicht wird der Umweg über einen globalen Generalstreik nötig, um den Anliegen der *Blauen Revolution* die nötige Beachtung zu verschaffen.

Wie lange es am Ende dauern wird, bis das erste Ziel, die Gründung der demokratischen Vereinigten Staaten der Welt, erreicht ist, kann niemand sagen. Sicher aber ist, dass die Zeit drängt. Denn die Klimakrise lässt nur noch ein kleines zeitliches Fenster zu, in dem eine vernünftige Lösung der Krise noch möglich ist.

Das Ziel ist es deshalb, möglichst schnell grundlegende Veränderungen anzupeilen. Und wenn man bedenkt, dass es bloss rund ein halbes Jahrzehnt gedauert hat, um in der Sowjetunion mit Glasnost und Perestroika das stalinistische System zu beseitigen, ist es nicht völlig vermessen, zu erwarten, dass bis ins Jahr 2030 die Basis für die Vereinigten Staaten der Welt gelegt ist.

Neben der Mobilisierung, der Gewaltfreiheit und der Solidarität braucht es ein weiteres wichtiges Element, um der *Blauen Revolution* zum Durchbruch zu verhelfen: die Symbolik. Srđa Popović, einer der Mitbegründer von Otpor, sagt zu Recht, dass eine Bewegung ein unverwechselbares Auftreten braucht: «Dazu gehört etwa ein Symbol mit Wiedererkennungswert.»[17]

Zur Symbolik der *Blauen Revolution* gehört die Farbe Blau. Sie ist als Wiedererkennungssymbol sehr gut geeignet, weil sie die Farbe der UNO ist und keine Ideologie diese Farbe als Erkennungszeichen verwendet.

Eine blaue Fahne ist das einfachste Symbol der *Blauen Revolution*. Engagierte Menschen können Blau auch unauffällig als Farbe eines T-Shirts, eines Pullovers, einer Halskette oder von Ohranhängern als Symbol der Revolution verwenden. Blau ist so weit verbreitet, dass die Farbe selbst in repressivsten Regimes nicht einfach verboten werden kann.

Hier zeigt sich allerdings auch die Schwäche des Symbols: Nicht alles, was blau ist, weist auf die *Blaue Revolution* hin. Deshalb wird die blaue Fahne mit einem Symbol erweitert, das im herrschenden Wirtschaftssystem für den Kapitalismus an sich steht; das R in einem Kreis: ®. Das weltweit bekannte Symbol ® stammt aus dem Markenrecht der USA. Es bedeutet, dass eine Marke im U.S. *Patent and Trademark Office* registriert ist. Das erzkapitalistische Symbol ® wird weiss auf blauen Fahnen als Symbol für die *Blaue Revolution* verwendet. Diese ironische Umdeutung des Symbols verleiht der sonst sehr ernst gemeinten Bewegung auch einen humorvollen Touch. Was nicht zu unterschätzen ist. Die *Blaue Revolution* steht zwar für das Engagement für eine bessere Welt. Die Blauen Revolutionär*innen sollen aber auch gemeinsam lachen, singen und tanzen. Das dient nicht nur dazu, ein wenig dessen vorzuleben, was die *Blaue Revolution* erreichen will, sondern auch, um sich gegenseitig Mut zu machen und sich Kraft zu geben.

Selbstverständlich kann das ® auch allein mit blauer Farbe auf Mauern gepinselt oder gemalt werden. Das wird so schnell öffentliche Wirkung entfalten, wie es gelingt, die Inhalte der *Blauen Revolution* allgemein bekannt zu machen.

Dass die Farbe Blau der Revolution ihren Namen gibt, hat mit dem blauen Planeten zu tun, wie die Erde oft genannt wird, zeigt also symbolisch die globale Dimension. Und weil die Revolution auch dazu dient, die Natur und damit die blauen Meere dieses Planeten zu schützen und zu erhalten, macht das Blau doppelt Sinn. Aber die Symbolik der Farbe Blau reicht noch weiter. Ohne deshalb in die Welt der Esoterik einzutauchen: Blau wird mit Harmonie und Zufriedenheit in Verbindung gebracht. Das sind Begriffe, die für eine gerechte und friedliche Welt eine positive Bedeutung haben.

Ein Vorteil ist es auch, dass Blau weltweit als die beliebteste Farbe gilt und die Phantasie der Menschen anregt: «Blau repräsentiert sowohl den Himmel als auch das Meer und ist mit offenen Räumen, Freiheit, Intuition, Vorstellungskraft, Weite, Inspiration und Sensibilität verbunden. Blau steht auch für Bedeutungen von Tiefe, Vertrauen, Loyalität, Aufrichtigkeit, Weisheit, Vertrauen, Stabilität, Glauben, Himmel und Intelligenz.» So beschreibt Jennifer Bourn, Creative Director eines kalifornischen Design-Unternehmens, die Farbe Blau. Für sie vermittelt die Farbe Blau auch «Wichtigkeit und Selbstvertrauen, ohne düstere oder unheimliche Gefühle zu erzeugen.» Als Beispiel führt sie blaue Uniformen von Feuerwehrleuten an. «Blau wird als eine sehr korporative Farbe angesehen und oft mit Intelligenz, Stabilität, Einheit und Konservativismus in Verbindung gebracht.»[18]

Selbst wenn die Aktivist*innen der *Blauen Revolution* immer gewaltfrei auftreten und in ihren Reihen und gegen aussen solidarisch sind, werden sie auf Widerstand stossen. Deshalb heisst es, entsprechend aufzupassen: Die politische Polizei und der Nachrichtendienst werden versuchen, die *Blaue Revolution* von Anfang an zu unterlaufen. Zu verhindern, dass sie die Bewegung infiltrieren, ist unmöglich, dafür sind die Sicherheitsdienste zu gut organisiert und zu erfahren.

Mit einer gesunden Skepsis kann allerdings verhindert werden, dass die Schnüffler*innen als *Agents provocateurs* erfolgreich sind. Ein probates Mittel wird sein, konsequent alle Personen von Sitzungen und aus Gruppen auszuschliessen, die Gewalt befürworten. Und je transparenter ein politisches Kollektiv arbeitet, desto weniger können die Schnüffler*innen ihren Auftraggeber*innen berichten, was diese nicht bereits aus den Medien wissen.

Selbst wenn sie umsichtig geplant und klug vorbereitet sind, werden nicht alle Protestaktionen so in Minne verlaufen, wie das bei den meisten *Fridays for Future*-Demonstrationen der Fall ist. Je nach Reaktion und Ängsten der Herrschenden muss auch in etablierten Demokratien damit gerechnet werden, dass die Ordnungskräfte Tränengas oder Gummigeschosse einsetzen werden. Die Reaktion des US-amerikanischen Präsidenten, der gegen antirassistische Proteste Militärpolizei einsetzen liess, ist bloss ein Beispiel dafür.

Auch die Psychiatrisierung und Kriminalisierung einzelner Exponent*innen, im Jargon der Staatsschützer auch Drahtzieher*innen genannt, sind Mittel, die seit Jahrhunderten angewandt werden, um unliebsame politische Bewegungen zu destabilisieren. Es wäre fahrlässig, zu meinen, dass die autoritären Methoden der Aufstandsbekämpfung nicht gegen die *Blaue Revolution* angewendet werden, bloss weil diese gewaltfrei agiert und auf mehr Demokratie abzielt.

Es wird kein Sonntagsspaziergang, die herrschende Weltordnung durch eine gewaltfreie Bewegung vom Kriegsmodus abzubringen. Dennoch gibt es keinen anderen Weg, als dafür zu kämpfen, unseren wunderbaren blauen Planeten auf einen sozialen und ökologischen Überlebenskurs zu bringen. Damit es uns gelingt, der menschlichen Vernunft zum Durchbruch zu verhelfen, werden wir zu Beginn auf uns selbst angewiesen sein: Deshalb müssen wir selbst davon überzeugt sein, das Richtige zu tun.

Dass wir am Anfang noch keinen grossen Rückhalt in den Medien und in der breiten Bevölkerung haben werden, ist normal: «Per Definition beinhalten die meisten Bemühungen, den Status quo zu ändern, eine Bewegung einer Minderheit, eine Mehrheit herauszufordern», schreibt der US-amerikanische Psychologe Adam Grant, der untersucht hat, wie Originale, die die Welt verändern.[19]

Als Angehörige einer politischen Minderheit ausgelacht zu werden, sind sich diejenigen gewohnt, die sich für eine bessere Welt engagieren. Auch wer sich frisch dazu aufmacht, die Welt zu verändern, wird bald lernen, dass es Wichtigeres gibt, als auf das Lob von Mitläufer*innen der Mehrheitsgesellschaft zu hoffen. Selbst ausgelacht zu werden, ist eine Form der Anerkennung.

Entscheidend aber ist, sich nicht damit abzufinden, in der Minderheit zu sein. Um genügend Menschen von den Ideen der *Blauen Revolution* zu überzeugen, um eine nicht mehr zu übergehende Minderheit oder gar eine Mehrheit zu bilden, genügt es nicht, den eigenen Garten zu pflegen. Erfolgreiche Revolutionär*innen bewegen sich in der Bevölkerung wie Fische im Wasser.

Hinsichtlich des zu erwartenden Widerstandes hilft eine Erkenntnis von Albert Einstein: «Grosse Geister sind immer auf Widerstand mittelmässiger Köpfe gestossen.»[20]

Es lohnt sich, an Einstein zu denken, wenn dir mal wieder jemand sagt: «Ich weiss nicht, was du genommen hast, aber nimm weniger davon.»

In solchen Momenten ist es auch nicht schlecht, sich an renommierte Menschen zu erinnern, die wissen, dass es eine neue Gesellschaft, braucht, damit die Welt die Kurve noch rechtzeitig kriegt. So sagt etwa der deutschen Historiker Philipp Blom: «Wir brauchen radikale Lösungen. Wir müssen eine andere Gesellschaft wollen.»[21]

Es ist gewiss: Es wird uns Geduld, viel Arbeit und Schweiss und voraussichtlich auch einige Tränen kosten, bis wir auf öffentlichen Plätzen rund um den Globus tanzen und auf den Erfolg der *Blauen Revolution* anstossen können. Doch wie die feministische Revolutionärin Silvia Federici sagt, müssen wir dafür nicht nur kämpfen, sondern auch Beziehungen aufbauen: «Dazu müssen wir soziale Momente schaffen – zum Beispiel nicht nur auf eine Demonstration gehen, sondern auch ein gemeinsames Essen organisieren, gemeinsam tanzen oder Lieder singen. Wir brauchen Räume, in denen wir zusammenkommen, um Freude und Kreativität in unser Leben zu bringen.»[22]

Menschen aller Länder vereinigt euch!

Freiheit, Gleichheit und Menschlichkeit für alle.

Gemeinsam schaffen wir es, unsere Ketten endgültig abzulegen.

Quellen

1 «Der Bund», Bern, 31. Oktober 2019
2 www.zeit.de/politik/ausland/2019-08/tote-schusswaffen-usa-waffengewalt-todes-faelle-statistik

3   Chenoweth, Erica und Stephan, Maria J.: «Why Civil Resistance Works - The Strategic Logic of Nonviolent Conflict», New York, 2011

4   www.greenpeace-magazin.ch/2015/01/23/gewaltloser-widerstand-ist-die-bessere-option

5   Rackete, Carola, Handeln statt Hoffen. München, 2019, Seite 143

6   www.wwf.ch/de/unsere-ziele/flugverkehr

7   Ringger Beat: Das System Change Klimaprogramm, Zürich, 2019, Seite 85

8   Daellenbach, Ruth et al. (Hrsg.): Reclaim Democracy – Die Demokratie stärken und weiterentwickeln, Zürich, 2019, Seite 139

9   Rackete, Carola: Handeln statt Hoffen, München, 2019, Seite 153

10   www.theguardian.com/environment/2019/sep/21/across-the-globe-millions-join-biggest-climate-protest-ever

11   Rackete, Carola: Handeln statt Hoffen, München, 2019, Seite 154

12   www.woz.ch/-8786

13   Rackete, Carola: Handeln statt Hoffen, München, 2019, Seite 147

14   http://blog.wecollect.ch

15   Grant, Adam: Originals - How Non-conformists Change the World, New York, 2016, Seite 144

16   www.nzz.ch/meinung/kommentare/die-unbekannte-perle-der-demokratie-ld.581?reduced=true

17   Rackete, Carola: Handeln statt Hoffen, München, 2019, Seite 154

18   www.bourncreative.com/meaning-of-the-color-blue

19   Grant, Adam: Originals - How Non-conformists Change the World, New York, 2016, Seite 106

20   Grant, Adam, aao, Seite 60

21   «Der Bund», Bern, 23. Dezember 2019

22   https://kontrast.at/silvia-federici-wien-caliban-and-the-witch

Epilog: Einführung in den Verfassungsentwurf

Bevor ich einige Details zum Verfassungsentwurf im Anhang erläutere, will ich meinen Dank aussprechen und meine künftige Rolle in der *Blauen Revolution* skizzieren.

Allen voran bedanke mich bei meiner Ehefrau Kathrin, die auch meine erste Kritikerin ist. Sie hat mich nicht nur klaglos ertragen, wenn ich bei den Recherchen für dieses Buch und beim Schreiben manchmal kaum ansprechbar war. Sie hat vor allem mein Vorhaben von Anfang an vorbehaltlos unterstützt. Und mit ihren wertvollen Korrekturen und kritischen Anmerkungen hat sie wesentlich zur Verständlichkeit der *Blauen Revolution* beigetragen.

Ich bedanke mich auch bei allen Autor*innen und Wissenschaftler*innen, deren Zitate mein Buch bereichern, ohne dass ich sie um Erlaubnis fragte. Vor allem aber verneige ich mich in Dankbarkeit vor den Millionen von Menschen, die in den letzten Jahren und Jahrhunderten für Freiheit, Gleichheit und Solidarität kämpften, die dabei ihr Leben riskierten und dieses viel zu oft verloren. Ohne ihr Engagement für eine bessere Welt hätten wir heute nicht die Möglichkeit, den Traum einer friedlichen und gerechten Gesellschaft zu realisieren.

Ich hoffe, dass ich mit diesem Buch eine Graswurzelbewegung für die *Blaue Revolution* initiieren kann. Im Rahmen meiner Möglichkeiten werde ich natürlich helfen, die *Blaue Revolution* voranzubringen und Menschen unterstützen, die sich dafür engagieren. Diese Unterstützung wird voraussichtlich vor allem darin bestehen, dass ich die Ideen der *Blauen Revolution* mit Lesungen und Vorträgen propagieren werde. Und dass ich in Interviews oder an öffentlichen Diskussionen meine Standpunkte vertrete. Selbstverständlich werde ich auch an Aktionen und Demonstrationen teilnehmen und Aktivist*innen und Gruppierungen der *Blauen Revolution* unterstützen, wo es mir möglich ist.

Aber ich habe nicht vor, innerhalb der Bewegung eine leitende Funktion zu übernehmen. Denn als Autor der *Blauen Revolution* könnte ich in eine Art Leader-Rolle rutschen. Das will ich nicht. Ich sehe meine Aufgabe eher im Hintergrund. Ich habe auch nicht den Ehrgeiz, auf meine alten Tage noch eine politische Karriere zu starten.

Als Ergänzung zu diesem Buch findet sich im Anhang der Entwurf für eine globale demokratische Verfassung. Dieser orientiert sich weitgehend an der aktuellen Verfassung der Schweizerischen Eidgenossenschaft. Zugegeben, ich bin weder Verfassungsrechtler noch Politologe. Ich habe mir einfach die Freiheit genommen, meine politischen Erfahrungen zu nützen, um diesen Entwurf zur Diskussion vorzulegen.

Dafür habe ich nicht bloss die Präambel verändert oder einfach die «Schweiz» durch die «Vereinigten Staaten der Welt» ersetzt. Ich habe mir auch erlaubt, ein paar Verbesserungen vorzunehmen, um die Verfassung zukunftstauglich zu machen.

Die wichtigsten inhaltlichen Änderungen:

In Artikel 8 über die Rechtsgleichheit wird klargestellt, dass nicht nur Mann und Frau, sondern auch Transmenschen gleichberechtigt sind. Damit trägt die Verfassung der Tatsache Rechnung, dass es bei den Menschen nicht nur zwei Geschlechter gibt.

Die Änderung des Artikels 24 zur Niederlassungs- und Reisefreiheit zielt auf eine grenzenlose Welt. Der freie Personenverkehr innerhalb der Staaten, die sich dem neuen Bund anschliessen, ist garantiert, da sich jeder Mensch überall innerhalb der Vereinigten Staaten der Welt niederzulassen darf.

Der Artikel 26 über die Eigentumsgarantie enthält zwei Einschränkungen. Unter Ziffer 1 werden der Grund und Boden, die Gewässer und die Luft vergesellschaftet. Zudem wird das Vermögen eines Menschen beschränkt. Es «darf nicht höher sein als das 2000-fache des jährlichen Mindestlohns in den Vereinigten Staaten der Welt.» Damit soll verhindert werden, dass einzelne Menschen zu grosse politische und wirtschaftliche Macht erhalten und so die Demokratie unterminieren. Eine bessere Formel zu finden, steht zur Diskussion. Zum Beispiel, die Vermögensgrenze auf 100 Millionen Dollar festzulegen und diese Zahl zu indexieren.

Der Artikel 41 über die Sozialen Rechte ist so formuliert, dass diese Rechte einklagbar sind. Zudem habe ich die Sozialen Rechte so weit ausgeweitet, dass sie allen Menschen ein anständiges Leben garantieren sollen. So sind auch das Recht auf sauberes Trinkwasser und auf eine angemessene Wohnung aufgeführt.

Den Artikel 58 über die Armee habe ich nicht nur an die globalen Verhältnisse angepasst. Als Antimilitarist habe ich es mir auch nicht nehmen lassen, den Absatz 4 so zu formulieren, dass die Vereinigten Staaten der Welt das Ziel verfolgen, «bewaffnete Konflikte zu verhindern und die eigene Armee so weit wie möglich abzurüsten.» Zudem ist der Militärdienst im Gegensatz zur Schweiz von heute freiwillig. Im Artikel 59 ist stattdessen ein obligatorischer, befristeter Zivildienst für alle vorgesehen.

Der Artikel 78 über den Wald wird so ergänzt, dass der Regenwald vor Abholzung geschützt wird und weltweit nicht mehr Wald gerodet werden darf, als gleichzeitig wieder aufgeforstet wird.

Die Umweltschutz- und Nachhaltigkeits-Artikel habe ich verschärft oder ergänzt. Zum Beispiel im Artikel 84. Dort wird eine generelle CO_2-Steuer eingeführt, deren Einnahmen für Umweltschutzmassnahmen verwendet werden.

Beim Artikel 91 über die Grundsätze der Wirtschaftsordnung habe ich zwei neue Ziffern eingefügt, welche die betriebliche Mitbestimmung garantieren. So müssen Unternehmen mit mehr als 100 Angestellten die Arbeiter*innen zu Miteigentümer*innen machen. Und bei Unternehmen, die eine marktbestimmende Grösse erreichen, übernimmt die Allgemeinheit, also die Kommunen, Staaten oder der Bund zusammen mit der Belegschaft mindestens 51 Prozent des Eigentums. So wird nicht nur die innerbetriebliche Demokratie, sondern auch die Mitbestimmung der Gesellschaft sichergestellt, ohne dass private Innovationen verhindert werden.

Der Artikel 92 zur privatwirtschaftlichen Erwerbstätigkeit wird mit einer Ziffer 3 ergänzt, wonach die private Betreuungsarbeit vom Bund und den Staaten anerkannt und entschädigt wird.

Zudem habe ich mir erlaubt, den unsäglichen «Krieg gegen Drogen» mit dem Artikel 101 zu beenden. Zu diesem Thema habe ich mich in die *Blaue Revolution* nicht geäussert. Ich verweise deshalb hier auf die Arbeit der *Global Commission on Drug Policy*, die weltweit für eine vernünftige Drogenpolitik kämpft.[1] In der Schweiz regelt der entsprechende Verfassungsartikel nur den Umgang mit Alkohol. Diesem werden im Verfassungsentwurf natürliche Drogen wie Cannabis oder Kokain gleichgestellt. Die Vereinigten Staaten der Welt sollen dabei nicht nur die Herstellung, die Einfuhr und den Verkauf alkoholischer Getränke, sondern auch natürlicher Drogen, wie Cannabis oder Kokain, regeln.

Im Artikel 102 wird der private Waffenbesitz stark eingeschränkt. Dieser ist nicht nur in den USA ein Problem. Auch in der Schweiz werden viel zu viele Schusswaffen gehortet. Deshalb heisst es in diesem neuen Artikel, dass der private Besitz von Handfeuerwaffen und Gewehren nur ausnahmsweise gestattet ist.

Der Artikel 130 nimmt die Legalisierung natürlicher Drogen wieder auf, indem er dem Bund die Kompetenz gibt, auf Handel und Verkauf dieser Substanzen Steuern zu erheben.

Die fehlende Transparenz bei Wahl- und Abstimmungskampagnen in der Schweiz habe ich zum Anlass genommen, um im Artikel 137 über die politischen Parteien und bei den Artikeln über Wahlen und Abstimmungen entsprechende Regelungen einzubauen.

Und um Korruption zu verhindern, habe ich unter Artikel 148 festgelegt, dass die Mitglieder der Bundesversammlung für ihre Arbeit vom Bund anständig entschädigt werden und Anspruch auf administrative Unterstützung haben. Gleichzeitig wird ihnen aber untersagt, weitere Entschädigungen oder Zahlungen entgegenzunehmen.

Zudem heisst es im gleichen Artikel 148, dass es eine Amtszeitbeschränkung von maximal drei vollen Legislaturperioden gibt, wie das in vielen Schweizer Kommunen üblich ist. Damit ist eine kontinuierliche Erneuerung des Parlaments garantiert.

Ein diffiziles Thema ist die künftige Grösse des Weltparlaments, das wie im Original in der Schweiz aus zwei Kammern bestehen soll. Während sich die Grösse des Welt-Ständerats im Wesentlichen aus der Zahl der Mitgliederstaaten ergibt, gibt es für die Grösse des Welt-Repräsentantenhauses wenig Erfahrungswerte. In Artikel 149 habe dessen Zahl deshalb versuchsweise als mit mindestens 700 bis maximal 3000 Abgeordneten angegeben.

Der Welt-Ständerat erhält im Vergleich mit seinem Vorbild aus der Schweiz zwei wichtige Ergänzungen. Um auch den indigenen Völkern und den Bewohner*innen der grossen Städte eine anständige Mitsprache auf globaler Ebene zu ermöglichen, erhalten diese im Artikel 150 ebenfalls das Recht auf eine Vertretung im Welt-Ständerat.

Im Artikel 175 über die Zusammensetzung des künftigen Welt-Bundesrates habe ich gegenüber dem Schweizer Original ergänzt, dass die Geschlechter, die Sprachregionen und die Weltanschauungen angemessen vertreten sein müssen.

Zugegeben, es gibt Spannenderes zu lesen als einen Verfassungsentwurf. Wer sich aber die Mühe macht, den ganzen Anhang zu studieren, wird bald merken, dass es für eine demokratische Weltverfassung unabdingbar ist, die wesentlichen Grundlagen des Zusammenlebens und der politischen Mechanik zu definieren.

Quellen

1 www.globalcommissionondrugs.org

Entwurf: Bundesverfassung der Vereinigten Staaten der Welt

Präambel

Wir, die menschlichen Bewohner*innen der Erde, stehen in der Verantwortung gegenüber der Natur und ihrer Geschöpfe. Unser Ziel ist es, die Freiheit, das Wohlergehen aller Menschen und aller Lebewesen auf der Erde zu achten und zu schützen. Dazu stärken wir die Demokratie, die Gerechtigkeit, den Frieden und die Solidarität mit allen Menschen. Und wir schonen die Umwelt, indem wir sie nachhaltig bewirtschaften. Wir sind uns der Verantwortung gegenüber künftigen Generationen bewusst und hinterlassen diesen eine Welt, in der sie in Frieden und Freiheit leben können.

Um diese Ziele zu erreichen, geben sich die Menschen der Erde die folgende Bundesverfassung:

1. Allgemeine Bestimmungen

Art. 1 Vereinigte Staaten der Welt

Die Bürger*innen der souveränen Staaten, die Mitglieder der Vereinigten Staaten der Welt sind, bilden die Vereinigten Staaten der Welt.

Art. 2 Zweck

[1] Die Vereinigten Staaten der Welt schützen die Freiheit, den Frieden und die individuellen sowie die sozialen Rechte aller Menschen. Sie wahren die ökologische und ökonomische Sicherheit der Welt.

[2] Sie fördern die gemeinsame Wohlfahrt, die nachhaltige Entwicklung, den inneren Zusammenhalt und die kulturelle Vielfalt der Länder und der Völker der Erde.

[3] Sie sorgen für Chancengleichheit unter allen Menschen.

[4] Sie setzen sich ein für die dauerhafte Erhaltung der natürlichen Lebensgrundlagen und für eine friedliche und gerechte Ordnung.

[5] Sie setzen sich dafür ein, dass alle souveränen Staaten der Erde ihrem Bund beitreten.

Art. 3 Staaten

Die einzelnen Staaten der Vereinigten Staaten der Welt sind souverän, soweit ihre Souveränität nicht durch die Bundesverfassung beschränkt ist. Sie üben alle Rechte aus, die nicht dem Bund übertragen sind.

Art. 4 Sprachen

Die Sprachen der Vereinigten Staaten der Welt sind alle Sprachen, die in den souveränen Mitgliederstaaten als Landessprachen anerkannt sind. Die Leitsprachen der Bundesverwaltung sind die zehn Sprachen, die am häufigsten gesprochen werden.

Art. 5 Grundsätze rechtsstaatlichen Handelns

[1] Grundlage und Schranke staatlichen Handelns ist das Recht.

[2] Staatliches Handeln muss im öffentlichen Interesse liegen und verhältnismässig sein.

[3] Staatliche Organe und Private handeln nach Treu und Glauben.

Art. 6 Individuelle und gesellschaftliche Verantwortung

Jeder Mensch nimmt Verantwortung für sich selbst wahr und trägt nach seinen Kräften bei, um seinen Nächsten zu helfen und hilft bei der Bewältigung der Aufgaben in der Gesellschaft.

2. Grundrechte, Bürgerrechte und Soziale Rechte

Art. 7 Menschenwürde

Die Würde des Menschen ist unantastbar. Der Bund und die Staaten haben die Aufgabe, diese Würde zu achten und zu schützen.

Art. 8 Rechtsgleichheit

[1] Alle Menschen sind vor dem Gesetz gleich.

[2] Niemand darf diskriminiert werden, namentlich nicht wegen der Herkunft, der Hautfarbe, des Geschlechts, des Alters, der Sprache, der sozialen Stellung, der Lebensform, der religiösen, weltanschaulichen oder politischen Überzeugung oder wegen einer körperlichen, geistigen oder psychischen Behinderung.

[3] Mann, Frau und Transmensch sind gleichberechtigt. Das Gesetz sorgt für ihre rechtliche und tatsächliche Gleichstellung, vor allem in Familie, Ausbildung und Arbeit. Alle haben Anspruch auf gleichen Lohn für gleichwertige Arbeit.

Art. 9 Schutz vor Willkür und Wahrung von Treu und Glauben

Jede Person hat Anspruch darauf, von den staatlichen Organen ohne Willkür und nach Treu und Glauben behandelt zu werden.

Art. 10 Recht auf Leben und auf persönliche Freiheit

[1] Jeder Mensch hat das Recht auf Leben. Die Todesstrafe ist verboten.

[2] Jeder Mensch hat das Recht auf persönliche Freiheit, insbesondere auf körperliche und geistige Unversehrtheit und auf Bewegungsfreiheit.

[3] Folter und jede andere Art grausamer, unmenschlicher oder erniedrigender Behandlung oder Bestrafung sind verboten.

Art. 11 Schutz der Kinder und Jugendlichen

[1] Kinder und Jugendliche haben Anspruch auf besonderen Schutz ihrer Unversehrtheit und auf Förderung ihrer Entwicklung.

[2] Sie üben ihre Rechte im Rahmen ihrer Urteilsfähigkeit aus.

Art. 12 Recht auf Hilfe in Notlagen

Wer in Not gerät und nicht in der Lage ist, für sich zu sorgen, hat Anspruch auf Hilfe und Betreuung und auf die Mittel, die für ein menschenwürdiges Dasein unerlässlich sind.

Art. 13 Schutz der Privatsphäre

[1] Jeder Mensch hat Anspruch auf Achtung seines Privat- und Familienlebens, seiner Wohnung sowie seines Brief-, Post- und Fernmeldeverkehrs.

[2] Jeder Mensch hat Anspruch auf Schutz vor Missbrauch seiner persönlichen Daten.

Art. 14 Recht auf Ehe und Familie

Das Recht auf Ehe und Familie ist gewährleistet, unabhängig des Geschlechts oder der sexuellen Präferenz.

Art. 15 Glaubens- und Gewissensfreiheit

[1] Die Glaubens- und Gewissensfreiheit ist gewährleistet.

[2] Jeder Mensch hat das Recht, seine Religion und seine weltanschauliche Überzeugung frei zu wählen und allein oder in Gemeinschaft mit anderen zu bekennen.

Art. 16 Meinungs- und Informationsfreiheit

[1] Die Meinungs- und Informationsfreiheit ist gewährleistet.

[2] Jeder Mensch hat das Recht, seine Meinung frei zu bilden und sie ungehindert zu äussern und zu verbreiten.

[3] Jeder Mensch hat das Recht, Informationen frei zu empfangen, aus allgemein zugänglichen Quellen zu beschaffen und zu verbreiten.

Art. 17 Medienfreiheit

[1] Die Freiheit von Presse, Radio und Fernsehen sowie anderer Formen der öffentlichen Verbreitung von Informationen ist gewährleistet.

[2] Jede Form der Zensur ist verboten.

[3] Das Redaktionsgeheimnis ist gewährleistet.

Art. 18 Sprachenfreiheit

Die Sprachenfreiheit ist gewährleistet. Jeder Mensch hat das Recht, sich in seiner Sprache auszudrücken.

Art. 19 Anspruch auf Grundschulunterricht

Der Anspruch auf ausreichenden und unentgeltlichen Schulunterricht ist gewährleistet.

Art. 20 Wissenschaftsfreiheit

Die Freiheit der wissenschaftlichen Lehre und Forschung ist gewährleistet.

Art. 21 Kunstfreiheit

Die Freiheit der Kunst ist gewährleistet.

Art. 22 Versammlungsfreiheit

[1] Die Versammlungsfreiheit ist gewährleistet.

[2] Jeder Mensch hat das Recht, Versammlungen zu organisieren, an Versammlungen teilzunehmen oder Versammlungen fernzubleiben.

Art. 23 Vereinigungsfreiheit

[1] Die Vereinigungsfreiheit ist gewährleistet.

[2] Jeder Mensch hat das Recht, Vereinigungen zu bilden, Vereinigungen beizutreten oder anzugehören und sich an den Tätigkeiten von Vereinigungen zu beteiligen.

[3] Niemand darf gezwungen werden, einer Vereinigung beizutreten oder anzugehören.

Art. 24 Niederlassungs- und Reisefreiheit

[1] Jeder Mensch hat das Recht, sich an jedem Ort innerhalb der Vereinigten Staaten der Welt niederzulassen.

[2] Jeder Mensch hat das Recht, jederzeit jeden Staat der Vereinigten Staaten der Welt zu verlassen und in jeden Staat der Vereinigten Staaten der Welt einzureisen.

Art. 25 Schutz vor Ausweisung, Auslieferung und Ausschaffung

[1] Bürger*innen der Vereinigten Staaten der Welt dürfen nicht aus den Vereinigten Staaten der Welt ausgewiesen werden. Sie dürfen nur mit ihrem Einverständnis an eine ausländische Behörde ausgeliefert werden.

[2] Flüchtlinge dürfen nicht in einen Staat ausgeschafft oder ausgeliefert werden, in dem sie verfolgt werden.

[3] Niemand darf in einen Staat ausgeschafft werden, in dem ihm Folter oder eine andere Art grausamer und unmenschlicher Behandlung oder Bestrafung droht.

Art. 26 Eigentumsgarantie

[1] Grund und Boden, die Gewässer und die Luft gehören der Allgemeinheit; dem Bund, den Staaten oder den Kommunen. Die Allgemeinheit kann Land für maximal 99 Jahre zur Nutzung abgeben.

[2] Das persönliche Eigentum ist gewährleistet.

[3] Enteignungen werden angemessen entschädigt.

[4] Das Vermögen eines Menschen darf nicht höher sein als das 2000-fache des jährlichen Mindestlohns in den Vereinigten Staaten der Welt.

[5] Der Bund kann Eigentumsbeschränkungen erlassen, um sicherzustellen, dass das Recht auf Wohnen, das Recht auf Nahrung, das Recht auf Gesundheitsversorgung und das Recht auf Arbeit für alle Menschen gewährleistet ist.

Art. 27 Wirtschaftsfreiheit

[1] Die Wirtschaftsfreiheit ist gewährleistet.

[2] Sie umfasst insbesondere die freie Wahl des Berufes sowie den freien Zugang zu einer privatwirtschaftlichen Erwerbstätigkeit und deren freie Ausübung.

Art. 28 Koalitionsfreiheit

[1] Arbeiter*innen und Unternehmer*innen sowie ihre Organisationen haben das Recht, sich zum Schutz ihrer Interessen zusammenzuschliessen und Vereinigungen zu bilden.

[2] Streitigkeiten sind nach Möglichkeit durch Verhandlung beizulegen.

[3] Das Recht auf Streik ist gewährleistet.

Art. 29 Allgemeine Verfahrensgarantien

[1] Jeder Mensch hat in Verfahren vor Gerichts- und Verwaltungsinstanzen Anspruch auf gleiche und gerechte Behandlung sowie auf eine Beurteilung in angemessener Frist.

[2] Die Parteien haben Anspruch auf rechtliches Gehör.

[3] Jeder Mensch, der nicht über die erforderlichen Mittel verfügt, hat Anspruch auf unentgeltliche Rechtspflege. Für die Wahrung seiner Rechte, hat er Anspruch auf unentgeltlichen Rechtsbeistand.

[4] Jeder Mensch hat bei Rechtsstreitigkeiten Anspruch auf Beurteilung durch eine richterliche Behörde.

Art. 30 Gerichtliche Verfahren

[1] Jeder Mensch, dessen Sache in einem gerichtlichen Verfahren beurteilt werden muss, hat Anspruch auf ein durch Gesetz geschaffenes, zuständiges, unabhängiges und unparteiisches Gericht. Ausnahmegerichte sind untersagt.

[2] Jeder Mensch, gegen den eine Zivilklage erhoben wird, hat Anspruch darauf, dass die Sache vom Gericht des Wohnsitzes beurteilt wird.

[3] Gerichtsverhandlung und Urteilsverkündung sind grundsätzlich öffentlich. Das Gesetz kann Ausnahmen vorsehen.

Art. 31 Freiheitsentzug

[1] Die Freiheit darf einen Menschen nur in den vom Gesetz vorgesehenen Fällen und nur auf die im Gesetz vorgeschriebene Weise entzogen werden.

[2] Jeder Mensch, dem die Freiheit entzogen wird, hat Anspruch darauf, unverzüglich und in einer ihm verständlichen Sprache über die Gründe des Freiheitsentzugs und über seine Rechte unterrichtet zu werden. Er hat das Recht auf einen Anwalt und muss die Möglichkeit haben, seine Rechte geltend zu machen. Er hat insbesondere das Recht, seine nächsten Angehörigen benachrichtigen zu lassen.

[3] Jeder Mensch, der in Untersuchungshaft genommen wird, hat Anspruch darauf, unverzüglich einem Gericht vorgeführt zu werden. Das Gericht entscheidet, ob dieser Mensch weiterhin in Haft gehalten oder freigelassen wird. Jeder Mensch in Untersuchungshaft hat Anspruch auf ein Urteil in angemessener Frist.

[4] Jeder Mensch, dessen Freiheit nicht von einem Gericht entzogen wird, hat das Recht, jederzeit einen Anwalt beizuziehen und ein Gericht anzurufen. Dieses entscheidet so rasch wie möglich über die Rechtmässigkeit des Freiheitsentzugs.

Art. 32 Strafverfahren

[1] Jeder Mensch gilt bis zur rechtskräftigen Verurteilung als unschuldig.

[2] Jeder angeklagte Mensch hat Anspruch darauf, möglichst rasch und umfassend über die gegen sie erhobenen Beschuldigungen unterrichtet zu werden. Er muss die Möglichkeit haben, die ihm zustehenden Verteidigungsrechte geltend zu machen.

[3] Jede verurteilte Person hat das Recht, das Urteil von einem höheren Gericht überprüfen zu lassen. Ausgenommen sind die Fälle, in denen das Bundesgericht als einzige Instanz urteilt.

Art. 33 Petitionsrecht

[1] Jeder Mensch hat das Recht, Petitionen an Behörden zu richten; es dürfen ihm daraus keine Nachteile erwachsen.

[2] Die Behörden haben von Petitionen Kenntnis zu nehmen.

Art. 34 Politische Rechte

[1] Die politischen Rechte sind gewährleistet.

[2] Die Garantie der politischen Rechte schützt die freie Willensbildung und die unverfälschte Stimmabgabe.

Art. 35 Verwirklichung der Grundrechte

[1] Die Grundrechte müssen in der ganzen Rechtsordnung zur Geltung kommen.

[2] Wer staatliche Aufgaben wahrnimmt, ist an die Grundrechte gebunden und verpflichtet, zu ihrer Verwirklichung beizutragen.

[3] Die Behörden sorgen dafür, dass die Grundrechte, soweit sie sich dazu eignen, auch unter Privaten wirksam werden.

Art. 36 Einschränkungen von Grundrechten

[1] Einschränkungen von Grundrechten bedürfen einer gesetzlichen Grundlage. Schwerwiegende Einschränkungen müssen im Gesetz selbst vorgesehen sein. Ausgenommen sind Falle ernster, unmittelbarer und nicht anders abwendbarer Gefahr.

[2] Einschränkungen von Grundrechten müssen durch ein öffentliches Interesse oder durch den Schutz von Grundrechten Dritter gerechtfertigt sein.

[3] Einschränkungen von Grundrechten müssen verhältnismässig sein.

[4] Der Kerngehalt der Grundrechte ist unantastbar.

Art. 37 Bürger*innenrechte

[1] Bürger*in der Vereinigten Staaten der Welt ist, wer das Bürger*innenrecht einer Gemeinde und das Bürger*innenrecht eines Staates der Vereinigten Staaten der Welt besitzt.

[2] Niemand darf wegen seiner Bürger*innenrechte bevorzugt oder benachteiligt werden.

Art. 38 Erwerb und Verlust der Bürger*innenrechte

[1] Wer in einem Staat der Vereinigten Staaten der Welt geboren wird, hat automatisch das Bürger*innenrecht dieses Staates und ist damit der Bürger*in der Vereinigten Staaten der Welt.

[2] Der Bund regelt Erwerb und Verlust der Bürger*innenrechte durch Heirat und Adoption. Er erlasst Vorschriften über die Einbürgerung von Ausländer*innen durch die Staaten und erteilt die Einbürgerungsbewilligung.

Art. 39 Ausübung der politischen Rechte

[1] Der Bund regelt die Ausübung der politischen Rechte in Bundesangelegenheiten, die Staaten regeln sie in staatlichen und kommunalen Angelegenheiten.

[2] Die politischen Rechte werden am Wohnsitz ausgeübt. Bund und Staaten können Ausnahmen vorsehen.

[3] Niemand darf die politischen Rechte in mehr als einem Staat ausüben.

[4] Die Staaten können vorsehen, dass Neuzugezogene das Stimmrecht in staatlichen und kommunalen Angelegenheiten erst nach einer Wartefrist von höchstens drei Monaten nach der Niederlassung ausüben dürfen.

40 Bürger*innen im Ausland

[1] Der Bund fördert die Beziehungen der Bürger*innen, die in einem Staat leben, der nicht zu den Vereinigten Staaten der Welt gehört, untereinander und zum Bund. Er kann Organisationen unterstützen, die dieses Ziel verfolgen.

[2] Er erlässt Vorschriften über die Rechte und Pflichten der Bürger*innen im Ausland, namentlich in Bezug auf die Ausübung der politischen Rechte im Bund und die Unterstützung sowie die Sozialversicherungen.

Art. 41 Soziale Rechte

[1] Bund und Staaten garantieren, dass alle Menschen von ihren sozialen Rechten Gebrauch machen kann.

[2] Zu diesen sozialen Rechten gehören:

1. das Recht auf genügend und ausgewogene Ernährung sowie genügend und sauberes Trinkwasser;
2. das Recht auf die notwendige Pflege für die Gesundheit;
3. das Recht auf den Schutz der Familie;
4. das Recht auf bezahlte Arbeit zu angemessenen Bedingungen;
5. das Recht auf eine angemessene Wohnung;
6. das Recht auf Aus- und Weiterbildung;
7. das Recht auf Entwicklung von Kindern und Jugendlichen zu selbstständigen und sozial verantwortlichen Personen und Unterstützung in ihrer sozialen, kulturellen und politischen Integration.

[3] Bund und Staaten garantieren, dass jeder Mensch gegen die wirtschaftlichen Folgen gesichert ist von:

1. Alter;
2. Invalidität, Krankheit, Unfall;
3. Arbeitslosigkeit;
4. Mutterschaft;
5. Verwaisung;
6. Verwitwung.

3. Bund, Staaten und Gemeinden

Art. 42 Aufgaben des Bundes und der Staaten

[1] Der Bund erfüllt die Aufgaben, die ihm die Bundesverfassung zuweist.

Art. 43 Grundsätze für die Zuweisung und Erfüllung staatlicher Aufgaben

[1] Der Bund übernimmt nur die Aufgaben, welche die Kraft der Staaten übersteigen oder einer einheitlichen Regelung durch den Bund bedürfen.

[2] Das Gemeinwesen, in dem der Nutzen einer staatlichen Leistung anfällt, trägt deren Kosten.

[3] Das Gemeinwesen, das die Kosten einer staatlichen Leistung trägt, kann über diese Leistung bestimmen.

[4] Leistungen der Grundversorgung müssen allen Personen in vergleichbarer Weise offenstehen.

Art. 44 Grundsätze

[1] Bund, Staaten und Gemeinden unterstützen einander in der Erfüllung ihrer Aufgaben und arbeiten zusammen.

² Sie schulden einander Rücksicht und Beistand. Sie leisten einander Amts- und Rechtshilfe.

³ Streitigkeiten zwischen Staaten oder zwischen Staaten und dem Bund werden durch Verhandlung und Vermittlung beigelegt.

Art. 45 Mitwirkung an der Willensbildung des Bundes

¹ Die Staaten wirken nach Massgabe der Bundesverfassung an der Willensbildung des Bundes mit, insbesondere an der Rechtsetzung.

² Der Bund informiert die Staaten rechtzeitig und umfassend über seine Vorhaben; er holt ihre Stellungnahmen ein, wenn ihre Interessen betroffen sind.

Art. 46 Umsetzung des Bundesrechts

¹ Die Staaten setzen das Bundesrecht nach Massgabe von Verfassung und Gesetz um.

² Bund und Staaten können miteinander vereinbaren, dass die Staaten bei der Umsetzung von Bundesrecht bestimmte Ziele erreichen und zu diesem Zweck Programme ausführen, die der Bund finanziell unterstützt.

³ Der Bund belässt den Staaten möglichst grosse Gestaltungsfreiheit und trägt den staatlichen Besonderheiten Rechnung.

Art. 47 Eigenständigkeit der Staaten

¹ Der Bund wahrt die Eigenständigkeit der Staaten.

² Er belässt den Staaten ausreichend eigene Aufgaben und beachtet ihre Organisationsautonomie. Er trägt dazu bei, dass sie über die notwendigen finanziellen Mittel zur Erfüllung ihrer Aufgaben verfügen.

Art. 48 Verträge zwischen Staaten

¹ Die Staaten können miteinander Verträge schliessen sowie gemeinsame Organisationen und Einrichtungen schaffen. Sie können namentlich Aufgaben von regionalem Interesse gemeinsam wahrnehmen.

² Der Bund kann sich im Rahmen seiner Zuständigkeiten beteiligen.

³ Verträge zwischen Staaten dürfen dem Recht und den Interessen des Bundes sowie den Rechten anderer Staaten nicht zuwiderlaufen. Sie sind dem Bund zur Kenntnis zu bringen.

Art. 49 Allgemeinverbindlicherklärung und Beteiligungspflicht

¹ Auf Antrag interessierter Staaten kann der Bund in folgenden Aufgabenbereichen interstaatliche Verträge allgemein verbindlich erklären oder Staaten zur Beteiligung an interstaatlichen Verträgen verpflichten:

1. Straf- und Massnahmenvollzug;
2. Schulwesen;
3. staatlichen Hochschulen;
4. Abfallbewirtschaftung;
5. Abwasserreinigung.

² Die Allgemeinverbindlicherklärung erfolgt in der Form eines Bundesbeschlusses.

Art. 50 Vorrang und Einhaltung des Bundesrechts

¹ Bundesrecht geht staatlichem Recht vor.

² Der Bund wacht über die Einhaltung des Bundesrechts durch die Staaten.

Art. 51 Staatsverfassungen

¹ Jeder Staat gibt sich eine demokratische Verfassung. Diese bedarf der Zustimmung des Volkes und muss revidiert werden können, wenn die Mehrheit der Stimmberechtigten es verlangt.

[2] Die Staatsverfassungen bedürfen der Gewährleistung des Bundes. Der Bund gewährleistet sie, wenn sie dem Bundesrecht nicht widersprechen.

Art. 52 Verfassungsmässige Ordnung

[1] Der Bund schützt die verfassungsmässige Ordnung der Staaten.

[2] Er greift ein, wenn die Ordnung in einem Staat gestört oder bedroht ist und der betroffene Staat sie nicht selbst oder mit Hilfe anderer Staaten schützen kann.

Art. 53 Bestand und Gebiet der Staaten

[1] Der Bund schützt Bestand und Gebiet der Staaten.

[2] Gebietsveränderungen zwischen Staaten und Neugründungen von Staaten bedürfen der Zustimmung der betroffenen Bevölkerung und der betroffenen Staaten sowie der Genehmigung durch die Bundesversammlung.

[3] Grenzbereinigungen können Staaten unter sich durch Vertrag vornehmen.

Art. 54 Auswärtige Angelegenheiten

[1] Die auswärtigen Angelegenheiten sind Sache des Bundes.

[2] Der Bund setzt sich ein für die Wahrung der Unabhängigkeit der Vereinigten Staaten der Welt und für ihre Wohlfahrt; er trägt namentlich bei zur Linderung von Not und Armut in der restlichen Welt, zur Achtung der Menschenrechte und zur Förderung der Demokratie, zu einem friedlichen Zusammenleben der Völker sowie zur Erhaltung der natürlichen Lebensgrundlagen.

[3] Er nimmt Rücksicht auf die Zuständigkeiten der Staaten und wahrt ihre Interessen.

Art. 55 Mitwirkung der Staaten an aussenpolitischen Entscheiden

[1] Die Staaten wirken an der Vorbereitung aussenpolitischer Entscheide mit, die ihre Zuständigkeiten oder ihre wesentlichen Interessen betreffen.

[2] Der Bund informiert die Staaten rechtzeitig und umfassend und holt ihre Stellungnahmen ein.

[3] Den Stellungnahmen der Staaten kommt besonderes Gewicht zu, wenn sie in ihren Zuständigkeiten betroffen sind. In diesen Fällen wirken die Staaten in geeigneter Weise an internationalen Verhandlungen mit.

Art. 56 Beziehungen der Staaten mit dem Ausland

[1] Die Staaten können in ihren Zuständigkeitsbereichen mit dem Ausland Verträge schliessen.

[2] Diese Verträge dürfen dem Recht und den Interessen des Bundes sowie den Rechten anderer Staaten nicht zuwiderlaufen. Die Staaten haben den Bund vor Abschluss der Verträge zu informieren.

[3] Mit untergeordneten ausländischen Behörden können die Staaten direkt verkehren; in den übrigen Fällen erfolgt der Verkehr der Staaten mit dem Ausland durch Vermittlung des Bundes.

Art. 57 Sicherheit

[1] Bund und Staaten sorgen im Rahmen ihrer Zuständigkeiten für die Sicherheit der Vereinigten Staaten der Welt und den Schutz der Bevölkerung.

[2] Sie koordinieren ihre Anstrengungen im Bereich der inneren Sicherheit.

Art. 58 Armee

[1] Die Vereinigten Staaten der Welt unterhalten eine Armee, der die Streitkräfte der Staaten unterstellt sind.

[2] Die Armee dient der Kriegsverhinderung. Sie verteidigt die Vereinigten Staaten der

Welt und ihre Bevölkerung. Sie unterstützt die zivilen Behörden bei der Abwehr schwerwiegender Bedrohungen der inneren Sicherheit und bei der Bewältigung anderer ausserordentlicher Lagen. Das Gesetz kann weitere Aufgaben vorsehen.

[3] Der Einsatz der Armee ist Sache des Bundes.

[4] Die Vereinigten Staaten der Welt verfolgen das Ziel, bewaffnete Konflikte zu verhindern und die eigene Armee so schnell und so weit wie möglich abzurüsten.

Art. 59 Zivildienst

[1] Erwachsene Bürger*innen der Vereinigten Staaten der Welt sind verpflichtet einen befristeten Zivildienst zu leisten.

[2] Wer keinen Zivildienst leistet, schuldet eine Abgabe. Diese wird vom Bund erhoben und von den Staaten veranlagt und eingezogen.

[3] Der Bund erlässt Vorschriften über den angemessenen Ersatz des Erwerbsausfalls.

[4] Personen, die Zivildienst leisten und dabei gesundheitlichen Schaden erleiden oder ihr Leben verlieren, haben für sich oder ihre Angehörigen Anspruch auf angemessene Unterstützung des Bundes.

Art. 60 Organisation, Ausbildung und Ausrüstung der Armee

[1] Die Militärgesetzgebung sowie Organisation, Ausbildung und Ausrüstung der Armee sind Sache des Bundes.

[2] Der Bund kann militärische Einrichtungen der Staaten gegen angemessene Entschädigung übernehmen.

[3] Der Militärdienst ist freiwillig.

[4] Personen, die Militärdienst leisten und dabei gesundheitlichen Schaden erleiden oder ihr Leben verlieren, haben für sich oder ihre Angehörigen Anspruch auf angemessene Unterstützung des Bundes.

Art. 61 Zivilschutz

[1] Die Gesetzgebung über den zivilen Schutz von Personen und Gütern vor den Auswirkungen bewaffneter Konflikte ist Sache des Bundes.

[2] Der Bund erlässt Vorschriften über den Einsatz des Zivilschutzes bei Katastrophen und in Notlagen.

[3] Der Schutzdienst ist freiwillig.

[4] Der Bund erlässt Vorschriften über den angemessenen Ersatz des Erwerbsausfalls.

[5] Personen, die Schutzdienst leisten und dabei gesundheitlichen Schaden erleiden oder ihr Leben verlieren, haben für sich oder ihre Angehörigen Anspruch auf angemessene Unterstützung des Bundes.

Art. 62 Bildung

[1] Bund und Staaten sorgen gemeinsam im Rahmen ihrer Zuständigkeiten für eine hohe Qualität und Durchlässigkeit der Aus- und Weiterbildung.

[2] Sie koordinieren ihre Anstrengungen und stellen ihre Zusammenarbeit durch gemeinsame Organe sicher.

[3] Sie setzen sich bei der Erfüllung ihrer Aufgaben dafür ein, dass allgemeinbildende und berufsbezogene Bildungswege eine gleichwertige gesellschaftliche Anerkennung finden.

Art. 63 Schulwesen

[1] Für das Schulwesen sind die Staaten zuständig.

[2] Sie sorgen für einen ausreichenden Schulunterricht, der allen Kindern offensteht. Der Schulunterricht ist obligatorisch und untersteht staatlicher Leitung oder Aufsicht. An öffentlichen Schulen ist er unentgeltlich.

[3] Die Staaten sorgen für eine ausreichende Sonderschulung aller Kinder und Jugendlichen mit Behinderung bis längstens zum vollendeten 20. Altersjahr.

⁴ Bei der Vorbereitung von Erlassen des Bundes, welche die Zuständigkeit der Staaten betreffen, kommt der Mitwirkung der Staaten besonderes Gewicht zu.

Art. 64 Berufsbildung

1 Der Bund erlässt Vorschriften über die Berufsbildung.

2 Er fördert ein breites und durchlässiges Angebot im Bereich der Berufsbildung.

Art. 65 Hochschulen

¹ Der Bund unterstützt staatliche Hochschulen und kann an weitere von ihm anerkannte Institutionen des Hochschulbereichs Beiträge entrichten.

² Bund und Staaten sorgen gemeinsam für die Koordination und für die Gewährleistung der Qualitätssicherung im Hochschulwesen. Sie nehmen dabei Rücksicht auf die Autonomie der Hochschulen und ihre unterschiedlichen Trägerschaften und achten auf die Gleichbehandlung von Institutionen mit gleichen Aufgaben.

³ Zur Erfüllung ihrer Aufgaben schliessen Bund und Staaten Verträge ab und übertragen bestimmte Befugnisse an gemeinsame Organe.

Art. 66 Forschung

¹ Der Bund fördert die wissenschaftliche Forschung und die Innovation.

² Er kann die Förderung insbesondere davon abhängig machen, dass die Qualitätssicherung und die Koordination sichergestellt sind.

³ Er kann Forschungsstätten errichten, übernehmen oder betreiben.

Art. 67 Weiterbildung

¹ Der Bund legt Grundsätze über die Weiterbildung fest.

² Er kann die Weiterbildung fördern.

Art. 68 Statistik

Der Bund erhebt die notwendigen statistischen Daten über den Zustand und die Entwicklung von Bevölkerung, Wirtschaft, Gesellschaft, Bildung, Forschung, Raum und Umwelt in den Vereinigten Staaten der Welt.

Art. 69 Kultur

¹ Für den Bereich der Kultur sind die Staaten zuständig.

² Der Bund kann kulturelle Bestrebungen von gesamtgesellschaftlichem Interesse unterstützen sowie Kunst und Musik fördern.

Art. 70 Religion und Bund

¹ Die Vereinigten Staaten der Welt sind ein Bund laizistischer Staaten. Im Bund und in den einzelnen Staaten sind die Religionen vom Staat getrennt.

² Bund und Staaten treffen Massnahmen zur Wahrung des öffentlichen Friedens zwischen den Angehörigen verschiedener Religions- und Glaubensgemeinschaften.

Art. 74 Nachhaltigkeit

Bund und Staaten streben ein auf Dauer ausgewogenes Verhältnis zwischen der Natur und ihrer Erneuerungsfähigkeit einerseits und ihrer Beanspruchung durch den Menschen anderseits an.

Art. 75 Umweltschutz

¹ Der Bund erlässt Vorschriften über den Schutz des Menschen und seiner natürlichen Umwelt vor schädlichen Einwirkungen.

² Er sorgt dafür, dass solche Einwirkungen vermieden werden. Die Kosten der Vermeidung und Beseitigung tragen die Verursacher*innen.

³ Für den Vollzug der Vorschriften sind die Staaten zuständig, soweit das Gesetz ihn nicht dem Bund vorbehält.

Art. 76 Raumplanung

[1] Der Bund legt Grundsätze der Raumplanung fest. Diese obliegt den Staaten und dient der zweckmässigen und haushälterischen Nutzung des Bodens und der geordneten Besiedlung des Landes.

[2] Der Bund fördert und koordiniert die Bestrebungen der Staaten und arbeitet mit den Staaten zusammen.

Art. 77 Wasser

[1] Der Bund sorgt im Rahmen seiner Zuständigkeiten für die haushälterische Nutzung und den Schutz der Wasservorkommen sowie für die Abwehr schädigender Einwirkungen des Wassers. Er gewährleistet, das Recht auf sauberes Trinkwasser.

[2] Er legt Grundsätze fest über die Erhaltung und die Erschliessung der Wasservorkommen, über die Nutzung der Gewässer zur Energieerzeugung und für Kühlzwecke sowie über andere Eingriffe in den Wasserkreislauf.

[3] Er erlässt Vorschriften über den Gewässerschutz, die Sicherung angemessener Restwassermengen, den Wasserbau, die Sicherheit der Stauanlagen und die Beeinflussung der Niederschläge.

[4] Über die Wasservorkommen verfügen die Staaten. Sie können für die Wassernutzung in den Schranken der Bundesgesetzgebung Abgaben erheben.

[5] Über Rechte an internationalen Wasservorkommen und damit verbundene Abgaben entscheidet der Bund unter Beizug der betroffenen Staaten. Können sich Staaten über Rechte an interkantonalen Wasservorkommen nicht einigen, so entscheidet der Bund.

[6] Der Bund berücksichtigt bei der Erfüllung seiner Aufgaben die Anliegen der Staaten, aus denen das Wasser stammt.

Art. 78 Wald

[1] Der Bund sorgt dafür, dass der Wald seine Schutz-, Nutz- und Wohlfahrtsfunktionen erfüllen kann.

[2] Er legt Grundsätze über den Schutz des Waldes fest. Regenwald ist vor Abholzung geschützt.

[3] Er fördert Massnahmen zur Erhaltung des Waldes. Er sorgt dafür, dass weltweit nicht mehr Wald gerodet wird, als gleichzeitig wieder aufgeforstet wird.

Art. 79 Natur- und Heimatschutz

[1] Für den Naturschutz der Weltmeere ist der Bund zuständig

[2] Für den weiteren Natur- und Heimatschutz sind die Staaten zuständig.

[3] Der Bund nimmt bei der Erfüllung seiner Aufgaben Rücksicht auf die Anliegen des Natur- und Heimatschutzes. Er schont Landschaften, Ortsbilder, geschichtliche Stätten sowie Natur- und Kulturdenkmäler; er erhält sie ungeschmälert, wenn das öffentliche Interesse es gebietet.

[4] Er kann Bestrebungen des Natur- und Heimatschutzes unterstützen und Objekte von weltweiter Bedeutung vertraglich oder durch Enteignung erwerben oder sichern.

[5] Er erlässt Vorschriften zum Schutz der Tier- und Pflanzenwelt und zur Erhaltung ihrer Lebensräume in der natürlichen Vielfalt. Er schützt bedrohte Arten vor Ausrottung.

[6] Moore und Moorlandschaften von besonderer Schönheit sind geschützt. Es dürfen darin weder Anlagen gebaut noch Bodenveränderungen vorgenommen werden. Ausgenommen sind Einrichtungen, die dem Schutz oder der bisherigen landwirtschaftlichen Nutzung der Moore und Moorlandschaften dienen.

Art. 80 Fischerei und Jagd

Der Bund legt Grundsätze fest über die nachhaltige Ausübung der Fischerei und der Jagd, insbesondere zur Erhaltung der Artenvielfalt der Fische, der wildlebenden Säugetiere und der Vögel.

Art. 81 Tierschutz

[1] Der Bund erlässt Vorschriften über den Schutz der Tiere.

[2] Er regelt insbesondere:

1. die Tierhaltung und die Tierpflege;
2. die Tierversuche und die Eingriffe am lebenden Tier;
3. die Verwendung von Tieren;
4. die Einfuhr von Tieren und tierischen Erzeugnissen;
5. den Tierhandel und die Tiertransporte;
6. das Töten von Tieren.

[3] Für den Vollzug der Vorschriften sind die Staaten zuständig, soweit das Gesetz ihn nicht dem Bund vorbehält.

Art. 82 Öffentliche Werke

Der Bund kann im Interesse des ganzen oder eines grossen Teils der Vereinigten Staaten der Welt öffentliche Werke errichten und betreiben oder ihre Errichtung unterstützen.

Art. 83 Schwerverkehrsabgabe

[1] Der Bund kann auf dem Schwerverkehr eine leistungs- oder verbrauchsabhängige Abgabe erheben, soweit der Schwerverkehr der Allgemeinheit Kosten verursacht, die nicht durch andere Leistungen oder Abgaben gedeckt sind.

[2] Die Staaten werden am Reinertrag beteiligt.

Art. 84 Verbrauchssteuer auf fossile Brennstoffe und CO_2-Verursacher

[1] Der Bund erhebt auf fossile Brennstoffe eine Verbrauchssteuer.

[2] Der Bund erhebt eine CO_2-Steuer, die auf alle Produkte erhoben wird, die zur CO_2-Produktion beitragen.

[3] Er verwendet die Erträge der Treibstoff- und der CO_2-Steuer für Umweltschutzmassnahmen.

Art. 85 Eisenbahnen und weitere Verkehrsträger

[1] Die Gesetzgebung über die interstaatliche Schifffahrt, die Luft- und Raumfahrt ist Sache des Bundes.

[2] Die Gesetzgebung über den Eisenbahnverkehr, die Seilbahnen und die innerstaatliche Schifffahrt ist Sache der Staaten.

Art. 86 Energiepolitik

[1] Bund und Staaten setzen sich im Rahmen ihrer Zuständigkeiten ein für eine ausreichende, sichere, wirtschaftliche und umweltverträgliche Energieversorgung sowie für einen sparsamen und rationellen Energieverbrauch.

[2] Der Bund legt Grundsätze fest über die Nutzung einheimischer und erneuerbarer Energien und über den sparsamen und rationellen Energieverbrauch.

[3] Der Bund erlässt Vorschriften über den Energieverbrauch von Anlagen, Fahrzeugen und Geräten. Er fördert die Entwicklung von Energietechniken, insbesondere in den Bereichen des Energiesparens und der erneuerbaren Energien.

[4] Für Massnahmen, die den Verbrauch von Energie in Gebäuden betreffen, sind vor allem die Staaten zuständig.

Art. 87 Atomenergie

[1] Die Gesetzgebung auf dem Gebiet der Atomenergie ist Sache des Bundes.

[2] Bestehende Atomkraftwerke werden so schnell wie möglich stillgelegt.

[3] Der Bau neuer Atomkraftwerke ist verboten.

Art. 88 Transport von Energie

[1] Der Bund erlässt Vorschriften über den Transport und die Lieferung elektrischer Energie.

[2] Die Gesetzgebung über Rohrleitungsanlagen zur Beförderung flüssiger oder gasförmiger Brenn- oder Treibstoffe ist Sache des Bundes.

Art. 89 Post- und Fernmeldewesen

[1] Das Post- und Fernmeldewesen ist Sache des Bundes.

[2] Der Bund sorgt für eine ausreichende und preiswerte Grundversorgung mit Post- und Fernmeldediensten in allen Gegenden der Vereinigten Staaten der Welt.

Art. 90 Radio und Fernsehen

[1] Die Gesetzgebung über Radio und Fernsehen sowie über andere Formen der öffentlichen fernmeldetechnischen Verbreitung von Darbietungen und Informationen ist Sache des Bundes.

[2] Radio und Fernsehen tragen zur Bildung und kulturellen Entfaltung, zur freien Meinungsbildung und zur Unterhaltung bei. Sie berücksichtigen die Besonderheiten des Landes und die Bedürfnisse der Staaten. Sie stellen die Ereignisse sachgerecht dar und bringen die Vielfalt der Ansichten angemessen zum Ausdruck.

[3] Die Unabhängigkeit von Radio und Fernsehen sowie die Autonomie in der Programmgestaltung sind gewährleistet.

[4] Programmbeschwerden können einer unabhängigen Beschwerdeinstanz vorgelegt werden.

Art. 91 Grundsätze der Wirtschaftsordnung

[1] Bund und Staaten halten sich an den Grundsatz der Wirtschaftsfreiheit.

[2] Sie wahren die Interessen der Gesamtwirtschaft und tragen mit der privaten Wirtschaft zur Wohlfahrt und zur wirtschaftlichen Sicherheit der Bevölkerung bei.

[3] Unternehmen mit mehr als 100 Angestellten müssen die Arbeiter*innen zu Miteigentümer*innen machen und ihre innerbetriebliche Partizipation garantieren. Details regelt das Gesetz.

[4] Das Eigentum an privaten Unternehmen, die eine marktbestimmende Grösse erreichen, wird so aufgeteilt, dass private Anleger*innen höchstens 49 Prozent des Unternehmens besitzen können. Mindestens je ein Viertel des Unternehmens besitzen die Allgemeinheit (Kommunen, Staaten, Bund) und die Belegschaft. Details regelt das Gesetz.

Art. 92 Privatwirtschaftliche Erwerbstätigkeit

[1] Der Bund erlässt Vorschriften über die Ausübung der privatwirtschaftlichen Erwerbstätigkeit.

[2] Er sorgt für einen einheitlichen Wirtschaftsraum. Er gewährleistet, dass Personen mit einer wissenschaftlichen Ausbildung oder mit einem anerkannten Ausbildungsabschluss ihren Beruf überall in den Vereinigten Staaten der Welt ausüben können.

[3] Die private Betreuungsarbeit wird vom Bund und den Staaten anerkannt und angemessen entschädigt.

Art. 93 Wettbewerbspolitik

[1] Der Bund erlässt Vorschriften gegen schädliche Auswirkungen von Kartellen und anderen Wettbewerbsbeschränkungen.

[2] Er trifft Massnahmen zur Verhinderung von Missbräuchen in der Preisbildung durch marktmächtige Unternehmen und Organisationen des privaten und des öffentlichen Rechts.

Art. 94 Schutz der Konsument*innen

[1] Der Bund trifft Massnahmen zum Schutz der Konsument*innen.

[2] Er erlässt Vorschriften über die Rechtsmittel, welche die Konsument*innen-Organisationen ergreifen können.

Art. 95 Banken und Versicherungen

[1] Der Bund erlässt Vorschriften über das Banken- und Börsenwesen.

[2] Er erlässt Vorschriften über das Privatversicherungswesen.

Art. 96 Geld- und Währungspolitik

[1] Das Geld- und Währungswesen ist Sache des Bundes; diesem allein steht das Recht zur Ausgabe von Münzen und Banknoten zu.

[2] Die Zentralbank der Vereinigten Staaten der Welt führt eine unabhängige Geld- und Währungspolitik, die dem Gesamtinteresse der Vereinigten Staaten der Welt dient.

[3] Der Reingewinn der Zentralbank der Vereinigten Staaten der Welt geht zu mindestens zwei Dritteln an die Staaten.

Art. 97 Konjunkturpolitik

[1] Der Bund trifft Massnahmen für eine ausgeglichene konjunkturelle Entwicklung, insbesondere zur Verhütung und Bekämpfung von Arbeitslosigkeit und Teuerung.

[2] Er berücksichtigt die wirtschaftliche Entwicklung der einzelnen Staaten.

Art. 98 Grundversorgung

Der Bund stellt die Versorgung der Vereinigten Staaten der Welt mit lebenswichtigen Gütern und Dienstleistungen sicher für den Fall von Bedrohungen und in schweren Mangellagen, denen die Wirtschaft nicht selbst zu begegnen vermag. Er trifft vorsorgliche Massnahmen.

Art. 99 Strukturpolitik

Der Bund kann wirtschaftlich bedrohte Staaten unterstützen sowie Wirtschaftszweige und Berufe fördern, wenn zumutbare Selbsthilfemassnahmen zur Sicherung ihrer Existenz nicht ausreichen. Er kann nötigenfalls vom Grundsatz der Wirtschaftsfreiheit abweichen.

Art. 100 Landwirtschaft

[1] Der Bund sorgt dafür, dass die Landwirtschaft durch eine ökologisch nachhaltige und auf den Markt ausgerichtete Produktion einen wesentlichen Beitrag leistet zur sicheren Versorgung der Bevölkerung zur Erhaltung der natürlichen Lebensgrundlagen und zur Pflege der Kulturlandschaft.

[2] Er richtet die Massnahmen so aus, dass die Landwirtschaft ihre multifunktionalen Aufgaben erfüllt. Er hat insbesondere folgende Befugnisse und Aufgaben:

[3] Er ergänzt das bäuerliche Einkommen durch Direktzahlungen zur Erzielung eines angemessenen Entgelts für die erbrachten Leistungen, unter der Voraussetzung eines ökologischen Leistungsnachweises.

[4] Er fördert Produktionsformen, die naturnah, umwelt- und tierfreundlich sind.

[5] Er erlässt Vorschriften zur Deklaration von Herkunft, Qualität, Produktionsmethode und Verarbeitungsverfahren für Lebensmittel.

[6] Er schützt die Umwelt vor Beeinträchtigungen durch überhöhten Einsatz von Düngemitteln, Chemikalien und anderen Hilfsstoffen.

Art. 101 Alkohol und Drogen

Der Bund regelt die Herstellung, die Einfuhr und den Verkauf alkoholischer Getränke sowie natürlicher Drogen wie Cannabis oder Kokain. Der Bund trägt den schädlichen Wirkungen des Alkohol- und Drogenkonsums Rechnung und sorgt für einen wirksamen Jugendschutz.

Art. 102 Waffen und Kriegsmaterial

[1] Der Bund erlässt Vorschriften gegen den Missbrauch von Waffen, Waffenzubehör und Munition.

[2] Der private Besitz von Handfeuerwaffen und Gewehren ist nur ausnahmsweise gestattet. Das Gesetz regelt die Details.

[3] Der Bund erlässt Vorschriften über die Herstellung, die Beschaffung und den Vertrieb sowie über die Ein-, Aus- und Durchfuhr von Kriegsmaterial.

Art. 103 Wohnbau- und Wohneigentumsförderung

[1] Der Bund fördert den Wohnungsbau, den Erwerb von Wohnungs- und Hauseigentum, das dem Eigenbedarf Privater dient.

[2] Der Bund unterstützt die Tätigkeit von Trägern und Organisationen des gemeinnützigen Wohnungsbaus finanziell.

[3] Er berücksichtigt dabei namentlich die Interessen von Familien, Betagten, Bedürftigen und Menschen mit Behinderung.

Art. 104 Mietwesen

[1] Der Bund erlässt Vorschriften gegen Missbräuche im Mietwesen, namentlich gegen missbräuchliche Mietzinse, sowie über die Anfechtbarkeit missbräuchlicher Kündigungen und die befristete Erstreckung von Mietverhältnissen.

[2] Er kann Vorschriften über die Allgemeinverbindlicherklärung von Rahmenmietverträgen erlassen.

Art. 105 Arbeit

Der Bund erlässt Vorschriften über:

den Schutz der Arbeiter*innen;

die Arbeitsvermittlung;

die Allgemeinverbindlicherklärung von Gesamtarbeitsverträgen.

Art. 106 Alters-, Hinterlassenen- und Invalidenvorsorge

[1] Der Bund trifft Massnahmen für eine ausreichende Alters-, Hinterlassenen- und Invalidenvorsorge. Diese beruht auf drei Säulen, nämlich der eidgenössischen Alters-, Hinterlassenen- und Invalidenversicherung, der beruflichen Vorsorge und der Selbstvorsorge.

[2] Er fördert in Zusammenarbeit mit den Staaten die Selbstvorsorge namentlich durch Massnahmen der Steuer- und Eigentumspolitik.

Art. 107 Alters-, Hinterlassenen- und Invalidenversicherung

[1] Der Bund erlässt Vorschriften über die Alters-, Hinterlassenen- und Invalidenversicherung.

[2] Er beachtet dabei folgende Grundsätze:

1. Die Versicherung ist obligatorisch.
2. Sie gewährt Geld- und Sachleistungen.
3. Die Renten haben den Existenzbedarf zu decken.
4. Die Höchstrente beträgt maximal das Doppelte der Mindestrente.
5. Die Renten werden der Preisentwicklung angepasst.

[3] Die Versicherung wird finanziert:

1. durch Beiträge der Versicherten, wobei die Unternehmen für ihre Arbeiter*innen die Hälfte der Beiträge bezahlen;
2. durch Leistungen des Bundes.
3. durch Alkohol- und Cannabissteuern.

Art. 108 Ergänzungsleistungen

[1] Bund und Staaten richten Ergänzungsleistungen aus an Personen, deren Existenzbedarf durch die Leistungen der Alters-, Hinterlassenen- und Invalidenversicherung nicht gedeckt ist.

Art. 109 Förderung der Eingliederung vom Menschen mit Behinderungen

[1] Der Bund fördert die Eingliederung von Menschen mit Behinderungen durch die Ausrichtung von Geld- und Sachleistungen. Zu diesem Zweck kann er Mittel der Invalidenversicherung verwenden.

[2] Die Staaten fördern die Eingliederung von Menschen mit Behinderungen, insbesondere durch Beiträge an den Bau und den Betrieb von Institutionen, die dem Wohnen und dem Arbeiten dienen.

Art. 110 Betagten- und Behindertenhilfe

[1] Die Staaten sorgen für die Hilfe und Pflege von Betagten und Menschen mit Behinderungen zu Hause.

[2] Der Bund unterstützt Bestrebungen zu Gunsten Betagter und Menschen mit Behinderungen. Zu diesem Zweck kann er Mittel aus der Alters-, Hinterlassenen- und Invalidenversicherung verwenden.

Art. 111 Berufliche Vorsorge

[1] Der Bund erlässt Vorschriften über die berufliche Vorsorge.

[2] Er beachtet dabei folgende Grundsätze:

Die berufliche Vorsorge ermöglicht zusammen mit der Alters-, Hinterlassenen- und Invalidenversicherung die Fortsetzung der gewohnten Lebenshaltung.

Die berufliche Vorsorge ist für Arbeiter*innen sowie Selbstständigerwerbende obligatorisch.

Die Unternehmen versichern die Arbeiter*innen bei einer Vorsorgeeinrichtung.

[3] Die berufliche Vorsorge wird durch die Beiträge der Versicherten finanziert, wobei die Unternehmen mindestens die Hälfte der Beiträge ihrer Arbeiter*innen bezahlen.

[4] Vorsorgeeinrichtungen müssen den bundesrechtlichen Mindestanforderungen genügen; der Bund kann für die Lösung besonderer Aufgaben gesamtschweizerische Massnahmen vorsehen.

Art. 112 Arbeitslosenversicherung

[1] Der Bund erlässt Vorschriften über die Arbeitslosenversicherung.

[2] Er beachtet dabei folgende Grundsätze:

Die Versicherung gewährt Erwerbsersatz und unterstützt Massnahmen zur Verhütung und Bekämpfung der Arbeitslosigkeit.

Der Beitritt ist für Arbeiter*innen und Selbstständige obligatorisch.

[3] Die Versicherung wird durch die Beiträge der Versicherten finanziert, wobei die Unternehmen für die Arbeiter*innen die Hälfte der Beiträge bezahlen.

[4] Bund und Staaten erbringen bei ausserordentlichen Verhältnissen finanzielle Leistungen.

Art. 113 Familienzulagen und Mutterschaftsversicherung

[1] Der Bund berücksichtigt bei der Erfüllung seiner Aufgaben die Bedürfnisse der Familie. Er kann Massnahmen zum Schutz der Familie unterstützen.

[2] Er richtet eine obligatorische Mutterschaftsversicherung ein.

Art. 114 Kranken- und Unfallversicherung

[1] Der Bund erlässt Vorschriften über die öffentliche Kranken- und die Unfallversicherung.

[2] Der Abschluss einer öffentlichen Kranken- und Unfallversicherung ist obligatorisch.

Art. 115 Medizinische Grundversorgung

[1] Bund und Staaten sorgen im Rahmen ihrer Zuständigkeiten für eine ausreichende, allen zugängliche medizinische Grundversorgung von hoher Qualität.

[2] Der Bund erlässt Vorschriften über die Aus- und Weiterbildung für Berufe der medizinischen Grundversorgung und über die Anforderungen zur Ausübung dieser Berufe.

Art. 116 Schutz der Gesundheit

[1] Der Bund trifft Massnahmen zum Schutz der Gesundheit.

[2] Er erlässt Vorschriften über:

den Umgang mit Lebensmitteln sowie mit Heilmitteln, Betäubungsmitteln, Organismen, Chemikalien und Gegenständen, welche die Gesundheit gefährden können;

die Bekämpfung übertragbarer, stark verbreiteter oder bösartiger Krankheiten von Menschen und Tieren;

den Schutz vor ionisierenden Strahlen.

Art. 117 Forschung am Menschen

[1] Der Bund erlässt Vorschriften über die Forschung am Menschen, um den Schutz seiner Würde und seiner Persönlichkeit zu gewährleisten.

[2] Für die Forschung in Biologie und Medizin mit Menschen beachtet er folgende Grundsätze:

Jedes Forschungsvorhaben setzt voraus, dass die teilnehmenden oder gemäss Gesetz berechtigten Menschen nach hinreichender Aufklärung ihre Einwilligung erteilt haben. Eine Ablehnung ist in jedem Fall verbindlich.

Die Risiken und Belastungen für die teilnehmenden Menschen dürfen nicht in einem Missverhältnis zum Nutzen des Forschungsvorhabens stehen.

Mit urteilsunfähigen Menschen darf kein Forschungsvorhaben durchgeführt werden.

Art. 118 Fortpflanzungsmedizin und Gentechnologie im Humanbereich

[1] Der Mensch ist vor Missbräuchen der Fortpflanzungsmedizin und der Gentechnologie geschützt.

[2] Der Bund erlässt Vorschriften über den Umgang mit menschlichem Keim- und Erbgut. Er sorgt dabei für den Schutz der Menschenwürde, der Persönlichkeit und der Familie und beachtet insbesondere folgende Grundsätze:

Alle Arten des Klonens und Eingriffe in das Erbgut menschlicher Keimzellen und Embryonen sind unzulässig.

Nichtmenschliches Keim- und Erbgut darf nicht in menschliches Keimgut eingebracht oder mit ihm verschmolzen werden.

[3] Die Verfahren der medizinisch unterstützten Fortpflanzung dürfen angewendet werden, um beim Kind bestimmte Eigenschaften herbeizuführen oder um Forschung zu betreiben; die Befruchtung menschlicher Eizellen ausserhalb des Körpers der Frau ist nur unter den vom Gesetz festgelegten Bedingungen erlaubt; es dürfen nur so viele menschliche Eizellen ausserhalb des Körpers der Frau zu Embryonen entwickelt werden, als ihr sofort eingepflanzt werden können.

[4] Mit menschlichem Keimgut und mit Erzeugnissen aus Embryonen darf kein Handel getrieben werden.

[5] Das Erbgut eines Menschen darf nur untersucht, registriert oder offenbart werden, wenn der betroffene Mensch zustimmt.

[6] Jeder Mensch hat Zugang zu den Daten über ihre Abstammung.

Art. 119 Transplantationsmedizin

[1] Der Bund erlässt Vorschriften auf dem Gebiet der Transplantation von Organen, Geweben und Zellen. Er sorgt dabei für den Schutz der Menschenwürde, der Persönlichkeit und der Gesundheit.

[2] Er legt insbesondere Kriterien für eine gerechte Zuteilung von Organen fest.

[3] Die Spende von menschlichen Organen, Geweben und Zellen ist unentgeltlich. Der Handel mit menschlichen Organen ist verboten.

Art. 120 Gentechnologie im Ausserhumanbereich

[1] Der Mensch und seine Umwelt sind vor Missbräuchen der Gentechnologie geschützt.

[2] Der Bund erlässt Vorschriften über den Umgang mit Keim- und Erbgut von Tieren, Pflanzen und anderen Organismen. Er trägt dabei der Würde der Kreatur sowie der Sicherheit von Mensch, Tier und Umwelt Rechnung und schützt die genetische Vielfalt der Tier- und Pflanzenarten.

Art. 121 Gesetzgebung im Ausländer*innen- und Asylbereich

Die Gesetzgebung über die Ein- und Ausreise, den Aufenthalt und die Niederlassung von Ausländer*innen sowie über die Gewährung von Asyl ist Sache des Bundes.

Art. 122 Zivilrecht

1 Die Gesetzgebung auf dem Gebiet des Zivilrechts und des Zivilprozessrechts ist Sache des Bundes.

2 Für die Organisation der Gerichte und die Rechtsprechung in Zivilsachen sind die Staaten zuständig, soweit das Gesetz nichts anderes vorsieht.

Art. 123 Strafrecht

[1] Die Gesetzgebung auf dem Gebiet des Strafrechts und des Strafprozessrechts ist Sache des Bundes.

[2] Für die Organisation der Gerichte, die Rechtsprechung in Strafsachen sowie den Straf- und Massnahmenvollzug sind die Staaten zuständig, soweit das Gesetz nichts anderes vorsieht.

[3] Der Bund kann Vorschriften zum Straf- und Massnahmenvollzug erlassen. Er kann den Staaten Beiträge gewähren:

für die Errichtung von Anstalten;

für Verbesserungen im Straf- und Massnahmenvollzug;

an Einrichtungen, die erzieherische Massnahmen an Kindern, Jugendlichen und jungen Erwachsenen vollziehen.

Art. 124 Opferhilfe

Bund und Staaten sorgen dafür, dass Personen, die durch eine Straftat in ihrer körperlichen, psychischen oder sexuellen Unversehrtheit beeinträchtigt worden sind, Hilfe erhalten und angemessen entschädigt werden, wenn sie durch die Straftat in wirtschaftliche Schwierigkeiten geraten.

Art. 125 Messwesen

Die Gesetzgebung über das Messwesen ist Sache des Bundes.

Art. 126 Grundsätze der Besteuerung

1 Die Ausgestaltung der Steuern ist in den Grundzügen im Gesetz selbst zu regeln.

2 Die interstaatliche Doppelbesteuerung ist untersagt.

Art. 127 Direkte Steuern

[1] Der Bund kann eine direkte Steuer erheben von höchstens 12 Prozent auf dem Einkommen der natürlichen Personen und dem Reinertrag der juristischen Personen.

[2] Der Bund nimmt bei der Festsetzung der Tarife auf die Belastung durch die direkten Steuern der Staaten und Gemeinden Rücksicht.

[3] Bei der Steuer auf dem Einkommen der natürlichen Personen werden die Folgen der kalten Progression periodisch ausgeglichen.

[4] Die Steuer wird von den Staaten veranlagt und eingezogen. Vom Rohertrag der Steuer fallen ihnen mindestens 17 Prozent zu.

Art. 128 Steuerharmonisierung

[1] Der Bund legt Grundsätze fest über die Harmonisierung der direkten Steuern von Bund, Staaten und Gemeinden.

[2] Der Bund kann Vorschriften gegen ungerechtfertigte steuerliche Vergünstigungen erlassen.

Art. 129 Mehrwertsteuer

[1] Der Bund kann auf Lieferungen von Gegenständen und auf Dienstleistungen sowie auf Einfuhren eine Mehrwertsteuer mit einem Normalsatz von höchstens 7 Prozent erheben.

[2] Ist wegen der Entwicklung des Altersaufbaus die Finanzierung der Alters-, Hinterlassenen- und Invalidenversicherung nicht mehr gewährleistet, so kann in der Form eines Bundesgesetzes der Normalsatz erhöht werden.

Art. 130 Besondere Verbrauchssteuern

[1] Der Bund kann besondere Verbrauchssteuern erheben auf:

Tabak und Tabakwaren;

Cannabis und Cannabisprodukten;

anderen natürlichen Drogen;

alkoholischen Getränken;

fossilen Brennstoffen und den aus ihrer Verarbeitung gewonnenen Produkten.

[2] Die Staaten erhalten 10 Prozent des Reinertrags aus der Besteuerung der Tabakwaren, Cannabisprodukten und alkoholischen Getränken. Diese Mittel sind zur Bekämpfung der Ursachen und Wirkungen von Suchtproblemen zu verwenden.

Art. 131 Stempelsteuer und Verrechnungssteuer

[1] Der Bund erhebt auf Wertpapieren, auf Quittungen von Versicherungsprämien und auf anderen Urkunden des Handelsverkehrs eine Stempelsteuer; ausgenommen von der Stempelsteuer sind Urkunden des Grundpfandverkehrs.

[2] Der Bund kann auf dem Ertrag von beweglichem Kapitalvermögen, auf Lotteriegewinnen und auf Versicherungsleistungen eine Verrechnungssteuer erheben. Vom Steuerertrag fallen 10 Prozent den Staaten zu.

Art. 132 Zölle

Die Gesetzgebung über Zölle und andere Abgaben auf dem grenzüberschreitenden Warenverkehr ist Sache des Bundes.

Art. 134 Ausschluss staatlicher und kommunaler Besteuerung

Was die Bundesgesetzgebung als Gegenstand der Mehrwertsteuer, der besonderen Verbrauchssteuern, der Stempelsteuer und der Verrechnungssteuer bezeichnet oder für steuerfrei erklärt, dürfen die Staaten und Gemeinden nicht mit gleichartigen Steuern belasten.

Art. 135 Finanz- und Lastenausgleich

[1] Der Bund erlässt Vorschriften über einen angemessenen Finanz- und Lastenausgleich zwischen Bund und Staaten sowie zwischen den Staaten.

[2] Der Finanz- und Lastenausgleich soll insbesondere:

die Unterschiede in der finanziellen Leistungsfähigkeit zwischen den Staaten verringern;

den Staaten minimale finanzielle Ressourcen gewährleisten;

übermässige finanzielle Lasten der Staaten auf Grund ihrer geographischen, topographischen oder soziodemographischen Bedingungen ausgleichen;

die innerstaatliche Zusammenarbeit mit Lastenausgleich fördern.

[3] Die Mittel für den Ausgleich der Ressourcen werden durch die ressourcenstarken

Staaten und den Bund zur Verfügung gestellt. Die Leistungen der ressourcenstarken Staaten betragen mindestens zwei Drittel und höchstens 80 Prozent der Leistungen des Bundes.

4. Volk und Staaten

Art. 136 Politische Rechte

[1] Die politischen Rechte in Bundessachen stehen allen Bürger*innen der Vereinigten Staaten der Welt zu, die das 16. Altersjahr zurückgelegt haben und die nicht wegen Geisteskrankheit oder Geistesschwäche entmündigt sind. Alle haben die gleichen politischen Rechte und Pflichten.

[2] Sie können an den Wahlen und an den Abstimmungen des Bundes teilnehmen sowie Volksinitiativen und Referenden in Bundesangelegenheiten ergreifen und unterzeichnen.

Art. 137 Politische Parteien

[1] Die politischen Parteien wirken an der Meinungs- und Willensbildung der Stimmberechtigten mit.

[2] Der Bund und die Staaten unterstützen die Parteien finanziell.

[3] Die restliche Finanzierung der Parteien ist öffentlich einsehbar.

Art. 138 Volksinitiative auf Teilrevision der Bundesverfassung

[1] Ein Fünfzigstel der Stimmberechtigten kann innerhalb von 18 Monaten seit der amtlichen Veröffentlichung ihrer Initiative eine Teilrevision der Bundesverfassung verlangen.

[2] Die Volksinitiative auf Teilrevision der Bundesverfassung kann die Form der allgemeinen Anregung oder des ausgearbeiteten Entwurfs haben.

[3] Verletzt die Initiative die Einheit der Form, die Einheit der Materie oder zwingende Bestimmungen des Völkerrechts, so erklärt die Bundesversammlung sie für ganz oder teilweise ungültig.

[4] Ist die Bundesversammlung mit einer Initiative in der Form der allgemeinen Anregung einverstanden, so arbeitet sie die Teilrevision im Sinn der Initiative aus und unterbreitet sie Stimmberechtigten und Staaten zur Abstimmung. Lehnt sie die Initiative ab, so unterbreitet sie diese den Stimmberechtigten zur Abstimmung; die Stimmberechtigten entscheiden, ob der Initiative Folge zu geben ist. Stimmen sie zu, so arbeitet die Bundesversammlung eine entsprechende Vorlage aus.

[5] Eine Initiative in der Form des ausgearbeiteten Entwurfs wird Volk und Staaten zur Abstimmung unterbreitet. Die Bundesversammlung empfiehlt die Initiative zur Annahme oder zur Ablehnung. Sie kann der Initiative einen Gegenentwurf gegenüberstellen.

[6] In Abstimmungskampagnen zu Volksinitiativen haben die Parteien und Komitees ihre Finanzierung offenzulegen.

Art. 139 Verfahren bei Initiative und Gegenentwurf

[1] Die Stimmberechtigten stimmen gleichzeitig über die Initiative und den Gegenentwurf ab.

[2] Sie können beiden Vorlagen zustimmen. In der Stichfrage können sie angeben, welcher Vorlage sie den Vorrang geben, falls beide angenommen werden.

[3] Erzielt bei angenommenen Verfassungsänderungen in der Stichfrage die eine Vorlage mehr Volks- und die andere mehr Standesstimmen, so tritt die Vorlage in Kraft, bei welcher der prozentuale Anteil der Volksstimmen und der prozentuale Anteil der Standesstimmen in der Stichfrage die grössere Summe ergeben.

Art. 140 Obligatorisches Referendum

[1] Volk und Ständen werden zur Abstimmung unterbreitet:

die Änderungen der Bundesverfassung;

die dringlich erklärten Bundesgesetze, die keine Verfassungsgrundlage haben und deren Geltungsdauer ein Jahr übersteigt;

diese Bundesgesetze müssen innerhalb eines Jahres nach Annahme durch die Bundesversammlung zur Abstimmung unterbreitet werden.

[2] Dem Volk werden die Volksinitiativen auf Teilrevision der Bundesverfassung in der Form der allgemeinen Anregung, die von der Bundesversammlung abgelehnt worden sind, zur Abstimmung unterbreitet.

[3] In Abstimmungskampagnen zu obligatorischen Referenden haben die Parteien und Komitees ihre Finanzierung offenzulegen.

Art. 141 Fakultatives Referendum

[1] Verlangen ein Hundertstel der Stimmberechtigten oder ein Viertel der Staaten innerhalb von 100 Tagen seit der amtlichen Veröffentlichung des Erlasses, so werden dem Volk zur Abstimmung vorgelegt:

Bundesgesetze;

dringlich erklärte Bundesgesetze, deren Geltungsdauer ein Jahr übersteigt;

Bundesbeschlüsse, soweit Verfassung oder Gesetz dies vorsehen;

völkerrechtliche Verträge, die unbefristet und unkündbar sind.

[2] [3] In Abstimmungskampagnen zu fakultativen Referenden haben die Parteien und Komitees ihre Finanzierung offenzulegen.

Art. 142 Erforderliche Mehrheiten

[1] Fakultative Referenden sind angenommen, wenn die Mehrheit der Stimmenden sich dafür ausspricht.

[2] Volksinitiativen und obligatorische Referenden sind angenommen, wenn die Mehrheit der Stimmenden und die Mehrheit der Staaten sich dafür aussprechen.

5. Bundesbehörden

Art. 143 Wählbarkeit

In das Welt-Repräsentantenhaus, in den Weltbundesrat und in das Weltbundesgericht sind alle Stimmberechtigten wählbar.

Art. 144 Unvereinbarkeiten

[1] Die Mitglieder des Welt-Repräsentantenhaus, des Welt-Ständerates, des Weltbundesrates sowie die Richter*innen des Weltbundesgerichts können nicht gleichzeitig einer anderen dieser Behörden angehören.

[2] Die Mitglieder des Weltbundesrates und die vollamtlichen Richter*innen des Weltbundesgerichts dürfen kein anderes Amt des Bundes oder eines Staates bekleiden und keine andere Erwerbstätigkeit ausüben.

[3] Das Gesetz kann weitere Unvereinbarkeiten vorsehen.

Art. 145 Amtsdauer

[1] Die Mitglieder der Bundesversammlung und des Weltbundesrates werden auf die Dauer von vier Jahren gewählt. Für die Richter*innen des Weltbundesgerichts beträgt die Amtsdauer sechs Jahre.

[2] Die Amtszeiten der Mitglieder der Bundesversammlung und des Weltbundesrates sind auf maximal drei Amtsdauern beschränkt.

Art. 146 Staatshaftung

Der Bund haftet für Schäden, die seine Organe in Ausübung amtlicher Tätigkeiten widerrechtlich verursachen.

Art. 147 Vernehmlassungsverfahren

Die Staaten, die politischen Parteien und die interessierten Kreise werden bei der Vorbereitung wichtiger Erlasse und anderer Vorhaben von grosser Tragweite sowie bei wichtigen völkerrechtlichen Verträgen zur Stellungnahme eingeladen.

Art. 148 Bundesversammlung

[1] Die Bundesversammlung übt unter Vorbehalt der Rechte von Volk und Ständen die oberste Gewalt im Bund aus.

[2] Die Bundesversammlung besteht aus zwei Kammern, dem Welt-Repräsentantenhaus und dem Welt-Ständerat; beide Kammern sind einander gleichgestellt.

[3] Die Mitglieder der Bundesversammlung werden jeweils für eine Legislaturperiode von vier Jahren gewählt.

[4] Für die Mitglieder der Bundesversammlung gilt eine Amtszeitbeschränkung von maximal drei vollen Legislaturperioden.

[5] Die Mitglieder der Bundesversammlung werden für ihre Arbeit vom Bund entschädigt. Sie haben Anspruch auf administrative Unterstützung, die ebenfalls vom Bund bezahlt wird.

[6] Den Mitgliedern der Bundesversammlung ist es untersagt, weitere Entschädigungen oder Zahlungen entgegenzunehmen.

[7] Falls Mitglieder der Bundesversammlung während ihrer Amtszeit dennoch zusätzliche Einkünfte erzielen, müssen diese in einen entsprechenden Fonds des Bundes einbezahlt werden. Aus diesem Fonds werden ehemalige Mitglieder der Bundesversammlung unterstützt, die unverschuldet in wirtschaftliche Notlagen geraten sind.

[8] Parteien und Komitees haben die Finanzierung ihrer Kampagnen für die Wahlen in das Welt-Repräsentantenhaus und den Welt-Ständerat offenzulegen.

Art. 149 Zusammensetzung und Wahl des Welt-Repräsentantenhaus

[1] Das Welt-Repräsentantenhaus besteht aus mindestens 700 und maximal 3000 Abgeordneten der Bevölkerung.

[2] Die Abgeordneten werden von den Stimmberechtigten in direkter Wahl nach dem Grundsatz des Proporzes bestimmt. Alle vier Jahre findet eine Gesamterneuerung statt.

[3] Jeder Staat bildet einen Wahlkreis.

[4] Die Sitze werden nach der Bevölkerungszahl auf die Staaten verteilt. Jeder Staat hat mindestens einen Sitz.

Art. 150 Zusammensetzung und Wahl des Welt-Ständerates

[1] Der Welt-Ständerat besteht aus je zwei Abgeordneten der souveränen Staaten der Vereinigten Staaten der Welt.

[2] Indigene Völker haben das Anrecht auf eigenständige Vertretungen im Welt-Ständerat. Einzelheiten regelt das Gesetz.

[3] Die 20 grössten Städte in den Vereinigten Staaten der Welt haben Anrecht auf jeweils einen Sitz im Welt-Ständerat. Sie bilden dafür einen eignen Wahlkreis.

[4] Die Wahlen in den Welt-Ständerat werden in den jeweiligen Wahlkreisen geregelt.

Art. 151 Sessionen

[1] Die Räte versammeln sich regelmässig zu Sessionen. Das Gesetz regelt die Einberufung.

[2] Ein Viertel der Mitglieder eines Rates oder der Weltbundesrat können die Einberufung der Räte zu einer ausserordentlichen Session verlangen.

Art. 152 Vorsitz

Jeder Rat wählt aus seiner Mitte für die Dauer eines Jahres eine Präsidentin oder einen Präsidenten sowie die erste Vizepräsidentin oder den ersten Vizepräsidenten und die zweite Vizepräsidentin oder den zweiten Vizepräsidenten. Die Wiederwahl für das folgende Jahr ist ausgeschlossen.

Art. 153 Parlamentarische Kommissionen

[1] Jeder Rat setzt aus seiner Mitte Kommissionen ein.

[2] Das Gesetz kann gemeinsame Kommissionen vorsehen.

[3] Das Gesetz kann einzelne Befugnisse, die nicht rechtsetzender Natur sind, an Kommissionen übertragen.

[4] Zur Erfüllung ihrer Aufgaben stehen den Kommissionen Auskunftsrechte, Einsichtsrechte und Untersuchungsbefugnisse zu. Deren Umfang wird durch das Gesetz geregelt.

Art. 154 Fraktionen

Die Mitglieder der Bundesversammlung können Fraktionen bilden.

Art. 155 Parlamentsdienste

Die Bundesversammlung verfügt über Parlamentsdienste. Sie kann Dienststellen der Bundesverwaltung beiziehen. Das Gesetz regelt die Einzelheiten.

Art. 156 Getrennte Verhandlung

[1] Welt-Repräsentantenhaus und Welt-Ständerat verhandeln getrennt.

[2] Für Beschlüsse der Bundesversammlung ist die Übereinstimmung beider Räte erforderlich.

[3] Das Gesetz sieht Bestimmungen vor, um sicherzustellen, dass bei Uneinigkeit der Räte Beschlüsse zu Stande kommen über:

1. die Gültigkeit oder Teilungültigkeit einer Volksinitiative;
2. die Umsetzung einer vom Volk angenommenen Volksinitiative in Form der allgemeinen Anregung;
3. den Voranschlag oder einen Nachtrag.

Art. 157 Gemeinsame Verhandlung

[1] Welt-Repräsentantenhaus und Welt-Ständerat verhandeln gemeinsam als Vereinigte Bundesversammlung unter dem Vorsitz der Präsidentin oder des Präsidenten des Welt-Repräsentantenhauses um:

1. Wahlen vorzunehmen;
2. Zuständigkeitskonflikte zwischen den obersten Bundesbehörden zu entscheiden;
3. Begnadigungen auszusprechen.

[2] Die Vereinigte Bundesversammlung versammelt sich ausserdem bei besonderen Anlässen und zur Entgegennahme von Erklärungen des Bundesrates.

Art. 158 Öffentlichkeit der Sitzungen

Die Sitzungen der Räte sind öffentlich. Das Gesetz kann Ausnahmen vorsehen.

Art. 159 Verhandlungsfähigkeit und erforderliches Mehr

[1] Die Räte können gültig verhandeln, wenn die Mehrheit ihrer Mitglieder anwesend ist.

[2] In beiden Räten und in der Vereinigten Bundesversammlung entscheidet die Mehrheit der Stimmenden.

Art. 160 Initiativrecht und Antragsrecht

[1] Jedem Ratsmitglied, jeder Fraktion, jeder parlamentarischen Kommission und jedem Staat steht das Recht zu, der Bundesversammlung Initiativen zu unterbreiten.

[2] Die Ratsmitglieder und der Weltbundesrat haben das Recht, zu einem in Beratung stehenden Geschäft Anträge zu stellen.

Art. 161 Instruktionsverbot

[1] Die Mitglieder der Bundesversammlung stimmen ohne Weisungen.

[2] Sie legen ihre Interessenbindungen offen.

Art. 162 Immunität

[1] Die Mitglieder der Bundesversammlung und des Weltbundesrates können für ihre

Äusserungen in den Räten und in deren Organen rechtlich nicht zur Verantwortung gezogen werden.

[2] Das Gesetz kann weitere Arten der Immunität vorsehen und diese auf weitere Personen ausdehnen.

Art. 163 Form der Erlasse der Bundesversammlung

[1] Die Bundesversammlung erlässt rechtsetzende Bestimmungen in der Form des Bundesgesetzes oder der Verordnung.

[2] Die übrigen Erlasse ergehen in der Form des Bundesbeschlusses; ein Bundesbeschluss, der dem Referendum nicht untersteht, wird als einfacher Bundesbeschluss bezeichnet.

Art. 164 Gesetzgebung

[1] Alle wichtigen rechtsetzenden Bestimmungen sind in der Form des Bundesgesetzes zu erlassen. Dazu gehören insbesondere die grundlegenden Bestimmungen über:

die Ausübung der politischen Rechte;

die Einschränkungen verfassungsmässiger Rechte;

die Rechte und Pflichten von Personen;

den Kreis der Abgabepflichtigen sowie den Gegenstand und die Bemessung von Abgaben;

die Aufgaben und die Leistungen des Bundes;

die Verpflichtungen der Staaten bei der Umsetzung und beim Vollzug des Bundesrechts;

die Organisation und das Verfahren der Bundesbehörden.

[2] Rechtsetzungsbefugnisse können durch Bundesgesetz übertragen werden, soweit dies nicht durch die Bundesverfassung ausgeschlossen wird.

Art. 165 Gesetzgebung bei Dringlichkeit

[1] Ein Bundesgesetz, dessen Inkrafttreten keinen Aufschub duldet, kann von der Mehrheit der Mitglieder jedes Rates dringlich erklärt und sofort in Kraft gesetzt werden. Es ist zu befristen.

[2] Wird zu einem dringlich erklärten Bundesgesetz die Volksabstimmung verlangt, so tritt dieses ein Jahr nach Annahme durch die Bundesversammlung ausser Kraft, wenn es nicht innerhalb dieser Frist vom Volk angenommen wird.

[3] Ein dringlich erklärtes Bundesgesetz, das keine Verfassungsgrundlage hat, tritt ein Jahr nach Annahme durch die Bundesversammlung ausser Kraft, wenn es nicht innerhalb dieser Frist von Volk und Ständen angenommen wird. Es ist zu befristen.

[4] Ein dringlich erklärtes Bundesgesetz, das in der Abstimmung nicht angenommen wird, kann nicht erneuert werden.

Art. 166 Beziehungen zum Ausland und völkerrechtliche Verträge

[1] Die Bundesversammlung beteiligt sich an der Gestaltung der Aussenpolitik und beaufsichtigt die Pflege der Beziehungen zum Ausland.

[2] Sie genehmigt die völkerrechtlichen Verträge; ausgenommen sind die Verträge, für deren Abschluss auf Grund von Gesetz oder völkerrechtlichem Vertrag der Weltbundesrat zuständig ist.

Art. 167 Finanzen

Die Bundesversammlung beschliesst die Ausgaben des Bundes, setzt den Voranschlag fest und nimmt die Staatsrechnung ab.

Art. 168 Wahlen

[1] Die Bundesversammlung wählt die Mitglieder des Weltbundesrates, die Richter*innen des Weltbundesgerichts sowie die obersten Befehlshaber*innen der Armee.

[2] Das Gesetz kann die Bundesversammlung ermächtigen, weitere Wahlen vorzunehmen oder zu bestätigen.

Art. 169 Oberaufsicht

[1] Die Bundesversammlung übt die Oberaufsicht aus über den Weltbundesrat und die Bundesverwaltung, die Weltbundesgerichte und die anderen Träger von Aufgaben des Bundes.

[2] Den vom Gesetz vorgesehenen besonderen Delegationen von Aufsichtskommissionen können keine Geheimhaltungspflichten entgegengehalten werden.

Art. 170 Überprüfung der Wirksamkeit

Die Bundesversammlung sorgt dafür, dass die Massnahmen des Bundes auf ihre Wirksamkeit überprüft werden.

Art. 171 Aufträge an den Bundesrat

Die Bundesversammlung kann dem Weltbundesrat Aufträge erteilen. Das Gesetz regelt die Einzelheiten.

Art. 172 Beziehungen zwischen Bund und Staaten

[1] Die Bundesversammlung sorgt für die Pflege der Beziehungen zwischen Bund und Staaten.

[2] Sie gewährleistet die Verfassungen der Staaten.

[3] Sie genehmigt die Verträge der Staaten unter sich und mit dem Ausland.

Art. 173 Weitere Aufgaben und Befugnisse

[1] Die Bundesversammlung hat zudem folgende Aufgaben und Befugnisse:

1. Sie trifft Massnahmen zur Wahrung der äusseren Sicherheit und der Unabhängigkeit der Vereinigten Staaten der Welt.
2. Sie trifft Massnahmen zur Wahrung der inneren Sicherheit.
3. Sie ordnet den Aktivdienst an und bietet dafür die Armee oder Teile davon auf.
4. Sie trifft Massnahmen zur Durchsetzung des Bundesrechts.
5. Sie befindet über die Gültigkeit zu Stande gekommener Volksinitiativen.
6. Sie wirkt bei den wichtigen Planungen der Staatstätigkeit mit.
7. Sie entscheidet Zuständigkeitskonflikte zwischen den obersten Bundesbehörden.
8. Sie spricht Begnadigungen aus und entscheidet über Amnestie.

[2] Die Bundesversammlung behandelt ausserdem Geschäfte, die in die Zuständigkeit des Bundes fallen und keiner anderen Behörde zugewiesen sind.

[3] Das Gesetz kann der Bundesversammlung weitere Aufgaben und Befugnisse übertragen.

Art. 174 Weltbundesrat

Der Weltbundesrat ist die oberste leitende und vollziehende Behörde des Bundes.

Art. 175 Zusammensetzung und Wahl

[1] Der Weltbundesrat besteht aus sieben Mitgliedern.

[2] Die Mitglieder des Weltbundesrates werden von der Bundesversammlung nach jeder Gesamterneuerung des Welt-Repräsentantenhauses gewählt.

[3] Sie werden aus allen Bürgerinnen und Bürgern, die als Mitglieder des Welt-Repräsentantenhauses wählbar sind, auf die Dauer von vier Jahren gewählt.

⁴ Dabei ist darauf Rücksicht zu nehmen, dass die Geschlechter, die Weltgegenden, die Sprachregionen und die Weltanschauungen angemessen vertreten sind.

Art. 176 Vorsitz

¹ Die Weltbundespräsidentin oder der Weltbundespräsident führt den Vorsitz im Weltbundesrat.

² Die Weltbundespräsidentin oder der Weltbundespräsident und die Vizepräsidentin oder der Vizepräsident des Weltbundesrates werden von der Bundesversammlung aus den Mitgliedern des Weltbundesrates auf die Dauer eines Jahres gewählt.

³ Die Wiederwahl für das folgende Jahr ist ausgeschlossen. Die Weltbundespräsidentin oder der Weltbundespräsident kann nicht zur Vizepräsidentin oder zum Vizepräsidenten des folgenden Jahres gewählt werden.

Art. 177 Kollegialprinzip

¹ Der Weltbundesrat entscheidet als Kollegium.

² Für die Vorbereitung und den Vollzug werden die Geschäfte des Weltbundesrates nach Departementen auf die einzelnen Mitglieder verteilt.

³ Den Departementen oder den ihnen unterstellten Verwaltungseinheiten werden Geschäfte zur selbstständigen Erledigung übertragen.

Art. 178 Bundesverwaltung

¹ Der Weltbundesrat leitet die Bundesverwaltung. Er sorgt für ihre zweckmässige Organisation und eine zielgerichtete Erfüllung der Aufgaben.

² Die Bundesverwaltung wird in Departemente gegliedert; jedem Departement steht ein Mitglied des Weltbundesrates vor.

³ Verwaltungsaufgaben können durch Gesetz Organisationen und Personen des öffentlichen oder des privaten Rechts übertragen werden, die ausserhalb der Bundesverwaltung stehen.

Art. 179 Bundeskanzlei

Die Bundeskanzlei ist die allgemeine Stabsstelle des Bundesrates. Sie wird von einer Bundeskanzlerin oder einem Bundeskanzler geleitet.

Art. 180 Regierungspolitik

¹ Der Weltbundesrat bestimmt die Ziele und die Mittel seiner Regierungspolitik. Er plant und koordiniert die staatlichen Tätigkeiten.

² Er informiert die Öffentlichkeit rechtzeitig und umfassend über seine Tätigkeit, soweit nicht überwiegende öffentliche oder private Interessen entgegenstehen.

Art. 181 Initiativrecht

Der Weltbundesrat unterbreitet der Bundesversammlung Entwürfe zu ihren Erlassen.

Art. 182 Rechtsetzung und Vollzug

¹ Der Weltbundesrat erlässt rechtsetzende Bestimmungen in der Form der Verordnung, soweit er durch Verfassung oder Gesetz dazu ermächtigt ist.

² Er sorgt für den Vollzug der Gesetzgebung, der Beschlüsse der Bundesversammlung und der Urteile richterlicher Behörden des Bundes.

Art. 183 Finanzen

¹ Der Weltbundesrat erarbeitet den Finanzplan, entwirft den Voranschlag und erstellt die Staatsrechnung.

² Er sorgt für eine ordnungsgemässe Haushaltsführung.

Art. 184 Beziehungen zum Ausland

¹ Der Weltbundesrat besorgt die auswärtigen Angelegenheiten unter Wahrung der

Mitwirkungsrechte der Bundesversammlung; er vertritt die Vereinigten Staaten der Welt nach aussen.

² Er unterzeichnet die Verträge und ratifiziert sie. Er unterbreitet sie der Bundesversammlung zur Genehmigung.

³ Wenn die Wahrung der Interessen des Landes es erfordert, kann der Bundesrat Verordnungen und Verfügungen erlassen. Verordnungen sind zu befristen.

Art. 185 Äussere und innere Sicherheit

¹ Der Weltbundesrat trifft Massnahmen zur Wahrung der äusseren Sicherheit und der Unabhängigkeit der Vereinigten Staaten der Welt.

² Er trifft Massnahmen zur Wahrung der inneren Sicherheit.

³ Er kann, unmittelbar gestützt auf diesen Artikel, Verordnungen und Verfügungen erlassen, um eingetretenen oder unmittelbar drohenden schweren Störungen der öffentlichen Ordnung oder der inneren oder äusseren Sicherheit zu begegnen. Solche Verordnungen sind zu befristen.

⁴ In dringlichen Fällen kann er Truppen aufbieten. Dauert dieser Einsatz voraussichtlich länger als drei Wochen, so ist unverzüglich die Bundesversammlung einzuberufen.

Art. 186 Beziehungen zwischen Bund und Staaten

¹ Der Weltbundesrat pflegt die Beziehungen des Bundes zu den Staaten und arbeitet mit ihnen zusammen.

² Er genehmigt die Erlasse der Staaten, wo es die Durchführung des Bundesrechts verlangt.

³ Er kann gegen Verträge der Staaten unter sich oder mit dem Ausland Einsprache erheben.

⁴ Er sorgt für die Einhaltung des Bundesrechts sowie der Staatsverfassungen und der Verträge der Staaten und trifft die erforderlichen Massnahmen.

Art. 187 Weitere Aufgaben und Befugnisse des Weltbundesrates

¹ Der Weltbundesrat hat zudem folgende Aufgaben und Befugnisse:

Er beaufsichtigt die Bundesverwaltung und die anderen Träger von Aufgaben des Bundes.

Er erstattet der Bundesversammlung regelmässig Bericht über seine Geschäftsführung sowie über den Zustand der Vereinigten Staaten der Welt.

Er nimmt die Wahlen vor, die nicht einer anderen Behörde zustehen.

Er behandelt Beschwerden, soweit das Gesetz es vorsieht.

² Das Gesetz kann dem Bundesrat weitere Aufgaben und Befugnisse übertragen.

Art. 188 Stellung des Weltbundesgerichts

¹ Das Weltbundesgericht ist die oberste rechtsprechende Behörde der Vereinigten Staaten der Welt.

² Das Gesetz bestimmt die Organisation und das Verfahren.

³ Das Gericht verwaltet sich selbst.

Art. 189 Zuständigkeiten des Weltbundesgerichts

¹ Das Weltbundesgericht beurteilt Streitigkeiten wegen Verletzung:

von Bundesrecht;

von Völkerrecht;

von interstaatlichem Recht;

von staatlichen verfassungsmässigen Rechten;

der Gemeindeautonomie und anderer Garantien der Staaten zu Gunsten von öffentlich-rechtlichen Körperschaften;

von Bestimmungen über die politischen Rechte.

[2] Es beurteilt Streitigkeiten zwischen Bund und Staaten oder zwischen Staaten.

[3] Das Gesetz kann weitere Zuständigkeiten des Weltbundesgerichts begründen.

Art. 190 Massgebendes Recht

Bundesgesetze und Völkerrecht sind für das Weltbundesgericht und die anderen rechtsanwendenden Behörden massgebend.

Art. 191 Zugang zum Bundesgericht

[1] Das Gesetz gewährleistet den Zugang zum Weltbundesgericht.

[2] Für Streitigkeiten, die keine Rechtsfrage von grundsätzlicher Bedeutung betreffen, kann es eine Streitwertgrenze vorsehen.

[3] Für bestimmte Sachgebiete kann das Gesetz den Zugang zum Bundesgericht ausschliessen.

[4] Für offensichtlich unbegründete Beschwerden kann das Gesetz ein vereinfachtes Verfahren vorsehen.

Art. 192 Weitere richterliche Behörden des Bundes

[1] Der Bund bestellt ein Strafgericht; dieses beurteilt erstinstanzlich Straffälle, die das Gesetz der Gerichtsbarkeit des Bundes zuweist. Das Gesetz kann weitere Zuständigkeiten des Weltbundesstrafgerichts begründen.

[2] Der Bund bestellt richterliche Behörden für die Beurteilung von öffentlich-rechtlichen Streitigkeiten aus dem Zuständigkeitsbereich der Bundesverwaltung.

[3] Das Gesetz kann weitere richterliche Behörden des Bundes vorsehen.

Art. 193 Richterliche Behörden der Staaten

[1] Die Staaten bestellen richterliche Behörden für die Beurteilung von zivilrechtlichen und öffentlich-rechtlichen Streitigkeiten sowie von Straffällen.

[2] Sie können gemeinsame richterliche Behörden einsetzen.

Art. 194 Richterliche Unabhängigkeit

Die richterlichen Behörden sind in ihrer rechtsprechenden Tätigkeit unabhängig und nur dem Recht verpflichtet.

Art. 195 Grundsatz zur Revision der Bundesverfassung

[1] Die Bundesverfassung kann jederzeit teilweise revidiert werden.

[2] Wo die Bundesverfassung und die auf ihr beruhende Gesetzgebung nichts anderes bestimmen, erfolgt die Revision auf dem Weg der Gesetzgebung.

Art. 196 Teilrevision der Bundesverfassung

[1] Eine Teilrevision der Bundesverfassung kann vom Volk verlangt oder von der Bundesversammlung beschlossen werden.

[2] Die Teilrevision muss die Einheit der Materie wahren und darf die zwingenden Bestimmungen des Völkerrechts nicht verletzen.

[3] Die Volksinitiative auf Teilrevision muss zudem die Einheit der Form wahren.

Art. 197 Inkrafttreten

Die teilweise revidierte Bundesverfassung tritt in Kraft, wenn sie von Volk und Ständen angenommen ist.